**"粤派教育"丛书**　熊焰　高慎英　于慧　主编

◎ 肇庆市中小学名教师和学科带头人培养项目（第二批）

# 走进肇庆名师群落之二

李晓娟 主 编

**版权所有　翻印必究**

### 图书在版编目（CIP）数据

走进肇庆名师群落之二/李晓娟主编．—广州：中山大学出版社，2020.10
（"粤派教育"丛书/熊焰，高慎英，于慧主编）
ISBN 978-7-306-06848-4

Ⅰ.①走… Ⅱ.①李… Ⅲ.①中小学—师资培养 Ⅳ.①G635.12

中国版本图书馆 CIP 数据核字（2020）第 042827 号

Zoujin Zhaoqing Mingshi Qunluo Zhi Er

| 出 版 人：王天琪
| 策划编辑：张　蕊
| 责任编辑：王　璞
| 封面指导：李冬梅名教师工作室
| 封面设计：林绵华
| 责任校对：周　玢
| 责任技编：何雅涛
| 出版发行：中山大学出版社
| 电　　话：编辑部 020-84111996，84113349，84111997，84110779
|         　发行部 020-84111998，84111981，84111160
| 地　　址：广州市新港西路 135 号
| 邮　　编：510275　　　　　传　真：020-84036565
| 网　　址：http://www.zsup.com.cn　E-mail:zdcbs@mail.sysu.edu.cn
| 印 刷 者：广东虎彩云印刷有限公司
| 规　　格：787mm×1092mm　1/16　22 印张　445 千字
| 版次印次：2020 年 10 月第 1 版　2020 年 10 月第 1 次印刷
| 定　　价：45.00 元

如发现本书因印装质量影响阅读，请与出版社发行部联系调换

# 总　序

教育与文化总是相伴而行、共荣共生的。与文化相比，教育的内涵和外延要更明晰具体。可以说，文化是一种内涵非常丰富、外延又极其宽泛的社会现象。人类在长期的社会历史发展过程中，形成了不同的大文化圈，大文化圈中又存在着许多的小文化圈。某个特定文化圈中的文化既保持着所属大文化圈的共同特质，又具有鲜明的民族特色和地域特色，置身其中的人类既创造文化，也深深地受文化的滋养与约定。当代著名作家梁晓声在解读"文化是什么"时，用四句话涵盖文化的内涵品质——文化就是"植根于内心的修养；无需提醒的自我；以约束为前提的自由；为别人着想的善良"。可以说，文化之根浸润教育之根，文化对教育具有巨大影响和价值引领。

作为省属师范类高校，广东第二师范学院在中小学教师和校长培训领域有着诸多思想理论和实践模式创新。在党和国家高度重视教育问题、多次强调发展教育的重要意义的形势下，基于对广东基础教育的责任感、使命感，广东第二师范学院教师研修学院研究团队最先提出基于岭南文化的"粤派教育"理念，努力为广东教育发声。为了进一步改革创新、奋发进取，坚定粤派教育的文化自信，提炼粤派教育的成功经验，创新素质教育的广东范式，建设南方教育高地，以新的更大作为开创广东基础教育改革发展新局面。教师研修学院于2018年分别在肇庆和广州番禺举办了粤派教育高峰论坛，产生了开创性的效应。在这样的背景下，以挖掘岭南文化之根、探寻滋养教育的动力之泉、从文化视角看教育的现实样态与应有之义为宗旨的"粤派教育"就非常值得从理论和实践两个层面进行深入的分析与探究。

这里，有三个关键词需要澄清，即"文化""化""教育"。"文化"乃是"人文化成"一语的缩写。此语出于《易经·贲卦·彖辞》："刚柔交错，天文也；文明以止，人文也。观乎天文，以察时变，观乎人文，以化成天下。"按照《现代汉语词典》（商务印书馆，第7版）的解释，"文化"就是指"人类在社会历史发展过程中所创造的物质财富和精神财富的总和，特指精神财富，如文学、艺术、教育、科学等"。"化""教化"和"化育"三个词的意义大体相同，就是"感化、滋养、养育"。由此看来，教育其实就是一种使人"文"化、在文化的浸润中实现文化认同与文化理解的过程。"教育"做动词时的意思就是"按一定要求培养""用道理说服人使照着(规则、指示或要求等)做"。

一

关于"岭南文化"有多种理解,我们可以把岭南的概念想象成"粤派",两个概念可以互换,岭南文化和粤文化有一点儿差别,粤的范围较岭南小,但精神上是一致的。

岭南文化是在兼容中迅速崛起的,有学者认为,岭南文化主要经历了古代、近代和当代三次大的兼容,也出现了三次发展高峰。[①] 能够称得上岭南文化名片的重要历史人物有:唐代的六祖慧能,明代的陈献章(陈白沙)、湛若水(湛甘泉),清末民初的康有为(康南海)、梁启超、孙中山等。

历史上岭南地区被称为"南蛮之地",陈白沙是岭南地区唯一获准从祀于山东曲阜孔庙的文人,故被称为"岭南第一人"。陈白沙出生于新会县(今属江门市新会区)新会村,他开启了明儒心学的先河,创立了"以道为本,以自然为宗,学贵自得,学贵知疑"的"白沙学说"(或称"江门学派")。后经湛若水的完整化、精致化、思辨化的发展,岭南形成了一个异于正统理学的理学新派——陈湛学派。湛若水,字元明,号甘泉(明代时期的增城县新塘镇叫甘泉都),他师承陈白沙,在"以道为本,以自然为宗"的学说上,提出"随处体认天理"的主张,深得陈白沙的赞赏,陈白沙临终前将其讲学场所——钓鱼台,交与湛若水,以示衣钵相传。

湛若水考中进士,被任为翰林院庶吉士,赴京就任,而王阳明正在吏部讲学。当时王阳明34岁,湛若水40岁。湛、王二人的相遇,对于二人来说,都是人生发展的重要标志事件,并相互成就了对方。王阳明遇上湛若水,成为王阳明研究心学的重要转折点,开始归正于圣贤之学。之前王阳明涉猎广泛,兴趣多样,被湛若水称为"五溺":一溺于任侠之习,二溺于骑射之习,三溺于词章之习,四溺于神仙之习,五溺于佛氏之习。

湛若水与王阳明在维护各自学术主张的前提下,又共同推进明代心学的发展与完善。35岁时,王阳明遭贬,在贵州龙场悟道,悟出"本心"强大,"心即理",内心强大与意志力是最重要的。五年后,王阳明遇赦,他与湛若水誓约终生共同求学,致力于圣学的昌明。50岁时,湛若水回到增城。57岁时,王阳明在广西平定宁王之乱后,到增城与湛若水相见,为湛若水撰写诗文《甘泉居记》。在回浙江余姚的途中,不幸去世。湛若水为王阳明撰写墓志铭。

其实,儒学的这种心学传统并非始于陈献章。在唐代,韩愈感慨"道之不传久矣",提出要维护儒学"道统",当儒学面临佛老之学的冲击时,韩愈坚决

---

[①] 黄明同:《岭南文化的三次大兼容与三个发展高峰》,载《学术研究》2000年第9期,第98-101页。

拒斥。北宋时期，儒学家不再简单排斥，而是既深入研究佛老学说，又着手重建新儒学。南宋时期，形成"陆王心学"和"程朱理学"两大流派。到了明代，陈白沙上承宋儒理学的影响，下开明儒心学之先河，在中国哲学思想史的发展上，具有承前启后的地位和作用。加上湛若水和王阳明对心学体系的系统化和精致化研究，二人的主张各有侧重，但都致力于彰显和弘扬明儒的心学传统。到了清代，广东南海人康有为同样选择了心学之路。

岭南文化是如何延续、承接中国历史上的心学一脉的呢？一个重要的文化源头就是要探寻六祖惠能的《坛经》。六祖惠能，南派禅宗的创立者，广东新兴人，史称"六祖"，中国禅宗杰出大师。他生于岭南，长于岭南，弘法于岭南，圆寂于岭南。其弟子集其语录编为《六祖大师法宝坛经》，它是南禅顿教形成的标志，是唯一一部中国人撰述而被称为"经"的佛教典籍，曾被列入"中国最有代表性的十本哲学著作"，而惠能本人被欧洲人列为"世界十大思想家之一"，与孔子、老子并列为"东方三圣"。

惠能对岭南心学的影响主要体现在方法论上。他的一个信念就是"自我解脱"。这种自我解脱，有时需要借助外缘的启发，如所谓的禅机、机锋，但关键的一步全靠"自修自悟"。自修自悟，如人饮水，冷暖自知，听别人说千万遍不如自己亲身感受的亲切、深刻。

禅宗思想中国化，首先在于它从生活方式和生产方式上的中国化。禅宗在经济体制上与中国封建社会融洽一致，不劳而食的习惯有所改变，减少了被攻击的口实。其他宗派的寺院经济来源多是靠别人的劳动，与地主和政府有一定的利益矛盾，其发展和生存受到较多限制。在生存竞争中，禅宗的优势更明显：自食其力，可以不受经济来源断绝的威胁，一代一代传下去。修行之人，除了不能结婚生子外，与常人生活没有太多差别。僧人们在日常生活中体悟，在亲身劳作中自修自悟、自我解脱。六祖惠能强调"自度""自悟"的方法论意义被陈献章所吸取。

陈献章融合儒、释、道三教精义，强调"静中养出端倪"，以"宗自然"与"贵自得"为基调，既有庄子"坐忘"的影子，又有佛者"坐禅"的路数，倡导"心在万物上""贵在自得""彻悟自省"。湛若水沿着"宗自然"与"贵自得"的路径，进一步提出"随处体认天理"，鼓励"学贵自得"。

影响岭南文化与教育改革的重要文化之源，就蕴含在强大的心学传统之中。当我们把心学传统与学校教育和人的学习与发展相联系时，就会发现，心学所倡导的"内心强大""意志""自得"和"静悟"等自我修炼和治学方法，对一个人的学习、发展是非常重要的。

由此，岭南文化与粤派教育所强调的第一个纲领，就是想尽一切办法让学生学会"自学"。第一步，要尽可能做到"静"。静能生慧，凝神静气，宁静致远，要安静、沉静、宁静,从身到心。第二步,要努力拓展"能"。丰富知识、提升能力、增长本领、培养多方面兴趣。第三步,要整体感悟,融会贯通,自成体系,"取之左右逢其源",超越一切具体知识和细节知识。

## 二

岭南文化的第二个源头就是南洋精神。"闯关东""走西口""下南洋"都是近代中国老百姓外出务工、人口迁徙的重大历史性事件,而"下南洋"是中国近代史上规模最大、路程最远的一次跨国大迁徙,其路途危险程度和谋生的难度远非国内迁徙可比。与"闯关东""走西口"相比,"下南洋"更为壮观,经历的时间更长,历史影响更深远。

中国人下南洋的迁徙历史,打造出中华民族伟大的"迁徙精神",这是中国人的现实主义、英雄主义和浪漫主义情怀的集中体现,支撑着中国人追求美好生活、跨越任何艰难险阻所需的勇气、信心和力量。中华民族的发展史,总是与大规模的人口迁徙纠缠在一起。每当成千上万的人们开始打点行囊、准备远离故土的时候,历史就将从此翻开新的一页。

下南洋的岭南人用自己的勤奋与努力,改变了岭南人的命运。中国人在近代大规模向海外迁移的同时,也将中华文化传播到异域,在侨居地形成以中国为认同取向,以儒家思想为价值体系核心,同时兼容吸收异域文化的华侨文化。在中国文化地图上,华侨文化是岭南文化结构的独特形态,广东"侨文化"特色鲜明,它形成于异国,反哺于祖国,集中体现为敢为人先、爱国爱乡、兼容中西、包容开放的文化特质。

近代岭南文化的兼容性和开放性,带来中国思想文化尤其是岭南文化的又一次大飞跃。康有为融古今中外文化为一体,创立近代中国第一个以变革为主旋律的维新思想体系。孙中山在承传中国传统文化的同时,大量地"撷取"西方文化,从而创立最具时代精神的"三民主义"学说。康有为、孙中山二人由兼容而创立的思想学说,不仅是近代岭南文化的丰碑,而且是近代中华文化最高成就的体现,岭南文化正因此而取得主流文化地位。

康有为系统地提出"三世说",即据乱世、升平世(小康社会)、太平世(大同社会),构筑别具特色的大同理论。康有为在继承中国传统文化的同时,又大胆地吸取东方与西方各国文化之精华,熔古今中外文化于一炉,树起了中国文化向近代转换的丰碑,建造了近代社会变革斗争的强有力的理论武器,其影响远远超出岭南而及于全国乃至世界。康有为与梁启超组成"康梁学派",推崇"心学",推崇《春秋》,重新发现"三世说"。

康有为的"三世说"对岭南文化与教育改革具有重大的意义与价值。他认为据乱世、太平世和升平世不只是时间概念,还是空间概念,这是康有为独特的发现。

如果用康有为的"三世说"来解读学校教育与学生成长，可以这样理解：据乱世需要的是刚性气质；太平世需要的是柔性气质；升平世居于中间状态，需要的是双性气质。相应地，据乱世需要刚性教育，需要强调体育、劳动、道德与法制的教育。太平世强调柔性教育，强化的是智育、美育、德育等，倾向于浪漫主义教育学派。也就是说，如果在据乱世与升平世阶段，不恰当地实施柔性教育，则很容易从文明走向文弱，例如，宋朝文教政策强调"重文抑武"，历史教训就是发达文化和文明并没有带来国力的增强。升平世要求的是努力奋斗、艰苦创业，同时要有忧患意识。升平世需要的是刚柔相济，倡导"新六艺"教育，即"文武双全"（智育+体育），"劳逸结合"（劳动+美育），"通情达理"（德育+情感）。升平世既有据乱世的艰难，又有太平世的追求，要德、智、体、美、劳全面发展。教育要同时抓两个方面：一方面，要有文化教育，让学生变得文明，让学生学会游戏，学会享受情感生活，可以称之为柔性教育；另一方面，要有野性教育，要重视体育和劳动，让身体保持一定的野性。通过刚柔相济的教育，让国家保持长期的强盛。

三

如何用岭南文化精神引领教学改革的方向与路径？岭南文化的重要组成是心学，当我们站在心学立场之上，用岭南文化的风格解读和设计教学改革时，就会发现：处理好知识学习中的情理关系、学思关系和知行关系变得特别重要。在情与理之间，情比较重要；学与思之间，思比较重要；知与行之间，行比较重要，这不仅包括学生行动，还要参与真实的社会实践活动，更重要的是体验职业生涯规划，用生活志向和职业理想带动学生学习。

基于心学立场的教学改革的方向与相应路径主要有三个方面。

第一，激发自信与自学的兴发教学。注重情感教学、整体探究学习、生涯教育与自学。让学生自信，这是情，"情"通则"理"达；让学生自学，这是思，以"思"促"学"；生涯教育是行，用"行"兴发出"自学"和"自悟"。由此，粤派教育的典型特征之一就是，想尽一切办法让学生自信；想尽一切办法让学生自学；想尽一切办法让学生自食其力。

第二，动静相宜，劳逸结合。睡眠是最好的静修，《黄帝内经》把充足的睡眠当作头等大事，认为"心藏神""肝藏魂"。白天的意识行为尤其是"聚精会神"的意识行为一直在耗神、费神，使得心神或灵魂处于被驱使的劳役状态，只有进入睡眠之后，"神"才成为主角。"静坐"接近于睡眠，是人在无法睡眠时让自己暂时处于类似睡眠的催眠状态。"静"可以让躁动的生活重新归于从容淡定。从这种意义上讲，睡眠比运动和学习更重要。动生阳，静生阴。吃饭运动生阳气，睡觉休闲生阴气。动静相宜、劳逸结合的理想状态就是，从容不迫，张弛有度。

第三，勇毅果敢，意志力强大。人是否强大，主要指人的精气神、意志力是否强大，身体强壮、知识丰富、能力高超并不等同于意志力强大。孟子倡导"浩然之气"、讲"天将降大任于斯人也，必先苦其心志，劳其筋骨，饿其体肤，空乏其身……"，陈白沙提倡"心在万物上"，等等，都是强调一个人只有内心强大、志向坚定，才能拥有强大的意志力，才能成就最好的自己。

置身于粤派教育中的学校、校长、教师和学生，需秉承岭南文化精神，弘扬心学优秀传统，致力于教育实践改进，深化学校教育研究，凸显粤派教育特色。广东第二师范学院教师研修学院结合广东省与广州市"百千万人才培养工程"名校长、名教师培养项目，提出编写校长和教师培训成果系列丛书，并将其命名为"粤派教育"丛书，一方面期望凝聚广东中小学校长、教师优质资源，深化岭南文化与"粤派教育"的系统化研究，生成"粤派教育"理论内涵与实践范式，让"粤派教育"发出应有的声音；另一方面旨在总结、研讨和探究粤派校长和教师专业成长路径，开启粤派校长和教师成长密码，探寻培养"一大批新时代好校长、好教师"的路径，"创新体制机制，激活一批校长和教师"。

遵循习近平总书记"讲好中国故事"的指示和要有"文化自信"的启示，教师研修学院在汇编粤派教育丛书时力求突出区域文化特点，讲好广东校长和教师成长的故事，要求校长和教师总结提炼自己的教育主张、办学特色或教学风格。同时，组织相关专家就案例写作进行系列化指导、整体讲座、分组评审、分科答辩等，期望校长和教师在写作过程中，探寻自我成长的规律、路径、特点，以此振兴杏坛作为，为其他校长和教师"六下功夫"和夯实专业素养提供范例，也为建设广东教育高地、培养德智体美劳全面发展的社会主义建设者和接班人略尽绵薄之力。"粤派教育"整个丛书大体分几个系列，以校长/名师/骨干教师群、区域/项目/学科/幼儿园等为分类线索。设总序，突出粤派教育和岭南文化特色；设分册序，内容包括项目介绍、与总序的衔接回应、板块导读语、供稿教师姓名罗列（按内容顺序）；等等。

"教师系列"分为学段、学科、区域，各分册独立成书，采用教师叙事研究方式，致力于找寻一些规律性的所谓"粤派教育"的优势特色。各分册既保持统一体例，又允许呈现自己的特色。体例主要以学科板块的形式呈现，每个学科板块包含5～8位教师的成果，同时分为5～8个学科板块，每个学科板块包括以下几个方面：

（1）导读语：教师肖像、教师成长要素、学科特色及教师风格归类小结。

（2）名师成长档案：自拟主标题，以"我"的成长历程为蓝本，在成长中，生活、求学、教学所在地域风俗文化对自己的影响，在文化认同的过程中如何处理文化冲突与文化理解。凸显教师的成长要素和关键事件：文化浸润、热爱学习、勤于实践、重视研究、善于反思和注重写作。

（3）学科教育观：自拟主标题，由"我的教学风格解读、我的教学主张与他人眼中的我"整合完善而成。可添加真实的教学案例、教学过程材料等补充说明。如助力学生成长、课堂教学改进、师生关系培育等。

（4）育人故事：自拟主标题，以学生喜欢的教育方式为主线，讲述"我"与学生的故事，如激励学生、指导学生个体学习或班级管理智慧等。

附录——教学现场与反思（"我的教学实录"，增加本节课的自我反思）。重点反思三个方面：一是课程（文化，含地域文化）资源开发与教学设计；二是课堂教学对话与教学生成；三是教师教学风格与教学艺术。

"校长系列"根据学段、区域、任务驱动，既保持统一体例，又允许各分册呈现自己的特色。主要通过行动研究、叙事研究、案例研究，致力于在以下几个方面找到一些规律性的所谓"粤派教育"的优势特色：校长成长的地域文化影响，校长关注、思考、研究的主要问题，校长的办学思想、教育哲学，学校改进实践的关键要素与路径等。根据校长专业发展阶段和成果类别，主要从"校长学习力——我眼中的名校成长基因""校长思想力——办学思想的探寻与凝练""校长行动力——学校改进与教育实践创新"三大子系列呈现粤派教育和岭南文化的特色。

本套"粤派教育"丛书努力做到三个超越：第一，超越教学风格或管理风格，打造粤派教育；第二，超越课堂教学或办学经验，展现教育智慧；第三，超越常规培训成果体例，凸显启发性和可读性。

本套丛书之以所以能够成书，得益于各方力量的聚合和支持。首先，感谢广东第二师范学院闫德明教授，本套丛书"教师系列"的体例设计有所选择地采纳了其主编的"我的教学风格"丛书的基本框架，并在此基础上进行了创新。其次，感谢华东师范大学刘良华教授，其对粤派教育的开创性研究成果被充分运用到本套丛书的顶层设计之中。最后，感谢长期以来关心支持教师研修学院培训工作的领导、专家和同事，感谢各位主编和供稿的广大中小学校长和老师的辛勤付出，感谢中山大学出版社的鼎力支持。

"粤派教育"丛书编写组<br>
2019年3月

# 前　言

百年大计，教育为本，建设教育强国是中华民族伟大复兴的基础工程，我们要以习近平新时代中国特色社会主义思想为指导，认真贯彻落实习近平总书记的系列重要讲话精神，深刻把握教育对中华民族伟大复兴的决定性意义，优先发展教育事业，加强教师队伍建设。兴国必先强师，新时代需要高素质、专业化、创新型教师队伍。为此，我们必须强化教师培训工作，提升教师培训成效，更好地贯彻落实党和国家关于新时代教师队伍建设精神，助力粤港澳大湾区建设，提升广东教育品质，用"四有好老师"标准，以及"四个引路人""四个相统一"和"四个服务"等要求，统领教师培训工作，促进教师专业发展。

2014年4月，肇庆市中小学名教师和学科带头人培养项目正式启动，以打造肇庆市中小学高层次领军人才队伍为目标，系统设计，高端培养，扎实推进，通过研修，使学员在思想政治与职业道德、专业知识与学术水平、教育教学能力与水平等方面有了显著提高，为成长为有一定影响的学科带头人和教书育人的专家奠定坚实的基础。

广东第二师范学院充分发挥自身优势，主动承担了肇庆市中小学名教师和学科带头人培养项目的培训任务，并不断创新培训模式，改进培训方法，致力于探索名师培养的有效路径和方法。本项目以"成为有独特教学风格的粤派专家型教师"为培训主题，以拓宽教育视野、更新教育理念、提高教育素养为引领，以成为有独特教学风格的专家型教师为中心，以"中（小）学特级教师"和"中（小）学正高级教师"为基准，以"课堂教学"和"班级管理"为阵地，以"课题研究"和"导师引领"为抓手，鼓励老师将理论创新与实践改进相结合，将"师德素养""专业知识""专业能力"与"科研意识与能力"有机融合，通过3年卓有成效的研磨和培育，使每一个学员反思、总结、提炼和表达出自己的"粤派教学风格"，彰显"粤派教育"的优势亮点，发挥示范引领作用，成为在省、市有较高知名度和影响力的专家型教师。

一方水土养一方人，一地文化熏陶一地教育。教育根植于文化中，文化又滋养着教育生长。岭南文化有着独特的文化底蕴，所呈现出来的"开放""兼容"

"务实""自励"的文化精神融合地域优势,让广东教育人的文化背景更为丰富多彩。不论来自天南还是地北,五湖四海的教育工作者扎根于此,融合变通,创造着具有广东文化特色的"粤派教育"。

具有自己独特的个性化的教学风格是名师的标识。教学风格是指教师在长期文化感染下,扎根于教学实践过程中形成的,在一定的教学理念指导下,创造性地运用各种教学方法和技巧,所表现出来的一种个性化的教学风貌和格调。广东名师要形成基于广东文化特色的"粤派教学风格"。该风格的形成是一个不断探索与批判的过程,一个不断实践与省思的过程,一个不断凝练与升华的过程。"粤派教学风格"的形成,也是一个且行且思的过程,永远在路上,循环往复、层层递进、螺旋上升。

名师教学风格的生成与凝练,是个人成长历程、文化浸泡、教育信念的整体思考,基于教学风格,超越教学风格,将名师成长档案、学科教育观与育人故事融为一体。肇庆名师用简明的线条,勾勒出了名师的精神风貌;通过名师成长档案,看到名师们"一路泥泞,一路花开"的辛劳与喜悦;通过学科教育观,可以领略名师高远的教育追求和深刻的教育洞察力;通过一个个鲜活的教育故事,似乎可以感受到名师"一片云推动另一片云,一颗心温暖一颗心"的感动;通过一个个生动鲜活的课堂实录,似乎走进旷远神幽、充满幻想与憧憬的知识海洋……在这里看到的是名师的成长,看到的是名师追寻自我、发现自我、成就自我的华丽蜕变,更是对教育的超越与执着。为了提升名师培养对象的作品感和成就感,项目组邀请学科名师和理论专家,对其"粤派名师成长案例"反复进行审视指导,选择具有代表性的案例结集出版。

限于篇幅,本项目"肇庆市中小学名教师和学科带头人培养项目"分两册出版。《走进肇庆名师群落之一》包括语文、数学、英语、物理、化学、政治等学科,共16篇;《走进肇庆名师群落之二》包括语文、数学、英语、物理、化学、美术等学科,共19篇。每位名师通过记录个人成长轨迹,展示个性风采,彰显学科特色,从中可以透视其独特的人格魅力和育人智慧。读者可以从成长案例中感悟"粤派教育"的应有之义和内涵要素,深入了解广东文化特色与人文景观的教育意义。

本丛书是多方协作的成果。本项目首席专家广东第二师范学院熊焰教授,以及高慎英教授与于慧副教授负责案例的架构设计工作;该项目是集体智慧的结晶,刘焱鸿博士、李俊博士等曾负责这一项目的执行,从项目方案的制定到项目的运行,做了诸多努力;在案例写作过程中,众多校内外学科导师提出了切实中肯的修改意见;各位作者对案例更是反复打磨、精心修改,为读者展示别具特色的肇庆名师风采；庄穗君、湛伟施两位老师，在项目运行等方面做了大量的工作。限于水平，本书难免存在不完善之处，敬请各位同行批评指正。

编者<br>
2019 年 11 月 12 日

# 目　录

◆ 理智而唯美，幽默而激情（黄玉秀·小学语文）↗1
　我的教学风格——理智而唯美，幽默而激情↗1
　我的成长历程↗3
　我的教学实录——《临死前的严监生》（片段）↗5
　我的教学主张——无痕语文课堂↗8
　我的育人故事——理解是敞开心扉的钥匙↗11
　他人眼中的我↗12

◆ 自然灵动，富有真情（钱秋月·小学语文）↗14
　我的教学风格——自然灵动，富有真情↗15
　我的成长历程——播种发芽，扎根成长↗16
　我的教学实录——《一夜的工作》教学实录与反思↗18
　我的教学主张↗23
　我的育人故事——幸福源于爱与爱的碰撞↗24
　他人眼中的我↗25

◆ 深入浅出，化繁为简（吴桂金·小学语文）↗27
　我的教学风格↗27
　我的成长历程↗31
　我的教学实录↗33
　我的教学主张↗40

我的育人故事——带着自己的阳光，向春天出发↗41
　　他人眼中的我↗43

◆ 真实、朴实、扎实（夏丹丹·小学语文）↗44
　　我的教学风格——真实、朴实、扎实↗44
　　我的成长历程——敬业、专业、精业↗46
　　我的教学实录——《泊船瓜洲》教学实录↗50
　　我的教学主张——语文教学要言意兼得↗56
　　我的育人故事——爱是打开学生心灵之窗的金钥匙↗58
　　他人眼中的我↗60

◆ 质朴温情　诱思求深（黄少菊·小学英语）↗61
　　我的教学风格↗62
　　我的成长历程——踏实人生路↗62
　　我的教学实录——PEP 英语四年级上册 Recycle 1 第二课时↗65
　　我的教学主张↗71
　　我的育人故事——爱是最好的教育↗73
　　他人眼中的我↗74

◆ 导学创新　精讲巧问（莫邦新·小学数学）↗75
　　我的教学风格↗75
　　我的成长历程——立志　磨炼　研究　提升↗77
　　我的教学实录——立体图形的整理和复习↗82
　　我的教学主张↗87
　　我的育人故事——培养学生的成功感，激发学生学习数学的热情↗88
　　他人眼中的我↗89

◆ 砥砺奋进　逐梦前行（叶雪莲·小学数学）↗91
　　我的教学风格↗92
　　我的成长历程——给梦想一次开花的机会↗94
　　我的教学实录——"扇形统计图"教学设计↗98
　　我的教学主张——民主平等　自然朴实　开拓创新↗103
　　我的育人故事——先育人再教书↗105
　　他人眼中的我↗106

- ◆ 趣味引导　快乐合作（陈海颜·小学音乐）↗108
  - 我的教学风格——趣味引导　快乐合作↗109
  - 我的成长历程——在努力中进步，在历练中成长↗111
  - 我的教学实录——《捕鱼歌》教学实录↗115
  - 我的育人故事——在"不完美"中寻"完美"↗120
  - 他人眼中的我↗121

- ◆ 踏花归去马蹄香（林晓晖·小学美术）↗123
  - 我的教学风格↗124
  - 我的成长历程——追寻理想的美术教育↗124
  - 我的教学实录——"赏识端砚研墨立德"课堂实录↗128
  - 我的教学主张↗136
  - 我的育人故事——林老师　谢谢你↗143
  - 他人眼中的我↗145

- ◆ 文道合一，春风化雨（何月婵·初中语文）↗147
  - 我的教学风格↗148
  - 我的成长历程——融德于教，春风化雨↗148
  - 我的教学实录↗150
  - 我的教学主张↗153
  - 我的育人故事——播撒阳光，放飞希望↗159
  - 他人眼中的我↗161

- ◆ 带着梦想出发（薛三妹·初中语文）↗163
  - 我的教学风格↗164
  - 我的成长历程——心怀梦想，潜心研修，成长蜕变↗166
  - 我的教学实录——《背影》课堂实录片段↗169
  - 我的教学主张——平等灵动，简约自然↗178
  - 我的育人故事——捕捉契机，尚美育人——由一件班服所想到的↗180
  - 他人眼中的我↗181

◆ 寓童心于激情　在互动中探究（徐华芳·初中英语）↗183
　　我的教学风格↗184
　　我的成长历程——一场"打怪升级"的修行↗185
　　我的教学实录——人教新目标九年级 Unit 8 It must belong to Carla. Section B
　　　　　　　　（2a – 2e）Stonehenge – Can Anyone Explain Why It Is
　　　　　　　　There?↗190
　　我的教学主张——任务·情境·合作——打造"动感"英语课堂↗197
　　我的育人故事——爱的交锋↗199
　　他人眼中的我↗201

◆ 激情幽默　亲和实效　精工致巧（杨雪群·初中英语）↗203
　　我的教学风格——激情幽默　亲和实效　精工致巧↗204
　　我的成长历程——一步一脚印，让梦想绽放↗207
　　我的教学实录——Making Rules for School——被动语态复习课↗214
　　我的教学主张↗222
　　我的育人故事——善意的欺骗↗223
　　他人眼中的我↗224

◆ 一切为了培养"聪明"的脑袋（杨庆辉·初中物理）↗227
　　我的教学风格↗227
　　我的成长历程——默默潜心修炼　完成专业成长三级跳↗229
　　我的教学实录↗235
　　我的教学主张——善思考　重逻辑　亲经历↗239
　　我的育人故事——完美解决"罢课"事件↗241
　　他人眼中的我↗242

◆ 灵动创新　激趣助长（赵洁琼·初中化学）↗244
　　我的教学风格↗245
　　我的成长历程↗249
　　我的教学实录↗251
　　我的教学主张↗260
　　我的育人故事——初出茅庐↗262
　　他人眼中的我——孜孜不倦，善为人师↗263

◆ 幽默激趣　智慧引思（潘小映·高中英语）↗265
　　我的教学风格↗266
　　我的成长历程↗266
　　我的教学实录——The Olympic Games—An interview（Reading）的教学设计
　　　　　　　　与反思↗269
　　我的教学主张↗273
　　我的育人故事——春风化雨　润物无声↗274
　　他人眼中的我↗275

◆ 民主和谐，简约理性，风趣幽默（邱秋梅·高中政治）↗277
　　我的教学风格——民主和谐，简约理性，风趣幽默↗278
　　我的成长历程——教学路上不忘初心，逐梦前行↗281
　　我的教学实录——《文化生活》第二单元第四课第一框"传统文化的继承"
　　　　　　　　↗284
　　我的教学主张——让政治课堂焕发生命活力↗289
　　我的育人故事——做优秀、美丽、受学生欢迎的老师↗290
　　他人眼中的我↗292

◆ 亲和自然、简约实用（王芳·高中地理）↗293
　　我的教学风格↗294
　　我的成长历程↗295
　　我的教学实录↗300
　　我的教学主张↗310
　　我的育人故事——我助小沈上大学↗311
　　他人眼中的我↗313

◆ 知行合一　勤为路（陈作表·高中信息技术）↗315
　　我的教学风格↗316
　　我的成长历程↗317
　　我的教学实录——"台式计算机主机硬件选购清单制作"教学现场
　　　　　　　　与反思↗320
　　我的教学主张↗325
　　我的育人故事——亲其师　信其道↗328
　　他人眼中的我↗330

# 理智而唯美，幽默而激情

● 肇庆市怀集县冷坑镇中心小学　黄玉秀（小学语文）

● 个人简介

我叫黄玉秀，是一名小学语文高级教师。我在2015年有幸成为肇庆市第二批小学名教师培养对象，2017年被评为"肇庆市优秀教师"，2018年被聘为怀集县小学语文学科委员会委员。我撰写的多篇论文曾在市、县获得奖励。近年来，我曾参与过多项省级课题，现在也正在主持一个省级课题。

## ▶ 我的教学风格 ▶

### 理智而唯美，幽默而激情

我踏上小学的讲台担任小学语文教师已经近20年。在这近20年教授语文的过程中，我有过深深的迷茫和困惑，也有过拨云见日的欢欣，经历了一个从门外汉到对教育教学略有所知的半个明白人。其间，有对他人教案的生搬硬套，有自己独霸讲台口若悬河的尴尬，也有大着胆子进行教改的尝试和学生向我表达赞赏的自得……终于慢慢悟出了一些道理，对小学语文教学终于有了一点点的心得。

借鉴他人的经验，倾听别人对我的课堂评价，我最终确定了我的教学风格——理智而唯美，幽默而激情。

（1）理智而唯美，课堂灵动的源泉。

教学不只是传授知识，教学的过程更不是静止的过程。语文课堂上老师和学生时时迸出智慧的火花,从这个意义上来说,语文老师无疑应该是智者。

　　理性的语文教师在讲课时深入浅出,条理清楚,环环相扣,用思维和逻辑的力量吸引学生的注意力。学生通过教师精辟的讲授,不仅学到知识,受到思维训练,还将被教师严谨的治学态度所熏陶和感染,学会冷静、独立地去思考问题,内心充满对知识的透彻理解和对人的智慧发展的执着追求。

　　教师精于教学的技巧,充满机智,各种教学方法技巧可信手拈来,运用自如,恰到好处,并不带有丝毫雕琢的痕迹,如课堂上的小游戏、多媒体的运用等。在课堂上多种多样的形象化的教学手段使学生的语文学习过程生动而形象。美离不开形象,形象体现了美,课堂上教师讲授得生动具体、有血有肉,给学生以如临其境、如闻其声、如睹其状的美感,这样一来,再枯燥的文字也变得生动化,再抽象的知识也变得形象化,再简单的道理也变得有血有肉,即使静止的画面也变得活灵活现动态化,在学生心中激发了情感,形成了一系列具体的表象运动。学生调动所有感官,情不自禁地去感受、思考、想象,进而在对教学内容的理性感悟与理解中生发美感。

　　理智而唯美的课堂使整个课堂逻辑缜密,但又具有唯美的风格。音乐和画面搭配合理,讲解、分析思路清晰;提问、讨论、练习,针对学生实际。对于学生掌握知识而言,这是一种追求高效率的且充满文学美的教学风格。

　　(2)幽默而激情,课堂灵动的催化剂。

　　相声和小品是大家喜闻乐见的艺术形式。这是因为,其风趣幽默的语言能让人得到身心的放松,同时还可以增长智慧。教学幽默像兴奋剂,具有极强的情绪感染力,可以有效地活跃课堂气氛,使学生精神振奋,情绪活跃。在这种愉快、欢乐的课堂气氛中,不仅学生会受到教师情绪的感染,而且师生之间的交流畅通无阻,教师所教的知识也很容易转化为学生的智慧。巧妙使用幽默技巧,能引起学生情感上的共鸣,激发学生的学习兴趣,可以像催化剂一样,促使学生对知识迅速"反应",使枯燥的学习演变成一种精神享受。

　　课堂活动是实际的、千变万化的、创新的、激昂的;课堂是思想火花的碰撞与展现,犹如情不自禁地从师生灵魂深处流露出的丝丝甘泉。一个有激情的教师,才能调动学生的情感,才能让学生充满热情地学习。展现给学生一个"充满激情的我",才能陪伴孩子度过每一段"燃烧的岁月"!有激情就显活力,有激情就能滋润每一颗心灵,有激情就能迸发出智慧的浪花。特别是面对小学生,教师要有一颗年轻的心,带着饱满的激情走进课堂,用眼神、表情、夸张的动作去表扬孩子,并吸引孩子们的注意力。整个课堂教学中,教师始终像个兴致勃勃的大孩子,带着学生学习、游戏。好的教师还必须是"演员",在组织教学的过程中适当运用体态语言,能有效地吸引学生的注意,感染学生的情绪。

## ▶▶ 我的成长历程

### (一) 兼容而务实的七年

1999年,我踏进了教坛,成了村级小学的一名新教师,也是当时学校里最年轻的一位老师。

刚从事语文教学工作那年,我所带的班级的语文平均分基本上处于年级的中间状态,甚至有时候是后列,这让我很郁闷。教参上提到的内容我已经和盘托出,备课本早已写得密密麻麻,上课时我已是声嘶力竭,唾沫乱飞,学生们为什么还无精打采,昏昏欲睡?我突然迷茫起来,以致连上课的感觉也找不到了。带着迷茫,我重新审视《小学语文课程标准》,一有机会就去听课,校内听,校外听,学习名家大师先进的教学理念,观摩他们的授课实录,看他们是如何驾驭课堂的。同时,我自费购买了名师的著作,潜心研究他们的授课过程和教育思想。学校的学科培训、教师的基本功展演、公开课展示、校本教研等活动我从不落下。这个阶段里我一边学、一边教,一边教、一边学,实实在在去做,认认真真去学,把别人优秀的地方融入我的课堂之中。

### (二) 尝试创新的五年

7年的时间使我在教学的路上不再青涩。渐渐地,我觉得村级小学已经不够我施展拳脚了。在2006年,我申请调进了现在任教的学校。这所学校在我们县算是小有名气。学校一直以来有一个规矩,新调过来的老师要上一节新教师汇报课。为了给学校老师一个好印象,我就借助网络观看名师们的课堂,把各个名师的课堂优点拼凑成了一节自认为非常满意的汇报课。我把汇报课上完以后,满怀信心地等待着领导和听课老师的表扬,但是,研讨会上我等来的却是一片质疑声。校长的话至今犹在耳旁,他说:"黄老师,你这节课有诗有画真的很吸引人。但是,这节课里有多少东西是你自己的?一节成功的课例不是'拿来主义',而是在汲取他人经验的基础上有意识地去研究语言的艺术性、组织的有效性、教学的技巧性。时刻关注学生,根据学生在课堂上的表现及时调整课堂的授课方法。把别人优秀的方法直接拿来用是不科学的,因为我们面对的是人,学生的实际情况不同会导致教学方法的不适用,我们不能固守现状,必须有所突破。只有做到这一点才是一节成功的课例。"校长的一席话如当头棒喝,敲醒了我。于是,我开始注意研究学生,发挥学生的积极性与主动性,尝试创造新颖独特的教学方法,如教学环节的设计、教学节奏的调控、学生积极性的调动等。

### (三) 以研促教,渐显个性的五年

基础教育课程改革,把教师的专业成长问题提到前所未有的高度,教师的学习、提高显得比以往任何时候都更加重要。在新的形式、新的任务要求下,教研

活动为教师提供了学习新知、交流经验的机会，成为促进教师专业成长的重要途径。课题研究是教研活动的深化，是对已有实践的反思和提炼，又是对未来发展的预测和把握；是对教育现象的分析和教学质量的提升，又是对教育本质的探究和概括。它需要知识、能力、智慧和良好的科研素质。2010年，我参与了学校申报的省级课题"农村小学经典古诗词诵读探究"。作为课题组成员，在听其他实验老师的课例中，我发现了学生在教师创设的情境中比较容易理解古诗词的意思，也更容易体会诗人的情感，在这样的基础上就能更有感情地诵读古诗词了。我开始根据农村小学生的实际情况，尝试用多媒体课件创设有效情境。很快，我发现单单靠情境创设来实施整个课堂还是不够的，太花哨的课堂只能取得短暂的开心，费时且收效不大。于是，我又开始尝试用老师自身的语言魅力来吸引学生。就这样，课堂上思考的问题越来越多，思考如何激发学生的学习兴趣，思考如何发展学生的核心素养……边教边研，边研边教。在这段时间里，我不断地探索，渐渐地发现，幽默而风趣的语言能有效地吸引学生的注意力；老师的激情能有效地让学生产生共鸣；环环相扣的教学环节，理智地对待每次课堂上的生成，机智地解决课堂上的问题，都会使整节课更加高效。

（四）路在脚下，不断前行

2015年，我有幸成为肇庆市第二批小学名师培养对象。在倾听了闫德明博士的"如何凝练自己的教学风格——若干典型案例评析"讲座后，我静下心来，收集整理自己多年的各种教学案例以及发表和未发表的文章，对自己成长历程中的学习经历、课堂探索和理论总结进行了回顾和反思，总结出：灌输式教育最终培养出的学生就会成为一个模子出来的产品，已经不适合现在社会发展的需求。我主张用温暖的话语、严谨的态度、环环相扣的环节点燃学生思维的火把；幽默风趣也是必要的调味剂；激发学生深层的思考、拓深知识的层面是课堂的灵魂所在。定出自己的教学风格并不是终点，而是起点。随着社会的不断进步，教学设备的不断完善，对教师的要求也会相应地发生着改变。所以，"活到老，学到老"是促使人成长的真理。

语文具有基础性、工具性、人文性、思想性、开放性、多样性、实践性、应用性、地方性、区域性、探究性、创造性、时代性、超前性等特点。因此，我觉得老师在教学过程中应做到用优美的语言来吸引学生，用燃烧的激情来感染学生，用专业的知识为学生引路，用敏捷的思维点燃学生智慧的火花。在此基础上我最终确定了我的教学风格——理智而唯美，幽默而激情。

## 我的教学实录

### 《临死前的严监生》（片段）

**学情分析：**

五年级学生已有一定的听说读写能力，也接触过人物描写手法中的动作神态描写，这篇课文的趣味性更能激起他学习的兴趣。但学生第一次接触白话文，故有些词语比较难理解。而作者在短短300余字中运用到人物特写、留有悬念、贴近现实的写法，学生受知识水平和认知特点的限制，不容易理解。

**教材分析：**

《临死前的严监生》是第七单元人物描写一组课文中的第二篇，节选自我国古典讽刺小说《儒林外史》。课文节选的片段不长，只有区区300字左右，但是语言精练传神，活脱脱地刻画了一个吝啬鬼形象。这个片段记叙了严监生临终前因灯盏里点了两茎灯草，伸着两根指头不断气，直到赵氏挑掉了一茎，才一命呜呼的故事，刻画了爱财胜过爱生命的守财奴的形象。

**教学目标：**

（1）正确认读"侄子、郎中、哥子、登时、监生、诸亲六眷、两茎灯草、一声不倒一声"，并理解这些词语的意思。

（2）正确流利地朗读课文，感受严监生的人物形象。

（3）理解课文内容，学习作者抓住人物的动作、神态等描写人物的方法。

（4）激发学生阅读中外名著的兴趣。

**教学重点：**

抓住重点词语体会人物的性格特点，感受人物形象。

**教学难点：**

体会作者抓住人物的动作、神态两方面的细节描写来表现人物性格特点的方法。

**教学过程片段：**

（首先，老师和学生玩了一个"你认识谁"的游戏）

师：从刚才的游戏中不难发现，这些人物都有着自己的特点。今天我们走进《儒林外史》去认识其中一个特别的人物，他叫"严监生"（板书：严监生）。

师：监生是主人公的名字吗？

生：不是。

师：你怎么知道的？难道是你的名字？

（学生笑）

生：我查过资料，说这是指明清两代在国子监读书或取得进国子监读书资格的人。

师：你真厉害！看课文注释查找资料等都是学习的好方法。很幸运，去年我也进入了国子监，那我就是黄监生了。(出示在国子监门前的照片)

(学生笑)

生：可是你没有在那里读书。

师：早知道我就拿本书进去读一下再出来。

(学生笑)

(当讲到大侄子的猜测时)

师：大侄子不能猜透他的心思哟，他心里——

生：他心里非常的着急。

师：是呀，我都替他急。急得他——

生：把头摇了两三摇。

师：他心里想——

生：还说是我的亲侄子，连我的意思都不懂，白疼你了。

师：确实白疼了，他应该疼你，你都知道他的心思了。

(学生笑)

师：看来还有比这件事更重要的。他多么希望二侄子能猜透他的心思呀，可是二侄子也没能明白他的意思，他心里是——

生：又气又急。

师：他——

生：把两眼睁得滴溜圆，把头又狠狠摇了几摇，越发指得紧了。

师：他想——

生：钱，钱，钱，你就知道钱，你二叔我病得快要死了都不关心一下，就想着我的钱。你这只白眼狼。

师：严监生不应该把所有的银子交代出去，应该留点给你，你这么了解他。

(学生笑)

师：面对大侄子、二侄子猜不透他的心思，此时此刻他的内心是怎样的？

生：他急得都想自己去挑掉了。

师：他心急火燎呀！可是，对他的打击还没完呢！你们知道为什么吗？

生：因为奶妈也没猜对。

师：哎！没人能理解他，没人能读懂他，此时他的心里——

生：他彻底绝望了。

师：他有什么表现？

生：把眼闭着摇头，那手只是指着不动。

师：他想——

生：奶妈呀奶妈，亏你在我家这么多年，却不知我心里想着什么。居然连你都猜不出来，我快要支撑不下去了。

师：你真是严监生肚子里的蛔虫呀！

师：还好，他的小老婆赵氏能明白他的意思，走上前挑掉一茎灯草，他——

生：点一点头，把手垂下，登时就没了气。

师：咽下最后一口气时，他想——

生：真不愧是我的好老婆呀！这下我可以放心走了。

师：你还不能走，我们还要接着上课呢！严监生可以走了。

（学生笑）

教学反思：

《临死前的严监生》是五年级下册教材人物描写一组中的第二篇课文。这篇文章选自我国古典讽刺小说《儒林外史》，课文节选的片段不长，只有区区300字左右，但是语言精练传神，活脱脱地刻画了一个吝啬鬼形象。在教学中，我力求体现以下几点：

(1) 在教学过程中无痕渗透学习方法。

叶圣陶老先生认为，学习要高效，必须加强方法的指导。因此，在本堂课中我多处渗透学习方法的指导。

在教学"监生"的意思时我问学生，监生是主人公的名字吗？当学生说不是，他查过资料说是明清两代在国子监读书或取得进国子监读书资格的人。我适时表扬他："你真厉害！看课文注释查找资料等都是学习的好方法。"在精读课文时引导学生通过读一读、画一画、想一想、写一写的方法去读。在学习重点句子的时候引导学生抓住具体的词语去感悟人物的精神。

总之，在教学中我努力把一些学法的指导渗透在教师的导语中、教师的评价语中、教师的小结语中。

(2) 创设情境，激发学生的学习兴趣。

兴趣是最好的老师。学生感兴趣了，老师就会教得轻松，学生也学得愉快。在上课之前，我创设了一个游戏情境——"你认识谁"。这个环节里我用人物中具有代表性的动作、眼神等让学生来猜，在猜的过程中让学生说出理由，激发学生的学习兴趣，还能让学生初步知道每个人物都有自己鲜明的特点，为课文的学习打下基础。此外，我还针对学生爱表现的心理创设了"演一演"的环节，在再现课文情境的过程中使学生加深了对课文的理解，对人物的特点掌握得更加牢固，进一步激发了学生的学习兴趣。

(3) 细读文本，走进人物内心。

要真正感受严监生的吝啬，必须细读文本，透过严监生的动作、神态，走进他的内心。在学习有关严监生的动作、神态的句子的时候，我引导学生去思考："那是怎样的摇头？"体会严监生的失望。"面对大侄子、二侄子猜不透他的心思，此时此刻他的内心是怎么想的？"体会严监生的心急火燎。"没人能理解他，没人能读懂他，此时他的心里只有什么？"体会严监生的绝望。"他心里想——"通过这样一步一步无痕的引领，让学生通过语言文字走进人物内心，真正感悟到严监生的吝啬。

（4）幽默风趣的语言愉悦课堂气氛。

老师的语言也是激发学生学习兴趣的关键，幽默风趣的语言往往能吸引学生的注意力，从而使学生轻松地学到知识。在这节课里，我的语言处处透露着幽默风趣。例如：在二侄子没能猜透严监生心思时，学生此时揣摩严监生心理说："钱，钱，钱，你就知道钱，你二叔我病得快要死了都不关心一下，就想着我的钱。你这只白眼狼。"我幽默地说："严监生不应该把所有的银子交代出去，应该留点给你，你这么了解他。"在引得学生哄堂大笑外，严监生吝啬的特点会更深入学生的心里。

主要的不足之处：

（1）对古文读法不够重视。

这是一篇古典讽刺小说，和现代白话文不一样。读的时候特别要注意体现字正腔圆，读出古文的韵味。但是，我在教学中没有注意这一点。如果能在学生初读的时候引导学生注意读古文的方法，让他们读出古文的味道来，那么在以后读古文的时候，学生也会运用到这种方法。

（2）字词教学缺少方法。

这篇课文中有很多字比较难读，例如，教学"挑"字。在"挑掉"中应读第三声。学习课文的时候有个别同学读错了，我没有及时进行纠正。我对这个词语的教学不够扎实。如果能在这一环节让学生说说什么时候读第三声，学生理解了字的意思之后再读词语，印象会更深刻。

另外，还有一些不足之处，如部分词语的感悟不够到位，有些环节的处理不够妥当，等等，这些都需要自己在以后的教学中不断改进。

▶▶ **我的教学主张** ▶

**无痕语文课堂**

教学过程是一个教与学的双边活动。课堂中教师的教和学生的学如行云流水般舒展，水到渠成般归拢，育人目标如羚羊挂角般无迹可寻却又丰满达成，一直是无痕语文教学的不懈追求。

（一）创设情境，让学生与文本无痕对话

在教学中努力建立平等、民主、合作的师生关系，建构师生合作教学、生生合作学习的集体性教学模式，使学生在合作学习的活动中，学会交际、学会参与、学会关心、学会竞争，促进学生社会化。通过创设情境使课堂气氛活跃，学生与文本无痕对话。

2013年，我参加了我们县的青年语文教师优质课比赛。当时我执教了人教版二年级的《丑小鸭》这一课。二年级的孩子年龄比较小，他们的理解能力不强，注意力集中的时间不长。经过综合考虑，我认为情境创设能有效提高孩子的注意力，使学生与文本无痕对话。在教"丑小鸭被欺负"时，我利用多媒体出示一幅幅其受欺负的动态画面，再配上伤感的音乐渲染，让学生感同身受。当教到"天越来越冷，湖面结了厚厚的冰。丑小鸭趴在冰上冻僵了"的时候，用多媒体播放大雪纷飞，湖面结了厚厚的冰，周围一片寂静，可怜的丑小鸭趴在冰冻的湖面上，一动不动。这时，整个课堂静极了，只听见课件里播出呼呼的风声。孩子们的眉头紧紧地皱在一起，有些孩子的眼眶泛着泪花。

通过多媒体课件展示这些情境，把文本生动地展示在孩子们的眼前，让孩子们走进文本，与主人公同喜同悲。

要让学生放飞心情，体验情感，汲取知识，培养情操，利用多媒体课件创设情境就是一个好的方法，为我们到达成功的目的地提供了一条捷径。

（二）润物无声的情感渗透

人与动物的本质区别在于人是有情感的，人一旦没了情感也就没了生气与活力。《小学语文课程》标准要求"学习鉴赏中外文学作品，具有积极的鉴赏态度，注重审美体验，陶冶性情，涵养心灵……有自己的情感体验和思考"。语文是一门能够增长学生知识、丰富学生生活、丰厚学生生命的学科。在课堂教学中，我们理当充分调动学生已有的知识与经验，在学习活动中来获得进一步的情感体验与感受。

教学人教版三年级《妈妈的账单》时，除了学习课文内容外还要让学生回归到现实生活中去。因此，我设计了说一说环节：彼得的妈妈是这么爱他，那你的爸爸或妈妈又是怎样爱你的呢？通过说爸爸、妈妈是怎样爱自己的，让学生深深地体会到父爱和母爱的伟大，让孩子们心灵得到一次洗礼。于是，我向学生提出用自己的行动回报父母的爱，他们欣然接受了。有的说在家要帮忙洗碗；有的说回家要帮工作了一天的爸爸妈妈捶捶背；有的说以后再也不惹爸爸妈妈生气了，要做一个懂事的孩子……这就是孩子们灵魂的触动，没有一丝一毫的强迫，很自然地将文本与学生个体体验联系在一起，水到渠成地将情感渗透进来。这也是我的课堂追求。我们的课堂教学就是要以人为本，人的发展才是最重要的。

（三）顺势引导，生成无痕

语文教学离不开教师的引导，需要引导学生不断走进文本，深入探讨。但无痕语文教学需要我们教师依据学生对文本的解读顺势而导，步步深入，层层递进，不露痕迹，不动声色地把学生的思维一步一个台阶地引向认知的新高度。

2017年，我执教了人教版五年级的《圆明园的毁灭》这一课。当我教到英法联军闯入圆明园时，顺势出示了一段火烧圆明园的视频。

师：同学们，你们看完这段视频后，心里有什么感想？

生：我看完后感到心里很难受也很愤怒。

（我就顺势出示句子：他们把园里凡是能拿走的东西，统统掠走；拿不动的，就用大车或牲口搬运；实在运不走的，就任意破坏、毁掉）

师：请你带着你的感受读吧！

（这时候，学生的朗读情感就出来了。为了加深学生对"任意"这个词语的理解，我这样展开了教学）

师：英法联军是怎样任意的？

生（愤怒地说）：拿着棍子砸。（做了一遍砸的姿势）

生：他们运不走就拿刀来砍。

师：总之，就是毫无顾忌地、随意地破坏、毁掉。去掉了"任意"这个词行吗？

生：不行，这就看不出英法联军的丑恶嘴脸了。

无痕语文教学是以平等对话、智慧引导、思维灵动、和谐共构为特征的课堂教学文化。它浸润着人文的色彩，需要教师导而不牵，学生如舟行碧波，轻松自如，如行云流水，一气呵成。

（四）从读到写的无痕过渡，还原语文核心素养的提升

随着改革的推进和学生年级的升高，我越来越清醒地认识到，语文教学的本质是言语能力建构，阅读能力转化为语言运用能力，才是语文教学之本。而两种能力之间，隔着一个心理学名词——迁移。为此，我进一步调整课时结构，"均衡读写"，"理解"和"表达"并重，强调"运用"的过程。

在大单元教学的设计中，我更加聚焦学生语言运用能力的培养，较多地关注单元教学中的读写联动。在解读单元教材时，我特别重视从单元内各篇教材中去寻找语言表达的规律与方法，发现文本瑰丽景致的关键所在，找到文本最具阅读和习作价值的核心点，寻找单元教学共振点。这个"共振点"，可能是某种表达顺序，可能是某种构段方式，也可能是某种描写方法……在兼顾单元内的其他相关目标的同时，侧重从培养学生语用能力的角度确定单元的核心目标，尤其重视引领学生感知、揣摩段落的表达方式和文章谋篇布局上的特点，并把学到的相关表达规律及方法迁移到习作中实践，从而不断提高学生语言运用的能力。

为此，我紧紧围绕各个单元的核心目标，精心处理教材，有效整合教材。我引导学生从本单元的教材阅读中拓展开去，对更多嵌入阅读资料进行对比学习、类比学习，从中领悟相应的表达方法，这样更有利于发现语言规律，汲取语言

精华。

带着写作中的问题进行阅读教学，教学生阅读的同时，让学生潜心触摸语言文字，一边接受情感熏陶，一边揣摩表达方法，巧妙地把知识训练点融合在文本的感悟之中，让学生经历一个从感受到理解，再到积累、运用的过程，使文本解读与语言训练有机融合，让学生语文学科核心素养不断提升。

在教学人教版六年级语文《穷人》时，读完课文后我问学生："渔夫和桑娜收养了西蒙的两个孩子后，他们一家人今后的生活过得怎么样？"要求学生结合当时的社会背景进行写作。

这样的写作既充实了课文内容，释放了学生的表达潜能，又促进了学生对文本情感的升华体验，提高了学生的语言表达能力。

## 我的育人故事

### 理解是敞开心扉的钥匙

2016年，我新接手了五年级（4）班。当时班上有一个叫李琳的小女孩，她的成绩处于班中的中等水平。我发现了她一个奇怪的现象——上课时爱睡觉。

有一次，我上语文课时发现她又趴在桌面上睡觉。于是我就故意叫她起来回答问题，结果她答对了。这时，我想我需要深入了解她的情况。下课后我询问她是不是不舒服，她却说，她也不想这样，只是控制不住自己。问她原因，她却不肯回答。

我一度很迷茫，不知该怎么办才好。直接问她，她又不愿意说，我想她应该是有难言之隐。她既然不愿意告诉我原因，我想她肯定也不希望我去家访。为了顾及她的情况，我决定从其他学生入手，看看是否能找到原因。据学生反映，她是在三年级时转学来的，刚转来时成绩很好，上课认真听课，不打瞌睡。但是在四年级时上课打瞌睡，成绩开始下滑。同学们还说，她除了体育课，其他的课都打瞌睡。由于我刚接手这个班，我想她应该是不相信我，所以不愿意告诉我。

在了解李琳的情况后，我选择了一个课外活动时间把她叫到了操场上，我们一边散步一边交谈。这样的环境没有办公室的紧张氛围，没有责备和鄙视。我告诉她在上课时我们是师生关系，在课下我们就是朋友。她可以当我是她的大姐姐或朋友。今天我想听听她对课堂上打瞌睡事件的心里话。那时我的态度是亲切而认真的。我也不催促她，只是默默地陪她沉默，耐心等她向我敞开心扉。在沉静或是犹豫了一段时间之后，她终于肯将自己的情况毫无保留地讲给我听，在这期间我只是静静地聆听着，让她觉得我是值得信任的。原来这是一种病，她家里的人也带她去看过了，但效果不太明显。她怕其他的同学知道后会笑话她。她的担心我能理解，于是我轻扶着她的肩膀，对她说："生病，谁也不想。你的家人和你都在努力与病魔抗战。其实同学们知道以后也不会笑你的，我和他们都会站在你的身边为你鼓气的,用我们集体的力量与病魔抗战,好吗?"她脸上的愁云消失了,她微笑着说:"好!"她还提出让我跟同学说,在她犯病的时候就把她叫醒。我举起双手与她击掌为盟,让她明白到我跟她是在同一条战线上的朋友,我会与她共同克服困难。从此以后,她一犯病,就会有同学把她叫醒。有时她发现自己快要犯病了,就会主动站起来。平时我也会与她的家长沟通,询问她的病情发展情况。在我们大家的帮助和她的努力之下,她的成绩有所提高。她虽然已经毕业了,但她有空就会用微信与我聊天。有时跟我聊一聊学习上的情况,有时聊一聊生活上遇到的困惑,有时向我说说心里话等。

学生最苦恼的就是不被人理解,尤其是不被自己的师长理解。所以,教师要设身处地从学生的角度去观察和分析,了解学生的心情,让学生感到老师是理解自己的,让他们感觉到老师除了是师长还是他们知心的朋友。

## ▶ 他人眼中的我

### (一)学生眼中的我

学生倪焕成说:"母亲对子女是关心的,黄老师对我们就像对子女一样好,非常关心我们。经常听到黄老师说,明天下雨,大家不要忘记拿伞来学校啊,天气有变化要注意增减衣服呀……我们听了,心里总是暖暖的。"

班长莫昭雯说:"黄老师语言幽默、严谨细致、平易近人。上课时,常常逗得我们哈哈大笑,课间休息时,她会和我们谈论今天学到的有趣的知识。我从来没有听到我们的黄老师大声训斥我们,她总是和蔼地跟每一个同学说话,就连最调皮的同学都很听黄老师的话。"

### (二)家长眼中的我

黄华光妈妈说:"黄老师很注重孩子的品行教育。记得有一天,我儿子华光端着一杯水跑过来跟我说:'妈妈,看你满头大汗,快去坐着喝点水,店铺的货物我来收拾吧!'当时我还以为听错了,这孩子怎么变得这么懂事了。看着他忙着收货物,我才发现这是真的。我忍不住问他:'儿子,今天怎么想到帮忙了?'他说:'因为今天我们学习《妈妈的账单》时,黄老师说过要我们懂得感恩,要孝敬父母。小孩子也有小孩子孝敬父母的方法。为家人做自己力所能及的事情就是一种好方法。以后我会孝敬你们的。'我真的非常感谢黄老师,把我们的孩子教得这么好!"

徐洁妈妈说:"老师是孩子人生的奠基石和引路人。在孩子学习习惯、行为习惯养成的重要时期,他们不仅仅是给孩子传授知识,而且教孩子学习的态度、做人的标准、积极的心态。儿子的班主任黄老师正是这样一位富有经验的教师,她工作沉稳,细心负责,深谙儿童心理,儿子的茁壮成长和点滴进步都离不开黄老师的关心和爱护。三年级第一学期刚开学的那段时间，儿子的情绪有些低落，我们父母多次和孩子交流都未见效果。黄老师得知情况后，多次找我儿子谈心，为他疏导，让孩子很快又恢复了从前的活泼开朗，进入到学习状态！在儿子四年级第二学期快要结束的时候，突然感染了肺炎，要在家里休息2个星期。当时马上要期末考试了，我心里很着急。黄老师得知了儿子的病情后，马上安排住得近的同学把每天的作业和复习内容及时带给我们，好让儿子在家里学习并复习。黄老师还不忘隔三岔五地打电话来询问病情、了解情况。当儿子病愈返回学校后，黄老师还特地安排补课，使儿子的功课没有落下，而且还在期末考试中考出了优异的成绩。通过这件事情，我从心底里佩服和感激黄老师。"

（三）同事眼中的我

黄雪群老师这样说："我能和黄老师成为同事是一件很荣幸的事情。黄老师是我的好导师，给予了我很多的帮助。记得有一次，我代表学校参加镇级公开课，那是我第一次面对那么大型的公开课，她给了我很多的帮助。我不会制作的课件就向她请教，她很耐心地一一帮我化解问题；我备好了课就请她给我意见，她就把她的见解一一写好批注，有些地方怕我不能理解还亲自找到我跟我讲解。这一次的公开课得到了很高的评价，我觉得这份荣誉的背后有黄老师的一份功劳。"

钱雪珍老师这样说："我身边的同事很多，让我由衷敬佩的也很多。黄老师就是我十分敬佩的人之一。她是一位对工作有敬业之心和进取之心的老师。黄老师对工作充满热情，从来没有听到她抱怨工作量大。她对工作总是一丝不苟，脚踏实地，全身心地投入到班级工作中。记得那年，由于工作需要，学校领导找到她，她二话没说，就把人人觉得苦、累的三年级班主任工作揽下。由于班上孩子小，所以每天都能早早地看到她来到学校，督促学生打扫卫生、检查作业，监督学生安全。他们班在她的精心管理和引领下，班风、学风蒸蒸日上，学科成绩进步很大，学校组织的各种活动也积极参加。"

姚刚志老师这样说："我们经常去听黄老师的课，她的课很有借鉴的价值，很实在，关注学生比较多，老师讲得不多，学生练得多。布置的作业形式多样，让不同层次的孩子们都有发挥的空间。有一次我听了她上的《圆明园的毁灭》。有一个环节特别值得我学习。当学完圆明园毁灭前的美景后，黄老师没有马上让学生打开书去学习圆明园毁灭后的情境，而是用一个视频还原了圆明园毁灭时的情境。用视觉来冲击学生的神经，激发学生的情感。对于乡村的小孩来说这是最有效的方法。黄老师调动学生各个感官来学习的方法值得我去借鉴。"

# 自然灵动，富有真情

● 肇庆市封开县南丰镇中心小学　钱秋月（小学语文）

● **个人简介**

1979年的春天，我出生在一个宁静的小山村，从小立志当一名教师。1998年7月从师范院校毕业，如愿以偿回到家乡任教，现任职于封开县南丰镇中心小学。2008年7月加入中国共产党，是小学语文高级教师。先后获得"全国中小学优秀班主任""全国优秀教师""广东省山村优秀教师""肇庆市学科带头人""最美封开人提名奖"等荣誉称号。我扎根农村教育20多年，一直承担语文科教学任务兼做班主任。曾辅导70多名学生参加作文、书法竞赛获奖，指导学生习作15篇发表在《西江日报》《肇庆教育报》上。10多节优质课、录像课、微课制作在全国、省、市、县级比赛中获奖。撰写教育教学论文20多篇，并在全国、省、市、县级比赛中获奖，其中8篇教育教学论文在国家、省、市级刊物上发表。积极参与7项国家级、省级、市级课题研究。主持2项省级课题研究"农村小学中高年级作文教学中以生活体验去表达真情实感的研究"和"农村小学语文个性化阅读教学的研究"，其中"农村小学中高年级作文教学中以生活体验去表达真情实感的研究"获"广东省第四届教育科研规划小课题研究成果"二等奖。

## ▶ 我的教学风格 ▶

### 自然灵动，富有真情

小学语文学科具有基础性、人文性和工具性特征。小学语文学科教育是学习其他学科的基础，此阶段获得的语文知识，对一个人终身学习起到重要作用。通过教材中悠久、灿烂文化的浸润，儿童的身心得以健康成长。在语文教学中，教师通过创设文化情境，以文字激发情感、以情境陶冶性情，达到以文字教育人、以情境培育人的目的。语文来自生活，最终又回归于生活，服务于生活。

"自然灵动，富有真情"是指用自然灵动、富有真情的课堂语言，通过自然灵动、富有真情的课堂设计，采用自然灵动、富有真情的课堂评价让孩子在语文课堂上身心都能够保持自我，自由发挥，自主创造，自我完善，让孩子身心得到健康成长，成长为具有真性情的、人格完善的人。

#### （一）自然灵动、富有真情的课堂语言

教师讲课应饱含情绪，将对语文的热爱和追求融于对学生的关心、教导和期望之中，充满着对人的高度尊重和信赖。因此，在课堂上，我时刻保持高度热情，用自然灵动、富有真情的课堂语言，如春风化雨、润物无声般引起学生情感共鸣。我和学生之间在理解、沟通的前提下，共同营造出一种渴求知识、探索真理的热烈气氛。在教师的引导下，学生所获得的不仅仅是知识的训练价值，还包括人格、情感的陶冶价值。要培养孩子的语文素养，就是要培养孩子们的语感和情感。因此，在教学中，我常常花大量的时间引导孩子们反复诵读文本，用自然灵动、富有真情的课堂语言去滋润孩子们的心田，在潜移默化中激活孩子们对文字的美妙感觉，让孩子们用心灵去拥抱语言，感悟文章的情感内涵，最终使孩子们通过真挚的朗读感悟融入文本，融入作者，融入字里行间，让孩子们将有限的语言变为无限的遐想与多彩的感悟，达成孩子、文本、教师之间的共鸣。

#### （二）自然灵动、富有真情的课堂设计

教学当中，我坚持实施以教师为主导、以学生为主体的课堂教学改革，认真设计每一节课。针对不同的课型因材施教，采取自然灵动、富有真情的课堂教学方法、组织形式，准备好必需的教具、材料。研究学生，分析学情，预设符合学生的生理特点和心理特点的问题。上课时，用自然灵动、富有真情的课堂语言声情并茂地讲授知识，用多样的教学方法演绎知识产生的过程，用不同的教学组织形式驱动学生主动参与到教学活动中。通过朗诵、表演、词语大赛、辩论大赛，当小导游、主持人、演说家，"真情"作文课、创新作文课、实践作文课等教学活动，在自然灵动、富有真情的语文课堂中引导学生关注自身的成长，提高社会认知水平和社会适应能力，逐渐形成完善的人格。

### （三）自然灵动、富有真情的课堂评价

自然灵动、富有真情的评价使学生感受到学习的乐趣，发现和发展学生多方面的潜能，帮助学生认识自我、建立自信，从而有效地促进学生的发展。因此，我在语文课堂上采用多元评价模式——师生评价、生师评价、生生评价、生自评价，构建自然灵动的语文课堂。例如，当学生朗读完一段课文，老师可以对学生做出真诚的评价，或者学生对学生做出真诚的评价，也可以学生对自己做出真实的评价；在老师范读一段课文后也可以让学生做出真实的评价。在课堂中，善于观察，善于倾听，及时把握和利用课堂上的动态生成因素，采用多元评价，构建自然灵动、富有真情的语文课堂。我们的目标是促使学生全面健康的发展，不断认识自我，形成正确的人生观、价值观，成长为一个有独特思维、有个性特长的人。

## ▶▶ 我的成长历程 ▶

#### 播种发芽，扎根成长

"无惧严寒冰雪，她屹立在那里，感受自然的风，呼吸自然的空气，聆听自然的声音！无惧土地贫瘠，她屹立在那里，钻破土地发芽，吐露着芬芳，美丽着年华！"

这是我在读完一篇介绍绿绒蒿的文章时发出的感慨。绿绒蒿，一种生活在海拔3000～5000米高的极端恶劣环境的野生高山花卉，外表娇柔，内在禀性刚烈，不畏严寒风雪，傲然开放。我希望自己的教育教学成长之路也像绿绒蒿那样不惧困难，播种发芽，扎根成长。

（一）播下种子，钻地萌芽（1979年2月—1998年6月）

1979年的春天，我出生在封开县南丰镇的一个小村庄——万禄村。这里民风淳朴，山清水秀，人杰地灵，人称"千师村"。我的先祖钱鸿施是清朝嘉庆皇帝还是皇太子时的老师。他曾任浙江杭州府于潜、余杭两县知县，为官清正，尤其重视地方教育事业，出资办学。为此获得乾隆皇帝诰封三代，诰封圣旨牌如今仍高悬于村中的钱氏宗祠之上。他在告老还乡之时，用毕生积蓄在村中祠堂右侧建起一座旁厅用做学府（后称万禄小学），并赞助乡人读书。由此，村里读书之风日盛，人才辈出，尊师蔚然成风。据不完全统计，近200年来，村中已有1000多人做过老师（几乎等于现在的全村人口，目前全村有1200多人）。因此，我的村庄又被称为"千师村"。从小我就耳濡目染，在学府中学习成长，"当老师"这一愿望便在我小小的心灵中播下种子。中考时，我毫不犹豫地选择报考师范学校，期待这颗种子钻地萌芽。

（二）潜心教育，扎根成长（1998年7月—2014年12月）

1998年7月，我从广东高要师范学校毕业，带着儿时的梦想，谨记着师范学校的校训"学高为师，身正为范"，回到了家乡踏上三尺讲台。一开始分配在南丰镇的侯村小学任教语文。这所学校离家12千米，坐落在乡村的山脚下，面朝田野，偏僻宁静。从家到学校，一路泥泞，要骑差不多一个小时的自行车。特别是下雨天，学校门口的黄泥浆沾满自行车的轮子。条件虽然艰苦，但在这里，和优秀的教育教学工作老前辈一起，他们那种不怕苦、不怕累，一心为了教育事业的奉献精神不断地影响着我、激励着我，使我迅速地成长为一名合格的人民教师。

2002年9月，由于工作的需要，我调回到我的母校——万禄小学任教。在这里和曾经的恩师们一起学习工作，所带的学生，按照辈分来说，都是叔伯兄弟姐妹，感觉身上的责任更大了。在工作中，我任劳任怨，热爱孩子，乐思好问，不断地向老前辈请教，研读教育教学方面的书刊，出外学习提升。所带班级的学生健康成长，学科成绩走在全镇的前列，得到孩子的认可、家乡的信任、学校的信赖。我带着一颗热情的心去工作，以身作则，严格要求自己的一言一行，用自身的正能量不断地去感染学生们。希望家乡这种好学、尊师之风得以不断延续。

2006年，由于农村学校新布局调整，镇上最边远小学六年级的学生都到镇中心学校就读，学校缺教师，我被调到中心学校任教语文。在中心学校，我得到了更多的锻炼。在教育教学中，我不断地摸索、学习、探究，取得了一定的成绩：指导学生参加征文、书画等比赛多人次获奖，指导学生多篇习作发表在报刊上；多次成功承担市、县的公开课、示范课。其中，2011年参加肇庆市青年教师优质课比赛获一等奖，撰写了多篇教育教学论文、教学设计分别获奖，参与了2个国家级课题研究、1个省级课题研究，2012年获广东省教育厅评为"广东省山村优秀教师"，2014年9月获中华人民共和国教育部颁发的"全国中小学优秀班主任""全国优秀教师"两项殊荣。

（三）突破瓶颈，整装出发（2015年5月至现在）

面对着一项又一项的成绩，我渐渐感到迷茫，觉得自己的事业发展到了瓶颈阶段。接下来，我的教育教学之路该如何走下去？我该如何再成长？直到2015年5月参加"肇庆市第二批中小学名教师培养项目"开始，通过不断的学习，我重新找到自己的目标——做一位专家型的教师。以往我只是限于提高个人的教学教育能力，今后我将带领区域的教师提高教育教学能力。

在名教师培养期间，我努力学习，积极思考，不断总结、反思，努力提高自己的理论水平。2015年，我主持省级课题"农村小学中高年级作文教学中以生活体验去表达真情实感的研究"，此课题已于2017年12月成功结题，研究成果获"广东省第四届教育科研规划小课题研究成果"二等奖。2016年，我主持省级课题"农村小学语文个性化阅读教学的研究"，目前，这项课题还在实验中。通过参加课题研究，提高了我的科研能力。同时，组织团队带领区域教师成长。从2017年开始，我担任全镇小学教师培训管理小组组长、全镇小学教科研工作室驻点组长，全面负责教师校本培训的具体工作以及本镇的语文教学教研工作。我充分利用本地资源，引导我们镇教师积极投入到山区农村教学教研中去。每学期组织开展并参与校本培训——"专家、骨干教师送课下乡活动"，经常到本镇薄弱学校进行教学教研帮扶，积极开讲座与老师交流。并通过多种教研活动，使本镇，特别是镇上的薄弱学校的教师教学教研能力逐渐提高，也使本镇教育教学质量逐渐提高，使教育教研氛围不断浓厚。

星多天空亮，人多智慧广。我希望能和其他老师共成长，一起像绿绒蒿那样不畏困难，扎根在山区的教育教学土地上。

## 我的教学实录

### 《一夜的工作》教学实录与反思

**（一）学情分析**

周总理的生活年代与现在小学六年级的学生生活的时代背景相去甚远。基于学生的年龄特点，他们对当时的时代背景了解甚少，对周总理的生平认知也极其有限。尤其对于农村的学生来说，课外阅读量少，对有关的电视、电影作品也了解得不多，更是缺乏对人物的感性认识。这会令学生在学习课文时很难与作者产生情感上的共鸣，对文章内涵的体会也不会深刻。所以，课前丰富学生的感知，激发学生的情感，对于学生学习本课特别重要。

**（二）教学目标**

（1）理解课文内容，从周总理辛勤工作的精神和简朴的生活作风中感受周总理的伟大人格。

（2）正确、流利、有感情地朗读课文。

（3）领悟本课用朴实无华的文字、生活中的小事表现高尚人格的方法，体会作者强烈的思想感情。

**（三）教学重点难点**

教学重点：从周总理一夜的工作情景中，体会总理的劳苦和简朴，感受总理的伟大人格。

教学难点：从课文最后两个自然段体会作者强烈的思想感情。

**（四）教学实录**

师：（出示周总理画像）孩子们，知道这是谁吗？

生：周总理。

师：通过课前的搜集资料，你对周总理有哪些了解？

（生互相交流。）

师：（配乐朗诵柯岩的诗歌）为什么作者会如此动情？为什么人民会如此想念周总理？

师：请同学们打开书，大声地朗读课文，把生字词读准确，把句子读通顺，读完后用文中的一个词语来形容一下这是怎样的一夜。

（生读、找）

（生反馈：劳苦、简朴）

师：课文中的哪个句子有这两个词语，请找出来画上横线。（他是多么劳苦，多么简朴！）引导这是文章的中心句。

师：现在让我们静静地、用心地读课文，（课件出示自学提示）请用"▬▬"画出让你感受到总理工作劳苦的语句，用"＿＿"画出让你感受到总理生活简朴的语句，反复朗读所画的词句，在旁边做好批注写下你的读书感受，写好后可以自主交流。

（生边读边画边写，教师巡视了解、指导）

师：同学们，现在就让我们一起来交流一下你们的读书感受吧！

师：能体现周总理生活简朴的句子有哪些？

生：那是一间高大的宫殿式的房子，室内陈设极其简单，一张不大的写字台，两把小转椅，一盏台灯，如此而已。

师：读得真流利，让我们一起来读一读这个句子吧。

（生齐读）

师：读着读着，哪个词语给你留下深刻的印象？

生："极其简单""宫殿"。

师：怎样的简单？

生：极其简单。

师：换一个词语代替"极其"（非常、格外、特别、十分……），为什么不用"非常、格外、特别、十分"这些词语？要用"极其"？（因为它实在是太简单了，只有一张不大的写字台，两把小转椅，一盏台灯，其他什么都没有了）

师：看到了吗？总理的办公室简单得不能再简单了，只有——（生齐读：一张不大的写字台，两把小转椅，一盏台灯，如此而已）

（体会"宫殿"）

师："宫殿"过去的主人是谁？里面会摆设些什么东西？现在这个地方作为我们周总理的办公室后，你看到这里有什么？

生：一张不大的写字台，两把小转椅，一盏台灯，如此而已。

师：你看到了金银珠宝了吗？

生：没有。

师：你看到这里只有什么？

生：一张不大的写字台，两把小转椅，一盏台灯，如此而已。

师：这才叫极其简单啊！在这极其简单的陈设后面，我们分明看到了一种极其不简单的东西，那是——（总理的心，精神，品质……）

师：是的，总理的精神和品质让我们深深地感受到他的极其不简单，带着这份感受我们再读这一句话，肯定会有不一样的感情读出来。

（生读）

师：还有哪些句子让我们感受到总理的简朴，让我们为之感动？

生：这时候，值班室的同志送来两杯热腾腾的绿茶，一小碟花生米，放在写字台上。总理让我跟他一起喝茶，吃花生米。花生米并不多，可以数得清颗数，好像并没有因为多了一个人而增加了分量。

生：这就是我们的好总理，生活简朴的好总理工作了一夜，劳累的一夜，只吃如此简单的夜宵。

师：总理生活的简朴让我们深深地感动了，感动我们的还有他的——劳苦。能体现周总理生活简朴的句子有哪些？从中你感受到了什么？

生：总理见了我，指着写字台上一尺来高的一叠文件说：我今晚上要批这些文件。你们送来的稿子，我放在最后。你到隔壁值班室去睡一觉，到时候叫你。

生：从"一尺来高"感受到周总理的工作量大和他的劳苦。

师：请同学们读这句话，说说你从中感受到什么："他一句一句地审阅，看完一句就用铅笔在那一句后面画上一个小圆圈。他不是浏览一遍就算了，而是一边看一边在思索，有时停笔想一想，有时还问我一两句。夜很静，经过相当长的时间总理才审阅完，把稿子交给了我。"

生：从中感受到周总理的严肃认真、一丝不苟。

生：喝了一会儿茶，就听见公鸡喔喔喔地叫鸣了。总理站了起来对我说："我要去休息了。上午睡一觉，下午还要参加活动。你也回去睡觉吧。"

生：抓住重点语句"喝了一会儿茶""公鸡喔喔喔地叫鸣了""上午睡一觉，下午还要参加活动"感受到周总理的工作时间长，工作劳苦。

师：同学们都是会读会思考的孩子，从刚才的交流中，老师抓住一个细节描写的句子，想和同学们再来交流一下感受，可以吗？

生：他一句一句地审阅，看完一句就用笔在那一句后面画上一个小圆圈。他不是浏览一遍就算了，而是一边看一边思索，有时停笔想一想，有时还问我一两句。

师：请问，这几句话中哪些地方让你感觉到这不是普通地浏览，而是在审阅？

生：从"一句一句、审阅、看、画、思索、想、问"这些词语中感受到的。

师：对呀，你们所说的这一切，足以让我感觉到总理看一份文件是如此的不容易啊。来，我们一起读这几句话。

生：（齐读）他一句一句地审阅，看完一句就用铅笔在那一句后面画上一个小圆圈。他不是浏览一遍就算了，而是一边看一边思索。

师：这是一种怎样的审阅啊？

生：仔细、认真、全神贯注、一丝不苟地审阅，极其认真地审阅……

师：是啊，同学们，总理这样一丝不苟、全神贯注、极其认真地审阅的仅仅是这一份文件吗？

生：不是，一尺来高。

师：是呀，下面就让我们一起用自己的心走进这极其不简单的一夜。（配乐朗读）

师：同学们，总理究竟在思索些什么？

生：人民吃不吃得饱，小孩子有没有书读，有没有外敌侵略……

师：是啊，我们的总理为了祖国，为了人民要思考那么多的问题！这整整一夜总理休息过吗？如此劳苦的工作，怎能不让我们感动？难道我们的总理只有这一夜是这么劳苦地工作的吗？时隔多年，我们再来看看周总理一天的工作，请同学们阅读课后的资料袋，看看总理一天的工作安排，说说从资料袋中你读懂了什么？

生：我读懂了周总理的工作劳苦。

生：我知道了周总理的每一天、每一夜都是这么辛苦工作的。

师：是的，周总理就是这样夜以继日地工作着，几十年如一日地工作着，这一夜就是他每夜的缩影，一生的缩影。同学们，我们亲眼看见了周总理一夜的工作，此时此刻，我们一定有着千言万语想对总理讲，现在就请同学们把你想对总理说的话写下来吧。

（生写完后激动地交流）

生：周总理，您为了国家，为了人民鞠躬尽瘁，染白了头发，熬红了双眼，您太辛苦了，人民感谢您！

生：周总理，您对工作如此高度负责，我敬佩您。

生：周总理，您工作这么劳苦，生活却那么简朴，我敬佩您，我爱您。

师：是的，这就是我们的好总理啊！在回来的路上，我不断地想着，不断地对自己说："这就是我们的总理。我看见了他一夜的工作。他是多么劳苦，多么简朴！"当这种念头像潮水般涌入我内心时，我想高声对全世界说——

生：（课件出示全班激情朗读）看啊，这就是我们中华人民共和国的总理。

我看见了他一夜的工作。他每个夜晚都是这样工作的。你们看见过这样的总理吗？

（学生分角色激情朗读）

师：此时此刻，我想全世界的人民都听到了你们激动、自豪的声音。由于长年累月的劳苦，我们敬爱的周总理不幸病倒了。1972年，周总理被确诊患了癌症。1975年，周总理的病情开始恶化，但他仍然拖着只剩下30公斤的重病之躯继续顽强地工作。

（课件出示补充材料，教师配乐讲述）

师：面对这样的总理，你有什么话想说？

生：周总理，您辛苦了，我们爱您！

生：周总理，您累了，就好好休息吧！

生：周总理，您是我们敬爱的领袖，我们不会忘记您！

（学生无不热泪盈眶，被周总理的精神所感动）

师：这就是我们的好总理，他为了人民，为了国家，鞠躬尽瘁，让我们再看他一眼，永远地记住他，让我们把心中的千言万语汇成一首小诗送给他（课件出示，配乐，师生齐深情读）。

（五）教学反思

**1. 自然灵动的教学设计，使课堂富有真情**

课前通过认真研读教材，参考教学用书，结合本班实际学情进行备课。课程采用多种教学方法、多种教学手段，使课堂实施过程自然灵动，富有真情。课前要求学生通过多种途径搜集跟课文有关的资料，对周总理的高尚品格有初步的了解，为学习课文奠定感情基础。

**2. 设情境激发感情，使课堂富有真情**

（1）配乐朗读激发感情，使课堂富有真情。

开课出示节选的柯岩的诗《周总理，你在哪里》，配以音乐深情朗读，为学习本文奠基感情基础。在感悟周总理一夜的辛勤工作时，又让学生深情配乐分角色朗读这两句话。在深情配乐朗读中，学生脑海中不断出现总理一丝不苟工作的画面，走进总理的内心世界，感受总理伟大的情感。在突破教学难点时，我再次借助音乐渲染，深情介绍总理自1972年确诊为癌症到1976年逝世的资料，让学生进一步认识总理由一夜的工作到一生的工作的情境，使学生随情入境，与作者、文本、人物产生情感共鸣，从而热泪盈眶，声音哽咽。最后，全班在配乐深情朗读开课时节选的诗《周总理，你在哪里》片段，使整节课首尾呼应，富有真情。

（2）角色朗读激发感情，使课堂富有真情。

在突破教学难点"从课文最后两个自然段体会作者强烈的思想感情"时，

我采用了让学生分角色扮演学生、农民、工人、商人去深情朗读句子——"看啊，这就是我们中华人民共和国的总理。我看见了他一夜的工作。他每个夜晚都是这样工作的。你们看见过这样的总理吗？"

### 3. 自由灵动地阅读，流露真情实感

在教学中，我鼓励孩子边阅读文本边思考，用写批注的方法，鼓励孩子在把握文本重点的基础上大胆想、大胆问、大胆说，自由灵动地表达自己心中的真实情感。

在课程教学当中偏重于引导学生对文本情感的品悟，未够深入学习作者用生活中的小事表现人物高尚品质的写作方法，还应考量如何将学生对品悟文本的情感与写作技能的提高相互结合起来。

## ▶▶ 我的教学主张 ▶

### （一）语文课是培养"真"人的

人学习、掌握母语的过程是人成为人的过程，语言化、社会化、人化是三位一体、不能割裂开来的。只谈工具不谈人的语文教学，培养的只是没有思想的躯壳，不是一个"真正"的人。在新课程理念的指导下，我在语文教学当中逐渐关注学生的心理需求、成长需要，实现人格的完善，以孩子的精神成长为主线，让他们的身心得到健全的发展，为他们的终生学习与精神成长，关注学生内心的真实。帮助学生在积累知识、习得技能的同时，成长为一个具有真性情，人格完善的人。例如：在作文教学中，我引导孩子把语文学习与生活实际统一起来，在作文中抒真情、讲真话；在作文批改中，细心体察孩子心中（或文中）情感的偏差，认识的正误。审视学生发展所需要的对生活的感悟，对健康情感的辨析，对健全人格的渴求和启蒙。

### （二）语文教师应真正让位还权给学生

一位好的语文教师，应是学习活动的组织者、倾听者、合作者。只有把教材、文本当作师生、生生对话的媒介，真真正正让位还权给学生，才会做到"目中有人"，站在"人"的高度关注教育。我在语文教学实践中实施教师角色的转换。赏析课上，我是组织者与平等的参与者。对一些美文可以延长或增加课时，与学生共赏，还与学生一起推荐自己喜欢的文章，畅谈阅读乐趣。阅读课上，我是课堂的引领者与耐心的合作者。作文课上，我是学生最信赖的人。鼓励学生写真实的生活，真实的自己，把心中的忧烦与快乐、失落与期盼，真诚地表达出来。我再适时地给予学生鼓励与审视，做出期待性的评价与商讨，让每个孩子都体验到学习的乐趣。

### （三）语文课堂应创设真实的情境

传统的教学强调"以本为本""以知识为本"，教学等于"教教材"，教学目标锁定在基础知识与基本技能方面，教学过程只关注学科知识的系统传授和技能的训练。在新课程理念下，我在关注学生掌握知识和技能的基础上，特别关注学生的学习方法、学习手段、学习途径。把结论和过程融合起来，培养学生终身学习的能力。关注学生的情绪生活、道德生活和人格养成，培养学生积极的情感体验，形成高尚的道德情操和乐观、进取、向上的人生态度。实现知识与技能，过程与方法，情感、态度与价值观三位一体的教学目标。我精心设计每一节课，在课堂中创设真实的文化情境，以情境陶冶性情，以情境培育学生的完善人格。例如，散文的配乐朗诵、记叙文分角色朗读、小说的故事表演、议论文的小品演出、词语大赛、辩论大赛，让学生尝试当小导游、当主持人、当演说家、当推销员、当辩论家等教学活动在班级尤为常见。还有情景作文课、"说真话"作文课、创新作文课、实践作文课等。自然灵动、富有真情的课堂是同学们喜闻乐见的，课堂教学效果明显提高。透过教材向外扩张，注重书本知识向生活的回归，向儿童经验的回归。引导学生关注自然、关注社会、关注人生，从而使学生真正体会到学习语文、使用语文的乐趣。

## 我的育人故事

### 幸福源于爱与爱的碰撞

"亲爱的钱老师。晚上好！您现在过得好吗？我现在好想您！没了您那朗润声音，没了您那每天的关爱，没了您那令人精神抖擞的上课声音，没了您每天催我们练字，我真的感觉自己变得很懒散，我的字帖不再被我翻皱，我的书本也没有您教我时到处都是我明白的笔记。我现在上课，没有以前那么认真、没有以前那么积极了！我感觉自己学无所成，而且找不到以前的那个我了！我是不是很没有用，既不积极，也不够以前好学！说现在的知识难，但好像只要像以前那样认真，也不算难。只是不知道怎么样，重新找回那种积极学习的、认真的态度！这么冒昧地给您发信息，打扰了！请原谅我的冒昧！希望您有空的时候给我一些的建议！您的学生：吴莉婷。"

这是我在2018年12月7日收到的今年7月毕业的学生吴莉婷在微信上发给我的信息，在字里行间我能感受到孩子对自己的那份依恋与信任，更能感受到那个曾经热情开朗的小女孩如今的迷茫。她此刻多想有人能化解心里的矛盾与迷茫啊！我想，这是每一个人成长过程中都会出现的阶段，大人与小孩皆如此。往往这个时候都会想寻到一盏可以照亮自己前进的明灯，给自己指明方向。我不敢说自己是明灯，我只想尽自己最大的努力给这个迷茫的孩子以鼓励，希望能给她以力量，哪怕只有一点点。我认真地回着她的信息,唯恐辜负了她对我的信任与爱。

"亲爱的婷,你好!收到你的信息,我很高兴,谢谢你对老师的牵挂!

读着你的文字,老师眼前马上浮现出曾经和你们一起学习的一幅幅画面。老师对你的印象特别深刻,热情开朗的你,乐于助人的你,热爱学习的你,勤奋练字的你,一天天进步的你……你的影子都印在老师的脑子里。读着你的文字,我还读出了你的语文能力挺强的,这也是能作为你曾经的语文老师的丝丝骄傲,我们一起学习的时光没有白费,也为你的努力自豪!读着你的文字,我也了解了你现在的迷茫。是的,刚由小学升上初中一年级,这是学习阶段的一个全新的开始。面对新的校园,新的老师,新的同学,新的学习要求,短时间内难以适应也是正常的。亲爱的孩子,只要你调整好心态,用积极的态度去面对,会适应新的学习环境。在学习上,我们也是要像之前一样定好目标,做好短期和长期的学习计划,每天按照计划学习,一天一个脚印踏踏实实掌握好知识,终究是会厚积薄发、取得理想的成绩的!

"婷,你现在这个年龄段也是身体发育的青春期,有些时候心里的迷茫与焦虑是伴随身体的成长出现的。不要害怕,正视自己,接受自己,终究你会成长为一个最好的自己!孩子,加油!我会与你同行,与你共勉!

"你的老师——秋月,书于 2018 年 12 月 8 日。"

感谢与我有缘在一起的每个孩子,有了他们,我的追梦路上才有了这些小幸福。爱是相互的,只有付出了爱,才会收获到爱!我相信,幸福源于爱与爱的碰撞!

下面是 2018 年 12 月 8 日晚上 23:07 继续收到的孩子的回信:

"老师,谢谢您!谢谢您的建议,谢谢您对我那么高的评价,(其实您也在进步着)谢谢您还记得我,谢谢您对我这些年的教育。

"我依然像小学时那样爱您,我会一直着牵挂您!最近天气冷记得多穿衣服,多注意身体,别生病了,我和其他同学都会为您担心的!

"老师您说的建议,我会认认真真地按照自身情况定一个计划,然后坚持每天都实施。我相信自己,更相信您!

"老师,我们一起加油!谢谢您的陪伴!"

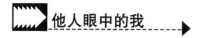 他人眼中的我

(一)学生眼中的我

钱老师,您教学认真,课堂效率高,授课内容详细,语言精练、生动,能把知识讲得有趣,条理清晰,对待工作认真负责,一丝不苟。谢谢您,老师!

(学生 植盘楚)

钱老师,您对学生严格要求,课堂纪律管理到位。上课生动、有趣,常常鼓

励我们积极动脑、发言，我们都喜欢上您的课。您对待工作认真，一丝不苟，仔仔细细。老师，您辛苦了！

（学生　钱栩）

钱老师，您的授课方式很适合我们，您会根据课文知识结构的特点，重点突出，层次分明。您还能虚心并广泛听取我们的意见与反馈。我们都喜欢您！

（学生　张文焊）

钱老师，您总是那么耐心地教导我们，即使我们答错题目，您也会鼓励我们。您总是那么认真，带动我们也认真起来，就像有魔力一般。您总是面带微笑，像慈母一般。在您的课堂中，我们感到师爱洋溢。

（学生　李幸婷）

### （二）同行眼中的我

钱老师性格开朗，与同事之间相处融洽，她关心爱护学生，对待学生耐心细致。在教学实践中，她严谨有序，不断反思总结，不断提升，所带班级活泼中不失稳重踏实，所教的课生动有趣。

（封开县南丰镇中心小学教师　侯妹枝）

钱老师是一位上进心强的教师，专业知识扎实，具有较强的语文教学能力，业务素质好，教学理念与当前课改吻合，对新课标有较深的理解。在教学实践中，坚持让学生参与教学全程，让学生在学习交流中获取知识，培养能力。充满激情和活力，善于和学生沟通；语言幽默，口才好，课堂气氛活跃。

（封开县南丰镇中心小学教师　梁石金）

钱老师在教育教学中任劳任怨，认真钻研教材，精心备课，敢于打破传统的教育教学常规，进行大胆的教育教学新探索。她教学思维新颖，教学方法独特，取得了显著的教学效果。

（封开县南丰镇中心小学教师　石桂波）

### （三）专家眼中的我

钱秋月老师的教学风格清新自然，教书育人如春风化雨、平和恬淡，能让学生油然而生喜爱之意。

（广州市越秀区杨箕小学校长　李犇）

钱秋月老师是一位具有丰富的语文专业知识并充满灵气的老师。她有先进的教学理念、扎实的教学功底、灵活的教学方法、智慧的教学风格和真挚的教育情怀。听她的课犹如品茶，看似舒缓平淡，细品回味深长。课堂上的秋月老师，才思敏锐，时而激情洋溢，时而温婉细腻。从她的举手投足，你就能感到她那独有的亲和力。她通过富有形象性、鼓动性和感染力的教学语言引导学生入文、入情、入境，学生学得开心，教师教得轻松，教学质量高效。

（广东省特级教师　朵应衡）

# 深入浅出，化繁为简

● 肇庆市四会市黄田学校　吴桂金（小学语文）

● **个人简介**

我是肇庆四会市黄田学校小学语文一级教师，参加教学工作至今36年，一直在农村学校从事小学语文教学工作，是四会市优秀教师和肇庆市优秀教师。我个人主持过中国教师发展基金会课题、多项省、市级的课题，课题成果曾获中国教师发展基金会课题成果一等奖，广东教育学会教育科研成果二等奖和三等奖，所撰写的论文曾发表在《广东教学》《师道（教研）》《中学课程辅导》和《教育创新》杂志，撰写的论文多次获广东教育学会小学语文专业委员会一、二等奖。

## ▶ 我的教学风格 ▶

风格是人的"精神个体性"的外在表现。正如一位教授所说："你真正的生命是你的思想，你的思想就是你的处境。理论、学说、观念、主张等都不过是思想的表现形式。"因此，每个教师的教学风格是在自身的性格、生活环境和长期的工作环境中逐步形成的。我是一名小学语文教师，我的教学风格是在自身的性格、生活环境和长期的工作环境中不断自我总结和完善，在长期的语文教学中逐步形成的，有独立的思考意识，有鲜明的教学个性。我希望成为一个有思想的教师。

## （一）语文教育观是教学风格形成的基础

优秀的语文教师在长期的语文教学实践中都有自己不懈的探索，往往吸取传统语文教学经验和现代教育理论的精华，并逐渐形成自己的教学思想。如果说教学思想是教学风格的内核，那么，教学方法的选择、教学过程的设计等就是教学风格较为稳定的外在表现形式，它是服从于教学思想的。我认为，教学方法不是一个单纯的方法问题。采用某种方法，必须研究学生的性格、气质及心理类型，研究采用这种方法的道理，并结合自身的实际情况，这样才能取得理想的效果。如果让我选择哪种教学风格，我更愿意主张"深入浅出"和"化繁为简"，再激起学生的兴趣，把学生的思想引入情境中，让学生置身于教学情境的基础上，把语文课上得简单化，给学生留下足够的想象空间。

## （二）我的教学追求及教学风格：深入浅出，化繁为简

我是一个小学语文教师，我的教学风格是在自身的性格、生活环境和长期的工作环境中不断自我总结和完善，在长期的语文教学中逐步形成的，有独立的思考意识，有鲜明的教学个性。在教学过程中，我追求并一直倡导"深入浅出"。"深入"是"浅出"的前提，把教材钻研得越深，你的课上起来就越简单、越得心应手。教学风格是我长期追求的理想，现在才初步形成风格。多年以来，我在教学理论的指导下，在长期的小学语文教学实践中，形成了"深入浅出，化繁为简"的教学风格。这种风格以激发情感为基础进行善导勤诱，举一反三，点拨开窍为特点。从学生实际出发，切中时机地提出富有启发性的问题，巧妙点拨学生的"悱""愤"之处；能循循善诱，启迪思维；尊重学生的意见，促进学生发现学习，使学生有疑而入，无疑而出；教学语言精炼，谐趣；能画龙点睛，一语破的，使学生明规律，得方法。

### 1. 培养良好的阅读习惯

学生的学习习惯是长期培养形成的，不是天生而成的。重视培养学生的阅读习惯，要结合阅读教学的个性实施。叶圣陶先生指出："凡是好的态度和好的方法，都要使它化为习惯，只有熟练得成了习惯，好的态度才能随时随地表现，好的方法才能随时随地运用。好像出于本能，一辈子受用不尽。"在平时的阅读教学中，要培养学生积极的学习态度与正确的学习方法，并经过有目的的"重复与训练"，使它们成为学生良好的学习习惯。一是培养学生善于比较的习惯。学习语言与思维是不可分离的。古人云："学而不思则罔，思而不学则殆。"阅读教学要培养学生边读边思的习惯，尤其是引导学生在阅读时认真思考，勤于比较。因为运用比较时，其他的思维活动一同展开，找出事物局部特征的过程分析，体会作者遣词造句的旨意，是阅读教学中一种重要的智力活动。例如，《难忘的一课》一文中"教师和孩子们发现了我，但是，好像谁也没有感到意外"

一句中"意外"这个词，解释为"意料之外的、想不到的"。如果只让学生记住这一意思，学生的思维就只停留在对单个词的认识上了，并不能说明学生对作者用此词的目的有了真正理解，而让学生抓住这个关键词联系上下文深入思考，想一想：老师、学生对这个陌生人坐进教室跟他们一起朗读，本应会感到"惊奇"，为什么没有感到"意外"呢？能否改成"大家都很惊奇"呢？原来"我是中国人，我爱中国"这句话把他们的感情融合在一起了，所以不会感到意外，体现了大家都有着共同的、强烈的爱国感情，突出了文章的中心。经过这样一个思维过程，学生对此词的理解就深刻了。帮助学生掌握"易词易句法"来比较阅读。对课文的精妙之处、疑难之点，采用增减词语、变换句子来比较。教学中，经常引导学生运用"易词易句法"比较，能提高学生的认识水平。思维的深刻性、善于比较的习惯不是一日之功所能达到的。但坚持不懈地利用教材，充分地启迪学生去发现与练习，是能形成良好习惯的。二是培养学生与人交流的习惯。语言是交流的工具。阅读教学必须让学生有大量的语言实践的机会。阅读教学的课堂，必须有师生之间、学生之间、师生与教材之间的多向交流。在交流中提高学生的语言能力，教师要像进行公开教学那样要求学生投入课堂交流中去，又要为大多数学生的交流设计好教学过程。要使学生参与交流，教师提出的要求必须清楚明白、难易适中，让大多数学生可以操作，并"跳一跳，摘果子"。要让学生参与课堂交流，教师的要求必须富有情趣。例如，《一次成功的实验》通过外国教育家在中国的一次访问实验，赞扬了中国少年儿童遇事能先人后己的精神。两位教师提出的要求各异，课堂交流的氛围就完全不同。一位教师提出："学习了课文，你明白了什么道理？"在教师焦灼的目光下，总算有一位小干部出来帮忙，从而出现了"我要学习小梅……"等几句套话。另一位教师则要求学生完成"她回到了祖国，对小朋友介绍起难忘的中国之行"进行分小组交流，这样一下子激活了学生的交流欲望。要培养学生乐于交流的习惯，必须从兴趣出发。但不应停留在兴趣上，而要让学生在课堂上经常练习，成为交流的主人。要使学生乐于交流，还需要教师真诚的鼓励。"精彩极了""有进步""你会答得更好"等语句应经常在课堂里出现，像催化剂那样激励着学生，增强他们的信心。在阅读教学中，应注重培养学生边读边思、边读边记以及善于与人交流的习惯。这项工作重在教要有法，教无定法，贵在坚持不懈，必须在教学中花大力气让学生有目的地"反复"练习，从而使学生养成良好的学习习惯。

**2. 激发兴趣，促进自学**

苏联教育家苏霍姆林斯基也说过："兴趣是学习的动力。"学生被激发起了兴趣，学习起来就会积极主动，从而学得轻松、有效。①预习是学生理解课文内容的前提，是课堂教学结构中必不可少的组成部分。教师在课前应诱发学生的学习兴趣，指导学生做好预习，精心设计导入，激发兴趣。良好的开端是胜利的一半。学生的好奇心特别强,对新鲜事物特别感兴趣。导入安排疑问则能诱发他们的好奇心,从而激发他们强烈的求知欲。迅速地吸引学生们的注意力,就能诱发他们的学习兴趣,从而提高整堂课的效果。所以在学习新课时,就应在导入这一环节激发学生们的求知欲,促使学生们在愉快的心理状态中进入新课教学。②借助现代教学手段,直观激趣。在语文课堂教学中,合理使用现代教学手段,结合课文教学内容,让学生们听听美妙的音乐,看看生动逼真的画面,欣赏品味形象化的词句,可以使学生们的精神处于轻松的状态,让学生迅速进入状态,走上一条充满轻松、愉快的学习道路。在教学实践中,注重学生的思维参与,尊重学生的阅读需要。"没有学生的主动参与,就没有成功的课堂教学。"在课文学习的过程中,我考虑到学生理解的需要,给学生自由支配时间。如教学《难忘的泼水节》时,由学生感兴趣的儿童歌曲入手,能引起学生的共鸣,从而提高学生的学习兴趣。在整个教学过程中,充分发挥教学课件的直观性,在学生理解的关键处展示,调动了学生多种思维,轻松愉悦地进入课文意境中,体会文章的思想感情。在识记的过程中,利用猜字的游戏,调动学生学习的热情,通过动作演示、语言叙述等形式调动学生多种感官参与学习,最后让学生自己想方法记生字,给学生学习的自由。注重培养学生自主学习的能力,尊重学生的个体差异,鼓励学生选择适合自己的学习方式,引导学生在阅读实践中学会学习。③引导学生大量阅读课外书籍,开阔阅读视野,增加课外阅读量,积累阅读素材,从而提高学生阅读的知识面和阅读能力。阅读经典是激发课外阅读兴趣的最有效途径。当今语文课程改革有一个重要导向,就是重视课外阅读。《全日制义务教育语文课程标准》指出,要"培养学生广泛的阅读兴趣,扩大阅读面,增加阅读量,提倡少做题,多读书",要"鼓励学生自主选择阅读材料",要"努力建设开放而有活力的语文课程"。小学语文课外拓展阅读对小学生语文素养的形成起着积极作用。如何使中高段学生喜欢课外阅读,激发学生的课外阅读兴趣,是摆在小学教师面前的一道难题,需要我们认真进行深入的探讨。作为小学中高段的学生,这是一个人一生中自主思想比较理智的开始,具有很强的求知欲望,思维活跃,已积累了一定的阅读基础知识和具备了一定的阅读能力。阅读对一个孩子的成长有多重要,现如今大多数的父母都明白。尤其是阅读童书。中国民主促进会中央委员会副主席兼秘书长朱永新2012年12月3日在《中国青年报》撰文指出:"阅读的关键期在14岁之前。"因为据专家研究表明,大多数人的创造活动和发展成就都与这个青少年时期的阅读经历有密切关系。如何把他们从目前大多不喜欢阅读,只喜爱网络游戏、动画影视等方面的兴趣,引导到喜爱阅读,这是一个难题,而阅读经典著作当中的经典章节、经典词句,是激发课外阅读兴趣的最有效途径。

## ▶▶ 我的成长历程 ▶

**（一）生活经历坎坷，心存感恩图报**

我是生于斯长于斯的贫苦农民后代，有着吃苦耐劳顽强意志，朴素纯真的心灵。我兄弟姐妹一共5人，我是老大，父母供我读书到高中毕业已经不容易，1982年应届高中毕业无经济能力复读。我儿时最大的理想是参军，体检合格后以为可以了却心愿，最后却未能参军。我成了一名代课教师。每当我回忆这段经历，真是五味杂陈，很惋惜又庆幸。惋惜的是没成为军人，我相信自己凭着吃苦耐劳的品质，有着高中学历，应该会有一个大好前程，因为我的几个参军的同学就是在部队里提了干，我自信不会比他们差。而庆幸的是，我现在是一名小学教师，也是一个好的归宿，我已经心满意足，所以我能在几十年中从没消磨对工作的激情，努力做好自己的工作，希望报答父母，报答培养我成长的老师。

**（二）工作经历平凡，奉行勤奋专注**

我从高中毕业，以代课教师的身份进入了教育这一行，开始了我的教学生涯。我一直信奉俗语"种地莫企，众事莫理"和"早起的鸟儿有虫吃"等信条，所以在几十年的教学工作中，我始终勤勤恳恳。说起来实在是惭愧，自己参加教育教学工作这么多年了，从没有考虑过自己的教学风格或者自己追求什么样的教学风格的问题，我觉得那是教育家才能达到的层次，高山仰止，望尘莫及。我很早就有过思考，自己的教学有什么特点或者亮点，还没思考过要上升到风格这个高度。我又想起我刚参加教学工作时，我的同行老师提起广东省当时的特级教师丁有宽提出"偏爱差生"，但不知道从哪里做起。直到2015年参加肇庆市第二批名师培养对象项目的培训学习，听了闫德明博士的"如何形成教学风格"，我才又细细地去思考这个问题。聆听了博士的演讲，再对照自己教学生涯中的一些案例和反思，才明白原来教学风格的形成并没有想象中的那么高深，我相信只要有经验、有积累、有思考、有追求、有提炼，每一位教师都可以形成自己独特的教学风格。那么，我的教学风格是什么？什么样的教学风格才适合我？我要形成什么教学风格？回顾我从教30多年走过的路，从初出茅庐的稚嫩与青涩，经过了在教学中的探索与努力，到现在的一种平和与淡定。虽然还没确立自己的教学风格，但我已经开始认真地回顾自己历年的一些课堂实录，反思自己的教学过程，如何形成自己的教学特色，梳理和提炼自己的教学风格。钻研教材深入，教学过程浅出，化繁为简，把复杂问题简单化，这就是我的教学风格。

**（三）专业积累发展，追寻化繁为简**

从1982年参加教学工作，凭着年轻有冲劲，我不断参加各种业务培训，参加中师和大专继续教育，提升自己的专业知识，不断向有经验的教师学习，目的只有一个，就是想尽快把教学成绩提上去。

第一个十年（1982年9月—1993年8月），我从一个普通小学教师成长为学校少先队大队辅导员和教导主任，是学校的业务骨干，很累但快乐着。我到过最贫穷落后的4所完全小学任教，我自己想，我的教学成长空间就到此为止了。因为本来就是山区的乡村小学，一所小学的教师只有6~8人，当初每所学校只有一个公办教师，并且这个公办教师就是学校的校长或负责人，其他的都是只有小学或初中学历的代课教师或民办教师，互相学习借鉴提升的空间很有限。虽然自己渴望成长，但都成了空想。

第二个十年（1993年9月—2003年8月），由于学校布局调整，建设规范化学校，领导岗位需要大量的扩充，当时全镇完全小学就有13所，2015年9月，镇教育办领导推荐我参加校长培训班学习，担任我镇很偏远的一所村级完全小学——黄田镇榄洞小学校长。我刚任校长时是32岁，算得上是全镇小学校长当中比较年轻的了。之后我又先后到过3所村小学任校长，为学校的工作忙碌着，很少深入关注具体的教学艺术，最直接的教学工作交给了教导主任，自己成了一个为全校工作服务的很优秀的"打杂员"。而要把教学工作做到精益求精，达到炉火纯青的程度，认真地总结自己历年的一些课堂实录，反思自己的教学过程，思考如何形成自己的教学特色，才能梳理和提炼自己的教学风格。现在回想起来，我很后悔，这十年是我荒废教学业务的十年，因为处理人际关系是我的短处。

第三个十年（2003年9月—2013年8月），我重新开始深入钻研教学。2003年下半年，我有机会提拔到黄田镇教育办担任语文教研员。来到新的岗位，角色变换了，我又开始努力进行教学研究工作。一份春华，一份秋实，在教书育人的道路上，我虽然付出了汗水和泪水，但同时我也收获了充实和快乐。作为教研员首先是提高自己的评课水平，从评别人上的课例从而提高自己的课堂教学，参加镇和片区的公开课、示范课、说课等教研活动，还经常撰写教学论文。我的性格内敛不张扬，表面沉静，平时比较喜欢写一点教学体会，所以，我在《广东教学报》《师道》《中学课程辅导》等报纸杂志发表教学论文，并尝试主持中央教科所、广东教育学会和肇庆基础教育的课题研究，希望在此平台提升自己的理论水平。由于这个缘故，学校领导又推荐我参加肇庆市第二批名师项目培训。我心里感觉自己真幸运，但觉得眷顾我的幸运之神来得太迟了，这时的我已经52岁了。

在长期的教书育人之中，我有两点感悟。一是要关爱差生。我在几十年教学生涯中，教过的学生众多，走向社会后，记得老师的学生当中，大多是当时上学时候的所谓"差生"，而"优生"记得老师、对教师感恩的相对较少。现在，我觉得特级教师丁有宽老师"偏爱差生"的重要性了。二是普通百姓对教师大多比较尊重。记得今年教师节，我以全镇教师代表的身份参加镇委、镇政府举行的教师座谈会。在座谈会上，镇委、镇政府领导对教师讲了很多鼓励的话，黄田镇委严书记在讲话时举了一个生动的例子，他说："教师是学生的人生引路人，职责是培育人，对学生起到启迪人生教育，学生将来会感念教师的教育和关爱，即使个别顽皮学生暂时不理解，将来也会明白老师的良苦用心。你说，教师是不是很伟大，责任很重大？"想到这些，我也很有同感。这就会重新激起我的斗志，不忘初心，继续前进。我曾经很在意别人对我的偏见，但经历过这些成功与挫折之后，我现在是宠辱不惊，能够坦然面对了，我相信自己会走好以后的教育教学之路，我也决心把教学工作做得更好。

老实说，我开始从事教学工作，很大程度受我的启蒙老师的影响。我上一年级时，关定取老师就是我的班主任，她丈夫是四会中学有名的高中数学老师李如旭，两个女儿都是大学生，我们都很羡慕关老师。我从小就有两个心愿：第一个是长大了要当解放军，第二个就是当一个人民教师。我小学一、二年级都是她教我们，语文、数学、音乐、美术都是她一个人包上的。她每次回县城探亲或治病都给我们带回来很多连环画。在当时获取知识的渠道很贫乏的年代，我们从心底敬佩她，我一辈子都不会忘记。我想，我也要向她学习，我是一个农村贫苦农民出身的孩子，能有机会成为一个人民教师，感觉已经很幸运。做一个光荣而责任重大的教师，我时刻牢记自己的责任，这是我发自心底的想法。因此，几十年来，我对教学工作的热情还在。我抱着坚定的信念，我会将心比心，时刻提醒自己，要对得起自己的良心和职责。

现在到退休不足5年，我心里想会干好这5年，我会更专注地静心思考这教学生涯的最后阶段，我想让自己有一个值得回忆的经历，让自己的教学生涯画上一个圆满的句号。

## 我的教学实录

### （一）课堂实录

师：我们初步学习了《卖火柴的小女孩》这篇童话，你的脑海中会浮现出什么样的画面？

生：我的脑海里出现了这样一幅画面：在一个又黑又冷的大年夜，一位孤零零的小女孩徘徊在街头卖火柴，纷纷扬扬的大雪洒落在她金黄的、打着卷儿的头发上，看上去那样美丽！

生：我仿佛看到了一个赤着脚的小女孩，在人人团聚、共享天伦之乐的大年夜里，孤苦伶仃地在街头卖火柴，让人顿生怜惜之情！

师：是呀！怜惜之情油然而生，文中究竟怎么写的？请同学们打开书，自由读文章第一部分，用自身的话概括读文后的感受。

生：从课文和刚才同学们的回答中，我感受到了小女孩的命运很凄惨，我很同情她。

生：我很难受，在人人同乐的大年夜里，她不但不能和家人团聚，还独自一人忍饥挨冻，实在让人可怜。

生：……

师：小女孩的命运是凄惨的，让人心生怜悯之情！这是怎样的一个小女孩呢？

生：一个可怜的小女孩！

（生齐读这句话）

师：小朋友们，拿出你的笔，读课文第一部分，勾画出你是从哪些语句里感受到小女孩可怜的？

生："这一整天，谁也没买过她一根火柴，谁也没给过她一个钱。"我认为在这举家团聚的日子里，街上行人稀少，该买的东西早就准备好了，谁会在今天去买小女孩的火柴？

生："在这又黑又冷的晚上，一个光着头赤着脚的小女孩在街上走着。"从这句话看出没人可怜她。

生："她不敢回家，因为她没卖掉一根火柴，没挣到一个钱，爸爸一定会打她的。"小女孩在大年这天还要去卖火柴，足可见她家境的贫困，父亲的虐待，让她有家而不敢归，实在是太可怜了。

生："他们头上只有……灌进来。"家里和街上一样冷，这样的家，回与不回又有多大关系呢？

……

师：小朋友们，家在你们的心目中是什么感觉？

生：家是我们避风的港湾。每当我有忧愁、遇到困难的时候，就想到我的家和家人，他们总会给我勇气，勇敢地让我去面对生活中的一切。

生：家给人的感觉是温暖的，每逢我有解不开的疙瘩时，爱我的爸爸、妈妈就不厌其烦给我讲道理，我一下子就豁然开朗。

生：我的家是一个和睦的家庭，爸爸、妈妈比较开明、民主。每当我做了错事，他们总是耐心地教育我，让我下不为例。

……

师：小朋友们，你们是幸福的，都有一个温暖的家。在家中被家人浓浓的爱所包围，以致让文中的小女孩羡慕而渴望能拥有。

师：然而，卖火柴的小女孩却有家不能归，不敢归。文中有一句话强调今天是个特别的日子，小女孩也忘不了。谁能告诉我是哪一句？

生："每个窗子里都透出灯光来，街上飘着一股烤鹅的香味，因为这是大年夜——她可忘不了这个。"

师：大年夜是人们一年一度团聚的时刻，卖火柴的小女孩终究还是个小朋友，也毫不例外地希望在这大年夜里能和家里的人团聚在一起，如此小小的要求都得不到满足。这更让我们对她产生同情。小朋友们，"大年夜"这3个字，你能联想到什么？

生：我们一家人高高兴兴地吃年夜饭，饭桌上摆满了美味佳肴，整个家里都洋溢着节日的喜庆气氛。

生：我们全家人先吃年夜饭，饭后一起收看春节联欢晚会，午夜钟声一响，我们就放鞭炮，那真是"爆竹声声将岁除"，让人幸福、甜蜜。

生：……

师：小女孩的大年夜，让你仿佛看到了怎样的一幅画面？

生：我仿佛来到了遥远而古老的丹麦，安徒生的家乡，看到了形单影只的小女孩，光着头、赤着脚在街上卖火柴。旧围裙里的火柴一根不少，因为一整天根本没人来买。她更冷更饿，原因在于街上时时飘着一股烤鹅的香味。这更让她不能忘记今天是大年夜。多么凄惨的一幅画面呀！

生：我心情很难受，眼前总是出现小女孩的身影。她独自一人在街头卖火柴，大雪纷飞的年夜里，任凭雪花飘落在她金黄的长头发上，还打成卷儿披在肩上，看上去那样地美丽。如此美丽的小女孩，却不敢回到跟街上一样冰冷而无温暖的家，与家人团聚，多让人替她难过呀！

师：两个小朋友说得多动情，多凄美呀！你的难过，小女孩的凄惨，作者用了一句话概括出来。

生：（齐读）可怜的小女孩！

师：在大年夜，这个又冷又饿、无人关心、无人疼爱、有家不敢回的小女孩，只有在一座房子的角落里，蜷缩下来。天气太冷了，从后文哪句话里可看出来？

生：她的一双小手几乎冻僵了。

师：正因为要冻僵了，她才有了什么愿望？

生：她想到擦火柴，因为她太需要温暖呀！哪怕是一根小小的火柴，对她也是有好处的。

师：于是，小女孩用火柴擦燃的火焰来取暖，在火柴的亮光中，她看到了种种幻象。这正是文中第二部分的内容。请同学们读课文第二部分，先体会一下这些幻象给你的感受如何？用一个词来说说。

（生自由说：幸福、温馨、美好、像梦幻一般）

师：故事用了大量的篇幅，来写小女孩擦火柴。几次擦火柴都出现什么样的幻象？

（生齐说：第一次，火炉；第二次，烤鹅……）

师：这种种幻象中，你最感兴趣的是哪次？同桌互说感兴趣的理由。

生：（读文，同桌说原因）

师：小女孩为什么会看到这些幻象？

生：（读文，提出问题；再次读文，让学生从文中进行发现交流）

生：因为小女孩又冷又饿，所以，她会想到火炉、烤鹅。因为在这个世界上小女孩是寒冷、饥饿、痛苦的，她想得到温暖和幸福，所以她会想到这些。

生：小女孩无人关爱，她渴望得到温暖、幸福、快乐，因此，她的眼前出现了种种美丽的幻象。

师：讲得多好！是呀，小女孩的实际生活中只有寒冷、饥饿、痛苦与孤独。当她擦燃火柴，从幻象中，看到了火炉、烤鹅、圣诞树、奶奶，她渴望拥有这一切。终究，火柴是要熄灭的呀，火柴一灭，所有的渴望没有了。结果怎样？作者又是怎么写的？读文，找出相关语句。（实际与幻象的比较，更突出小女孩的寒冷、饥饿、痛苦、孤独）

生：（读文，勾画语句）"她坐在那儿，手里只有一根火柴梗。""这时候，火柴灭了，她的眼前只有一堵又厚又冷的墙。""只见圣诞树的烛光……一道细长的红光。"

生：从火柴灭了，小女孩的温暖没有了，烤鹅不见了，她只有寒冷和饥饿。

生：从星星的滑落，让小女孩想起了唯一疼她的奶奶，小女孩对奶奶大声地叫喊，以乞求奶奶带她一起走，这更让人体会到小女孩孤苦无助的痛苦生活，奶奶是她唯一的依靠、唯一的希望。

师：掌声鼓励这位同学。小女孩为了留住奶奶，再一次地擦燃火柴，这一次与第一次相比，有明显的不同。从小女孩这两次擦火柴的行动，哪些字词里体会到表达的意思有什么不同？

（生读句，考虑，交流）

生：第一次的"敢"，其实是说小女孩是不敢的，但从"终于"这个词，说明小女孩实在是太冷了，她顾不了那么多，终于抽出了一根，让自身感受一下温暖。

生：小女孩第一次擦火柴是经过思想斗争、犹犹豫豫的，但最后一次，是很干脆、毫不犹豫的，因为她只想留住唯一疼她的亲人——奶奶。

师：小朋友们，他俩讲得多好！（两相比较，紧扣重点字词，让学生领悟到严酷的实际迫使小女孩从开始的犹豫到最后的果断，只为了幻景永不消逝）

师：谁来读读这两句话？出示："她敢从……终于抽出一根。""她赶紧擦着了一大把火柴，要把奶奶留住。"抽生读。师指导读，齐读。

师：此时的小女孩已经很虚弱了，这一整把火柴发出强烈的光，照得跟白昼一样明亮。奶奶从来没有像现在这样高大，这样美丽。读这段话，边读边想，怎么理解"飞到那没有寒冷、没有饥饿，也没有痛苦的地方去了"？

（生读，思考）

生：这句话告诉我们小女孩死了。

生：小女孩太可怜了，因为她是活活冻死、饿死的。

师：小朋友们，我们该怎样读这句话？

（生自读，齐读。学生在已有的基础上，应该感受更深）

师：你们都说小女孩很可怜，可是安徒生却在课文结尾中写道，小女孩曾经是很快乐、很幸福的。请同学们快速找出这句话来，读一读。（生齐读。出示：她曾经看到过那么美丽的东西，她曾经多么幸福地跟着她的奶奶一起走向新年的幸福中去）

师：这一切是真实的吗？小女孩看到什么美好的东西会使她感到那么幸福呢？

生：她曾经看到过美丽的东西是火炉、烤鹅、圣诞树。

师：同学们，课文中哪些词句能看出小女孩认为这些东西是美丽的？请自由读课文中有关的段落，勾画出来读一读。

（生勾画句子，交流）

生：这是一道奇异的火光！小女孩觉得自己好像坐在一个大火炉前面，大火炉装着闪亮的铜脚和铜把手，火烧得旺旺的，暖烘烘的，多么舒服啊！

生：肚子里填满了苹果和梅子的烤鹅正冒着香气。更妙的是，这只鹅从盘子里跳下来，背上插着刀和叉，蹒跚地在地板上走着，一直向这个穷苦的小女孩走来。

生：翠绿的树枝上点着几千支明晃晃的蜡烛，许多幅美丽的彩色画片，跟挂在商店橱窗里的一样，在向她眨眼。

（生齐读）

师：从哪些词句中，可以看出小女孩和奶奶在一起很幸福？请大家再从课文中找找、画画，并把它读出来。

生："奶奶！"小女孩叫起来，"啊！请把我带走吧！我知道，火柴一灭，您就会不见的，像那暖和的火炉，喷香的烤鹅，美丽的圣诞树一样，就会不见的！"

生：奶奶把小女孩抱起来，搂在怀里。她们俩在光明和快乐中飞走了，越飞越高，飞到……

师：这样的地方，是多么的快乐，多么的幸福呀！假如你就是这个卖火柴的小女孩，你和奶奶一起到了这样一个幸福的天堂里去生活，你怎么读，读出这幸福生活的心情？（自由读，范读，指名读，齐读）

师：是呀，小女孩多么快乐，多么幸福呀！

师：可是，上课开始时，你们都说小女孩很"可怜"，怎么现在又都说小女孩很"幸福"了？这不是自相矛盾吗？怎样理解安徒生写这句话的含义？

生：这句话是说小女孩因为实际中的寒冷、饥饿、痛苦、孤独，才擦燃火柴想到的，而不是真实的。

生：小女孩在幻想中越"幸福"，反衬出她在实际生活中越"凄惨"！

师：是啊，同学们，但小女孩仍无法抑制内心对幸福的渴望，她一次又一次擦火柴。然而，幻想终究不能解决寒冷、饥饿，终究得不到欢乐、疼爱！

（生齐读）

师：所以，作者欲哭无泪地说——

生：（再次齐读。对两个幸福的理解，层层递进地朗读，再次升华情感。幻想中的幸福，将小女孩实际生活的凄惨反衬得淋漓尽致）

师：小女孩凄惨的命运令人同情，严酷的社会实际令人痛恨。卖火柴的小女孩永远地离开了我们，但她的故事还在流传着。读了全文，用一个词概括小女孩的人生。

生：凄惨。

师：她的一生给我们留下怎样的一则故事？

生：凄凉。

师：小女孩的含笑死去，让我们深思，给我们警世：假如卖火柴的小女孩来到我们中间，你会对她说些什么、做些什么？用笔写写。

生练笔。（后面和学生当堂的练笔。读写结合，相得益彰。既加深了学生对小女孩凄惨命运的同情，更寓德育于语文课堂之中）

整节课让学生的心投入到课文的情景之中，让学生触景生情，让学生自然而然对小女孩产生同情之情。

（二）教学反思

（1）《卖火柴的小女孩》是安徒生的一篇著名童话，它讲了一个卖火柴的小女孩大年夜冻死在街头的故事。作者通过这个故事，表达了对穷苦人民悲惨遭遇的深切同情。课文重点是写小女孩五次擦燃火柴，从火柴亮光中产生的种种幻觉。而在现实生活中，小女孩又冷又饿，没有欢乐。这些幻觉是她在现实生活中根本无法得到的，因而在她临死前产生了这样的幻觉。这些幻觉与小女孩的现实处境形成强烈的对比，更衬托出小女孩的可怜和悲惨。根据本课教材的特点，我从整体入手，引导学生初步感知、把握文章的主要内容。并在此基础上以小提纲的形式：卖火柴、擦火柴、冻死街头理清了文章的脉络，这对于三年级的学生理解长篇童话是一个创新。老师的引导到位，学生的思路清晰，一下子就把握了课文的整体。在处理"卖火柴"的部分时，提出中心问题："小女孩在大年夜卖火柴的部分给你留下了怎么样的印象？"我引领学生从字词句入手，在紧抓文本的同时，让学生提升了自己的感悟。学生用自己的语言，发挥自己的想象，说出了自己对课文的深刻理解。并通过有感情的朗读，表现出了小女孩的可怜，为以后故事的发展奠定了一个感情基础。

在处理"擦火柴"的部分时，重点讲解了小女孩第一次擦燃火柴时看到的幻境，抓住了小女孩看到火柴燃起时惊喜的心理，以及火柴熄灭时巨大的失落，让学生深深地体会到了小女孩那种巨大的心理落差带来的深切的痛苦。在孩子们深情的呼唤中，课堂的气氛达到了高潮。

在处理"冻死街头"的部分时，以轻声朗读的方式，在这里紧抓住两个"幸福"的不同含义，帮学生体会到了安徒生在写下这两个幸福时那种对小女孩的祝福、同情，对现实的抨击，对当时社会的愤怒，升华了学生的感情，使学生的心灵受到了强烈的震撼。在作业设计中，利用学生学习这则童话的激情，推荐了许多安徒生的童话，激发了学生阅读的兴趣。

总之，这节课上得很成功，体现了新课标的精神，使老师的主导作用和学生的主体作用相得益彰，让学生在潜移默化中受到了熏陶，在今后的教学中，我将继续探索，使我的语文教学更上一层楼。

（2）不足之处。

1）合作品读，朗读中感悟方面，新课程标准要求我们要发挥教材的课程功能，依据教材、学生的心理特点，对教材的内容进行有机重组，以争取最好的教学效果。因此在教学中，我首先请同学们利用多媒体找出作者安徒生给了这个可怜的小女孩一个怎样的结局，并引导学生自主质疑，使他们带着疑问进行小组合作学习。小组内的学生在比较中品读，在品读中有所感悟，形成见解。使学生明确小女孩看到大火炉、烤鹅、圣诞树和唯一疼她的奶奶时是幸福的，说明她渴望得到温暖、食物、快乐与疼爱。而幻想过后的小女孩是不幸的，特别是她幻想的没有寒冷、没有饥饿、没有痛苦的地方是根本不存在的。在学生汇报时，配以多媒体演示加深体会，加强理解。教学中既有效地调动了学生的情感参与，又加深了学生对课文的理解，使他们内心感悟更趋多元化。但让学生自主朗读和讨论的时间应该充足些。教学过程应以品读为主，读中理解，读中感悟。不要面面俱到，要化繁为简。

2）面向全体学生，以鼓励为主。有相当部分学生对课文的学习能力比较弱，跟不上学习的节奏，老师要运用鼓励的教学方式方法，让他们树立学习信心，让他们大胆举手和发言，"若是你的话，肯定能行""你真行！""我相信你能回答！""还有谁来补充，请你说说"等，这些热情、信任的鼓励语言，应该经常在课堂出现。不论是什么样的孩子，都是带着独特使命来到这个世界的，都拥有自己的存在价值，要使他们意识到自己是不可替代的。

3）多媒体教学，具有直观体现情景的作用，能够把《卖火柴的小女孩》的故事情节一目了然地展现在课堂上，把复杂的文字叙述通过幻灯图片的形式展示出来，这样，学生学起来就容易理解了。因此，多媒体辅助教学在今后的课堂教学中是常态化。

## 我的教学主张

### （一）深入浅出，吃透语文教材

高效的课堂教学是衡量一个优秀教师的重要标尺。我在教学中极力追求高效的课堂。首先，理清教材中各个内容领域的编排线索，善于将某一知识点放置于这一单元、这一学段，甚至整个知识体系中来审视，这样，才能进一步明确该知识点在教学中的地位、作用，即这一知识点是在怎样的基础上发展起来的，又怎样为后面的知识学习做准备。其次，细节上应学会推敲。教师应深入研究教材对教学活动所蕴含的启示，包括教材上的每一幅插图、每一句提示语言。我一直倡导"深入浅出"，"深入"是"浅出"的前提，把教材钻研得越深，你的课上起来就越简单、越得心应手。名师常把复杂的内容教得很简单，而有的教师却把简单的课越上越复杂，原因就在这里。只有真正把握教材的编写意图，才能吃透教材的精神，也才能实现对教材的必要超越，有效教学才不至于成为无本之木、无源之水。

### （二）化繁为简，因材施教

教学过程和内容力求化繁杂为简明扼要，因材施教，要根据本班学生的基础知识和学习能力，在教学目标、重点、难点和教学过程中灵活运用，激发兴趣，以教师深入浅出的教学手段、学生乐学为前提，培养学生好的学习习惯，形成自学能力，从而达到课堂教学的高效。

从学生的实际情况、个别差异出发，有的放矢地进行有差别的教学，使每个学生都能扬长避短，学有所获。因材施教是教学中一项重要的教学方法，在教学中根据不同学生的认知水平、学习能力以及自身素质，选择适合每个学生特点的学习方法来有针对性的教学，发挥学生的长处，弥补学生的不足，激发学生学习的兴趣，树立学生学习的信心，从而促进学生全面发展。

### （三）经典为友，大量阅读

一是阅读经典著作，培养阅读兴趣。首先从阅读小学生喜爱的童话故事、神话故事开始，如《安徒生童话》《格林童话》《快乐王子》《一千零一夜》《白雪公主和七个小矮人》《西游记》《民间神话故事》等。这些童话、神话故事情节栩栩如生，曲折离奇，扣人心弦，学生读来引人入胜，使学生仿佛置身其境。其次从阅读小学生喜爱的科幻、科普作品引入。《十万个为什么》《超越时空》《飞向月球》等也是学生喜爱阅读的科普作品。那充满幻想、超乎人们想象的所拥有的神奇情节，学生会非常享受和期待，一本《阿童木》的连环画、一本《小黑鳗游大海》就读得如痴如醉。小学课程标准里向学生推荐的课外阅读篇目，大都是经典著作，学生一定会喜欢阅读。最后，小学各年级除了中华优秀传统文化，如古诗词外，现代文学和其他文学作品也是经典之作。比如童话类《中国古典童话精选》、科普类《科幻故事大世界》《鲁滨孙漂流记》《海底两万里》《隐身人·时间机器》等作品，学生读起来会爱不释手，沉浸于故事的情境之中，自然而然地就喜爱上阅读了。

二是阅读经典章节，把握阅读方法。阅读经典著作中的经典章节，要根据各年段的要求进行不同层次的阅读。教师要做好学生课外拓展阅读的向导，要考虑推荐的课外书与学生的生活密切相关、与学生的心灵世界息息相通，读物的语言水平要略高于学生。中段（三、四年级）以朗读为主，在组织课外阅读活动时，不仅可采用指名读、互读、分角色朗读等多种阅读形式，还可采用游戏、表演等方式，帮助学生提高理解能力和认识水平，从而增强阅读的兴趣。高段（五、六年级）以默读理解为主，当小学生阅读的兴趣被激发起来后，就要适时地引导学生选择合适的课外书，让学生默读，有好书可读。我们要利用课堂，把阅读方法的指导寓于课堂教学之中，指导学生掌握科学的读书方法，如精读法、略读法、浏览法、写读书笔记等。这样，学生能自觉或不自觉地把课内学到的阅读方法在课外阅读中加以实践应用，促进知识和能力的迁移，达到"教是为了不教"的目的。

三是阅读经典词句，挖掘思想精粹。中华优秀传统文化源远流长，博大精深。世界文化多彩绚丽，古今中外很多文章都经历过时间的洗礼而成为经典之作，成为后人的精神财富。我们要继承中华优秀文化遗产，也要继承世界优秀文化精粹，从经典著作中吸取精华。阅读经典著作中的优美词句，挖掘其中深厚的思想精粹。这些经典著作中的优美词句，在写作艺术上文笔生动、语言优美，在现实生活上蕴含着许多人类文明、道德风尚、励志奋发、意境深刻、耐人寻味的哲理。让学生在阅读这些经典著作中去感悟和品味。学生只有喜爱上阅读，在广泛的阅读中自由翱翔，才能在今后的工作和学习中厚积薄发，才能有更大的作为。

### 我的育人故事

#### 带着自己的阳光，向春天出发

1995年9月，我被聘任为黄田镇榄洞小学的校长。我当时是既兴奋异常，又感到肩上的责任重大。在20世纪90年代的偏僻落后的农村，大多数人心灵是纯真的，尊师重教风气还在。我很崇尚自己的教师职业，认为教师是人类灵魂的工程师，教师是人类文明的传承者，教师是太阳底下最光辉的职业。因此，我时刻带着阳光的心态,做好教书育人的工作。

我凭着年轻和工作热情,担任六年级毕业班语文教师兼班主任。当时一所学校有100多人,连校长和教导主任一共只有6人,每个教师都要包班,语文、数学、艺术等所有科目都要上。

记得开学第二周,我们班有个叫谭达辉的小男孩,能说会道,很可爱,又很会讨老师欢心,平时家里有什么好吃的都拿给老师吃,他家长和我关系也不错,家长对孩子教育很严格。可是他在学习方面,成绩不好,上课时注意力不集中,做作业不积极,不肯动脑筋,书面作业相当潦草,还经常打架。发现问题后,我找他谈话,希望他遵守学校的各项规章制度,以学习为重,按时完成作业,知错能改,争取进步。可是刚和他谈完话,第二天他还是上课精神不集中,我当时真的很无奈,不放弃吧,又觉得非常不甘心,不能因一点困难就退缩,我要对得起自己的良心,我一定要转化他!为了转化他,我采取了以下措施:

(1)我先让他认识到自己的错误,作为学生应该尊重老师、团结同学,树立做个好孩子的思想。

(2)在批改作业时,我用了足够多的激励语言,尽可能地激发他的主观能动性。例如,这次作业很棒,有进步;老师其实很喜欢你,如果你把字写得再好一点就更完美了;等等。

(3)在课堂上,经常对他进行提问。在他回答正确时,我毫不吝啬地给予肯定、表扬;回答错误时,我会稍微引导他,让他再想想。

(4)课后,我会询问他旁边的同学,了解一下他的表现情况,以及在生活上、家庭上的一些情况。

一周以后,我发现他的情况有所好转,注意力集中了,作业按时完成了,回答问题也积极了。于是,我开始反思这种情况,我发现,我把这种方法用在了另外一个不爱说话,其他情况与谭达辉同学差不多的学生身上,效果是一样的,他们都有了很大的进步。

### 要教书,先育人

没有一个教师不想成为好教师,但是好教师的标准却不尽相同。很多人回忆自己学生时代的学习生涯,最怀念的是那些使学生心灵得到更大的震撼,从而改变了自己的人生轨迹的教师。记得有一年,我担任四年级(1)班的班主任,班里有一个叫张家仪的女生,爸爸吸毒被强制拘留戒毒,妈妈离婚出走了,爷爷奶奶带着她和一个未上学的弟弟在家,她成了留守孤儿。她性格叛逆,学习成绩差,经常无故缺课,上课精神不集中,作业不能按时完成,下课也从不和同学交流、玩耍,她总是默默地待在自己的角落,不允许别人闯进她的世界。我应该采取什么方式打开她的心扉呢?从第三周开始,我通过仔细观察和了解,就从这几个方面开始诱导感化她的心灵。

（1）从生活上关心她。冬天的时候看见她没吃早餐，我就跟她爷爷说要给她做早餐。爷爷有时会不按时来接她放学，我会陪她一齐耐心等待爷爷来接，我跟她说，爷爷为了你上学，为了照顾你姐弟俩不容易，你要感谢爷爷，等爷爷老了，你会照顾爷爷吗？以后，你自己要学会干一些简单的家务，减轻爷爷负担，还要学会自己照顾自己，不让爷爷为你操心，要学会自己早点起床做早餐，自己吃了早餐上学。经过我的教育，她真的做到了，我看到这个情况，立即在班里表扬了她。从此以后，她变成了一个独立性很强的学生。

（2）在学习上关心她。由于她基础差，我从积极举手回答问题、认真完成作业、字体写得工整等细微点滴进步及时表扬鼓励她，使她树立起学习的信心；在平时课时学习和单元小测试中，发现她点滴进步，也在堂上当众表扬她。她慢慢开朗起来，上课也精神集中了，也跟我热情起来了，我感到有了一定的效果。

（3）鼓励她参与集体活动。我认为，打开学生心灵最好的办法是师生、生生互动，经常参加集体活动。有时我为了让她主动参与其中，就任命她担当小主持人，指挥、队长等角色，锻炼她的胆量和能力，这样就让她逐步融入集体中来，从而培养了她积极的生活态度和学习态度。

### 他人眼中的我

吴老师是个态度和蔼、工作任劳任怨、干事勤恳、原则性强的人。

（四会市黄田学校教导主任　朱贤智）

吴老师为人谦和，给人感觉非常亲切和真诚。吴老师评课总是能抓住课堂的教学亮点，恰当地进行点评，对课堂教学中存在的问题也能及时指出，站在老师的立场来评价课堂教学，老师都乐意听他的评课。

（四会市黄田学校骨干教师　罗春英）

吴老师不多言辞，但有思想而负责任！

(广州市名教师、肇庆市第二批名教师学科带头人培养对象跟岗学习实践导师　李犇)

吴老师授课的方式非常适合我们，他根据本课程知识结构的特点，重点突出，主次分明。理论和实际相结合，通过例题使知识更条理化。敬爱的老师，您的教诲如春风，似雨露，永远铭记我心，我虔诚地祝福您：安康，如意！

（四会市黄田学校三年二班班学生　郑天晴）

吴老师是一位认真负责、关爱孩子的好老师，我很欣赏您。从孩子点滴的进步中，我感到您在我这个差生孩子的身上下了很大的功夫，衷心地感谢您，老师。孩子的点滴进步，离不开您的教育，以及您对孩子的关心和耐心，让我不知如何感激您。

（四会市黄田学校六年一班班学生家长　陈志斌）

# 真实、朴实、扎实

● 广宁县横山镇中心小学　夏丹丹（小学语文）

● 个人简介

时光如水，岁月如歌，转眼我已在教育这块园圃辛勤耕耘了12个春秋。12年来，我从一个非师范毕业生如愿以偿地走上教学的舞台，成长为广东省青年教师阅读教学大赛一等奖获得者，广宁县名教师，肇庆市名教师培养对象，广东省南粤优秀教师。这真是应了"天道酬勤"这句俗语。

在不断的实践探索中，我形成了"趣、疑、辩、练、情"的教学模式和"真实、朴实、扎实"的教学风格，多次在省、市级教学大赛中荣获特等奖或一等奖，在"一师一优课、一课一名师"活动中被评为县级优课。

在教学中，我始终做到以人为本，尊重学生人格，注重学生个性发展，客观公正地评价学生，用赏识教育使每个学生的身心都能健康发展。以自己的身体力行、言传身教诠释了"爱心育人"的至高境界。

▶ 我的教学风格 ▶

### 真实、朴实、扎实

回顾从教10多年走过的路，从初出茅庐的稚嫩与青涩，到现在的平和与成熟，我未曾想过自己的教学要形成什么风格。在参加肇庆市名教师培训期间，我聆听专家教授的理论讲座，观摩特级教师的示范课例，阅读教育名家的教育专著，真正领悟了"问渠哪得清如许，为有源头活水来"的真谛。反思自己的性格和一向的表现，应该是一直努力追求一种真实、朴实、扎实的教学境界。我始终认为"真实"是语文教学之源，"朴实"是语文教学之根，"扎实"是语文教学之脉。我不喜欢花哨，不追求华丽，不刻意雕琢，我喜欢那种洗净铅华后的简约。我希望我的课堂就像空气，像水，虽平淡无味，却是每一个生命都离不开的要素。自踏上讲台，我就努力营造一种平等、协作、和谐的氛围，把学生带进文本中，去感悟文本描述的情景、人物、事件，体会作者的写作目的，使学生在潜移默化中获得知识和技能，提高语文基本素养。课堂上，我始终关注的是学生的发展，在教学中实践着"简简单单教语文，本本分分为学生，扎扎实实求发展"。在工作中，我没有"师者为尊"的思想，乐意做学生的大朋友，与学生平等相处，师生关系融洽和谐。我追求春风化雨、润物无声的境界。

（1）真实。陶行知先生说："千教万教教人求真，千学万学学做真人。"他告诉我们："真"比一切都重要。我认为，要教学生求真知、说真话、办真事、做真人，首先自己要做真人、有真情、上真课。我想真实的课应该就是"素课"，如同素食、素描、素颜，毫无装饰，是一种本色的课、生本的课、自然的课、简约的课。说到底就是学习说语文、讲语文、读语文、写语文和用语文的课。在课堂教学中，我力求返璞归真，以真情点燃学生学习的热情。我努力引导学生理解和运用语言文字，锻炼学生听、说、读、写的综合能力，培养学生的语文核心素养。在课堂上，我能感受到学生情感的"真"、思维的"真"和心灵的"真"，学生能表达出自己的真情实感，展示真实的自我。我以"真"字作为自己的立教之本，育好人、教好书。

（2）朴实。唐朝大诗人李白的名句"清水出芙蓉，天然去雕饰"，深刻地揭示了艺术美的本质特征——朴素之美。教学不能"花架子"，必须把功夫落在实处。切实把时间用在"培养学生听说读写的能力"和"训练学生感悟、积累和运用"上。我没有能言善辩的口才，也没有妙笔生花的文采，我的课堂教学中也就没有过多华丽的辞藻和哗众取宠的调侃。我总是紧紧围绕着"用语文的手段来解决语文的问题"和"用教材来教语文"来设计教学，切切实实地提高了学生的语文能力和素养，让课堂返璞归真。

（3）扎实。我始终认为"不下河是学不会游泳的"，能力的培养离不开扎实有效的训练。在《泊船瓜洲》这一课的练习设计上，当学生品读"绿"字后，我安排了两道选字练习：①红杏枝头春意____。（旺 闹 浓）；②风乍起，吹____一池春水。（动 皱 翻 起）。让学生在体会"绿"字的用法后，再次感受到文字的魅力。

为了让课堂真正成为学生学习的主阵地，我在备课时努力做到吃透教材、了解学情、明确目标、精心设计。课堂上，我力求做到：写字训练，给够时间；词语训练，结合文本；句式训练，联系实际；朗读训练，彰显个性；当堂练习，及时反馈；拓展延伸，培养能力。使每节语文课上学生都能"得意""得言""得法""得能"，为学习语文打下扎实功底。

繁华落尽归于平淡，洗尽铅华方显本色。细细思索从教十几年的教学经历，我经历了最初所追求的繁花似锦、喧嚣绚烂，终于从"活动多于思考，形式大于内容，感性超越理性，华丽胜过朴实"的教学误区中走了出来，以朴素的学习材料，真实的学习活动，扎实的学习效果，简约的过程设计，来实现课堂教学的理性回归。

## ▶▶ 我的成长历程 ▶

### 敬业、专业、精业

雄鹰选择了蓝天，是为了展翅高飞；鱼儿选择了大海，是为了遨游万里；而我选择教师这一职业，是为了放飞梦想。

我从小就有做老师的梦想，大学计算机专业毕业后在深圳市一家外资企业做芯片程序录入员。虽然工资待遇高，但始终觉得没能走上讲台是我人生的一大遗憾。2006年一个偶然的机会，我获知广宁县公开招聘教师，为了圆梦，便毅然决然地放弃了大城市的高薪生活，来到竹乡——广宁，如愿当上了一名小学语文老师。

因为专业不对口，所以一开始我在教学上感到非常吃力：记得第一次走上讲台时，我紧张得瑟瑟发抖；当有领导要来听公开课时我害怕得整夜难眠；当老师们在评课时指出我课堂中存在的问题时，我羞愧得抬不起头。那时的我彷徨、困惑，怀疑自己是不是真的不适合教师这个行业。但当我看到讲台下一双双求知若渴的小眼神，听到一声声甜甜的老师好，我暗自下决心要通过自己的不懈努力来争取做一名学生喜欢的好老师。

作为一个非师范类毕业的我要"如何在教育这一行业求生存、求发展"便成了我思考的问题。

（一）对教育的真心，是我不断向前奋进的动力

曾经有位教授这样说："太阳系中有最光辉灿烂的太阳，为万物生长提供能量，在太阳底下有个最光辉的职业，为人类进步发射和传递知识的能量，那就是——教师。"这句话是对教师的礼赞，更是对为人之师的鞭策。尽管我是"半路出家"当老师，但是从我能幸运地当上老师那天起，我就立志要当一名学生喜爱的、能传递知识能量的老师。正是这颗对教育的真心，促使我坚持不懈地认真学习、刻苦钻研、不断追求。

**1. 苦心钻研，弥补差距**

2006年，我应聘被录取，被分配到肇庆市广宁县横山镇中心小学任教。当

我来到这所充满活力、积极向上，又充满竞争的学校时，我就在思考：我起点低，非师范类毕业，在这样的环境下工作，我应该如何生存？如何求发展？我为自己树立了一个目标：那就是要用比他人多一倍、两倍甚至更多的时间去工作、去学习，要通过自己的奋斗，努力去开创一片属于自己的蓝天！

抱着这一信念，我一丝不苟地认真干好每一件事情，包括学生工作、教学工作、家长访谈等。正因为对工作的热爱，学校已经成了我的第二个家。我对教育的真心就正如我曾接受电台采访时所说的："教育是我生命的一部分。"为了一个学术上的问题，我会不眠不休；为了一个好的教学设计，我会通宵达旦；为了转变一个学生，我会不离不弃。无论工作多累多忙我都始终以乐观、积极的心态投入工作。

### 2. 严谨治学，提升水平

记得我一开始到学校工作的时候，除了对本学科专业的知识有点了解外，不要说什么简单的教育理念和教学思想，我甚至连教学的一些基本常规都不清楚。然而，在强烈的责任感和事业心的驱使下，在学校团结奋进的氛围中，我充满信心地朝着自己心中的目标，默默无闻、踏踏实实地稳步前进。一个人在良好的环境中工作，除了机会外，更需要个人的努力和奋斗！我坚信：只要肯努力，相信一定行！那么，怎样才能不断提升自己的专业水平？我的做法是：

首先，继续学习，提高学历。在繁忙的工作之余，我申请了报读本科课程，苦读教育专著，阅读教学杂志，使自己所掌握的知识处于一种常教常新的状态。2014年，我顺利通过福建师范大学自学本科考试，取得了本科学历。

其次，虚心求教，多听好课。我一直坚持的做法是，只要有公开课或研讨课，不管是哪一个科目，我都会尽可能去听、去学习，并吸取各学科教师的长处，努力提高自身的教学水平，形成自己的教学风格。

最后，反思总结，砥砺前行。我非常重视通过反思自己教育教学的过程来学习和掌握教学的特点和规律。无论是一节公开课、研究课，还是某个阶段的教学情况，我都会从整个过程的反思中找出自己教学的成败得失，不断完善教学方法。

### 3. 投身科研，积极课改

学校非常重视教育和课改研究。在学校教育和课改的沃土上，我根据不同时期的要求自行设定研究的课题，主持并参与的课题研究多达十余项。在"六环教学模式的应用"研究中，我在课堂教学模式和方法上力求创新，以改变课堂教学模式为突破口，并将学生的自主学习和合作探究放在首位，改变以往教学中师讲生听的填鸭式的教学模式，充分调动了学生参与学习的积极性，使学生处于一个充满活力、开放、生动、多元化的学习环境中，使他们通过自主学习和合作探究获得新的学习体验，从而促进学生学习方式发生根本的变革。此课题得到了专家、领导和老师的高度评价。我也在一次次完成研究任务的过程中学习、研究、实践、反思，学会了用研究的眼光开展工作，学会了创造性地进行教育教学，并在研究和创新中逐渐成长起来。

### （二）对学生的爱心，是我坚持不懈奋斗的源泉

爱是教育的源泉，在教育教学工作中，我始终牢记着"爱是打开学生心灵的金钥匙"。我用"爱心换真情"和学生建立了亲密的师生情谊。对学生在生活上给予关心和爱护，在精神上给予支持和鼓励，在学习上给予辅导和帮助，特别关心学习有困难的学生，我把"特别的爱给特别的他们"，帮助他们勇敢、自信地站起来。

班上有位叫小杨的学生，长得斯斯文文，能说会道，是个非常可爱的男孩。但是一到上课就特别爱捣乱，常常令师生上课都不得安宁。为了帮助他改正缺点，我主动联系了他的家长。了解到他是一个单亲家庭的孩子，从小就未见过自己的妈妈，缺少一份母爱，我感觉到他需要我给他一份特殊的关爱。在以后的相处中，我就特别留心这个从小失去母爱的孩子，除了在思想上教育他、感化他之外，在生活上也关心他、帮助他。我还特意安排一位学习成绩好、乐于助人、耐心细致的学习委员晓洋和他同桌，目的是发挥同伴的力量。在老师的关注和同学们的帮助下，他更加努力地学习了，纪律上也更自律了，学习积极性明显提高了，成绩有了显著的进步。为此，我感到由衷的高兴。

我想，"没有教不好的学生，只有不会教的老师"这句话说得一点儿也没错，我们的孩子需要用爱心和耐心去感化。就是在这真诚的爱中，出现了"润物细无声"的效果，达到"柳暗花明又一村"的美妙境界。

### （三）对教学的精心，是我不断努力追求的目标

教师的成长与发展、学生学业的收获与进步在很大程度上都取决于课堂。因此，课堂教学是教师的主阵地，如何优化课堂教学，提高教学效率，使每一位学生都能更好地发展，是我一直不断努力追求的目标。

#### 1. 不断提高自身素养

古人云：亲其师，信其道。我深知，教师广博的学识、精湛的技能、出众的才艺、慈善的个性、幽默的语言、高尚的品格……这些都是吸引学生的魅力所在，因此，不断提高自身素养是我不断完善自己、提升自己的目标。

在今天倡导终身学习的社会氛围中，只有不断吸取新理念识和新知识，用先进的思想武装自己、完善自己，才能完成教书育人的光荣使命，才能无愧于"人民教师"这个光荣的称号。我一方面树立"学无止境"的意识，努力提高文化素养；另一方面树立"立德修身"的意识，不断提高品德素养。教师真的要先学会"做人"，才有资格"育人"，教师的人格会潜移默化地影响着学生的人

格。孔子说，"其身正，不令而行；其身不正，虽令不从"。我时刻提醒自己做事要以身作则、心底无私、品行端正，要给学生做出表率。

### 2. 扎实做好常规教学

教学如何适应学生，并使每个学生更好地发展，是我每一节备课时思考的重要内容。首先，我精心设计课堂教学，并在每节课前做好上课的充分准备工作。例如，根据学生上节课的学习情况和现有的知识水平设计好教学过程。其次，关注学生学习状态。尤其是学困生，根据学生在堂上的反应和学习情况，及时调整教学内容、进度以及方法。最后，反思课堂教学行为。每节课后我都会在笔记本上写下教学反思，把课堂上成功的地方或出现的问题记录下来，为下一节备课提供有力的依据。

### 3. 着力打造高效课堂

打造"高效课堂"，其根本的问题就只有两个，即教师如何高效地教，学生如何高效地学。为了能打造高效的课堂，我充分利用好课堂的每一分钟：精心设计导学案，引导学生根据导学案预习、自学，使一些问题课前就能解决；通过情境设置法使学生融入教学之中，让学生从思想上的"要我学"变为"我要学"；利用"主问题学习法"引导学生自行设计一个能统帅全文的关键问题，为学生真正的自主学习奠定基础，实现从"学会"到"会学"；充分灵活地运用校本"六环"教学模式引导学生实行分组合作、互助探究，既有成果展示，又有自测互评，还有思维拓展和师生质疑，使学生精力高度集中并积极参与；熟练运用多媒体现代教育手段辅助教学活动，充分调动学生的视觉、听觉、感觉来激发学生学习的兴趣。

我在打造高效课堂的道路上不断摸索前进，同时也真切地感悟到：生动课堂源自教育艺术，教育艺术赢得课堂高效，课堂高效成就精彩人生。

我的教学成长历程，是应了两句俗语"天时地利人和"和"天道酬勤"。近12年的教育生涯，我在不断努力的同时也是在不断收获。我获得了"广宁县优秀教师""广宁县名教师""广东省南粤优秀教师"等光荣称号。辅导学生参加由教育部门组织的各类省、市、县的比赛获奖人数约40人次。我本人在参加省、市、县组织的各项教育教学活动竞赛中也获得20余项奖励。

曾经的成绩、荣誉只是过去的注脚，今后的路还很长，我会努力追求，为了我所钟爱钟情的教育事业，继续奉献我全部的爱。

## 我的教学实录

### 《泊船瓜洲》教学实录

#### 一、教材简析

《泊船瓜洲》是人教版五年级上传第二组"思乡"主题古诗词篇目的第一篇,由北宋王安石作于1075年。该诗用蒙太奇手法描绘出几幅生动画面,诗句凝练,意境优美,字里行间透出浓浓的思归思乡情。

#### 二、学情分析

五年级学生之于知晓诗面意义、领会诗含境界不是难事,难在"绿"字深刻理解和真正领会诗人才离乡思归的复杂情感。

#### 三、设计理念

创设真实的教学情境,激发学生形象思维去理解感悟;用朴实的方法教学,让课堂流淌浓郁的文化味,使学生受到古诗词文化的熏陶、感染;通过分层的、扎实的课内外训练,让学生学习语言的同时积累语言。

#### 四、教学目标

(1)有感情地朗读古诗,背诵古诗。
(2)借助注释、抓住重点词句理解诗意,体会作者表达的思想感情。
(3)感受古诗的韵味,激发阅读古诗的兴趣。

#### 五、教学重点

理解诗意,有感情地读诗。

#### 六、教学难点

体会作者表达的思想感情,揣摩作者的表达方法。

#### 七、教学过程

**(一)创设情境**

师:欣赏歌曲《故乡的云》。(课件播放音乐,并出示歌词)

师:这首《故乡的云》,使我们听到了来自远离家乡游子们的声声呐喊。故乡的云总是那样的白,故乡的人总是无比的亲!这种思乡之情像血液一样,流淌在我们民族的历史中,从古至今,未曾间断。今天,我们共同学习一首思乡的古诗——《泊船瓜洲》,共同感悟王安石的思乡情结。

(课件:课文插图,课题,配古筝曲)

**(二)问题导学**

师:有谁知道课题这个"泊"是什么意思?

生:"停泊。"

真实、朴实、扎实

师："泊船瓜洲"应该怎么理解？
生：把船停靠在瓜洲。
师：这首诗的作者是王安石。谁愿意为大家介绍一下诗人？
生：王安石（1021—1080）是北宋时期著名的政治家、思想家、文学家。少年时代，聪颖好学，年轻时就中了进士。他的诗歌、散文都很出色，是"唐宋八大家"之一。
生：王安石做地方官时，曾向朝廷上万言书，提出变法主张，推行富国强兵的政策。北宋神宗皇帝非常赏识他并封他为宰相。王安石任宰相期间，推行改革，遭到反对。3年后，他辞去了宰相的职务，回到了南京的家中。
生：1年后，皇帝又招王安石进京任宰相，他两次推辞而未获批准。这年春天，55岁的王安石从南京出发，上京赴任。有一天晚上，夜宿瓜洲江边，感时伤景，写下了《泊船瓜洲》这首诗。重任宰相一年后，王安石再次被罢免，又回到了南京，过起了隐居生活。
师：刚才，我们了解了诗人是怎么样的一个人，弄懂了诗题的意思，这"知诗人，解诗题"（出示：知诗人，解诗题）是学习古诗不可少的一步，它能帮助我们理解诗的内容。
师：这时的王安石写下了一首思念家乡的诗。我们一起来听一听，请注意字的读音。（播放录音）
师：接下来请同学们自己读一读，注意读准字音。
（同桌互读：用自己喜欢的方式读诗，读给同桌听）
师：谁愿意来读一读这首诗？（指名读）
师：你认为这首诗中哪个词能表现出作者思念家乡的心情？
生：从"还"字可以看出作者思念家乡。
（师板书：思乡）
师：读得真好，谁再来读一读《泊船瓜洲》？其他同学听，特别注意这位同学有没有读出思乡的情感来。
（师小结：读诗，我们不但要把它读正确、读得有节奏，而且还要尽可能读出它的韵味来。当然要读得好，必须要先理解古诗的意思）

（三）交流展示
师：先请同学们默读这首诗，边读边想加点字的意思。
（生汇报）
师：接下来，请同学们根据课文的注释及加点字的意思，小组内互相说说诗句大概的意思。（生交流，师巡视、观察学生的学习方法）
（生汇报）
师小结：刚才我们抓住了诗句中难理解的字眼，就能弄懂诗的大意，也就是

（板书：抓字眼，明诗意）明白了诗意后，让我们再来读一读这首诗，看看是不是会比之前读得有韵味一些呢！（齐读）

师：嗯，的确进步不少，掌声送给你们！

（四）当堂训练

师：根据诗意你能画出京口、瓜洲和钟山的位置图吗？

（生画简笔图，展示）

（五）感悟诗情

师：同学们，你们知道吗，学习古诗只是明白诗的大意还不够，还需要体会诗人的感情。你们想学这个本领吗？那我们就开始想办法进入诗人写诗时的那种意境。你们觉得诗人写这首诗可能是在什么时候？

生：夜晚。

师：是在什么季节的夜晚？

生：一个春天的夜晚。

师：是在春天的一个晚上，在你的想象中，诗人是站在什么地方，望着哪儿吟这首诗的呢？

生：一个春天的晚上，诗人站在船上，望着天上的月亮吟诗。

师：（根据学生的回答在黑板上简笔勾画诗人站立船头的形象）这天晚上，天上可能还有什么？

师：（画月亮）在这明月之夜，诗人站在船头，都看到了什么？想到了什么呢？让我们闭上眼睛，想象一下。（放《春江花月夜》片段）

师：诗人所在的瓜州与他的故乡南京是近还是远？为什么？

生：是近的，因为诗中出现了"一水""只""数重"等表示近的词语。

生：是远的，你看，有长江相隔，还要翻过几座大山，当时又没有火车，能不远吗！

师：你们想一想，为什么宽阔的长江在作者的眼中仅仅是"一水"之隔？为什么作者诗中"又绿江南岸"，而不是江北岸呢？诗人要通过这首诗表达怎样的情感呢？

生：思念家乡的感情。

生：本来是远的，由于诗人十分思念家乡，所以就觉得很近了。

师：明月之夜，诗人立在船头，向南眺望，只见对岸就是京口，由这诗人想到……现在已是春天，诗人的脑海中不禁浮现出家乡一幅幅美丽的图画：青山、绿水、田野、江岸……春风吹过，大地换上了一件绿装。

师：这么多的美景，诗人是用哪句话来概括的？

生：春风又绿江南岸。

师：对，这七个字概括了春天的美景，你认为这句诗中哪个字用得特别好？

生：绿。

师：据说王安石在选用这个"绿"字之前，曾经换了10多个字，请大家看课后的资料袋（体味"绿"字）。

（生看资料袋内容）

师：我想诗人在吟这个"绿"字的时候，一定翻来覆去吟诵、比较。让我们也来用"到""过"……吟诵吟诵，比较比较。

（生吟诵）

师："绿"字好在哪里呢？

生："绿"字既可以让我们感受到春天的到来，还能让我们看到绿油油的田野。

生："绿"字，使江南景色显得更加有生气，生机勃勃的样子。

生："绿"字，可以让我们想象到绿树、绿草、绿油油的田野，给了我们一个立体的画面。

教师小结：是啊！一个"绿"字告诉我们写文章要字斟句酌，反复推敲的道理。让我们一起再读读这千古名句，读。

生读：春风又绿江南岸，明月何时照我还。

师：请同学们看屏幕［出示练习：①红杏枝头春意____。（旺/闹/浓）；②风乍起，吹____一池春水。（动/皱/翻/起）］，思考在这两句诗中用哪个字更合适。

（生上台选择正确的字填入）

（师点评）

师：春天去了有再来的时候，而诗人赴京城再次为官，什么时候能回来呢？

师范读：春风又绿江南岸，明月何时照我还。（把"春风又绿江南岸"和"明月几时有"之间的节奏读得比较紧凑，而把"照我还"读得舒缓而又惆怅）

师：老师为什么要这样读？你能从中感受到什么呢？

生：前面读得快是因为急切地想回到家乡，后面读得慢是因为自己的无奈和对国家的担忧。

师：此时诗人如此想家，但不得不又要远离家乡了，望着这轮明月，作者感叹道——

生：明月何时照我还。

师：诗人想着，此去京城可能几年都不能回家了，这是一种思乡的期盼，一起读——

生：明月何时照我还。

师：此去京城诗人可能几十年都不能回家了，这是一种心灵的遗憾，再读——

师：此去京城诗人可能到年老死去都不能回家了，这是一种精神的痛苦，再读——

生：明月何时照我还。

（师配乐朗读：视频配乐）

师：此时你就是诗人，站立船头，仰望明月，思家心切，只能借诗来抒发自己的思乡之情，请同学们带着这种感情再来读一下这首诗。（生读）

师：听了同学们的朗读，让我深深体会到了你们那种思乡的情感。

师：学到这，不禁让我想到了另一首写诗人在明月之夜思念家乡的诗，是哪一首？

生：是《静夜思》。（齐背）

师：刚才我们根据诗句想象诗人作诗的情景，好像我们自己已成了诗人，更深地体会到诗人的感情，就是"想意境，悟诗情"。

（六）总结提升

师：这么好的诗，我们应该能背下来，会背吗？

（生试背）

师：这节课，我们一起和诗人王安石走进了一个美好的话题——思乡，并且学会了学习古诗的方法：知诗人，解诗题；抓字眼，明诗意；想意境，悟诗情。我们中华民族是诗的民族，诗意境深远，情感真挚，具有丰富的文化内涵。诗可以通过吟诵、歌唱、舞蹈、绘画、书法等许多艺术形式来表现，所以，我们应该以真挚的感情来学习古诗、探究古诗，领略我们民族的文化瑰宝。

（七）作业布置

请你们根据自己学习这首诗的感受，完成其中的一道或者两道题：

(1) 读完这首诗，我会背了，还会写出古诗的诗意，懂得诗人的感情。

(2) 品读完这首古诗，我有自己独特的感悟。

(3) 品读完这首古诗，我也想到自己的故乡去看看，去感受故乡那美景、好人、乐事。

## （八）板书设计

## （九）教学反思

诗词意境高远，感情丰富，形象生动，语言精练含蓄，具有较强的韵律美，千百年来深受人们喜爱。朗读和品读古诗词，可以培养小学生丰富的语感、形象的思维、浓郁的人文情怀和创造力，是语文教学的一个重要组成部分。

通过本节课的教学，我认识到：

### 1. 文学真实与生活真实

文学作品来源于生活，又高于现实生活，是现实生活的升华，它是作者对社会生活现象进行艺术加工创作出来的艺术形象，所以，文学与生活不是简单的对应关系，文学真实不可以违背生活真实，否则读者也难以接受，只有是"情理之中，意料之外"的文学真实，才能带给读者审美的享受。在理解诗人所在的瓜州与他的故乡南京是近还是远这个问题时，有的学生认为是近的，而有的学生认为是远的，面对这突如其来的分歧，我先让学生各自阐明观点，最后我让他们联系上一句"一水间"，提出问题引导：为什么宽阔的长江在作者的眼中仅仅是"一水"之隔？为什么作者诗中"又绿江南岸"，而不是江北岸呢？诗人要通过这首诗表达怎样的情感呢？他们稍做议论，便争先恐后地说："本来是远的，由于诗人十分的思念家乡，所以就觉得很近了。"对于文学真实和生活真实的区别，经同学们这么身临其境地推想，诗歌的理解便迎刃而解了。而学生将保持这种高昂的情绪，顺利学完此诗，这真是无声胜有声啊！

### 2. 教给学生思维的方法

古人云："授人以鱼只供一餐所需，授人以渔终身受用不尽。"在备课时，我已预料到学生可能弄不清京口、瓜洲、钟山的位置，我想，与其告诉学生，不如让他们自己动脑动手找到答案，板画设计的过程就是"授生以渔"的过程。板画所画充分调动了学生内在的主动性和积极性，让学生不但能学会，而且会学，在学中体验，在体验中提高。

### 3. 永远不要低估学生的能力

一提到新课程，老师们总会不由自主地想到"自主、探究、以学生为主体"等词语，但在具体的授课中却总是不放心，忍不住包办代替。这节课让我领悟到，其实在我们课堂教学中，有许多值得学生进行自主探究、研讨训练的机会，学生也完全有这样的能力，甚至会比老师理解得更到位，给我们以启发。因此，只要我们作为课堂引导者的教师善于发现、善于思索，相信学生的心灵一定会在你的指导下得到放飞。

广州市小学语文名师李犇校长评价这是一节真实、朴实、扎实的课，这也正是我的教学追求。这一课也还存在很多问题，例如，能重视朗读训练，但没注意朗读的层次、要求；教学还停留在学会知识、理解内容的层次，课堂气氛不够活跃、热烈。以后我要努力探索如何教会学生学会学习的方法，真正体现教师为主导、学生为主体的教学理念。

## ▶▶ 我的教学主张 ▶

### 语文教学要言意兼得

语文学习是据言得意、由言表意的转换和融合，是对文本的理解和表达方式的理解的双重获得，是"言意兼得"的过程。

理想的语文课是要让学生在语言文字和课文思想内容都要让学生有所收获。我们要从关注老师"教"了多少转向学生究竟"学"了多少。要善于用语文的手段指导学生学习语文的内容，解决语文的问题。教师在课堂中注重引领学生在阅读中自觉地关注语言本身，在语言的比较揣摩中感悟语言的表达方法。让学生在领悟"意象、意境、意蕴"的同时，关注语言表达本身所具有的魅力，从而领略到文本中融合的言和意。我认为，这样"言意兼得"的教学，才是语文教学的应然归宿。

（一）朗读要够

叶圣陶先生曾说过："读书百遍，其义自见。"由此可见，通过朗读，可以把平面的文字化为立体的声音，使文字表达的内容具体可感，不仅如此，在朗读过程中，文章的风采格调、逻辑脉络、语言表达方式以及作者的思想感情都会对学生起着潜移默化的作用。于永正老师将读熟课文作为教学课文的起点，他说"读书，每个学生必须做到正确、流利，这是'保底'工程，达不到这个要求绝不放过"。

语文课，就是读书指导课。把指导学生正确、流利、有感情的朗读作为第一要务。要做到读前有要求，读中有指导，读后有评价。语文课堂需要书声琅琅。如《草原》一文，老舍先生用亲身经历向读者介绍了草原的天、草原的地，以及草原上生活的人。学生在教师指导下反复地朗读，从草原蓝蓝的天、绿绿的草，蓝天上的朵朵白云，草地上白色的羊群，深刻体会"那里的天比别处的更可爱，空气是那么清新，天空是那么明朗"，体会"这种境界既使人惊叹，又叫人舒服，既愿久立四望，又想坐下低吟一首奇丽的小诗"。教师充分利用教材指导学生朗读，甚至熟读成诵，让学生直接感受语言，积累语言的材料，了解多种语言表达方式，就能学会运用语言文字准确地表达自己的观点，抒发自己的感情，从而发展语言能力。我们语文老师在教学中要舍得花时间让学生去读书，多让学生去读，真正地发挥朗读的作用，让学生从实践中品尝到朗读的乐趣，体会到主动学习的快乐，圆满完成语文教学任务。

（二）积累要足

"为学之道在厚积而薄发。"语文学习的"积"就是对语言文字的积累和吸收。语言积累是小学生学习语文的基础，也是追求语文教学效率最大化的关键。对处于语言发展关键期的小学生而言，毫无疑问应该将积累语言材料和丰富语感经验放在首要位置。语言积累能够丰富学生语感经验。语感好，就能一听就清，一读就懂，一说就顺，一写就通。

语言在背诵中积累，在运用中积累亦可在情境中积累。在教学《匆匆》中有："过去的日子如轻烟，被微风吹散了，如薄雾，被初阳蒸融了；我留着些什么痕迹呢？"让学生背诵积累像这样一些运用修辞手法的语句，不仅可以让学生领悟语言的表达方式，还能从中学习怎样进行联想；在每个园地的口语交际中，学生也可以通过交流见闻、畅谈感受等在交际中学习语言、运用语言；在学习近义词"歉疚—内疚"后，通过习题"一想到一周之前发生的那件事情，我就感到很_____。"让学生在具体的语言环境中进行词语的辨析，让学生在情景中积累。

（三）训练要实

语文教学的训练应该简洁，力求一课一得。以读书指导为"经"，"识写、理解、积累、运用"字词句为"纬"。立足于"识、写、读、背"最基础的训练内容，在简约的框架设计之上把对学生识字、写字、读书、背诵的训练和指导落到实处，给足学生"听、说、读、写"练习的时间。

备课时就精心设计课堂教学中的练习题。课堂教学时狠抓每一道练习题的训练落实。在教学《詹天佑》第五、第六自然段时，通过让学生根据课文内容为居庸关、八达岭画一张施工图，这样的训练不再是单纯的做习题，而是综合地进行技能、智能训练，促进学生自主学习能力的提高。在学生做练习的时候，教师要积极地拿着红笔去批阅指导，及时发现问题，及时培优辅差。时刻考虑这节课我的学生学会了多少，会学了什么。学生在自学的过程中不仅学会了知识，更重要的是学会了学习,学生的学习能力得到了很大程度的提高,具备了"可持续发展"的条件。合理安排并从严把握"学""教""练"的时间结构,确保"学时"。让学生能够在这个过程中觅得语言的滋味,寻得语言的规律,获得言语的智慧。

## 我的育人故事

### 爱是打开学生心灵之窗的金钥匙

"爱是教育的前提,没有爱就没有教育。"作为教师,只有热爱学生,特别是尊重、爱护、信任学生,使学生真正感到来自教师的温暖和呵护,教育才富有实效。那些在学习、思想、行为等方面存在一定偏差的学生,我们称之为"问题学生",其实都是"学生问题",是学生成长中的问题。他们往往被忽视、被冷落。殊不知,学生看起来最不值得爱的时候,恰恰是学生最需要爱的时候;殊不知,错过学生的一个教育机会,没准就错过学生的一辈子。

我们班有一个男孩子叫晓君,记得刚见他时,他穿着得体,脸蛋白白净净,是一个人见人爱的小男孩。但是随着时间的推移,我发现他是一个很聪明但个性特强的孩子,有时上课,你当堂指出他课堂走神,他就表现出很不服气的神态,有时甚至摔书敲桌子,故意不认真听,好像要跟你对着干,想故意气老师似的。几次这样的情况下来,我们双方都被搞得焦头烂额,眼睁睁地看着他的学习成绩不断下滑,我很苦恼,也很不甘,毕竟这样的事情很影响我上课的情绪,也会影响到全班学生的课堂学习效果。于是,我找他谈话,希望他能遵守学校的各项规章制度,以学习为重,按时完成作业,知错就改,争取进步,争取做一个人见人爱的好孩子。他口头上答应得好好的了,可他就是"勇于认错,坚决不改",依然我行我素,毫无长进。每次我都要被他气晕了,我的心都快冷了,多少次想想还是算了吧,或许他是一根"朽木"。但又想:一个晓君只是班里面的四十五分之一,但是对于他的家庭而言却是百分之百的希望,如果我作为班主任都放弃了,那么这个孩子就真的无法转变了。身为班主任,我不能因一点困难就退缩,不能因一个学习有困难的学生无法转化而影响整个班集体,我要对得起教师这个称呼,我要尽最大的力量去转变他!我把心一横:不转化你,誓不罢休。

我开始思考合适的教育方法,为了转化晓君同学,我决定要用爱去开启他的心灵。我先从宽容、尊重做起。有段时间,晓君经常迟到,任课老师反映他上课不专心,作业也不认真完成。我当时气恼万分,当即把他叫了出来,真想好好地说他一通。但是我想:在处理学生问题前,一定要先处理好我自己的情绪。在权衡了各种方法的利害后,我没发作,而是尽力地控制了感情,心平气和地进行了说服教育,指出他不遵守纪律的危害性,教育时言出于口,情出于心。他终于感受到老师爱的温暖,使自己的控制能力明显提高,也慢慢变得进步。

我又从家长入手，了解孩子的家庭情况，并向家长说明孩子课堂上的这种表现，在得知孩子在家也是这样的情况，脾气很不好，看来，对他的教育需要换一种方式。我开始反思自己，指出学生的缺点时语气要温和些，并且不要当着全班同学的面；而在课堂上看到表现积极时就当着全班同学的面表扬他，让全班同学都为他喝彩，为他加油。正所谓，批评要小声，表扬要大声。亲其师，信其道，我的"赏识"给了他精神上的滋润，使他产生了自信，拥有了积极争取成功的心态。后来，我发现他慢慢变了，上课比原来认真了，发言也越来越胆大了，不过我没有就此松懈，课下我还是不断找机会鼓励他，摸摸头，拍拍肩，拉拉手，让他感受到老师是关注他的，欣赏他的，也是的的确确喜欢他的……

最后，我找机会和他单独交流心声，比如，了解他心里的一些想法、聊一聊学校的奇闻趣事……他的脸蛋涨得通红，不好意思地呵呵一笑，只这一笑，我们之间的隔阂烟消云散，看得出来他内心因为我的关注和赞美而激动不已。随之而来的是他更大能力的发挥，学习兴趣更浓厚了，学习成绩也明显提高了。

开学第二个学期，学校进行竹韵杯"接力赛"，这是我任该班班主任以来第一次重大比赛，各班都精心准备，力争好名次。这时晓君找到我，报名参加比赛。他的举动，我当时既惊讶又犹豫，"他能行吗？"可是，当我看到他那期待的目光，跃跃欲试的神情，我理解他了……答应了他的恳求。赛场上，他果真不负众望，在最后关头赶超六年级选手，最终我班获得"接力赛"第一名。晓君在周记中写道："以前的老师都认为我是差生无可救药，我常常被遗忘在教室的角落。现在的班主任夏老师对我另眼相看，我得好好地为班级争光、争气……"

今年9月10日，我收到晓君同学发来的短信："我庆幸小学遇到了您，您的诲人不倦和谆谆教导，将永远铭刻我心；你的宽容和理解，让我找到了自尊；您的鼓励和肯定，让我找回了自信。您不仅教给了我知识，还教给我如何做人。每当我班同学谈到您，总是充满着骄傲和崇拜，我们会以您为榜样，努力做得更好！"

现在我庆幸，幸亏当时没有放弃他，在那一学期里，这个孩子树立了较强的自信心，也受到了其他同学的尊敬，变得有自信了，在学习和纪律方面做得比其他同学更自律了，我给他播种着真挚的、无私的爱，他也使我收获着他那独有的、天真的、纯洁的爱。是啊，孩子的执着，孩子的火热，孩子的爱，让我深深地感动了。

我想，我们教师的职责就是引导学生发挥潜能，做教师就要学会用心、用爱去浇灌自己的学生，充分表扬和肯定学生的点滴进步。只要我们用心，只要我们用爱，就可以打开学生的心灵之窗。

## 他人眼中的我

**（一）朋友眼中的我**

"宝剑锋从磨砺出，梅花香自苦寒来。"丹丹老师从一名程序录入员转行到教师，爱心待生，精心上课，潜心育人。在平凡的岗位上做出了不平凡的成绩。她的课堂真实、朴实、扎实。课堂上学生听、说、读、写、圈、点、批、注，用语文的手段学习语文的内容，解决语文的问题。她用发自内心的真情触动学生心灵，以认认真真的态度研究学生，靠扎扎实实的巧练落实目标。

（广东省特级教师、首届乡村教育家　朵应衡）

**（二）学生眼中的我**

夏老师的美，在于她的"真"。她是一个真正关心我们的好老师。我本来是一个平时贪玩、学习不认真、成绩落后的学生，但是自从夏老师教我的语文后，她对我没有另眼相看，反而在课堂上经常辅导我，课间又找我谈心，鼓励我。每次我有进步的时候，她比我还要开心。就这样，我慢慢地对学习有了信心，开始喜欢夏老师，也喜欢夏老师的课了。现在，我的语文成绩已经位列全班中上了。

（广宁县横山镇中心小学六年级　高智强）

**（三）同事眼中的我**

夏老师是一个特别"求真"的人，她平时克服浮躁，反对虚假，静心研究学生，钻研教材，寻找适合学生的教法与学法；细心批改作业，辅导学生，关注每一个学生的成长与进步。课如其人，她的课朴实又扎实，没有什么"花架子"，有的是学生认认真真的思考和扎扎实实的训练。她特别重视听说读写的训练，语文味非常浓。

（广宁县横山镇中心小学教师　曾凤英）

**（四）领导眼中的我**

夏老师是一位非常有教育情怀的优秀教师。她不断提高学科素养，不断追求教学艺术，不断提升理论水平，虚心学习，争取进步。她待人坦诚善良，工作认真负责，做事追求完美，充满激情和热情。

（广宁县横山镇中心小学校长　黄坚才）

# 质朴温情　诱思求深

● 肇庆市怀集县教育科研中心　黄少菊（小学英语）

● **个人简介**

弹指一挥间，我踏上三尺讲台从事英语教育工作已近20载。踏足讲台之初我是一名中学英语教师，现任职肇庆市怀集县教育科研中心小学英语教研员，是肇庆市小学英语学科带头人，也是肇庆市名教师培养对象。个人主持市级立项课题2项，参与市级课题研究多项。2012年被聘为肇庆市基础教育科研成果奖第二届学科组评审委员会委员，2013年被聘为肇庆市基础教育科研"十二五"规划课题总课题"在欠发达地区小学英语课堂教学中如何运用phonics的研究"的子课题专家。曾被聘担任"肇庆市中小学教师继续教育网络辅导教师""2017年广东省一师一
优课，一课一名师"活动"优课"评审专家。曾被评为"广东省青少年科技教育活动先进个人"。2017年课件作品荣获广东省"优秀作品"奖。撰写多篇论文在《考试与评价》等省级刊物发表和获市级奖励。

英语属于语言教育，具有工具性与人文性双重性质，其核心理念是"综合语言运用能力"。从事英语教育教学近20年，我始终坚持保持平和的心态，坚持"以人为本"的教学新理念，课堂上以互相尊重为基础，以理解宽容学生为前提，以欣赏鼓励学生为动力，把课堂还给学生，让课堂充满温情；教学中把训练思维和探索研究紧密结合，激发学生的深度思维，培养良好的思想品德以及学习策略。作为小学英语教育工作者，我始终坚持在小学课堂教学创设有意义语境并将语言知识融入实际运用的语言学习活动，以培养学生"用英语思维和做事情的能力"为目的。

## ▶ 我的教学风格

我从初出茅庐的稚嫩与青涩，经过了在教学、教研工作中的探索与努力，到现在的从容和成熟。我认为，理想的英语课堂是有深度的，是以理服人、以情动人的，回顾20年走过的路，我的教学中主要体现了质朴、温情、诱思、求深。

"质朴"一词出自董仲舒《春秋繁露·实性》，形容一个人的天真自然，心无旁念。而我是平静、与人处事融洽、崇尚自然和追求本真的人。

"温情"是指在课堂上坚持"以人为本"的教学新理念，以互相尊重为基础，以理解宽容学生为前提，以欣赏鼓励学生为动力，把课堂还给学生，让课堂充满温情。

"诱思"符合学生认知水平发展和思维开拓规律，其本质就是诱导思维，探索研究；其中心内容就是以教师为主导，学生为主体，思维为主攻，把训练思维和探索研究紧密结合。

"求深"的英语课堂不单是口语交际，或是解题答疑的课堂，更应是激发学生深度思维、培养良好的思想品德以及学习策略的课堂。

在英语教学实践中，我本着实事求是的态度尊重学生、尊重学生学习实际的课堂，关注学生的动态生成，不迎合"观众"的作秀。注重学生真情实感的体验，摒除师生的矫揉造作。我一直力求营造充满和谐、宽松气氛的课堂。讲课追求亲切自然、朴实无华，将对知识的渴求和探索融于简朴、真实的教学情景之中，宛如涓涓细流从学生心田流过，给人一种心旷神怡、恬静安宁的感受。在课堂中，我尽可能地为学生创设适宜的学习情境，通过抛出问题、组织课堂讨论、自主学习等激发学生想象力；尽可能以引路、诱导的方式进行教学，改变过去把现成的知识灌输给学生的教法，让我的学生通过我的启发，自主思考，大胆探究，发现规律，得出结论。由此逐渐形成了自己"质朴温情　诱思求深"的教学风格。

## ▶▶ 我的成长历程

### 踏实人生路

我的父亲曾参与援越抗美战役。儿时记忆中的父亲是早出晚归，整日为生活奔波忙碌。偶然闲时，父亲才会跟我们几个孩子聊聊。出于好奇，儿时的我问过多次战争的事情，父亲都是淡淡带过，从不细说，说得最多的是这样一句话："逢山开路，遇水架桥"，一步一步就走过来了。受父亲的影响，从小我便是一个勤勉上进、踏实肯干的孩子，这种品性也为我后来的从教之路铺下了一个基石。回顾我的教育路程，从最初的懵懂到逐步成熟，最终形成自己独特的教学风格，是一个艰苦而长期的探索路。

（一）从小立志，良师引路

怀集县位于广东省西北部，肇庆市北部，绥江上游，怀集县四围环山，域内海拔 1000 米以上的山峰 60 余座。"70 后"的我就出生在一个距离县城 28 千米外的一个落后乡镇。20 世纪 80 年代初，我家乡通往县城的唯一一条公路是围绕着山脚或半山腰修建的石子路，每天只有一趟进城的班车。28 千米的公路，宛如一道厚厚的屏障挡住了外面的世界。在那个交通与资讯不发达、经济贫困的年代，就连收音机都是一种奢侈品。那时候的农村学校师资极度缺乏，镇中心小学基本以民办教师为主，如果一个人在小学阶段能遇上一个正规师范学校毕业出来的老师，那这个人肯定是个幸运儿。在我入读的那个年代，镇上是没有幼儿园的，正式的学校启蒙教育就是一年级。还记得小学阶段，绝大部分的老师无论是语文课还是数学课，或者是其他学科，授课老师都是用方言上课的。而我应该算是一个幸运儿，1984 年我入读小学，学生生涯的第一位语文老师是一位受过正规师范学校教育、年轻漂亮的女老师，说着很好听的普通话（尽管那时还不大听得懂）。在任教的 3 年里，从一年级的拼音到后来的每一篇课文，全班同学挨个背书给她听，课堂上经常给我们讲故事、讲外面的新鲜事，时不时还拿一些有趣的连环画、故事书等给我们传阅。就是她给我的拼音打下扎实的基础，也引导我走进了阅读大门。她宿舍的书架里有很多（我们看不懂的）书籍，儿时的我觉得老师很有文化，能读那么深奥的书，知道那么多的事情，内心的崇拜让我立下了要做一名优秀教师的理想。因此，在求学过程中，我有着明确的目标，并朝着这个目标努力奋斗。高中填报志愿的时候，我毫不犹豫地选择了师范，也顺利地考入了肇庆市西江大学的英语教育专业就读。

（二）倾心教育，年轻从教

1998 年，我从师范专科毕业分配到家乡的凤岗中学任职，成了一名英语教师，也算是实现了小时候的理想。那时候的乡镇中学别说全日制英语本科，就是英语大专毕业的也不多。毕业那年因为我是大专毕业，所以学校委以重任，把两个重点班中的一个安排给我任教，这份重任对我来说是动力也是压力。学校在镇中心，一河之隔就是我出生的村子。那年在我教的 150 名孩子中，就有 8 个学生是我的堂弟、堂妹、侄女、侄儿等亲属，在得知我是这些孩子的科任老师后，我的叔伯哥嫂们排着队找我聊天，那些望子成龙的眼光对我更是一种无形的压力。

源于动力也迫于压力，初踏上讲台的我认真备课、认真上课，开动脑筋、钻研业务。那个时候，手上的教材只有书本与教参，教学的依据是教学大纲。光研读教材是不够的，为了能更好地教出成绩，我厚着脸皮推门进教室，把全校英语老师的课都听遍了，课后更是虚心请教。虚心与积极的态度得到领导与同事的认可，更得到他们在业务上的帮助，也赢来了更多的外出学习与参赛锻炼的机会。

作为一名青年教师，起初两年是凭着激情懵懂前行的，真正触动我对教学的思考是源于2001年的一次"控流"（即控制流失学生的数量）家访活动。农村家庭一般都有3～6个孩子，在小学初中都实行收费的那个年代，农村家庭负担几个孩子的学费是比较困难的，所以每年春节有不少学生或自愿或被迫辍学出去打工。每年开春，学校第一件事就是去没按时回校注册的学生家家访，学校称之为"控流"。还记得那年我被安排去追回一个名叫伟峰的初二学生。家访交谈得知，他家经济条件尚可，学费并不是负担，尽管家人不同意他辍学，但他坚决要辍学。我和他班主任两次家访，他只有"不想读"3个字回应。第三次家访时终于说出辍学原因：老师讲课好闷，上课听不懂，天天在教室坐着难受。那天我才明白，原来教师的教学也是导致学生辍学的原因之一。此后，我开始思考自己的教学方法方式，希望能寻找出学生喜欢的方法方式，让每个孩子都在课堂学有所得。那次之后，我愈发认真备课，在课堂上努力关注学生的学习反馈，尊重学生的个性。努力付出是有回报的，我的英语课深受学生欢迎，教学效果显著。我还多次承担全校和片区公开课，为自己积累了不少的教学实践经验。第一届学生就能把重点班从初一带到初三，有人说我是个幸运儿，而我只坚信一句话——勤勤恳恳地做，踏踏实实地走。

我不仅在教学工作中认真负责，基于对学生的爱，我还和学生之间建立了亲密的师生情谊。对学生在生活上给予关心和爱护，对每位学生都是无微不至地关怀。我给每位学生都建立了一份成长记录档案，包括孩子的家庭情况、性格、爱好及生日等。我深信："爱就是最好的教育。"

（三）务实求真，潜心教研

2003年8月，我调到怀集县教育局教研室任小学英语教研员。从一名中学教师转身成为小学的教研员，这对我来说是一个新的起点，更是一个挑战。教研员是半线老师，也是老师的老师，我的角色有了较大的调整，我与教师做朋友，想方设法为他们解决教学上的问题。为此，我认真研读《新课程标准》，加强自身理论知识，更新教学理念，深入钻研教材，弄懂教材的思想。为了尽快掌握、了解、提升全县各镇乡英语教研教学水平，我跑遍全县20个乡镇开展听课、评课活动。我常常是早出晚归，深入学校听课。在交通不是很便捷的2003—2005年，我经常孤身一人骑摩托车在县城与乡镇间奔波，最远的乡镇一天来回将近60千米。不管刮风下雨，不管路途有多遥远多崎岖，我始终坚持有目的、有计划地到学校搞调研，深入学校对小学英语学科进行针对性的调研与指导，通过听课、评课、召开教师和学生座谈会、问卷调查、上示范课等方式，了解有关情况。我特别注重在评课过程中与老师一起梳理问题，找出对策，优化课堂教学，提高教学效果。

"一个人走得快，一个团队走得远。"2009年开始，在肇庆市教育局教研室英语教研员廖英琪老师的引领下，我以课题主持人的身份开始带领我县小学英语教师搞课题研究。课题研究中，专家的指导、同伴的互助促使我提升了专业理论水平和教学研究的能力。2009年至今，我先后主持市级课题研究2项，参与市级课题研究多项。课题研究成了我引领教师开展深入教学研究的抓手。2012年，我县使用的人教版（PEP）英语教材修订版新增了语音板块，一线教师迫切需要更有效的课堂教学策略来帮助学生掌握语音学习技巧，帮助学生提升学习质量。在这样的背景下，我带领我县两所镇中心（小）学校申报了"运用phonics培养学生单词学习和识记能力的实践研究"和"实施'phonics'单词拼读和记忆进行教学"两个市级课题研究。课题研究期间，我结合教材内容与我县三年级学生的特点，深入钻研英国原版教材"phonics"以及马承老师发明的"字母、音素、音标三位一体教学法"，将phonics教学方法体系渗透到每一个课型、每一节英语课堂教学中。在课题的实践研究中，频繁深入课堂指导实验教师寻求出高效率的教学模式，切实解决教师对教材新增板块难以把握的难题，提升了课堂教学的实效。以课题为契机开展了多次全县性的大型研讨活动，充分发挥了在全县的示范引领作用。在课题实验期间，指导课题实验老师的教学案例设计、课堂教学录像等在市级评比中获得很好的成绩；课题实验老师在县、市、省的各项比赛都取得优异的成绩。通过课题研究，提高了教师们的科研能力和教学水平，实现了"以研促教"，更使我县的小学英语教学质量得到了进一步的提升。

  作为教研员的我，深知自己肩上的责任。反思过往，我以课题研究为抓手引领教师深入开展教学研究，以课题为契机开展了多次全县性的大型研讨活动，充分发挥了在全县的示范引领作用。一路走来，课题研究效果是很显著的。但是怀集作为一个近100万人口的大县，占地面积广，学校数量多，分布散，偏远的学校人数少，所以有近一半的小学全校只有一个英语老师。这样的学校进行课题研究是一个难题，如何引领他们进行研究或许是一个挑战，未来的日子，我将会不断摸索前行，认真反思，执着追求。

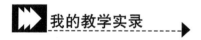

## 我的教学实录

PEP英语四年级上册 Recycle 1 第二课时

### （一）设计思路

  本课属于四年级上册复习一的第二课时，是一节语音复习课。学生在三年级下册教材中已经系统学习了辅音字母在单词中的发音及元音字母a、i、o在CVC结构中的单词发音；在本册的一至三单元中，学生已经学习了元音字母a、i、o在CVCe结构的单词中的发音。本课的学习目标是整合学生在此之前所学习的拼读知识，巩固元音字母a、i、o在CVC单词及CVCe中的发音规则，使学生能依据此规则做到见词能读，听音能写。

本课属于复习课，因此，本课的设计思路为：减少对规则的讲解（在前三单元的拼读课中已系统学习过），减少教师对学生的示范带读，增加学生之间的练习以及学生的自我学习。在活动的难度设置上，从单项练习过渡到综合性练习，从"见词能读"过渡到"听音能写"。

（二）教学目标

（1）学生进一步熟悉元音字母a、i、o在CVC单词以及CVCe单词中的发音规则。

（2）学生能够运用元音字母a、i、o在单词中的发音规则拼读含有元音字母a、i、o的CVC及CVCe结构的单词。

（3）学生在听到含有元音字母a、i、o的CVC及CVCe结构的单词时，能根据读音规则正确地拼写。

（4）学生能阅读含有元音字母a、i、o的CVC及CVCe结构单词的小短文，理解大意，并能适当归纳与复述。

教学重点

（1）学生能够运用元音字母a、i、o在单词中的发音规则，拼读含有元音字母a、i、o的CVC及CVCe结构的单词。

（2）学生在听到含有元音字母a、i、o的CVC及CVCe结构的单词时，能根据读音规则正确地拼写。

（三）教学难点

（1）在综合含有a、i、o三个元音字母的CVC及CVCe结构的单词时，学生容易产生混淆，如：辨认元音时易发生不同元音间的混淆，辨认开闭音时易发生对同一个元音开闭发音的混淆。

（2）学生在听到单词时能拆分音节，并能找到与音节相对应的字母。

（3）学生书写CVCe结构的单词时常遗漏最后不发音的e。

（4）对特定组合中变音的辅音字母要加以特别说明，如：race中字母C的发音。

（5）对短文的阅读理解。

（四）教学步骤

**Step 1　Warm-up**

Chants：1—3单元中出现的Let's spell板块的歌谣。（学生看课件，吟唱歌谣）

【设计意图】复习a、i、o在CVC与CVCe结构单词中的发音。

## Step 2　Presentation

1. Review the sounds of a, i, o in CVC and CVCe words.
2. Connect and say

课件呈现 Kate 的图片

T：

This is a girl.

What's her name?

Her name is Kate.

She has a cake.

Today is her birthday.

A yummy birthday cake.

Do you want to eat?

Kate has a big birthday cake.

Where is the cake?

The cake is in the castle.

she will take a birthday party in the castle.

参加 party 的小朋友都有自己的邀请卡，和各自特定的路线，请根据提示帮助他们找到各自进入城堡的路线。

Task 1 listen and match

听音，在所给的纸张（1）上连线。

Task 2 read（拼读单词）

把刚才所连的单词拼读出来（5 分钟）。

Task 3 listen and write（听音，补充或拼写出单词）

听音，把单词所缺的字母补充上去（纸张2）。

【设计意图】教师以课件呈现歌谣中出现的例词，引导学生复习归纳 a、i、o 在 CVC 与 CVCe 结构单词中发音规则。然后设计三个（难度阶梯式递增的）任务让学生去做（确保不同层次水平的学生都学有所得），从学生"学"的角度来设计教学活动，使学生的学习活动具有明确的目标。在做事情的过程中发展语言能力、思维能力、交往能力以及交流合作能力，从而提高综合语言运用能力。

## Step 3　Extension

1. Story reading

第一遍听读小故事。

第二遍默读小故事。

第三遍尝试根据拼读规则朗读故事。

【设计意图】自然拼读法与 Sight words 是一对孪生姐妹,是阅读的两根拐杖。这一环节的故事出自原版英文书《牛津阅读树》,所选故事中的词汇都是对应本课所学的 Phonics 规则练习,选取这个故事有两个目的:一是培养学生拼读的能力与习惯。二是以故事阅读的形式让学生认识、理解(sight words)单词。

课堂内渗透合适等级的阅读,在不同的故事中反复出现高频词,坚持下来学生自然就能达到 Sight words——一入视觉就立即反应的识词能力。

2. Homework

熟读并默写纸张(1)的单词。

(五)板书设计

```
                a    i    o
     a                     a - e
     i                     i - e
     o                     o - e
```

学生课堂练习设计

**Task 2**   **Can you read**?

| a – e | Kate | name | lake | game |
| --- | --- | --- | --- | --- |
| i – e | Mike | nine | fine | side |
| o – e | Rose | note | Jones | Coke | hope |
| i | Tim | win | big | milk | fit |
| o | Bob | dog | Tom | hot | doll |

**Task 3**   **Listen and write.**

Part A      name      g _ m _       _ ake        _ ace

　　　　　  Mike      _ ine         _ ine        s _ d _ e

　　　　　  note      J _ n _ s     _ ope        Co _ e

　　　　　  Tim       w _ n         _ ig         _ it

　　　　　  dog       T _ m         _ t          _ oll

Part B

1. Kate likes to make rice 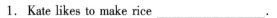.

2. Five mice ride a nice _____.

3. Mr Jones phones me at _____.

**绘本故事**：Dad's birthday.

### （六）教学反思

2012—2015 年，我带领我县的两个课题进行了 phonics 的课题研究，基于此，在 2016 年肇庆市名教师培养对象进行示范带学活动中，我特意准备了一节语音复习课执教。课后，反思如下：

#### 1. 优点

（1）梯度设置学习任务，体现分层教学设计理念。以故事为主线，串联本课要复习的语音规则及单元核心对话轮，创设情境教学，激发了学生的学习兴趣。"听音""拼读""拼写"三个任务型的活动设计遵循由浅入深的原则，让学生循序渐进，满足了不同层次水平学生的能力发展。

（2）结合教材内容有效拓展，培养学生"综合语言运用能力"。学生的认知是由浅到深，一环扣一环，又不在同一层次上的，是有梯度的，音→词→句→篇，最后能够达到综合运用语言的能力。本课能根据 phonics 教学内容拓展相关课外阅读，融入绘本阅读故事同步教学，帮助学生在原有的基础上更好地进行语音、语法的深化学习与技能掌握。依托科学阅读的框架体系，作为技能来训练，最终达到 Phonics 有形的规则变成阅读中无形的感觉，通过绘本故事的阅读，也帮助学生熟悉掌握 220 个高频词，进而顺利进入自主阅读阶段。

2. 有待改进之处

儿童初学英语，听音与模仿是培养语感的关键。作为一节语音课，本课在韵律节奏训练方面稍显不足。

## 我的教学主张

早在 2000 多年前，孔子就提出育人要"深其深，浅其浅，益其益，尊其尊"，即主张"因材施教，因人而异"，主张根据学生的个性与特长有针对性地进行教育；美国教育家布鲁姆也认为学生是具有独立人格、巨大潜能和个性差异的人，要善于培养和提高学生的非智力因素，改善学生的兴趣、动机、情感和注意力等。我的教学宗旨也正是尊重学生个体差异，对学生进行个性化教育，让每个学生都有自己发展的空间，有属于自己自由飞翔的天空。对于教育，我没有高大的理想，只是尽最大的努力让自己遇上的"每一颗种子成为种子"。

机缘巧合，2008 年 9 月，我走进了我县坳仔镇中心小学支教，担任六（6）班和六（2）班的英语老师。恰逢农村教学资源合并整合改革，两个班 103 名孩子分别来自镇内 15 所不同的村小。这样一群孩子，英语基础肯定是参差不齐的（因为基础相差太大，学校根据入学前的测试总成绩，分层编了班）。开学第一周，我对自己任教学科做了一次摸底测试，测试结果是（2）班平均分偏低，（6）班平均分不错，但是个体差异之大是我没有预期到的。学生从 8 分到 96 分，即便是在（6）班，低分的也不是个别，103 个孩子中有 30 来人甚至连 26 个字母都没认全。进一步与学生交谈，才了解到基础分别之大，是跟他们之前的英语老师有关系。因为第一周已经取得信任，所以不少学生还是很愿意跟我说他们之前的英语课堂的。了解得知对于他们之前的英语教师分两种：专业英语教师与转岗英语教师。责任心强的专业教师教出来的孩子英语成绩都是中上水平的；专业但责任心不强与责任心强的转岗教师教出来的孩子是中等或稍微偏下；转岗又不负责任的老师教出来的孩子是令人惋惜的，特别是看着那些渴求能跟上课堂的眼睛，我深感痛惜。针对这种情况，我采用分层教学。尝试为个别教学与集体教学构筑一座桥梁，在班级教学与因材施教之间试图寻找一个契合点。

分层教学对英语学习有重要意义。首先，分层教学符合英语新课标的要求。《英语课程标准》提出："学生的发展是英语课程的出发点和归宿点，英语课程在目标设定、教学过程、课程评价和教学资源的开发等方面都突出以学生为主体的思想。"分层教学针对不同层次的学生制定不同的教学目标，并且把它落实到教学中的每个细节，充分调动了各类学生的学习积极主动性，从而确保了学生的主体地位。其次，能够满足学生个性化发展需要。优秀的学生口齿清楚，英语语音、词汇、语法等的掌握及运用都比较自如，学习兴趣也十分浓厚；基础差的学生对基本的英语知识都觉得很陌生，对英语学习无从下手，甚至有的六年级学生连26个字母都分不清，这些学生严重缺乏学习成就感。分层教学，既可以使中等以上的学生"吃得饱"，其潜能得到充分的发挥，又可以使落后的学生"有的吃"，在消除其学习负担和心理负担的同时，提高他们学习英语的兴趣和积极性，从而实现个性化的教育。再次，有利于提高英语课堂质效。在明白了不同学生的需求与分层教学目标后，我的教学目标的设计、教学方法的运用、教材的采用、备课、上课、作业布置等便会更加优化、更具有针对性，进而改进课堂教学策略和评价标准。根据每个学生的个性及水平，创设丰富多彩的课堂教学情境，从而提高英语课堂质量。

　　基于分层教学对英语教学的重要意义，我在教学中开展了一系列实践与探索。学生的认知存在不同的维度，由记忆到理解、运用、最终的创造，都是有梯度的。那么，在我的英语教学中我也实行了对不同层次的孩子有着不同维度的目标要求。因此，目标的设立就显得尤为重要，对于优生与中层生来说目标定得太低，学生会觉得毫无挑战性，学得索然无味；对于学困生来说，目标定得太高太远，学生会觉得遥不可及，干脆放弃。所以，在我的课堂上每个教学环节我都力求把目标定得有梯度，教学活动围绕着分层目标递进式开展，使所有的学生都能在原有的基础上得到能力的提升。

　　无论是优等生还是学困生，他们都是敏感的。老师的教学方法，老师对他们的态度，他们都可以感觉得到。因此，在活动任务设计的时候考虑各个层次的学生水平不同，我以小组为团队、依据英语水平能力有不同的分工，以减免学困生的心理负担。如在"动物运动会"的绘本故事教学（story time）中，在组织学生分层进行现场复述表演环节中，全班分成了台上和台下两个组，其中到台上的11位学生是对本节课绘本内容学得比较好的学生，他们进行引领和示范对话的表演，其中一部分提问，另一部分回答；台下的学生一起和台上的学生进行问与答的同步练习，如有记得不清楚的内容便可听台上学生的对话作为提示。课后的作业任务也分成了三个层次：第一层次是重听整个绘本内容，把相关的动物按先后顺序进行排列，并复习对话，这体现的是对课堂学习内容的巩固性要求。第二层次是把整个对话内容完整地表演出来，这体现的是对课堂学习内容的运用性要求。第三层次是运用学习过的词汇创编一段新的对话并进行表演，这体现的是对课堂学习内容的创造性要求。

在教学实践中，我精心设计每一节课、每一个教学活动，力求做到让学生觉察不到分层，所以无论是从课堂的教学，还是从作业的布置，或是从每一个环节的评价，我用爱悄悄点燃学生心中那个热爱学习和喜欢挑战的火种，而这个火种带来的力量将是无坚不摧的！

## 我的育人故事

### 爱是最好的教育

孩子，是块璞玉，散发光芒，散发希望。孩子，就是一株幼苗，需要阳光，需要雨露。孩子，是天使，带来魅力，带来灵动。自从踏上三尺讲台，我告诉自己，要呵护这些洁白无瑕的可爱天使。对于从教生涯中所接触的孩子，印象最深刻的是一位叫美娟的女同学。

美娟同学性格敏感内向，很少与人交流，在班级里显得孤零零的。即使几个性格活泼的孩子尝试主动与她交流，美娟同学也表示抗拒。经过家庭访谈，我了解到美娟其实是一名本应生活在城市，接受优质教育资源与生活环境的女孩。因为亲生的父母家庭重男轻女，她一出生父母便把她寄养在 300 千米以外的外婆家，户口也是放在了舅舅的名下（这样父母名下没有孩子，可以合法生儿子而不会被处分）。在狠抓计划生育的时代，公职人员偷偷生下孩子落户非公职人家名下并寄养，过几年再带回身边共同生活，这在我们本地，本来也不算个例，但美娟爸妈都是单位的中层干部，美娟出生后，父亲的职位还一路不停上升，偏偏美娟还长得跟他爸爸一个模样，为了不影响前途，父母便没有把美娟接回身边生活。不知情的美娟对亲生父母一直以姑丈、姑母相称。渐渐长大的美娟在四年级那一年，终于从村里其他长辈的口中知道了自己的身世。从此以后，她就变得寡言、内向，不再信任他人，甚至不愿意与他人交流。

那年因为支教走进他们群体中的我，成了一名颇受孩子欢迎的小学新（鲜）老师。对于孩子，不管什么性格与行为，我的态度首先是接纳，然后了解行为背后的原因。也许是教育的理念，也许是因为成熟的年龄，孩子们真心愿意与我交心。美娟是一名住校生，一个星期有五天是住在学生宿舍的。同样住校的我，有事没事都找理由去她宿舍逛逛，跟宿舍的女生们聊天。也经常邀请她们到我宿舍吃零食、聊天。也许是因为我的接纳态度，也许是受到其他同学的情绪感染，内向的美娟同学偶尔也会接受我主动聊天的邀请。通过经常和她谈心，聊生活上的一些琐事，组织班干部主动和她交朋友，主动邀请她参加课外活动，安排性格活泼开朗热心的同学和她同桌等措施，使她逐渐打开心扉，融入集体生活。我发现她喜欢音乐，向音乐老师推荐她参加文艺汇演，使她在节目排演中更多地与人交往，同时发现自己的特长，找到自信。经过一年时间，她性格渐渐开朗起来。看着她阳光的笑脸，对于"爱是最好的教育"，我深信不疑。

## ▶ 他人眼中的我

2008年9月,黄老师来到我就读的学校支教,那年我上六年级。在课堂上她是个严格的老师,但是课堂外就成了慈祥的妈妈或者亲切的姐姐了。我记得她以前常与我们一起聊天、谈心,我们也愿意敞开心扉跟她聊。我们有什么心事,只要找她聊上一会儿,心情就好多了!

她是一个温和耐心、真心爱护学生的人,对班上任何一个同学一视同仁。我们习惯了有些老师偏爱尖子生,上课回答问题、获奖、受表扬的全是他们。但黄老师不同,除了给予尖子生应有的"待遇"之外,还给所谓的"差生"充分的尊重和鼓励,"差生"也有机会回答问题、上台表演。每当课堂上有同学的发言很精彩的时候,黄老师就会不由自主地笑起来,笑容很好看。在黄老师的教导下,我觉得我的学习生涯是快乐无比的,因为她让我真正明白了学习的意义和乐趣。

(坳仔镇中心小学2009届学生 张志铭)

黄老师工作认真负责,是一位年轻、能干的教研员。她经常对青年教师进行指导,我觉得她是一个具有魅力的老师。她为人温和,治学严谨、执着。2017年,我参加肇庆市小学英语优质课大赛,赛前她不厌其烦地指导我数次修改教案和试教,深究每一个细节,在她的指导下,我获得了那次比赛的最高奖项(一等奖),个人专业发展也上升到一个新的水平。在我眼中,她既是益友,更是良师。

(怀集县实验小学老师 吴小梅)

黄少菊老师具有强烈的事业心和高度的责任感,工作勤勤恳恳、任劳任怨。勇于开拓、锐意创新,认真钻研教材,积极开展教研工作,努力提高自身的业务素质,取得了显著的工作效果。

(怀集县教育科研中心教研室主任 刘庆)

# 导学创新　精讲巧问

● 肇庆市端州区河苑小学　莫邦新（小学数学）

● 个人简介

我叫莫邦新，本科学历，小学数学高级职称，从事教学工作22年，现任肇庆市端州区河苑小学副校长，端州小学数学学会常务理事，曾被评为"肇庆市优秀教师""端州区优秀教师""肇庆市学科带头人""端州区名教师""广东省小学数学骨干教师""端州区年度优秀数学教师"，还担任肇庆市继续教育网助学导师。

▶ 我的教学风格

数学课堂讲求的是求真务实，不搞花样，老老实实发展学生的数学能力，不让数学活动淹没在非数学的烟雾里；不弄虚作假，真真切切为学生在数学素养上的有效发展做好工作。让学生扎扎实实学好数学知识，打好数学基本功，渗透数学思想，积累数学活动经验。

经过多年的教学工作，我形成了"导学创新、精讲巧问"的教学风格。我在教学中以"导学案"为蓝本，引导学生自学例题，读懂教材，导学过程中充分发挥学生在课堂上的主体作用，培养学生的自学能力，培养学生良好的数学悟感，帮助学生形成良好的学习习惯，有利于学生的终身发展。

问题是学生思考的起点和动力。我精于提问，善于提问，以使每个学生都有表现的欲望，使他们体验到成功的喜悦，通过巧妙的提问启发学生的思维，充分发挥学生的主体参与意识，进一步提高数学教学的效果。精讲不是少讲，更不是不讲。精讲是改变过去那种填鸭式的、满堂灌、教师一讲到底的教学方式，在全面把握知识的情况下，注意详略得当，突出重点、突破难点，充分调动学生的积极性。

教学以来，我不断在"备课—上课—反思"的过程中历练，不断争取上各种公开课和参加各种培训，渐渐地，我形成了自己独特的教学风格。

（一）导学与创新

从古到今中国的教育家和思想家都强调自学，从孔子到陶行知都在强调学生的自学。早在《易经》中已有相关的自学论述——"非我求童蒙，童蒙求我"，用现在的话说就是：不是要我学，而是我要学。而我校的办学理念是"启蒙养正、明礼成人"，学校的文化就强调了"启蒙"，强调引导学生自学。

我在教学中以"导学案"为载体，结合"三例一史"的教学模式进行教学。所谓"三例一史"数学教学模式，是把数学课堂教学设计成"读例""做例""创例"和"一史"四个主要环节并加以实施。在"读例"环节，我向学生提供自学材料，让学生在我的指导下自学我提供的课程学习材料（案例），使学生理解和掌握本节课新知的环节；在"做例"环节中，通过学生的自主练习，让学生学习和模仿我提供的范例，解答一系列分层练习，从而使不同程度的学生纠正错误认知、巩固新知；在"创例"环节中，我指导学生创建新题目，结合数学史料引导学生改变例题的情境信息，创建有教育意义的情境信息。"一史"就是通过数学史料展示数学家发现、研究数学知识的过程，借助数学史料的真实呈现，让学生亲身感受定理、公式产生时的历史背景，感受知识作为人类财富的价值，人文精神得到熏陶，智慧得以启迪。在这样的史料熏陶作用下，学生经历了"社会—知识—社会"的过程。这个过程符合学生认知规律的建构，有利于学生掌握知识的内在联系，进而产生知识的迁移，从而创建更多有创意的题目。

在学校文化的引领下，我在数学课堂上引导学生自学例题，创编题目，利用数学史、数学故事、数学家故事等素材，体现数学文化的渗透，必要时穿插趣味数学、数学游戏等。这不仅使学生更好地认识数学的价值，加深对所学知识的理解，还可以激发学生的求知欲，激励学生刻苦学习，让学生更好地去体验数学、理解数学、欣赏数学、热爱数学，也让我的学生更多地了解数学史，让他们在我的指导下，亲自经历知识的源与流，从数学家的废纸篓里寻找知识的源泉，感受数学思想的熏陶和方法的冶炼。

（二）精讲与巧问

课上要做到精讲，课下就要下足功夫。我针对每节课，事先把教材、教参、网络等各方面相关的资料进行搜集,结合课本的知识点再进行筛选、整合,构建既完整而又重点突出的知识网络,减少了由教师造成的知识盲点,避免了课上的漫无边际,做到有的放矢。同时根据学生实际,设计有一定层次和梯度的方案,确保导学案的针对性和有效性,使学生高效地完成自主学习任务。我还备好每个学习活动间的衔接语,把学习活动自然地串联起来,利用好小结的"点睛"作用。

问题是学生思考的起点和动力。一个或一连串精彩绝妙的提问,往往可以激发学生探究知识的欲望,将课堂教学引向高潮。因此,我精于提问,善于提问,使每个学生都有表现的欲望,使他们体验到成功的喜悦,调动他们学习的主动性和积极性。在教学中,我根据教材提供问题情境,结合学生现实生活经验及认知特点,根据教材意图进行资源整合或创造性重建,将数学问题有机镶嵌于生动合理的情境之中,以此激发学生的问题意识,更激发学生主动探究问题的内驱力,以乐学的心理倾向,投入到问题的思考与探究中去。

例如,在教学"求平均数应用题"时,我出示3个小包,分别放3个皮球、4个皮球和5个皮球,设计这样一组问题:①哪个同学能把3个包里的皮球分得同样多?②你能用几种方法把包里3份不相等的东西分成每份同样多?③所平均分得的每份的个数叫什么数?通过这样的问题引路,学生愉快地获得"平均数"的概念。

我还通过提问来实现对学生学习的引导,这种引导包括导学、导思、导做三个方面。小学生的思维活动一般都是从直观和表象开始的,由直观形象思维逐步向抽象逻辑思维过渡。低年级学生的思维活动更具有直观性,所以,老师在课堂教学中所提的问题一定要具体形象。在教学"余数"这一概念时,我出示7个皮球,提问:①这里有几个皮球?②把它平均分成两份怎样分?③正好分完了吗?④还余几个?⑤剩余的那个叫什么数?同学们想学习这个新的数学概念吗?通过这样直观的演示和具体的提问,让学生在直观和表象中得出"余数"的概念,学生学得轻松,且易于理解。通过这几个具体的提问,引导学生思考,使学生乐思、会思,从而更好地理解"余数"这一概念。

我还抓住新旧知识连接点,巧妙设置问题,通过提问让学生积极、主动地进行学习,新旧知识发生相互作用。使学生组建良好的认知结构,掌握认知策略,并且越学越有趣,越学越聪明,从而达到愿学乐学的教学效果。

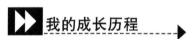  我的成长历程

**立志　磨炼　研究　提升**

(一) 师范求学 (1993—1996 年):立志与蜕变

教师这个名词本来与我没什么关系,我在高中时期根本就没想过会当老师。

在 20 世纪 90 年代，我的家庭环境不怎么好，考上大学，学费就是一个很大的负担。班主任就跟我谈心，建议我考师范专业，因为当时读师范是国家补贴，不但免学费，每个月还有一定的补贴。我纠结了一段时间，最后决定报考师范专业。师范里有很多专业，报哪个专业呢？我又陷入了思考中。这时体育老师向我进行了劝说，说我的体育比赛成绩好，如果报考体育专业肯定能考上大学。当时的我非常喜欢体育运动，想想读体育专业不就是玩吗？还挺好的。就这样，我以较好的成绩进入了肇庆西江大学体育系。

在大学学习过程中，通过老师、教授们的教育，我逐渐认识到当教师的意义，慢慢地感觉到自己的责任关系到国家的未来。于是，我开始树立自己的理想：做一名优秀的人民教师，为祖国的未来贡献自己的力量。我抛弃了原来抱着玩玩的态度，认真学习、刻苦训练，学习运动的技能、科学的训练方法，学习教育学、心理学，一心为我国的体育事业培养出优秀的体育苗子而认真学习。在理想的驱动下，我表现优秀，系里的老师、主任看到了我的蜕变，纷纷给予我赞赏，这使我更坚定了我前进的方向。我成为班长后，参与班里的管理工作、系里学生会的工作。在这些管理工作中，我的管理能力不断增强，不但让我专业能力过硬，而且练就了我的协调、管理能力和良好的沟通能力。在师范学习的三年，我从原来认为体育就是玩的观念中转变为成为一名优秀的人民教师，并且蜕变为努力学习，积极参与各项管理工作的优秀学生干部。

（二）教学实践（1996—2009 年）：磨炼自我，迅速成长

1996 年，我顺利毕业了。参加工作后，既担任副班主任，又是少先队中队辅导员。我以良师益友的身份关心每个学生的身心健康，深得学生们的爱戴。我通过日常的学习、生活观察每位学生，通过与学生的谈心了解他们的思想、品德、学习、健康、生活等情况。我信任学生的潜在能力，放手让学生在实践中锻炼，在磨炼中成长。通过与学生的谈心，我及时地抓住学生的闪光点，采取适当的措施对学生进行教育辅导，培养学生良好的品德与综合能力。

在体育教学方面，我根据教育形势和体育教学的特点，努力学习先进的教育、教学理论和科学的教学方法。我刻苦钻研教材、研究驾驭课堂的艺术，逐步形成自己的教学风格。在体育课上我严格要求学生，通过语言的思想教育、队形队列的操练、做游戏时的游戏规则等，处处严格要求，让学生们养成良好的思想道德和良好的课堂纪律。我在上体育课时，通过各种内容、练习渗透德育教育。在课堂教学中我根据教学内容、场地情况、学生的生理心理特点等因素采用灵活多变的课堂教学模式，灵活运用多种教学方法。在最大程度上做到面向全体学生，为他们提供良好的学习环境，使他们积极主动地参与到体育教学活动中，使体育课真正属于全体学生。在学校体育工作中，为了每一位学生都有机会参加体育锻炼，参加体育竞赛，我认真抓好"两操"和课外体育活动。我组织每年的

校运会、广播体操比赛、篮球赛、象征性长跑，还有跳绳、毽球和健身车比赛等各种体育竞赛活动。为了在端州区体育节各项竞赛中获得好成绩，我挑选体育尖子，成立学校的田径队、篮球队、跳绳队和毽球队，与体育组的老师分工合作，把训练项目落实到每个人，利用早晨和傍晚的课余时间，实行一天两练，做到有计划、有针对性地进行训练。在训练过程中，我针对不同项目的特点，运用不同的训练方法，选取不同类型的运动员进行训练。通过我和体育组的老师努力训练，造就了一支有纪律、有技能、素质过硬的体育运动队伍，为学校荣誉添砖加瓦。

由于我工作踏实认真，工作成绩显著，善于总结，我撰写的教学论文《如何提高小学女子篮球队的进攻能力》在市级刊物发表，撰写的教育论文《在交往和活动中培养品德》在中国少年先锋队肇庆市端州区第四次代表大会经验交流材料汇编上发表。我还被肇庆市端州区人民政府评为"端州区青年教师十佳师德标兵"。

2005年，由于学校的女教师扎堆生孩子，休产假，我被安排了一个班的数学教学工作。为了不耽误学生的学习，我认真钻研数学的学科知识，教学方法，所带的班数学成绩竟然排在了全年级的第一名。之后，我就一直同时担任数学和体育两个学科的教学工作。

（三）学科转变（2010—2016年）：课题带动，迅速扎根

2010年，我担任教务处副主任，主抓教学工作，同时全面接管数学科的管理工作，任教数学，体育教学就这样淡出了我教学的舞台。回过头来，看看我自己的教育理想：自从报考师范以来，做好一名人民教师是我的理想；毕业后，做一名优秀的体育教师是我的教育理想；工作几年后，让全体学生都能在其各自的基础上得到发展，每位学生都是健康的，让我们国家成为一个真正的强大的民族是我的教育理想。这些不同阶段的教育理想总是在大环境中不断被冲洗、摩擦。现在连我的专业教学都开始发生转移，我的教育理想何去何从呢？

我不断反思自己的工作，很快我认识到每个学科都同样重要。数学的教学是对学生大脑思维的训练，帮助学生学会思考，提升智慧。于是，我认真学习、刻苦钻研、积极调整自己的教学理念，一心在数学教学上做出成绩。

正因为之前一直兼任数学教学工作，我很快就找到了数学教学的方法。在学校的帮助和培养下，我以课题研究促进专业成长，以凝练学科研究方向为突破口，深化学科内涵建设。我积极参与到学校的课题研究中，分别是"小学数学有效教学研究"和"'三例一史'小学数学教学模式的研究"。在课题研究的过程中，学校从广州专程请来华东师范大学的安文铸教授，对全体教师进行了"关于有效课堂教学的若干思考"的讲座；还派我到广州听刘良华教授关于开展"三联有效教育"的教研活动的讲座，学习回来向全校教师进行了汇报和解读。

端州区教育局教研室叶加坚主任多次到我校进行"HAT"课题解读和教研指导。通过专家的引领和有效指导，我的教学理念得到了更新，并对有效教学也有了更深入的了解。于是我带领数学科组的老师构建了"HAT有效教学课新课教学模式""HAT有效教学复习课教学模式""HAT有效教学评讲课课堂教学模式""HAT有效教学数学练习课教学模式"的数学课堂教学模式和"三例一史"的课堂教学模式。根据这些教学模式，教师引导学生采用不同的活动方式去参与学习，潜移默化地激发了学生自主学习的意识，学生全员、全过程参与了教学过程，极大地提高了课堂教学的有效性。学生的学习兴趣不断提高，积极参与学习，自主性不断增强，学生的思维得到了发展。接着我又主持了多个课题研究，有"巧问、导思、乐学促发展的研究"、主持省级子课题"利用微课促进小学数学教师专业发展的实践与研究"和"利用微信公众平台进行小学数学教学的研究"。

在参与课题研究的过程中，我努力进行理论学习，用理论来丰富自己，用理论来指导自己的教学，用理论提升自己的专业水平。我大量阅读教育理论专著，多读书，就像蜜蜂一样在教育教学的知识花海中采"蜜"，博采众长，不断提炼，丰厚自己的理论水平。在研究问题、解决问题的过程中，我的教学能力、创新能力、科学研究能力、实践能力不断提高，让我在数学教学上更出色，自己的教学风格不断凝练。

作为一名主管教学的中层干部，我在工作中认真组织开展学校的教研工作，态度严谨负责，关心、帮助新教师，多年与科组教师团结协作，争创佳绩，努力进取，做教学研讨的带头人。我通过把日常教学工作中出现的教学问题，转变为教学研究的专题，在日常的教研活动中引导教师进行学习研究。我组织了多场全区性的专题讲座，如"如何做一名幸福的老师""巧问、导思、乐学促发展的研究""毕业班教学质量分析"等。通过校本专题教研的深入开展，教师的职业状态由被动变主动，"主动发展、自我完善"的教研文化在教师中不断繁衍，专业生活方式开始转变。我深深知道学科带头人的作用绝不是仅限于个人的发展与成功，应突出地表现在能够带领学科教师团队追求共同的价值观，坚持共同发展，共同成功。我不但在本学科领域中打造并影响一支团队，还积极对学科圈外产生辐射作用，引领青年教师打破"单打独斗"的孤立发展局面，形成学习型团队。我以科研项目与成果建设为着力点，提升学科建设生命力。

随着学校与广州、佛山、深圳等地协作教研活动的深入开展，我带领数学教师们以严谨负责的态度，与教师们团结协作，打造具有校本特色的数学课堂。我与老师们共同研究、集体备课、反复磨课，针对课堂上出现的问题，反复研究，寻找科学理论支撑。我通过跨校集体备课，听取不同地区、不同学校教师的意见，取长补短，发挥自己的特长，上出属于自己风格的课例，一节节富有特色的课堂赢得了热烈的喝彩声。

十几年如一日，尽管经历了不同学科的教学，但我对教育事业的无私奉献，辛勤耕耘，潜心钻研教材，积极参与教学科研的实践研究，逐渐形成了自己的教学风格。同时在学校领导的关心支持下，赢得了多项殊荣：先进党员、端州区教育系统优秀党员标兵、端州区优秀教师肇庆市基础教育系统第三批学科带头人、端州区基础教育系统首批名教师、端州区年度优秀数学教师、肇庆市第二批名教师培养对象。

（四）角色转变（2016年至今）：阅读写作，反思提升

2016年7月，我从肇庆市第七小学调到肇庆市端州区河苑小学，从学校的中层干部转变为学校的校级领导，角色发生了转变。为了能在新的岗位上做出一点成绩，我经常向老前辈和名校长请教，了解他们的工作方式、方法，借鉴前人的经验，弥补自己的不足。

在新的学校里，我一直沿用"三例一史"小学数学教学模式的教学，但学生欠缺自学能力，在读例环节的学习感到困难，总是读不懂例题。针对这种情况，就要降低读例环节的难度，我开始设计一些前置问题进行铺垫，引导学生由浅入深逐步深入学习。于是我开始编写《导学案》，运用《导学案》结合"三例一史"的教学模式进行教学。经过一段时间的实践，学生的自学能力得到了提高，学习成绩也逐步提升。

2017年，我被肇庆市教育局聘为市名师网络工作室主持人，我以网络名师工作室为平台，组织工作室成员根据导学案的内容，制作了一批微课视频。工作室经过近两年的建设，我们建立了小学数学微课资源库，为数学教学提供了大量的资源。

为了提高工作室成员的理论水平，丰富他们的个人内涵，我购买了一批教育教学书籍与成员们分享，共同阅读。在阅读之余，我撰写读书笔记，同时组织老师们细心观察教学现象，发现教学问题，撰写教育案例、故事随笔、课例分析及论文。我组织开展读书分享会，与老师们分享阅读心得。我通过阅读收获的是知识经验，而反思才是成长与蜕变，阅读写作给了我前进的力量，丰富了我的知识，启迪了我的智慧，升华了我的教育追求。

通过课题研究，反思总结，我主持参与的课题获得了多个市区教育成果的奖项，如课题"'3+4'小学数学新授课的精讲精练教学模式的实践与研究"获端州区基础教育成果一等奖，主持的课题"小学数学新授课的精讲巧问的实践研究"获端州区基础教育成果二等奖，主持的课题"利用微课构建数学共生课堂的实践研究"获端州区基础教育成果奖二等奖，参与的课题"在教学中培养小学生数学阅读能力的研究"获肇庆市基础教育成果奖二等奖。

在课题研究过程中，我积累经验，总结反思，所写论文分别在省级、市级和

区级发表或获得奖励，如论文《把好学校变革的"转向舵"》在 2017 年肇庆市端州区中小学校长论坛优秀文评选活动中获得二等奖，论文《让数学微课成为师生共同成长的舞台》《培养小学生的成功感，激发学习数学的热情》和《Scratch 软件在小学数学教学中的应用》在省级刊物上发表。

通过阅读、总结、反思，我从一个体育老师到一个专业的数学老师，过程的艰辛无法一一道尽。但是，我始终抱着一颗对工作热诚的心去做事，我对自己喜欢的教育教学工作一直在坚持着。

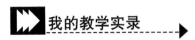

## 我的教学实录

### 立体图形的整理和复习

教学内容：立体图形的知识整理

教学目标：

（1）使学生进一步理解立体图形的特征，比较、沟通相关立体图形的联系与区别，构建知识网络。

（2）使学生进一步理解立体图形的表面积和体积的内涵，能灵活地计算它们的表面积和体积，加强沟通知识之间的内在联系，将所学知识进一步条理化和系统化，发展空间观念。

（3）使学生进一步感受数学与生活的联系，体会数学的价值，体会转化、类化、数形结合等数学思想和方法，提高解决实际问题的能力。

教学过程：

一、复习引入

1. 课件出示"点"，这是一个点。

师：将点移一移，所留下痕迹，你能想到什么？

生：线、直线、射线、线段。评：好，联想对学数学很重要。继续想。

师：如果将线段往下移一移，你又能想到什么呢？

生：长方形、正方形。

师：刚才由点联想到线段再联想到面，继续想。

师：如果把这个面往后面移一移，你又能想到什么呢？

师：如果将这个长方体像这样切成若干份，你又能想到什么呢？

（板书：长方体、正方体）

师：按这样的思路，根据圆柱，你可以想到什么？它们之间有什么关系？

师：同学们，点线面体存在一定的联系，那我们就从点线面三个方面对 4 个立体图形的特征进行整理。

师：下面请观看"立体图形复习和整理"的微课视频。

二、知识点归纳

(一) 复习立体图形特征

(1)（出示长方体、正方体）长方体、正方体它们各有什么特征？它们有什么相同点和不同点，谁能看着表格说一说。（指生上来汇报，拿着模型）

长方体与正方体有什么关系？

| 图形 | | 相同点 | | | 不同点 | | |
|---|---|---|---|---|---|---|---|
| | | 面 | 棱 | 顶点 | 面的特点 | 面的大小 | 棱长 |
| 长方体 | | 6个 | 12条 | 8个 | 6个面一般都是长方形，也可能有两个相对的面是正方形 | 相对的面的面积相等 | 每一组互相平行的四条棱的长度相等 |
| 正方体 | | 6个 | 12条 | 8个 | 6个面都是相等的正方形 | 6个面的面积都相等 | 12条棱长的长度都相等 |

(2)（出示圆柱和圆锥）圆柱、圆锥它们又各有什么特征？

沿高剪开，侧面展开图是一个长方形或正方形。当底面周长与高相等时展开是正方形，当底面周长与高不相等时，展开是一个长方形。

| 名称 | 图形 | 特征 |
|---|---|---|
| 圆柱 | | 上、下底面是相等的两个圆（S），两个底面之间的距离叫作高（h），侧面沿高展开是长方形（或正方形），有无数条高。 |

续上表

| 名称 | 图形 | 特征 |
|---|---|---|
| 圆锥 | | 下底面是个圆形（S），上底面缩成一点叫作顶点，顶点到底面圆心（O）的距离叫高（h）。圆锥的体积等于_____。 |

（3）学生汇报交流，分别从点、线、面说明长方体、正方体、圆柱和圆锥的特征。

你能给这四个立体图形分分类吗？（为什么）

交流：长方体、正方体一组，（都有六个面、12条棱、方方的）圆柱圆锥一组。（底面都是圆）

（4）观察物体，从不同侧面看到的图形是什么形状？

（二）复习表面积和体积

（1）师：以前，我们不但学习了他们的特征，还学习了什么知识？（表面积和体积）什么叫表面积，什么叫体积？

（2）课前老师让同学们整理了这些立体图形的表面积和体积公式，谁愿意来交流一下，我们先说表面积公式（教师板书公式）。

重点：圆柱的侧面积为什么是底面周长乘高？

再交流体积公式（教师板书公式）。

（3）梳理知识，绘制思维导图。

小组合作，把立体图形的特征、表面积、体积计算公式之间的联系，面积单位、体积单位之间的关系通过思维导图梳理出来。

小组汇报展示，介绍本组的思维导图把立体图形的特征、表面积和体积详细介绍。

三、巩固练习

（一）选择题

1．一个长方体的长、宽、高都扩大2倍，它的体积就扩大（　　）倍。
　　A．4　　　　　　　　B．8　　　　　　　　C．16

2．如果一个圆柱的侧面积展开是一个正方形，那么这个圆柱的高等于它的底面（　　）。
　　A．半径　　　　　　B．直径　　　　　　C．周长

3．等底等体积的圆柱和圆锥，圆锥的高是18厘米，那么圆柱的高是（

)厘米。

  A．54　　　　　　B．18　　　　　　C．6

4．把一个棱长3分米的正方体，切削成最大的圆柱体，求这个圆柱体的侧面积的算式是（　　）。

  A．$3.14 \times 3 \times 3$　　　B．$3.14 \times (3 \div 2)^2$　　　C．$3.14 \times (3 \div 2)^2 \times 3$

（二）判断

1．用4个相等的小正方体可以拼成一个大正方体。　　　　　　　（　　）

2．长方体相邻的两个面不可能相等。　　　　　　　　　　　　　（　　）

3．圆柱的底面半径扩大3倍，高缩小到原来的$\frac{1}{3}$，圆柱的体积不变。

  　　　　　　　　　　　　　　　　　　　　　　　　　　（　　）

4．圆柱体积比它等底等高的圆锥的体积多2倍。　　　　　　　　（　　）

5．圆锥的体积是圆柱的$\frac{1}{3}$。　　　　　　　　　　　　　　　（　　）

6．一个正方体的棱长是6分米，它的表面积与体积一样大。　　　（　　）

7．等底等高的长方体与圆柱体的体积相等。　　　　　　　　　　（　　）

（三）只列出综合算式，不解答

1．一个长方体，它的长是4分米，宽是5分米，高是2分米，求它的表面积和体积。

2．一个棱长是6分米的正方体，它的表面积和体积各是多少？

3．一个圆柱的底面半径是3厘米，高12厘米，求它的表面积和体积。

4．一个圆锥的底面周长是62.8厘米，高是15厘米，它的体积是多少立方厘米？

（四）解决问题

把一块棱长是6厘米的正方体铁块熔成一个底面直径20厘米的圆锥形铁块，这个圆锥形铁块的高是多少厘米？（得数保留一位小数）

（五）编一道题考考你的同桌。请你选取立体图形中的知识点编一道题来考考你的同桌，看谁能做一名小老师。

四、小结

出示三个立体图形，介绍底面和侧面，你能找到求这三个图形侧面积的统一公式吗？（板书表面积、问号）

五、教学反思

这节课我本着"一切教育本质上都是自我教育，一切学习本质上都是自学"的理念去设计，主要突出了系统整理知识，综合应用知识，提高实践能力，落实关注学生发展的要求。整个教学过程通过层层设问，由浅入深，微课内容的导入提升了学生学习兴趣，学生快乐学、自主学。学生运用思维导图自主梳理知识，建构知识网络，最后通过自编题目，灵活创新，使学生的创新能力和解决问题的能力都得到发展。

（一）以"导学案"和"微课"为载体，引导学生自主学习

这节课体现了"导学创新、精讲巧问"的教学风格。在教学中我以"导学案"为载体，结合创新技术微课的运用，向学生提供自学材料，让学生在指导下自学教师提供的课程学习材料（案例），使学生理解和掌握本节课的主要知识点。通过观看微课使学生处于主动复习状态，提高复习效果。利用微课可以帮助学生重温课本知识重点或难点。微课对立体图形的基本特征，设计了对应的视频供学生学习。以前，学生对知识点的复习有赖于课堂听讲时所做的笔记，这种方式难以在脑海中复现教师讲课时的情景。现在学生在课堂上能够观看微视频，在脑中重现立体图形的特征，这将激活记忆细胞，帮助学生将短时记忆转换为长时记忆，提高自主复习的效果。这种复习方式，使学生始终处于一种积极的、主动接受的状态，学习的兴趣提高，因此效果会很好。这种微课应用于数学复习课之中，正好激发了学生自主学习、主动接受的状态。

（二）通过精讲设问，引导学生自主梳理知识，获得整理建构的能力

本课通过设计的几个有效的问题，引导学生梳理知识点，运用思维导图工具，自主选择整理的标准和方法。凸现整理建构时学生的自主性，并且在小组内共同完成整理和建构，增大了互学的空间，有困难的学生通过在小组交流中调整，为全班交流推荐优秀作品时，体验和感悟了建构知识网的方法。这样，还学生一个自主整理的空间，让学生亲自去理一理知识，让学生试着自己去把知识纵向成线、横向成片，在"画图"中形成良好的认知结构，在思维导图中学会整理建构的方法，获得整理建构的能力。

（三）快乐学习，自主提升

这节课我紧密联系学生的生活环境，从学生的经验和已有知识出发，创设有助于学生自主学习、合作交流的情境，使学生通过观察、操作、归纳、类比、猜测、交流、反思等活动，获得基本的数学知识和技能，进一步发展思维能力，激发学生的学习兴趣，增强学生学好数学的信心。正好是体现了我的教学主张"快乐学习，自主探究"。本课改变原来那种学生纯粹代公式的练习，而是联系学生的生活经验，利用导学案中的反馈案，设计一些学生身边的实际问题，有利于激发学生解决这些问题的欲望。在解决这些实际问题的过程中，学生应用知识解决问题的能力将得到提高。同时，也将有助于理解"数学是解决实际问题的一种方法"，而不是一种纯粹的代数据计算。在反馈练习中，学生们自主学习的能力得以提升。

（四）自编题目，灵活创新

在课的最后环节中，进一步体现了"导学创新"的教学风格，我要求每一位学生都根据这节复习课的内容，设计一道关于立体图形的题目，可以是求表面积和体积的，也可以是求高、宽或底面半径的，等等，然后把这一道自编的数学题考考同桌，看谁能考倒同桌。这一环节的设计能让学生自主深入地学习和研究，全面理解立体图形的知识点，只有这样，学生才能编出一道有水平的题目来考倒同桌。

整节课的每一个环节中，通过各种适合的方法去引导学生自主地学习，并通过自学、小组学、合作学，再到自学这样循环深入地学习，促使学生们不但更好地复习了立体图形相关的知识点，而且引导了学生们如何学习，学会运用适合的方法进行学习。

## 我的教学主张

美国心理学家布鲁纳说："学习最好的刺激乃是对所学学科的爱好。"托尔斯泰也说过："成功的教学所需的不是强制，而是激发学习爱好。"浓厚的学习爱好，可以使学生产生强烈的求知欲，从而具有敏锐的思维力、丰富的想象力和牢固的记忆力，爱好是探求知识熟悉事物的推动力。数学是一门科学性非常强的学科，要让学生自主探究式地学习数学，最重要的是了解数学的学科魅力。作为一名数学教师，就要想办法使学生对数学这门学科产生想学的浓厚兴趣，促使他们自主探究学习。

在我的数学课堂中，我的主张是：快乐学习，自主探究。我认为，实施快乐教学就要求教师充分调动学生在课堂的主动性、积极性和创造性，变被动学习为主动学习，教师也由单纯的知识传授者、灌输者转变为学生主动学习的组织者、指导者、帮助者和促进者。其特点是学生为主体，强调全面性、发展性、活动性和开放性，使学生得到和谐、主动、健康、快乐的发展。我一直以"爱"搭建沟通的桥梁，诱发学生自主学习，以自主学习启迪学生思维。亲其师才会信其道，学生对教师充满信任和尊重，那么他对老师的教导一定会言听计从的。我用平等、民主的态度去关注、关心学生，让学生从内心深处喜欢我、尊重我，爱屋及乌，使学生由喜欢老师而喜欢学习。在课堂上教师有意识地用自己的目光，平均地投向全体学生，让每个学生都看到希望，大大缩短教师和学生之间的心理距离，让每一位学生都有一种被重视、被关注的感觉。在生活上，我和学生既是师生又是朋友，我对学生既威严又和善。在这种平等、关怀的关系下，学生们爱上我的课堂，爱上了数学，从而更主动地学习数学。

自主是学生学习内需源泉，学生只要自主学习就会愿学、乐学、会学、善学，这样他们才会迸发出积极的学习热情。我的教学主张是让每个学生积极参与到学习过程中来，动手动脑，让每个学生都能体会到学习数学对于提高思维素质、培养逻辑推理能力和想象力的重要作用。心理学研究表明：当感性输入的信息与人现有认知结构之间具有中等程度的不符合时，人的兴趣最大。因此，在课堂上我创设认知不协调的情景，以激发学生探索问题的动机，通过探索消除矛盾，获得积极的心理满足。如在讲分数的初步认识时，我提出一个问题"半块月饼怎样表示"时，学生说出了好多种方法，我并不急于公布答案，而是否定了每个人的答案，同学们都十分惊讶。然后再通过教具操作分析，于是同学们由惊讶转为惊喜，认识了分数。

每一个人都渴望获得成功，都想要证明自己的价值。我充分肯定学生学习过程中取得的成功和进步，把批评和指责变为鼓励和表扬，让学生不断体会到学习成功的快乐。我从学生的学习能力和知识水平出发，结合平常的教学活动为每个学生创造成功的机会，比如比较简单的问题就让差一点的同学来回答，提升学困生的学习信心。通过层层设问，由浅入深，导入课堂知识使学生学习兴趣持续发展，从而让学生快乐学、自主学。

## 我的育人故事

### 培养学生的成功感，激发学生学习数学的热情

有心理学家说过，孩子在学习过程中是否体验过成功的喜悦，直接影响孩子学习的动力和一生的情感发展。因此，我努力为学生创设"成功"的机会，让学生积极地争取成功、体验成功，不断提高学生成就的动力和学习的积极性，从而培养学生自主学习的意识。

小欣本来是一位学习成绩一般的学生，她性格外向，话特别多，平时有空就会抓住我，跟我聊天。有一天下午放学，她来到我的办公室说："老师，今天的数学太难了，我听不懂，我都有点不想学数学了。"我一听，麻烦了，如果学生产生厌学的心理，那么在以后的学习中将会是一个很严重的问题。小欣的数学成绩不算太差，于是我先从简单的入手，让小欣把之前的相关知识进行了梳理，再让她做几道简单点的题目，看到她能掌握了，我跟她说："不错啊，你这么快就学会了，真棒！"接着我从容易到难，一步一步地深入教学，小欣在学习到新的知识过程中体验到学习成功的乐趣。她的数学成绩有了一些进步，非常开心，信心回来了。可是在一次口算竞赛中，她只得了二等奖。她又垂头丧气地来到我的办公室。我给她打气，鼓励她说："你只是一时的失误，只要多练习一定能在口算竞赛中获得好成绩。"于是我给她出了一些口算题，并帮她计时。她第一次完成10道口算题用了20秒，第二次又练习10道口算题，这次还是用了20秒。我告诉小欣，"这次你用了19秒，比上一次快了，我相信你只要每天都坚持练习，一定会有很大的进步"。我的一句肯定的话语对小欣来说就是一次进步、一次突

破。每次这样的教育过后，小欣都非常高兴，一次次的激励和进步让她变得越来越自信。她的数学学习从有趣到想学，从想学又到有兴趣，不断形成良性循环，现在她越来越喜欢学数学，学习的成绩也越来越好了。小欣在学习上取得了进步，在课堂上做的练习中，她开始有些"吃不饱"的感觉。她经常不屑做课堂上布置的练习，认为太简单了。于是我私下跟她约好，只要她在课堂上能快速完成练习并全对的话，我就给她布置一些有挑战性的题目。她开始认真完成课堂上的练习了，并且每一次都尽最大的努力去做好，争取做我额外下达的"任务"。每当她把更难的题目都做对时，我在全班公开表扬她。激励的力量是巨大的，小欣积极认真的学习态度促使她不断地进步。她的进步更是一面旗帜，影响着班上的同学，很快有一部分学生也要求做挑战题，于是我设计不同难度的题目，让学生在各自的水平中都能得到提高。

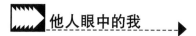他人眼中的我

（一）学生眼中的我

莫老师是一个严谨却不失风趣的数学老师，更是一个勤勉又不失睿智的思想引领者。在课堂中，他准确把握教材的重点难点，注重培养我们的数学思维，提高我们的综合素养，将枯燥的数学课变为学生思考的乐园。转眼间一年又过去了，无论周围的环境如何变化，每当我打开数学书，脑海中总是自然而然地浮现出莫老师的身影。

（2013届学生　陆小雅）

（二）同行眼中的我

莫邦新老师是一个"有材"的人。他善于用观察的眼睛去积累数学素材，撰写的教学论文屡次获得国家级、省级、市级的奖励。

他是一个"有法"的人。多年来，他潜心钻研教材，形成了独特的教学风格——善于运用先进的教育技术与小学数学教学相结合，以建构主义教育理论为指导，遵循儿童学习的自然规律，让学生有效地学习、自主地学习。

他是一个"有果"的人。他关爱学生，为人师表。他善于学习新知识、新理念，乐于尝试，不断改进教育教学工作，学生爱学、乐学、活学，所带的班级检测成绩名列前茅，他曾被评为"端州区优秀教师""肇庆市学科带头人""端州区名教师""端州区年度优秀数学教师"。

（端州区小学数学名教师　吕永梅）

（三）专家领导眼中的我

莫邦新老师是我区近年来迅速成长的小学数学骨干教师。和他虽然认识，但是深交时间不长，他给我的印象和感觉就是：肯学、肯干、肯钻。他几年前因为

工作的需要，从体育学科转到数学学科，对于已经教学10年的老师来说，无论教材教法、教学理念等都要做出比较大的改变，挑战和难度甚大。由此可见，他如果没有钻研和接受挑战的精神，怎么会有今天的成绩。我不认识他之前，多次听闻其大名，但也抱质疑态度，他能教吗？现在，他无论在课堂教学、教学科研、指导青年教师等方面都做出大胆的尝试和创新，证明了他不但能教，而且还能教好！他的教学平实无华中见精彩，平淡朴实中见精心，听他的课初期感觉平淡如水，但是慢慢发现他的精心设计，巧妙设计问题，层层深入，让课堂精彩纷呈。

（端州区教育局教研室教研员小学高级教师　李伟聪）

# 砥砺奋进　逐梦前行

● 肇庆市第四小学　叶雪莲（小学数学）

● **个人简介**

我相信"亲其师而信其道"。因为学生亲近你时，便会亲近你所教的学科，学生会在不知不觉中学好数学。我一直在做的，只是在与学生平等、民主的交流中引领学生走向健康和高尚的数学世界。这是如潺潺流水、春雨润物般的美好教学境界。

本人自1999年7月从教以来，勤于学习，精于业务，一直严于律己，在教育教学的岗位上辛勤耕耘，为教育事业做出自己的贡献。2017年，我经肇庆市中小学高级教师职称评审委员会通过，被评为"小学数学高级教师"；现任肇庆市第四小学的数学科组长，是端州区优秀教师、端州区小学数学优秀科组长、端州区小学数学教研会理事、肇庆市优秀教师。

研修期间获奖情况如下：

2015年：在端州区小学数学微课比赛中获一等奖；在"一师一优课，一课一名师"活动上送的课例"长方体和正方体的体积"获端州区数学学科一等奖，端州区"小学数学阅读与数学文化"专题比赛（课件）获一等奖，小课题"小学学生行为的变化研究"获广东省教育学会第二届教育科研规划小课题研究成果一等奖，论文《数学思想方法在课堂提问引导中熠熠生辉》在《教育》杂志举办第48届"全国教育教学优秀论文大赛暨教育科研成果评选"中荣获一等奖。

2016年：《数学建模与模型思想在数学教学中的渗透——肇庆市小学数学教研活动案例》在端州区小学数学"渗透数学思想方法"教研主题案例评比中荣获二等奖；广东省五年级数学育苗杯比赛工作突出，荣获端州赛区优秀组织者；指导俞建欣老师参加端州区第二届小学数学教师素养大赛荣获综合总分二等奖；第二届小学数学教师素养大赛解题专项比赛区一等奖；论文《一花独放不是春　百花齐放春满园——小学生学习行为的变化研究》在2016年肇庆市中小学教育教学优秀论文评比中荣获三等奖。

2017年：被评为"肇庆市优秀教师"，第二十二届全国华罗庚金杯少年数学邀请赛肇庆市优秀教练员奖，小学数学"育苗杯"通讯赛中所辅导的学生荣获一等奖。

2018年：指导林诗韵老师在2018年肇庆市小学数学教师说课评比中荣获一等奖，参加2018年端州区教育系统"牢记教育使命，挥写奋进之笔，争当时代楷模"师德师风展示活动获特等奖，指导阮如意老师在2018年肇庆市小学数学优质课评比中荣获一等奖。

植物的成长离不开"水、阳光和雨露"。我认为，一位优秀教师的成长最重要的三个关键是梦想、学习、坚持。翻看我的教师成长历程，这三个关键使我从初出茅庐的稚嫩与青涩，再到现在的果断与成熟。

## ▶ 我的教学风格 ▶

真正的好教育不是无视个性差异、压制孩子天性的教育，而是尊重个性差异、呵护天性、激发潜能与放飞梦想的教育，要让孩子成为自己的教育。真正的好教师不仅停留于指导学生身上的"火种"，并将之点亮。因此，我认为教师要树立"民主平等、自然朴实、开拓创新"的教学观。

一名教师从开始其教学职业的无风格教学到逐渐成熟，形成自己独特的风格，总有一个发展的过程，其间的发展又可划分为若干阶段。关于自己教学风格的形成，在教学之初我就意识到，要做好教学这件事，除了学习他人的经验，更好的办法是对自己的教学过程进行反思。在不断反思中，我明白了在整个教学活动中，在个人的教学风格中，教法并不起决定作用，起决定作用的是决定教法的指导思想；人的教学指导思想必须合乎时代发展的要求。现代教学观念的核心在于培养学生的主体意识和参与意识，突出以素质教育为中心的系统原则。除此以外，要全面认识数学教学的功能。它不单纯是教会学生掌握数学工具，更重要的是要进行文化素质教育，要通过严格训练，使学生养成坚定不移、客观公正的品格，形成严格而精确的思维习惯，激发追求真理的勇气和信心，锻炼探索事理的能力。那么最好的教学方法是让学生理解和参与，改变学生"被教、被管、被考"的被动角色，树立学生自立、自强的"主人"意识。现在结合自己的教学经历，谈谈怎样在数学教学中逐步形成自己的教学风格。

## （一）模仿阶段

作为一名青年教师，在我从教的最初 10 年里，除了刻苦钻研大纲、教材，大量解题，深入研究解题规律，苦练教学语言、板书、黑板画等教学基本功以外，我对自己的执教套路和风格曾做过初步设计：继承对自己有深远影响的名专家、名教师的优良教风，吸取他们的教学技艺、教学风格中的精华，结合自身条件和特点，扬长避短，从模仿起步。

模仿的第一类对象是自己曾听过其教学的特级教师和学者。教学中，我珍惜每一次出去听名师讲课的机会，每一次的取经，都让我受益匪浅，使我领略到数学教学艺术的高境界。这些名师在教学中表现出的沉稳老练、深入浅出、自然朴实的教学风格，都给我留下了很深的印象。

模仿的第二类对象是自己学生时代的数学老师。这些老师风格各异、各具特色。我仍然记得我的数学老师们，他们讲课思路是那么清晰、条理分明，他们的教学语言是那么精练，板书及黑板画美观，尤其是徒手画图堪称一绝。这些优秀教师当年的教学风姿，连同他们的音容笑貌，都深深地铭记在我的脑海中，他们的成功经验，成为我教学生涯中受用不尽的财富。

模仿的第三类对象是本校教师中学有专长、教有特色的老教师。他们典雅、严谨的教风，规范、漂亮的板书等都是我需要学习的。

经过 10 年的反复实践、反复磨炼，我初步形成了自己的教学风格：讲台形象——平等、朴实，教学思路——条理清晰、开拓创新。事实上，在这一基本式样中含有许多师从上述各位名教师的成分，它是我教学风格成型的基础。

## （二）形成教学特色的定向、提高阶段

模仿达到熟练的程度之后，经过自己的思考和探索，就可按自己的教学思路、表达方式进行教学，进入形成某些教学特色的提高阶段。

我的性格深沉，理性思维占优势，善于质疑和推理等，我清楚地意识到我应该向"理智型"或"科学型"教学个性方向发展。如果违背自己的个性特点，那就很难形成自己的教学个性。

所以我认为，要有改革与创新精神，敢于向传统的教学观、教学方式挑战。有很多教师虽然教龄不短，教学经验也很丰富，但几十年的教学工作却没有形成自己的教学特色。其重要原因就是因为教学僵化，固守老一套教学观点和教学方式方法，缺乏改革和创新精神，从而使自己的教学一直处在固有模式教学阶段，而很难上一个新的台阶。与此相反，有的教师勤于学习新的教育教学理论，善于对传统教学的某些弊端进行分析，并时刻思考和组织自己的教学改革思路和方案。大量教师的教育、教学实践表明，是否具有这种教育改革和创新精神对一名教师的成长具有重要作用。而我本着改革和创新精神，为自己的教学风格不断

完善。

（三）形成教学风格的成熟、创新阶段

对一个寻求形成自己独特个性教学和教育风格的教师而言，具有改革和创新的精神还不够，更重要的是还需教师把自己的教改方案和思路付诸实施。只有在不断探索和实验的过程中，教师才能检验自己的教改方案和方法的有效性，也才能使自己的教学较快地进入独特性阶段，并使自己的教学个性更鲜明地表现出来。

在这一阶段，教师的教学艺术风格在教学过程的各个环节都具有独特而稳定的表现，呈现出浓厚的个性色彩，散发出诱人的魅力。在教与学的规律指导下，教师能和谐恰当地把课堂教学艺术风格融入教学实践之中，教学效果与质量不断提高。

根据本人的综合条件和个性特点，根据风格的外在表现，我把自己的教学风格归属于"民主平等、自然朴实、开拓创新"，这种风格在这些年的教学中已趋于稳定。

## ▶▶ 我的成长历程 ▶

### 给梦想一次开花的机会

印度诗人泰戈尔曾这样说过："花的事业是甜蜜的，果的事业是珍贵的，让我干叶的事业吧，因为它总是谦逊地低垂着它的绿荫。"教师的事业虽不是轰轰烈烈，但一直润物细无声般地滋润着每一个心灵。怀抱着对教育事业的无限憧憬，我默默地在教育行业里耕耘了20多个年头。回顾自己这些年的教学历程，从初出茅庐的青涩，一步一步成长为学校的骨干教师、科组长、市学科带头人培养的对象，20多年的教师历程在告诉着我，一位优秀教师的成长最重要的三个关键是梦想、学习、坚持。

（一）年少时撒下梦想的种子

"小时候我以为你很美丽，领着一群小鸟飞来飞去。小时候我以为你很神气，说上一句话也惊天动地……长大后我就成了你，我就成了你，我就成了你。"每当听到歌曲《长大后我就成了你》，我都情不自禁地想起我的老师——黄丽珍。正因为有了黄老师的影响和指引，少年的我梦想长大后也能成为第二个黄丽珍老师！

我无比敬佩有着渊博数学知识的黄老师！不管学生的提问有多深奥，她也能轻松作答。她能写一手好字，骨气劲峭，法度严整，字美得让人不由自主地发出赞叹！一个个挥笔而成的字就像一个个潇洒清秀的少年，也像一个个跳动的音符，更像一个个美丽的天使。每当认认真真地观察黄老师的字，用笔匀而藏锋，心里不禁会想：我要是也能写出这么优美的字该多好啊！黄老师非常爱自己的学生，喜欢和学生一起活动、一起聊天、一起看书……黄老师的教学方法灵活多变，我们听着轻松愉快，都能听懂她的讲解。黄老师在我心目中永远都是值得学习的好榜样！我知道，能成为像她这样的教师是非常不容易的，但我暗暗发誓，争取成为第二个黄老师。那时候的我明白："一个人只是呆呆地坐着，空想着自己所得不到的东西，是没有用的。"所以我就告诉自己，要把握住时间的每一分钟，将学习进行到底。只有付出，才会收获成果。

我努力，我奋斗，我拼搏，就是梦想着有一天可以成为第二个黄老师，做一名优秀的人民教师。"功夫不负有心人"，我终于成为一名教师，立志为教育事业奋斗终身！

（二）在教与学的路上，坚持生根发芽

"勤学如春起之苗，不见其增，日有所长；辍学如磨刀之石，不见其损，日有所亏。"学习是一名教师成长的必经之路，教师是在研究中成长的，而我也是在不断地做课题研究和项目实践中成长的。我认为，教师的成长还应该从学校跳出来，融入整个教育领域工作中。教师只有把每一项工作定位为学习，才能通过自己的成长教好书，育好人。

那是1999年7月，刚刚告别学生时代的我，再一次迈进学校的大门，心中无比激动，仿佛自己又回到了学生时代。每天白天跟着老教师听课、备课，晚上回到家仔细把学习所得整理到笔记本上。就这样经过一个星期的"培训"，带着儿时的梦想，带着无限的新奇，更带着无比的压力，我义无反顾地走上了讲台。我喜欢教学，努力让自己变得更优秀。从教学以来，我积极参加各种学习培训，并且学以致用；我观摩优秀教学课例，边听边做笔记，吸取教学营养，克服自身不足；我潜心教研，常常邀请教师们前来听课，听取他们的建议，取长补短；有疑必问，虚心请教，学习有经验教师们的教学方法，与他们一起探讨教学心得与体会；我在教学中反复实践，不断反思，总结经验教训。并在领导和同事的指引下，经过一年又一年的探索与学习，我的教学能力达到了一个高峰！由于对教学的高度投入、高度热爱、高度坚持，2012年，我光荣地成为科组长。

**1. 积极投身科组长工作**

作为一名科组长，我以身作则，务实勤奋，负有责任，勇于创新，做好榜样，认真落实每一项工作，带领科组成员进行科组理论学习、教师研讨课、论文的撰写等方面，提高了教学修养和能力，肇庆市第四小学数学科组成了端州区的优秀科组。

我非常关注青年教师的成长，重视对他们的培养。我积极组织并指导青年教师进行课堂教学设计、多媒体课件制作和教育科研活动，促进他们在工作中迅速成长起来。现在，我带领的一批批年轻教师已经成了学校、区的骨干教师。

### 2. 积极主动做班主任工作

我还勇于承担班主任工作。我有强烈的责任心，时时把学生的思想工作放在首位，力求培养良好的班风学风，定期召开班干部会议，发挥班干部的力量，培养孩子们管理班级的能力。在班主任工作中，我对待孩子公平公正，善于与孩子们做好朋友，能根据每个孩子的个性特点对症下药，因材施教，循循善诱，用心用情地关心爱护学生。

### 3. 潜心教学教研，收获行动果实

在数学教学上，我认真备课，钻研业务，运用先进的教学方法和教学手段，培养学生的学习兴趣，激发学生的学习热情。同时，做好培优辅差的工作，特别是对待学困生，我会耐心指导，让孩子减少自卑，增强自信心，健康快乐地学习。

经过努力与坚持，我班的教学成绩常年位于同年级前列，孩子们也常在考试中名列前茅，所教的班级多次被评为校、学区先进班集体，每学期的公开课、示范课受到家长、学校的一致好评。

### 4. 积极投身学科研究

我认真撰写教学反思和教育教学论文。其中，论文《浅谈新课标下小学数学课堂教学模式的构建》经中国教育学术委员会和教育教学创新杂志编委会审核，被评为教学成果一等奖，为《教育教学创新》杂志刊用；论文《数学思想方法在课堂提问引导中熠熠生辉》在《教育》杂志发表，并在《教育》杂志第48届"全国教育教学优秀论文大赛暨教育科研成果评选"中荣获一等奖；小课题"小学学生行为的变化研究"获广东省教育学会第二届教育科研规划研究成果一等奖。

## （三）坚持梦想，教学相长，结出累累硕果

"人生最精彩的不是实现梦想的瞬间，而是坚持梦想的过程。"坚持是耐得住寂寞，经得起挫折，时刻不忘梦想。我每天踏着晨曦而来，踩着星辉而走，来时欢心欢喜，走时一身疲惫。尽管如此，当我看着学生们渐渐懂事、渐渐成熟时，内心感到欣慰与骄傲，也有了坚持梦想的动力。不忘梦想就是不忘初心，今后我还是会用心学习、不断来完善自己，丰富自己，提升自己。

作为老师，我从不觉自己比孩子们高人一等，只觉得自己不过是他们一小段人生路上的领路人。正所谓"教学相长"，在带着他们前行的路上，我也有属于我的收获。

教学相长是一种普遍的教育教学经验认识，也是现代教育教学改革的一种理念。古今中外都十分重视和运用，积累了丰富的经验。在我国教育教学体制改革浪潮下，教学相长越来越受到重视。

那是一节数学课，我和同学们一起探究一道数学思考题："一杯牛奶喝了它

的二分之一后,又加满水,又喝了一杯的二分之一,问,喝了多少牛奶?喝了多少水?"我引导学生通过实物演示和画图两种方法,研究问题的解题思路,激发学生自己找到问题的答案。这节课上得活泼有趣,同学们都很高兴。可是下课的时候,几个同学在下边小声议论着什么,时不时地用眼睛瞟瞟我,当时我就很奇怪,难道是我的课哪里讲错了?我又仔细地看了一遍,也没讲错呀,孩子们在议论什么?我把那几个同学叫了过来,问他们在议论什么,他们你看看我,我看看你,谁也不说话。后来还是性格耿直的乐天说话了:"老师,您把满字写错了。"我当时心里一惊,满字我太熟悉了,怎么会写错呢?我回头看了一眼还没有擦掉的板书,对呀!有草字头,有两字,有三点水,没错呀?"是不是你们看错了?""老师错了,您看,我特意查了字典,你写的满字三点水在草字头的下边,字典上的满字三点水和草字头一样高。"这时做事情一向认真的李逸轩说话了。我赶紧拿过她手中的字典认真地看起来,可不是吗!我把三点水写在了草字头的下边。我说:"老师这个满字真的写错了,谢谢你们告诉我。以后再发现老师有什么错误,一定要及时告诉喔!"嘴尖的钟静怡说话了:"老师,我们给您指出错误,您不生气吗?""傻孩子,我怎么会生气呢?不论是谁,都不会掌握所有的知识,都会有错的地方,或不知道的知识,你们帮助我改正一个错字就等于教会我学习一个生字,我感谢你们还来不及呢,怎么会生气呢?"他们看着我笑了,笑得那样开心,那样满足,那样灿烂!我看了看黑板,拿起板擦把错字擦掉,写上了一个大大的正确的满字,随口说了一句:"这个字我写错了10多年了,怎样才能把它记住呢?"爱动脑筋又爱发言的杜俊东说话了:"老师,你这样记,你看河里有两棵水草,下雨时河水满了,水就把水草淹没了,所以三点水和草字头一样高了。"我说:"对呀,就这样记,肯定能记住,你们太聪明了,小鬼们!"他们又笑了,笑得更加幸福了!我看着眼前这些天真无邪的孩子们,心里在想:这就是我的学生,一群有血有肉、有性格的孩子们,他们有自己的想法,与我又是那样的友好、亲切,也是我的小老师!此时,我感到无比的幸福,感到自己的心和他们的心距离是那样的近,我也心头浮现"教学相长"这个词,原来教学相长这种境界是这样美好,是这样幸福。

教学相长是教与学的结合体,是辩证统一的关系,无法明确地分开。作为一名老师,我要真正理解教学相长的内涵,在教育教学实践中不断探索与实践,在现代教育制度下坚守好自己的航向,做好惊涛骇浪中的掌舵者,引导学生通向胜利的彼岸。

"痴心一片终不悔,只为桃李竞相开",我始终坚信,只要辛勤耕耘,挥洒汗水,一定能够成为一名优秀的人民教师,让桃李香满天下!我会一直坚持为教育事业奋斗终身!

> 我的教学实录

"扇形统计图" 教学设计

一、引入扇形统计图

（1）师：光明学校组织同学对 A、B 两个品牌的牛奶进行调查，其中有一个同学针对两个品牌的销量，制作出这个统计图（出示折线统计图）。

师：这是什么统计图？（折线统计图）它是怎样表示数据的？将数据整理后做成折线统计图有什么好处？（板：点和折线　便于观察数据的变化趋势）

（2）师：另一个同学对这两种牛奶的成分进行调查（出示统计表）。两款牛奶在抽样时，一个是 100 g，一个是 200 g。

A 品牌牛奶成分统计表

| 水分 | 蛋白质 | 脂肪 | 糖 | 其他 | 合计 |
|---|---|---|---|---|---|
| 87 g | 3 g | 4 g | 5 g | 1 g | 100 g |

B 品牌牛奶成分统计表

| 水分 | 蛋白质 | 脂肪 | 糖 | 其他 | 合计 |
|---|---|---|---|---|---|
| 174 g | 6 g | 8 g | 10 g | 2 g | 200 g |

根据调查结果，也制作出了相应的统计图（出示条形统计图）。

问：这两副统计图的名称是什么呢？（条形统计图）它是表示数据的方法和作用吗？（板：长方形直条　便于比较数据的多少）

（3）师：通过观察这两幅统计图，B 品牌的脂肪有 8 g，A 品牌的脂肪有 4 g，我觉得 B 品牌的脂肪含量比 A 品牌要多，你同意吗？

生：不同意。

问：表示 B 品牌脂肪含量的直条那么高，为什么你不同意我的观点？

生：应该要看脂肪含量占总量的百分之几。

（出示统计表）

A 品牌牛奶成分统计表

| 水分 | 蛋白质 | 脂肪 | 糖 | 其他 | 合计 |
| --- | --- | --- | --- | --- | --- |
| 87 g | 3 g | 4 g | 5 g | 1 g | 100 g |
| 87% | 3% | 4% | 5% | 1% | 100% |

B 品牌牛奶成分统计表

| 水分 | 蛋白质 | 脂肪 | 糖 | 其他 | 合计 |
| --- | --- | --- | --- | --- | --- |
| 174g | 6g | 8g | 10g | 2g | 200g |
| 87% | 3% | 4% | 5% | 1% | 100% |

（4）师：在生活中，有些统计图可以便于我们观察数据的变化趋势，有些统计图可以便于我们比较数据的多少，还有一些统计图可以便于我们了解部分量与总体量的百分比关系。你知道它是什么统计图吗？（生、板：扇形统计图）

二、教学扇形统计图的特点与作用

（1）师：今天，我们将继续从表示数据的方法和作用这两个方面学习扇形统计图。

（2）师：过去的条形统计图和折线统计图都是用几何图形来表示数据的，这个扇形统计图有什么几何图形？（在这幅统计图中，你看到了哪些几何图形）（生、板：圆和扇形）圆表示什么？每个扇形表示什么？

（3）师：我们一起看看这3幅统计图，图中的数据有什么不同？扇形统计图的数据表示了什么？

（4）师：根据大家说的这些百分数意义，你认为扇形统计图最大的作用是什么？

生：可以表示一个数是另一个数的百分之几。

引导学生说出"表示部分量与总体量的百分比关系"。（板：便于了解部分量与总体量的百分比关系）

三、读图训练

1. 看图填空

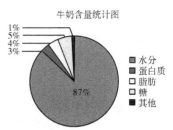

（1）糖的含量占牛奶的（　　）%。（2）牛奶中的（　　）含量最高。

（3）蛋白质和脂肪的含量共占牛奶总量的（　　）%。

(4) 如果有 1000 千克这种牛奶，水的含量是（　　）克，蛋白质比糖少（　　）克。

2. 师：原来，利用扇形统计图中的百分数可以帮助我们解决问题。

### 四、进一步理解扇形统计图的特点和作用

1. 师：如果我把需要解决的问题难度提高，你还能利用扇形统计图解决吗？

2. 出示例题的扇形统计图（把"其他"改成"羽毛球"）及问题。

(1) 跳绳占（　　）%。

(2) 如果六（1）班有 40 人，喜欢打乒乓球的有（　　）人。

如果六（1）班有 45 人，喜欢打乒乓球的有（　　）人。

(3) 如果喜欢踢足球的有 8 人，喜欢跳绳的有（　　）人。

(4) 喜欢踢毽子和喜欢打羽毛球的人数比是（　　）。

3. 讲评第（2）题。

师：在第（2）题中，六（1）班的人数发生了改变，喜欢打乒乓球的人数有发生变化吗？（生：变了）但是，什么不变？（生：分率不变）

小结：扇形统计图只是用来反映部分量与总体量的百分比关系，并不是用来反映具体数量的。

4. 讲评第（4）题。

师：第（4）题需要写出喜欢踢毽子和喜欢打羽毛球的人数比，可是我从图中却没有找到具体的人数，你是怎样解决的？（生：把百分率看作具体数量）

小结：因为扇形统计图只是用来反映部分量与总体量的百分比关系，所以当需要写出两个量的比时，我们可以把分率看作具体数量，再写出它们的比。但是不是所有情况，我们都可以把分率看作具体来解决。我们看看下面这题。

5. 出示第 108 页第 1 题扇形统计图及问题：你认为李明的作息时间安排合理吗？和你的一样吗？

6. 同位讨论：要怎样才能判断李明的作息时间是否合理？说说你的解题策略。

7. 小结：扇形统计图只能反映部分量与总体量的百分比关系，所以，当我们需要判断李明的作息时间是否合理，我们就必须先求出李明作息时间的具体数量。

### 五、归纳总结

师：今天我们学习了什么知识？除了学习了扇形统计图，还学了什么？（引

导学生说出:还比较了3种统计图表示数据的方式和作用)

根据扇形统计图的特点和用途,合理地选择统计图。

师:3种统计图有着不同的表示数据的方式和作用,那么,我们在现实中应该怎样选择合适的统计图来说明问题呢?

完成第109页第4题。

板书设计:

扇形统计图

| 统计图名称 | 表示数据的方法 | 作用 |
| --- | --- | --- |
| 条形统计图 | 长方形直条 | 便于比较数据的多少 |
| 折线统计图 | 点和折线 | 便于观察数据的变化趋势 |
| 扇形统计图 | 圆和扇形 | 便于了解部分量与总体量的百分比关系 |

## 六、教学反思

通过这节课的教学,结合课后同事对这节课的评价与意见后,我及时对这节课进行总结与反思。本次教学活动我总结为以下几大方面。

### (一)返璞归真,做学生的引路人

**1. 给学生提供生活化的学习材料**

在新课导入中,我让学生在感兴趣且较熟悉的生活问题中,复习条形统计图与折线统计图的特点,进一步体会到用统计图来整理数据、说明问题的优越性。从生活中选择数学元素,会让学生深刻体会到数学就在身边,数学来源于生活,数学服务于生活。

**2. 激发学生思维，给学生更多的思考空间**

课上我通过提问设疑来激活学生思维，引导学生发现问题、思考问题，进而解决问题，如："通过观察这两幅统计图，B品牌的脂肪有8克，A品牌的脂肪有4克，我觉得B品牌的脂肪含量比A品牌要多，你同意吗？""为什么你不同意我的观点？"……以问题为驱动引导学生进行自主学习、探索，有利于激发学生学习的自主性，培养学生对数学进行思考的能力。

**3. 在学生已有经验基础上进行教学**

课标中指出，要从学生已有知识经验出发，让他们亲身经历将实际问题抽象成数学模型并进行解释与应用的过程。基于这样的教学理念，我注重让学生把扇形统计图与已学过的条形统计图、折线统计图进行对比，在对比中理解和掌握扇形统计图的特点和作用。这样的设计不仅有助于学生对扇形统计图的理解和掌握，而且通过对比，学生还学会进一步理解每种统计图独特的作用。在集体备课的时候，我结合我们组所有教师提出的好的建议，让学生在已有经验的基础上自己收集数据来教学，学生自主探究获得知识。

### （二）集思广益，做团队的排头兵

一花独放不是春，百花齐放春满园。为了让本节课更有效率、更有亮点，同时创设浓厚的教研氛围，提高备课效果和教学水平，更好地凝聚集体智慧，在集体备课的时候，我就把问题和思路摆出来让大家点评、指正、完善。比如在这节课的教学中，就扇形统计图的绘制问题要不要在本节课教学进行了探讨，最后达成了一定的意见：留到第二课时来教。在实践中得出，这个交流的建议是正确的。还有，在每个环节中的衔接处，科组的老师们费尽心思，提出许多宝贵的建议，使这节课的过程更流畅。

### （三）尽善尽美，做自己的审视官

（1）本课教学方式较单一，整个课堂一问一答式的教学占据了多半。课后我深深认识到，讨论交流是一种开放式的学习。通过在教学过程中，围绕某一问题展开讨论，学生会相互补充，产生各种灵感和火花。学生在讨论中可以不断完整自己的知识。

（2）评价激励机制不够。在这节课中对一部分表现出色的同学没能给予及时的激励评价。

静下心来思考，在整节课中存在上述不足之处外，自己还存在一些不太注意的细节仍需要不断调整。例如：在教学中语言要更精练、提问要更有针对性、让学生自由支配的时间更多一些、大胆地让学生根据信息提出数学问题、练习设计更有坡度一些……我想如果更注重细节，今后的教学效果会更好。

## ▶ 我的教学主张

### 民主平等　自然朴实　开拓创新

教育是什么，学生需要什么样的教育，以及自己当前的教育实践的未来走向又是何方，这是教师不可回避的问题。通过长期以来的教学探索和学习，我认识到，真正的好教育不是无视个性差异、压制孩子天性的教育，而是尊重个性差异、呵护天性、激发潜能与放飞梦想的教育，要让孩子成为"自己"的教育。真正的"好教师"是指导学生的"火种"，并将其点亮。因此，我懂得了教师要树立民主平等、自然朴实、开拓创新的教学观。

"风格"者，风度品格之谓也。对我们教师而言，教学风格是在教学研究和实践中逐步形成的。它是通过比较完美的教学活动在教学观点、教学方法、教学技巧、教学作风等方面综合体现出来的教学独特性和教学个性，这是教师成长历程的结晶，也是教师教育教学观念的集成。翻看我的教师成长历程，从初出茅庐的稚嫩与青涩，再到现在的果断与成熟，我的教学探索和教学研究一直在路上。在不断的教学探索与研究中，使民主平等、自然朴实和开拓创新的教育理念在我的教学风格中逐渐体现出来。我的教学别具匠心，我的育人故事生动精彩，我的课堂深受学生喜爱，我的教学个性得到了同行的认可，也获得了一定的荣誉。

### （一）民主平等

新课改倡导"以人为本"的理念，主张师生平等，要求教师应注重为学生构建民主课堂，消除师生之间的隔阂，关爱学生的学习与成长，全力打造和谐的师生关系。而和谐的师生关系对数学课堂教学效果的提升有重要的促进作用，如果教师能够与学生进行平等的交流，尊重学生的个性、心声、意见，关心学生，帮助学生，师生关系必然更加和谐、融洽，学生的学习兴趣也更浓，从而全面提升学习效率与课堂教学质量。

我喜欢与学生一起讨论，与学生就数学问题展开思想火花的碰撞。因为我觉得，学生有自己的思考和见解，更有利于培养学生独立的思想和人格。无论是在课堂上还是在课外，无论是数学老师还是科学老师，无论是做班主任还是科任老师，我都力求与学生建立一种民主平等的关系，因为所有教学活动都是师生的双边活动，只有双方都积极参与，教学相长，才能提高课堂教学效率，知识是矛盾的消除，是心灵之间的碰撞。

在我的眼里，从来没有优秀生和差生的区别，也从来不去区分好学生与坏学生。我认为现在的每一个孩子都是聪明的，学习成绩只是一个表现的侧面，不能对一个孩子轻易地下"好"或"不好"的结论，尤其是当我从中学到小学教学后，更加认同多元智能理论，认识到孩子的创造力不仅仅表现在单一方面。在课堂上,我除了讲授最基本的知识与技能外,还很重视传授数学思想方法,与学生互动,与学生交流。我在这个过程中不以高高在上的老师自居,低下身来,侧过耳去,走到他们中间,与前后左右的孩子一起说、一起听、一起乐,与学生进行最自由、最真实的对话,肯定每一个人的努力。往往在这种平等交流的过程中,学生的思路被激活,会激荡起绚丽的浪花。

我在教学六年级数学的"圆柱"一课时,我拿出一张长方形的纸,然后提问:"不能剪,不能折,你可以把这张纸变成另一个形状吗?"这样轻松导入新课。在动手操作、细心观察的过程中,我对任何一个学生的任何发现都予以肯定,力图最大限度地发展每一个学生的能力。在教学后面的一系列命令时,承认不同学生间的差异。教学时,对不同的学生提出不同的要求,采取不同形式的指导,让学生按照自己的方式学习,达到其能达到的水平,学生学习时不会有压力,当学生不想有作业时,我尽量不安排,所以每当上数学课时,学生总是很兴奋。

"亲其师信其道。"学生亲近你时,会亲近你所教的学科,便会在不知不觉中学好你这一门课。我们所要做的,只是拿出真正的民主与平等的情怀。

(二) 自然朴实

我喜欢追索事物的核心本质,因为很多复杂的行为背后都是极其基础的原理。达·芬奇说:"简约是最终的成熟。"我追求基础实在的课堂教学,不喜欢闹哄哄的皆大欢喜的教学课堂。我认为课堂教学要删繁就简,凸显朴实的品格,彰显简约之美,促进学生的和谐发展。我追求魏书生老师说的"老师一堂课最多讲10分钟"的课堂,所以在课堂上,教学环节设计应具有明确的目的性,要梳理教材中最核心的内容,教学过程要突出学习的主干。如在五年级"植树问题"第一课的教学中,我就设计了几个主要的教学环节:①激趣导入;②发现问题;③解决问题;④总结评比。重点放在后面两个环节的练习中,给学生充分的时间进行探索,获得成功的经验,并在交流总结中展示自己的思路,自己的方法,达到一起分享、快乐共赢的目的。

莎士比亚说:"简洁是智慧的灵魂。"我希望我的教学追求能影响学生,他们也能明白简约其实不简单的道理,与此同时,在抓住本质的过程中,我也努力以一种风趣委婉的方式进行,不至于太直接。

在课堂上,我经常从教材的内容和特点出发,通过有趣的问题、生动的小故事等方法导入新课,唤醒学生乐学的内在动力;力争以诙谐的语言,抑扬顿挫的语调甚至故意以一种怪调来说明问题、阐明道理;总是把一些问题与他们身边常见的事物结合起来,形成反差,达到目的;让学生在宽松快乐的环境中,学到知识,掌握技能,有所感悟和思考,受到情感熏陶。

## （三）开拓创新

老师能够吸引学生有很多原因，年轻、幽默、讲课好、会管理、爱他们、教学成绩突出，甚至是形体美、会打扮等，这些都会成为学生喜欢某一教师的因素，进而由喜欢到崇拜！

但我更追求做一个实践进取型的老师。正如苏霍姆林斯基说："让鲜明的思想、生动的词语和儿童的创造精神来统治学校的王国吧！"世间万千事物，芸芸众生，多少人和事都在历史的长河里泥沙俱下，烟消云散，唯独漂泊的思想和灵魂生生不息。积极进取的老师，会让我们自己的生活，特别是精神生活变得更丰富，更有品位，使我们从琐屑、无聊、单调、平庸的生存境遇中摆脱出来，有自己独特的灵魂；不断实践的老师，会对学生的心灵有一种自觉而又自然的引领；不断前进的老师能够影响学生的一生。

长期受应试导向的影响，评价学生学习往往是以分数为衡量的尺度，学生忙于应付各门学科繁重的作业，没有时间进行独立的思考，学生的质问意识淡化。我喜欢在上课时问："还有其他想法吗？""你认为这一定正确吗？"曾经在上"小数的认识"这一课时，我首先引导学生从生活中找小数到生活中运用小数进行思考，还从拓展的角度，提出"所学过的整数、小数、分数之间的关系是什么？""你还有其他大胆设想吗？"在上"自行车的数学问题"一课时，我提出让学生寻找自己生活中的有趣数学，并说说选择的理由。在课堂上，我鼓励学生发表不同的意见，也喜欢在教学参考书之外去挖掘"故事外的故事"，以此来调动学生的思维，激发学生的思考，构建学生自己的数学世界。

巴尔扎克说："一个能思想的人，才真是一个力量无边的人。"要想成为一个有思想、有魅力、能吸引学生的老师，首先应是一个完整的人，是一个爱国、爱家的人，是一个性情中人，而这一切都离不开读书、学习和思考，老师要不断积累专业及其他领域的知识，才可能从容不迫地面对不可预测的教育教学工作，才能以最好的方法解决每天不断涌现的新问题。

我个人教学的主要特点大致就是以上三点，风格即人格，新课程改革在不断走向深入，我只有不断地学习，不断地突破自己，完善自己的人格，教学风格才能日趋完善，才能在教学的漫漫求索之中奋然前行，相信有一天，能表现出我的风采！

### ▶▶▶ 我的育人故事 ▶

#### 先育人再教书

15年前，我当初一的班主任，开学2周后班里来了一位"新"同学。说他"新"其实并不"新"，因为他是停学外出打工一年后回来读书。前一阵子他的爸爸先后两次来找学校求助，希望孩子重拾学业。可怜天下父母心，我还是让他回到原班，让他在熟悉的班级中学习。

没想到从此"天下不太平"，他经常迟到、早退，上课不是做小动作就是讲话、看课外书，作业要么不做，要么就"鬼画符"，还"拉帮结派"，在宿舍里讲脏笑话、调戏女同学、给老师和同学起外号，等等，严重影响了整个班级的学习氛围。后来听他原来班级的同学讲，他们的班主任对他也是用尽了"十八般武艺"，是个公认的"劣迹斑斑"的"知名"人物，要不怎么会只读一学期就去工作。我想，这是看我能力和表现的时候了。刚开始我对他极具耐心，和颜悦色地给他摆事实、讲道理、晓之以理、动之以情，希望能感化他。然而好话说尽，几乎是到了"山穷水尽"的地步也没能奏效，他依然我行我素。课任老师纷纷反映，同学们也有意见，实在令我头痛。后来我的"耐心、和颜悦色"通通抛到九霄云外去了，我予以严厉批评并向家长讲述他捣蛋的"小事""大事"。家长很气愤拉着儿子说回家教育，我没阻拦也没劝说。接下来的一周，我觉得浑身轻松，班级纪律、面貌也为之一新（也许是"杀鸡儆猴"的效应）。可第二周（期末考试了）我没看到他也联系不到他。后来学校让其他老师跟进此事，我再也没在学校见到他了。

每每想起这事总有一点点失落和遗憾，心里还有一点的愧疚。不知我在他的心目中究竟留下了什么样的印象，他现在怎样了……

我想每个人在成长的过程中都会犯错，都有这样或那样的缺点、毛病，关键是作为老师，尤其是班主任应该怎样才能有效地引导他们，使他们既能保持自己的个性，又能多学到一些东西，少走一些弯路。我也希望今后类似的失败案例越少越好，让我无愧于"人类灵魂工程师"的光荣称号。

### ▶ 他人眼中的我

你爱岗敬业，教书育人，为人师表，诲人不倦。你上的课（"空间与图形"公开课）是一节实效性强的好课，帮学生构建了知识体系，学生得到了有效的练习，有难度的知识能让学生先思考和讨论，突破重难点，为我校打造高效率课堂提供了榜样。

（肇庆市第四小学校长　严子良）

你兢兢业业，任劳任怨，刻苦探索，大胆尝试创新教学理论，为学生创设民主、和谐、宽松的教学氛围，教育教学效果显著，是学校数学学科骨干教师。

（肇庆市第四小学教导处主任　黄万鹏）

感谢您！在我每一点滴的成长中，都有您的支持！忘不了您在我遭受挫败时给予和风细雨的鼓励，忘不了您总是在我需要的时候伸出无私的援助之手，更忘不了您在我每次公开课前一遍遍耐心地听课，让我一次次取得好成绩！正是有您和这样优秀的集体，我才丝毫不敢懈怠，一直像您一样努力前行！

（肇庆市第四小学数学科组长　林诗韵）

叶老师爱岗敬业，勤勤恳恳地做好教书育人工作。她师德高尚，时时处处以良好的行为习惯作示范感染学生。她尊重学生的人格，关心学生，更加关爱后进生，常与后进生谈心，了解后进生的心态和各方面的表现，有的放矢地做后进生的思想教育工作，使后进生转变得很快。叶老师所教的班班风很好，成绩基本是全级最好的。

（肇庆市第四小学语文教师　何晶）

老师，我虽不是您最出色的学生，但是您是我最崇敬的老师！

（肇庆市第四小学 2017 届学生　苏心悠）

在遇到您之后我对数学也没那么讨厌了，上您的课我感到很充实、很开心，谢谢您经常给我鼓励加油，让我取得一次又一次的进步，谢谢您！

（肇庆市第四小学 2017 届学生　黄楷嫒）

# 趣味引导　快乐合作

● 肇庆市德庆县实验小学　陈海颜（小学音乐）

● 个人简介

我叫陈海颜，女，肇庆市德庆县实验小学音乐教师，从事音乐教学工作17年。作为音乐科组长、教研备课组长，自觉加强专业知识和理论知识的学习，不断对自己"充电"，提高教学水平和管理水平，提升专业能力。以自己实际的行动带领音乐组的老师们参与课题研究，促使教师会研究、研究出成效。个人主持和参与多项课题研究，2012年主持县级课题获县科研成果一等奖、市三等奖，2015年主持省"十二五"课题已结题获良好等级评定；所撰写论文在《教师博览》等省级刊物发表和省市级奖励，多节课例被评为肇庆市"一师一优课、一课一名师"的市级优课，辅导节目参加省市教育局组织的艺术类比赛均获好成绩；先后获得"德庆县优秀教师""肇庆市优秀教师""德庆县创新能手"等荣誉称号。

在音乐教学中致力提高音乐课堂聆听习惯、探究"自主探究，快乐合作"的课堂教学模式，并形成了音乐课堂教学"四部曲"：任务生成—自主探究、合作交流—展示成果—合作评价，旨在激发学生的学习兴趣，提高学生的音乐聆听能力、表达能力和合作学习意识。

从多次名师的跟岗实践中，我开始慢慢地追寻、练就自己的教学风格。同时，通过课题研究总结出教学规律，坚持写教学反思、认真做课题报告、把经验撰写成教学论文，使自己的教学艺术日趋成熟，渐渐地形成自己的教学风格——趣味引导、快乐合作。

### ▶ 我的教学风格

**趣味引导　快乐合作**

（一）趣味引导

在教学上，我主张以符合小学生年龄心理特点为主。"兴趣是最好的老师"，教师要利用一切手段和方法调动学生兴趣，让学生在欢乐愉快的良性情绪中自觉学习，并从中寻求发现。在音乐教学中，通过趣味性的教学模式，能够激发学生的学习兴趣，为学生营造丰富多彩的音乐学习情境，让学生们经过情境发生的过程，掌握必要的知识，丰富学生的阅历，培养学生的发散式思维和创新能力，从而在小学音乐课堂上形成一种在娱乐中学习，在学习中寓教于乐。因此，在教学过程中，小学音乐教师可以设立贴近生活的教学情境，借助图片、实物、模型以及多媒体等教学手段，创造趣味性的教学情景让学生在饱含热情、轻松愉快的教学中引领学生走向知识的海洋。比如，在认识器乐一课中，我在拓展部分会选择一些好莱坞动画中夸张而富有喜剧性的音乐引导学生合作学习。大家熟悉的《米老鼠和唐老鸭》《猫和老鼠》等一系列的动画片中，滑稽的表演与音乐的节奏戏剧性吻合常令人忍俊不禁，充满了喜剧性。例如：急速的钢琴音是猫和老鼠追逐与逃跑的急促脚步，大提琴的拨弦是猫靠近老鼠的蹑手蹑脚，鼓声和镲声是他们的剧烈撞击，小提琴的滑奏是他们各种各样的滑稽动作。另外，好莱坞动画音乐也特别注重一呼百应的热烈气氛效果，强烈明快的节奏配合华丽壮观的场景，有一种排山倒海的宏大气势。这些都会提高小学生的学习兴趣，调动课堂气氛，带领学生快乐学习。

（二）快乐合作

《全日制义务教育音乐课程标准（实验稿）》明确指出："音乐在许多情况下是群体性的活动，如齐唱、齐奏、合唱、合奏、重唱、重奏以及歌舞表演等，这种相互配合的群体音乐活动，同时也是一种以音乐为纽带进行的人际交流，它有助于养成学生共同参与的群体意识和相互尊重的合作精神。"这就是课标中社会交往价值的体现，要想更好地体现这一价值，最行之有效的方法就是在课堂教学中采用小组合作学习。在新的课程理念指导下，我们应当时刻把握以学生发展为本这根主线，手拉手，让学生在音乐课堂中飞翔，让音乐课教学焕发出生命活力！

1. **师生手拉手互动，营造良好的合作氛围**

教学过程是一个教与学交互影响的过程，良好的合作氛围是学生喜欢音乐课的主要因素。因此，在音乐课堂教学中，教师可以通过创设符合学生年龄和心理特征的情境，促使学生更加容易进入合作学习的氛围。例如：《小小的船》是花城出版社出版的小学音乐第二册第 8 课"读读、唱唱"中的一首儿童诗歌,是一首儿歌气息浓郁的三拍子歌曲,歌词生动、形象地描绘出小主人公坐着小船似的月亮遨游天空的天真遐想,孩子们唱起来心情愉快,朗朗上口。在教这一课时,我先创设情境,激趣引入:昨天,我做了一个奇特的梦,梦见了我飞上了蓝天,和白云、星星捉迷藏,还梦见了你们,我们一起坐在月亮船上唱歌、跳舞,还背起了儿歌——"弯弯的月儿,小小的船"(师生一起律动)。这优美的儿歌被小星星听到了,而他却用另一种形式表现了出来,听(放录音课件)。在这种富有童真、童趣的情景的导入下,拉近了师生之间的距离,然后再用自己喜欢的方式进行学唱歌曲,看谁最聪明,学得最快。这样,激发了学生的学习兴趣,淡化了"你教我学"的被动学习过程。最后,采用游戏的方法进行检测:我们的月亮船这么美丽,你们想不想登上它去太空旅行呢?我们的船长、水手、游客就在你们当中,现在我们就进行选拔。大家当评委,如果他合格,就用你们的掌声来告诉他,好吗?通过加强师生互动,淡化课堂教学,学生的积极性被调动了起来,在这轻松、愉悦的环境中,学生的演唱能力、表演能力、听赏能力,以及语言表达能力也得到了提高。

**2. 学生手拉手,激发学生学习兴趣**

遇到教学重点时,引导学生手拉手合作,突破教学的重点。学生手拉手合作学习,不仅可以发挥学生的积极性,同时也增强了合作意识。例如,我在教《美丽的朝霞》时,这首歌的难点是要求学生能用简单的律动感受 3/8 拍的拍律并感悟音乐中的情绪与情感。针对这个教学难点,我在播放完《美丽的朝霞》范唱音乐后,让学生分组,并进行小组讨论,说说音乐中唱出了哪些景色。5 分钟讨论过后,开始小组抢答环节。只见以小组为单位学生们纷纷举手,争先恐后地回答:"我们的早晨有美丽的朝霞、太阳,还有那些美丽的花朵、树木、小溪、小朋友、蝴蝶、蜜蜂……"看到充分激发起了学生们的学习兴趣和求知欲,我开始范唱,请个别学生模仿,针对这节课中的教学难点:

1 | 2 — 2 | 3 — 3 | 4 5 6 | 5 0 |
赶 走　了 山　头 上 的 黑　暗

我让学生们分组过关,并且在巩固歌曲阶段进行师生接龙、分组接龙。通过小组合作讨论,充分调动了学生们的积极性。在小组学习中增强了学生自信心,形成良好的合作意识。

学生手拉手合作也能让学习变得轻松愉快。遇到教学重点时,引导学生手拉手合作,突破教学的重点。学生手拉手合作学习,不仅可以发挥学生的积极性,同时也增强了合作意识。通过小组合作讨论,充分调动了学生们的积极性。在小组学习中可以增强学生自信心，形成良好的合作意识，让学生体验合作创作所带来的成功和愉悦感。

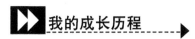 我的成长历程

### 在努力中进步，在历练中成长

（一）自主探索，孜孜以求

2000年6月，我从广东艺术师范学校毕业，几年的师范学习生活，使我从一个害羞、不善表达的人变成了一个独立、坚强的教师。7月，我回到家乡德庆任教，也许命中注定让我离不开这片生我养我的土地。很幸运，当时德城镇职业高级中学正缺一位音乐老师，我就顺理成章地被教育局安排到那所学校任教了。当时，我的内心也是很虚的，我是中师毕业的，要教的也只是小自己几岁的学生，总怕自己的能力不够，所以两个月的暑假时间我没有松懈，为即将的上岗做了很大的努力，不断地充实自己的专业水平，学习了有关心理学和班级管理的书籍。9月来了，真正踏上了教育教学工作岗位，从此便与教育、学生结下了很深的情缘。

新手的我被分配担任2000届幼师班的班主任，那个对教育教学无知的我，只能不断地向有经验的老教师们请教。还记得，第一次走上讲台的我，居然还假装镇定，但紧张得脸红已经出卖了我。一眼瞟去，班里全是女的，一双双友善的眼神顿时让我七上八下的心定了下来。也是那时候我下定决心：我的"孩子们"一定要在2年里学好技能、学会做人。

担当着重大使命的我，每天都努力地适应着这个角色，全身心地投入到在日常教育教学生活中，备课、上课、巡堂、辅导、谈心、召开班会、组织活动等，慢慢地我知道了工作的责任，也认识到了家长们对孩子学有所成的期盼，懂得了哪怕多么细小的工作，都应该渗透着认真和智慧。对待每一个学生，无论他多么淘气或者多么"愚笨"，都能像对待自己的孩子一样充满耐心和爱心。正是那种工作热情和干劲，得到的荣誉也让我倍受鼓舞：学校优秀班主任、先进班集体、艺术节云演一等奖、广播体操比赛一等奖等。

（二）认真反思，勇于创新

2006年8月至现在，我在德庆县实验小学任教。由职中调到小学的过渡真的让人难忘。为了促进自己的成长，只有在实践基础上刻苦地学习与积极地反思，形成充满个性的创新。作为学校的音乐科组长，我积极进取，刻苦钻研业务，掌握最前沿的理论知识，灵活运用现代教育教学理论和先进的手段进行教学，积累了丰富的教学经验。工作上精益求精，形成有自身特色的一套行之有效的教学模式，通过教研课、示范课、做研究教学课题、辅导年轻教师等方面，带

动音乐组教师不断前行。

1. **精心施教，形成教学特色**

一直以来，音乐学科在学生心目中是一门"次科"，不受重视。面对困境与挑战，我把研究教法和学法作为教学工作的核心问题。教学是学校的中心任务，我深入备课，精心设计，以先进的教学理念优化课堂教学。只有良好的教学方法，才会产生良好的教学效果。因此，我在如何因材施教、充分发挥学生的主体作用，如何贯彻落实课改精神，如何有效地指导学生等方面做了大量的研究工作，研究得出：在课堂上以"聆听参与—体态表达—听唱融合"的课堂教学模式，激发学生学习兴趣，努力培养学生的音乐聆听能力；运用"自主探索、快乐合作"音乐课堂教学模式："任务生成—自主探究 合作交流—展示成果—合作评价"音乐课堂"四部曲"，提高学生音乐感受能力、表达能力、表现能力和合作学习能力。在参加说课录像比赛"狮王进行曲"这一说课例中，我把自己总结出的"自主聆听"，通过创设情景、设置问题引导学生主动融入音乐、感受音乐，通过这样的教学引导，学生对欣赏课的兴趣也提高了。在每一次的教学比赛中，我都会主动邀请音乐老师和教研员到我的课堂里听课，虚心请教、一起磨课，把难以解决的问题、以集思广益达到最佳效果，提高自己的教学能力。认真地做教学反思，不断摸索和积累有益的教学规律，并结合学生实际开展形式多样的课堂教学，激发学生的学习积极性与主动性，变"学会"为"会学"、变"要我学"为"我要学"。

2. **潜心教研，开拓创新**

担任科组长工作，不断提高教研能力和组织管理能力。我清楚地认识到：教研质量的高低将直接影响到科组的生命力与综合实力。因此，我十分重视教学科研的开展与管理工作。

一是以"创出自身特色，打造示范学科"为目标，以提高课堂教学效益为核心，及时组织本科组教师积极开展新课程改革下的课堂教学研究，通过一系列的公开课研讨及评比、专题研讨和课题研究等活动，发挥集体智慧与创造性，使我科组的教育科研得到县、校领导的好评，2013年被评为"县巾帼文明岗"称号。2006年至今，我科组共有近10篇论文发表在各种级别的刊物上，有20多篇论文、课题研究以及教学设计分别在省、市、区级评比中获奖。

二是勇于承担新课改任务，摸索教育教学新路子。在做好本职工作的同时，不忘充实和提高自己，积极参加省、市、区、校级的各类培训及学术研讨活动，更新知识，大胆发表自己的见解。积极开展课题研究，按照课改的精神结合自己的教学实践，主持申报了德庆县教育科学课题"提高小学音乐课堂聆听有效性的研究"，深入开展课题研究，并于2014年结题，在德庆县教育科研成果评比中获一等奖，在肇庆市教育科研成果评比中获三等奖。2015年2月—2017年2月，主持了广东省教育科研"十二五"基础课题"小学音乐课堂'自主探究、快乐合作'教学模式的研究"。此外,还指导同组教师做校微课题,参与和指导谢翠华老师申报主持市课题"小学音乐课堂小组合作学习的有效探究"、黄燕萍老师"无声唱法在小学音乐课堂中运用的研究"的开展,带领同科组教师做学会教学研究。平时还通过阅读《音乐教育研究》《中小学音乐教育》及上网等渠道密切关注教改科研的最新动态,及时改进和调整教学策略。

我在实践中探索,在探索中研究,在研究中成长。我付出了努力,取得可喜的成绩。2015年11月,我主持县级课题"提高小学音乐课堂聆听有效性的研究"获德庆县教育科研成果一等奖,肇庆市基础教育科研成果三等奖;主持校级课题"多媒体在小学音乐课堂中的运用"于2015年获校科研成果评比一等奖;主持省"十二五"教育教研课题"小学音乐课堂'自主探究 快乐合作'教学模式的研究",研究阶段收到了显著成效,结题获良好等级;参与并指导谢翠华老师主持市级课题"小学音乐课堂小组合作学习的有效探究"已经结题。撰写的多篇教学论文在省、市、县获奖和发表:《信息技术与小学音乐教学整合的实践与反思》于2012年5月发表在《新课程》第2063期;《小学音乐课堂合作学习的有效策略》获县2015年教育教学论文评比一等奖,并在省级期刊《教师博览》2016年5月发表;《让"聆听"引领学生走进音乐殿堂》获市2012年教育教学论文评比二等奖,并于2012年11月发表在肇庆市教育报;《浅谈小学音乐课堂合作学习的有效策略》在县2015年教育教学论文评比中获一等奖并发表在县教育期刊《教研之声》;《"自主探究 快乐合作"理念下小学音乐教学模式探究》2016年10月获"广东省第七届音乐教育论文征评活动"一等奖;《音画一体 别样风采》《在动画中感受音乐的魅力》分别在2012年、2013年获省中小学信息技术教育论文评比三等奖;《让学生爱上音乐课》在2010年获县论文评比一等奖,获市教育教学评比二等奖;《"10+30"课堂模式在小学音乐教学中的运用》获县在2012年论文评比一等奖,获市教育教学论文评比三等奖;《乐学善听,静待花开》在2014年市教育教学论文评比获二等奖;《创设情景聆听美的资讯》获县2013年论文评比一等奖;《手拉手,在音乐课堂中飞翔》《"小组合作学习"在小学音乐欣赏教学中的应用探索》均获二等奖。

(三)培养搭桥,练就风格

"教师不能没有独特的风格,不能没有鲜明的个性。随波逐流、循规蹈矩是自己成长最大的敌人。"一位特级教师的话让我醒悟:对自己的教学,不要考虑完美,要考虑特色。

在德庆县实验小学任教后,我得到了许多参加各类培训的机会。2012年,我参加了肇庆市市骨干教师培训,也多次参加各类教学观摩和课题培训。2015年,我参加省"强势工程"培训项目,更有幸参加了肇庆市第二批小学名师培养项目学习。在学习过程中聆听了多个教授深入浅出地阐述"教学风格"问题，让我开始思考如何提炼自己的教学风格，我的教学风格又是什么？在杭州市保俶塔实验学校跟岗中，被音乐特级教师邬淑珍老师的形象深深地影响了，在课堂上娓娓道来、跟学生们平和地交流着各种音乐课堂上要解决的问题，真正地以学生为主体做好了教师的角色。参加广州市东川路小学跟岗学习中，我从广州名教师何芳老师身上得到了认识，音乐教学要关注学生的核心素养，构建高效音乐课堂，要关注学生的学，怎么灵活地处理教材，如何运用科学的方法，引导学生积极地学习，带给学生快乐。在越秀区音乐教研员的指点下，更深一层理解音乐课堂教什么，怎样教，明白音乐课堂要准确把握各年级教材的教学目标及教材的联系，要做到高效课堂。于是，在我的课堂上不断地按照学习到、感悟到的教学理念做实验课堂，在一次次中进步。积极参加听课、评课、集体备课与研磨课活动当中，在研讨活动中，就课堂教学、教材教法及教学实际问题进行切磋交流。

2015年10月25日—11月3日，在广州市东川路小学跟岗学习期间，上了一节内容为"鲤鱼风筝"研讨课。该课得到越秀区教研员、实践导师何芳老师点评，改进自己的不足，努力向自己想要成为的风格靠近；2016年6月6日—16日，在广州市东川路小学跟岗学习期间，所上研讨课"大海"，也得到了导师和组员的一致好评。在学校，为提高学生聆听能力教学模式、"自主探究、快乐合作"的课堂教学模式做了引领示范作用，我多次承担全校的教学研讨课、公开课，充分发挥了名教师培养对象的示范和辐射作用。经过不懈的努力，一节节具有特色的精品课例深受学生喜爱与教师好评，多节示范课例、教学课件、教学设计在省、市、县获奖。2016年在学校上带教示范课"音阶歌"，2017年上示范课"捕鱼歌"引领音乐组教师进行"自主探究、小组合作"的课堂研究，课例均被评为市级优课；2017年在学校上示范课"降落伞"；2018年在广宁实验学校示范带教课"大海"，此课例参加县优质课评比获一等奖，市优质课例评比二等奖。

（四）引领示范，共同提升

扎实组织音乐组教师开展本校教研工作，全身心投入到教学改革之中。在认真完成自己的教育教学工作的同时，还利用教研活动和课余时间在备课、上课和课题研究等方面热情、耐心指导青年教师，帮助青年教师成长。利用教研活动和课余时间耐心指导徐宝莹、龙春燕、谢正言、江月凤、苏静雯、黄燕苹、谢翠华、莫嘉玲等青年教师。对徐宝莹老师在教师基本功、上好公开课、制作教学课件等方面进行了指导，效果显著。徐宝莹老师获2017年县艺术教师基本功比赛二等奖，指导其所上课例"哈哩噜"获县优质课比赛二等奖。指导龙春燕、谢正言老师制作课件参加县优秀课件评比分别获一等奖、三等奖。2014年对城镇交流教师江月凤进行了新课标理念教学法及写好教学设计方面的耐心指导，指导其上校级公开课"小花雀""有位老爷爷",得到县教研员及校领导的一致好评。2015年对兄弟学校德城镇一小音乐教师陆晓燕在撰写论文和微课制作方面进行了指导,使其参加"广东省骨干教师培训"项目顺利结业。2016—2017年,与黄燕苹进行结对帮扶,通过互相听课、评课等形式,共同探讨班级管理、课题研究等问题,从而提高教学科研能力,在帮扶活动成绩优秀,黄燕苹老师被评为"县级优秀班主任",本人被评为校互帮结对"优秀指导老师"。在我的帮扶下,苏静雯、莫嘉玲、徐宝莹等老师迅速成长,能承担校级公开课;龙春燕老师被评为校"阳光教师";指导谢翠华老师的市级课题研究顺利结题,被评为2017—2018年度县"优秀教师"。在青年教师成长的同时,我也迅速成长,被评为2015—2016学年县"优秀教师",2016—2017年度为市"优秀教师",2018年被评为县"创新能手"称号。

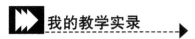 我的教学实录

《捕鱼歌》教学实录

(一)教学目标

(1)情感态度价值观:通过了解台湾地区的相关文化和学习台湾民谣,使学生了解台湾的风土人情,进一步让学生感受劳动带来的快乐情绪与乐趣。

(2)方法与过程:通过以小组合作的形式学习节奏、聆听音乐、律动,让学生积极参与到音乐实践活动中。

(3)知识与技能:了解衬词,知道"一领众和"的演唱形式,会用自然的声音演唱歌曲《捕鱼歌》,能够合作创编简单的肢体动作进行歌唱表演。

(二)教学分析

1. **教材分析**

《捕鱼歌》是一首二拍子的台湾民谣,五声宫调式,一段体结构,由四个相同节奏的乐句(节奏)组成。歌曲豪放爽朗,形象鲜明,表现了台湾地区渔民不怕艰难险阻和对生活充满热情的乐观主义精神。通过这首歌曲的学唱,了解和热爱我国的多民族音乐文化,增强民族意识和爱国主义情操,丰富学生的民族习俗知识。

2. **学情分析**

三年级的学生活泼好动,对事物充满好奇而又善于模仿,喜欢新颖的事物,有较强的表现欲望。利用学生的这些特点和自然嗓音,综合使用创设情景法、歌曲接龙游戏法等与多媒体课件相结合,激发学生学习音乐的兴趣,调动学生的学习积极性,使整个教学活动成为师生之间不断进行思维交流与心灵沟通的过程。

### (三) 教学重点和难点

(1) 重点：在学习歌曲《捕鱼歌》中，激发学生对台湾民谣的热爱之情，能够用明亮的声音和豪放爽朗的情趣表现歌曲。

(2) 难点：引导小组合作舞蹈动作的创编。

### (四) 教学方法

利用小组合作讨论法、听唱法、模仿法、创作法。

### (五) 教学过程

**1. 准备活动**

师：欢迎大家来到音乐课，我看到大家非常开心，但是有一点紧张，对吗？咱们先来放松一下，请你模仿老师做。

师：　1　3　| 2.3 21 | 5　5　| 5　0 | （用歌曲第一句旋律唱）
　　　　请你 | 跟　我 | 拍拍 | 手　0 |
生模唱：我　就 | 跟　你 | 拍拍 | 手　0 |

师：　6　5　| 3.5 32 | 1　1　| 1　0 | （改用第二句旋律唱）
　　　　请你 | 跟　我 | 跺跺 | 脚　0 |
生模唱：我　就 | 跟　你 | 跺跺 | 脚　0 |

本环节通过模唱歌曲短句的身体律动，激发学生兴趣，将他们轻松引入课堂，拉近师生的距离。

**2. 读读拍拍**

师：看到同学们的表现都很棒，下面看看我们今天要挑战的节奏。（教师出示节奏课件）

X　X | X. X X　X | X　X　| X - - ‖

师：看到了吗？耳朵听老师示范一遍。

生：好。

(1) 教师用双响筒敲节奏，学生认真地聆听教师示范。

(2) 学生拍节奏。

(3) 教师讲解难点：附点音符。

师：同学们要特别注意附点音符的时值。

学生迫不及待地拍打节奏，没有听清楚老师的要求，导致拍打节奏不整齐，通过老师的调节、讲解难点，亲自示范，学生在多次练习中有进步。

(4) 拍节奏读衬词

师：现在，请同学们看着屏幕，加上了词，还会不会读。

X　X | X. X X　X | X　X | X - - ‖

嗨 哟　　依哟 依哟　　嗯 嗨　哟

学生看到小声讨论。

①教师示范带读。

②学生练习。

师：对了，在读的时候注意重拍。

③教师再次示范，把重音突出，学生认真聆听。

④学生拍读。

这次的拍读明显整齐了，而且节奏的重拍和重音都突出了。

（5）教师讲解劳动衬词。

师：这些词语叫衬词，它没有实际意义，但在劳作的过程中，经常会用到衬词来辅助歌词的力度，声音非常短促有力。

（6）再次拍读节奏。

①教师用双响筒敲击节奏，学生聆听并拍读节奏。

②师生合作，用"一领众和"的方式拍读节奏。

③小组讨论，用劳动动作与"一领众和"的方式表现衬词节奏。

师：既然是劳动过程中发出的声音，那哪个同学想想有什么劳动的动作节奏可以配合这个衬词呢？大家在组内商量一下。

学生在小组内踊跃讨论。

（7）教师鼓励小组长带组员展示。

（8）全班用动作结合表现衬词。

师：刚才，陈老师要求组长带领或老师带领，即一人带领，其他人跟着读或唱的方式叫作"一领众和"，很多歌曲都会有这样的方式表现。

第二环节读读拍拍按照节奏熟悉衬词段落歌词，降低学生学习难度，同时引导学生感受中国民歌的特点，了解音乐相关知识，为学习新歌做下铺垫。学生们能在老师的引导下积极参与到拍读节奏、拍读歌词的活动中，在小组合作创编劳动衬词律动中相当踊跃，小组长的组织和带动也表现得很突出，平时比较胆小的同学也能快乐地参与其中。

**3．情景导入**

师：我们合作相当成功，今天学习一首有劳动衬词的台湾民谣《捕鱼歌》，唱歌之前请同学们跟着老师走进"美丽的台湾岛"。

（1）欣赏《美丽的台湾岛》，了解台湾的人文地理知识（课件）。

师：台湾自古以来就是中国的领土，和我们同宗同源，一脉相承。台湾所处的地理位置优越，四面环海，景色优美，旅游业、农业、渔业非常兴盛，一直被中国人亲切地称为"宝岛"，是我们中国浩瀚海疆上的一颗明珠。

（2）揭示课题，学习新课。

①聆听歌曲，找找你熟悉的乐句。

师：在听歌曲的过程中，请同学们思考一下，有没有出现你所熟悉的乐句？

学生认真聆听，并用身体动作感受歌曲。

师：你听到熟悉的旋律是哪一句？在什么时候出现过？

生：第一句和第三句衬词。

除衬词外，同学们都没有想起，经过老师的提示，才想起是准备活动时的那两句旋律。

②了解歌曲的拍子、情绪、速度（课件）。

师：再次聆听，在聆听过程中注意一下歌曲的拍子、情绪、速度。

听完后，学生踊跃地举手表达自己的发现。

生：我发现歌曲是四二拍的。

师：你是怎样知道的？（生用手拍出强弱）对的，四二拍里面有一个重拍一个弱拍。

教师在黑板上贴出四二拍。

师：那谁来说说这首歌曲的情绪？

生1：豪气的。

生2：惊讶的。

生3：开心的。

生4：有力的。

教师总结同学们的回答，并分析歌曲的情绪，最后全班回答歌曲的速度（中速）。

③完整唱第二段歌词。

要求：身体坐正，脸带微笑，师生用"一领众和"的方式唱第二段歌词。学会后，学生站起来带律动唱歌词（划船、捕鱼等）。教师提醒学生唱衬词要短促有力。

学生展示自己设计的捕鱼动作。

师：台湾地区人民捕鱼时是非常辛苦的，需要很大的力量，所以唱这段词要有力。

④听唱结合，学习第一段歌词。

学生轻声跟唱，由于不熟悉，歌声有点乱。

教师讲解难点：一舵（duo）读音，第二是附点音符的准确性。

⑤完整唱歌曲。

a. 教师指出学生的不足：虽然这首歌是豪气的，但声音不能喊唱，要注意把美的声音展示出来，而且要有感情地唱。

师：哪位同学来说说应该怎样带着感情唱？

生1：第一段最后一句应该开心地唱。

生2：唱第二段歌词应该有力地唱。

生3：用豪气的声音唱第一段。

b. 师生共同创编动作表现第一段歌词。

⑥有表情、有感情地唱歌曲。

学生站起来，兴致勃勃地边唱边动。

利用图片，欣赏美丽的台湾岛，了解台湾的地理位置，台湾的多元文化和风土人情，从而进行"一个中国"的思想教育。在学唱歌曲的过程中，我和学生一起合作演唱歌曲，发挥学生学习主动性，教师正确地加以引导，孩子们很容易就学会歌曲。

### 4．巩固拓展

小组讨论，合作创编表演（出示评价标准）。

师：台湾渔民团结一致，不怕艰难险阻，勤劳乐观，很值得我们学习。现在也是发挥同学们合作精神的时候，这一环节小组的讨论、合作创编表演，形成完整的表演，我相信你们会做得很棒的。

①小组的学生都积极地记歌词，边唱边讨论创编动作。（5分钟）教师四周巡视指导。

②请准备好的小组在同学面前展示小组合作创编的成果。

第一组展示的"开心小组"有点拘谨，学生教师做了点评。第二小组展示时，大胆自信、出色完成，得到了同学们及老师的热烈掌声。

③全班一起展示自己的成果，自信开心地唱歌跳舞。

在活动中学习，在活动中体验。本环节通过自主探究、快乐合作，启发学生的想象空间、创造美的能力，不但加强了学生的音乐节拍感，同时也锻炼了学生的团结协作精神。

### 5．课堂小结

师：在这节课上，我们知道了台湾是我国的宝岛，是我国领土的一部分，一起了解了台湾的相关文化，也学习了台湾民谣《捕鱼歌》，学习过程中小组能快乐地合作进行创编表演，同学们的认真学习、积极参与值得表扬，希望以后能再接再厉。

## （六）教学反思

在整节音乐课中，关注学生核心素养提升，注重参与音乐实践，创设宽松愉快的学习情景，进行一连串以学生为中心的学习活动，让学生成为学习的主体；在课堂上合作参与，让学生具有发现、感知、欣赏音乐美的意识，自主学习，小组互助；鼓励学生创编动作表现音乐，具有艺术表达和创意表现的兴趣和意识。课堂中，无论是声势表达、听觉体验、合作创编及表现力训练等，为学生设计的种种音乐活动都围绕着"能力"二字,关注到了音乐的核心素养——"音乐能力的综合",只有我们在每一个环节做好孩子们的音乐能力训练,才能"让音乐属于每一个人"!

### 1. 趣味引导,重在体验

在课的开始部分,通过趣味的模唱歌曲短句和身体律动,激发学生兴趣,将他们轻松引入课堂,拉近师生的距离。在学唱歌曲环节,通过聆听歌曲、带律动唱歌词、完整唱歌曲、有表情有感情地唱歌曲,把学生引领进音乐中,充分激发了学生潜在的音乐感受力和理解力。在聆听音乐旋律的同时,展开丰富的想象,将音乐所表达的感情通过语言和肢体动作表达出来。在音乐教学中,利用各种感官去充分调动学生的学习兴趣,为孩子插上想象的翅膀,随着音乐的节拍在脑海中展现音乐所叙述的场景,提高聆听的能力。

### 2. 快乐合作,提高效率

小组合作学习是课改以来积极倡导的有效学习方式之一,多种小组合作方式相结合,可以有效地调动学生的学习积极性,提高学生的学习效率。在本课,在学习拍读节奏的理解"一领众和"环节、表现劳动衬词还有创演学习成果环节设计了小组合作任务,引导学生自主探究、快乐合作,通过小组合作讨论,充分调动了学生们的积极性,突破教学的难点。在小组学习中增强了学生自信心,形成良好的合作意识,让学生体验合作创作所带来的成功和愉悦感。

### 3. 下一步需要改进的地方

在这节课的教学中,让我感受到这个班的学生在小组合作学习的进步,也感受到了即兴创编课的可塑性。但在课堂上有个别小组学生的合作探究环节还略显拘谨,小组间差异明显。在今后的课堂中,我将会根据学生的音乐知识、技能更合理分组,保证每组实力相当,并每组有较优秀的学生当小组长,设计好学生的行动路线、合作方案,精心选择有效的学习方法,掌握合作学习的技能。

## ▶▶ 我的育人故事

### 在"不完美"中寻"完美"

苏联伟大的教育家苏霍姆林斯基说过:"教育的奥秘是什么?那就是教师把整个心灵献给孩子们。"而要想"把整个心灵献给孩子们",教师就要想孩子所想,发自内心地关心、了解、尊重以及赏识他们。

2012年9月,学校组建了30人的校舞蹈队,并分配我作为舞蹈老师每周进行授课。从乐队的组建、集体训练、分组练习,到最后的成果展示,学生们从学校的小舞台、县市舞台,再到省的大舞台,付出的汗水得到肯定,心里美滋滋的。这几年的舞蹈教学也让我深刻理解了,接触艺术教育的孩子学到的,远远超过她们所学的艺术本身。加入舞蹈队的学生不只学到了训练的基本功、舞蹈方面的技能技巧、舞台表演力的提升等，同时也懂得了责任、牺牲、练习方法、倾听以及时间管理。现在孩子们也毕业了，家长谈感受时说道："几年舞蹈学习让孩子拥有舞蹈方面特长，度过快乐的时光，更让孩子在各方面的能力都有了很大的进步，非常感谢老师的培养。"这样的成果让我倍感欣慰，同时我作为老师也很享受与学生一起努力、一起成长的美好时光。

舞蹈队小组合作小片段：

在舞蹈队小组合训练过程中，学习中国古典舞组合时，我发现了这样一种现象：柳妍、丽华、欣怡等几位基础比较差的同学无法跟上老师的节奏，也不愿意单独练习，每逢检查时总是躲到最后一排，但还是躲不过其他同学的批判眼光和议论声。其实这样的现象很普遍，因为基础差、自卑、怕被同学笑话，所以这些同学躲起来，放弃了表现自己的机会。我立即当着所有舞蹈队成员的面郑重地说："现在，我们舞蹈队每个人都很勤奋、很优秀，但每个人也有自己的优点和缺点。"于是，我和谢老师商量，决定利用小组合作的方式进行教学，把30人分成彩旗组、白云组、彩虹组、星星组、月亮组5个小组。要求小组内每人必须要有任务：组长负责组织、带领练习，组员有的负责数口令、有的负责看动作、有的负责整理队形等，组内人人落实责任、互相学习、指出错误等。这样的小组训练模式很快收到了很好的效果，再也不用老师频繁地监视她们练习了，同学们都变得自觉起来，基础差的也无处可躲了，甚至变得积极地在老师面前"炫摆"着她们的进步。作为老师，我们也毫不吝惜地经常夸奖她们，舞蹈室内充满愉悦的气氛。

每当有比赛要参演，我不再像以前那样：总是挑选那些基础好、表现力棒的孩子来参加排练演出，力求展现所谓的"完美"，而忽略了其他的孩子。即使有的孩子舞蹈技巧掌握得不尽人意，我们依然要"让她们表演"，只有这样，才能让孩子在实践中学会学习，让她们认识到自己在这个舞蹈大家庭的重要性，自己的存在是缺一不可的，进而满怀激情的认真完善自己的学习。

教育是真实的，来不得半点虚假。我在对过去工作的不断总结中告诉自己：要关爱每一个学生，"点燃学生的激情"，与所有可爱的学生一起享受追寻艺术的过程，在"不完美"中寻"完美"！

## ▶▶▶ 他人眼中的我

从教10多年，我的成长离不开导师的引领、领导的鼓励，他们的肯定给予我信心和前进的动力。

（一）跟岗实践导师的评价

陈海颜老师能用多种小组合作方式相结合，这样可以有效地调动学生学习积极性，注重学生参与音乐实践，鼓励学生大胆表现，培养学生对学习音乐的兴趣和合作能力,提高课堂效率。

(广州市东川东路小学　何芳)

## (二) 音乐教研员的评价

陈海颜老师在学科教学上不断开拓进取,改革课堂教学,努力培养学生的音乐聆听能力,运用"自主探索、快乐合作"音乐课堂教学模式,引导学生学会探究、学会合作,并取得显著的成绩。

(德庆县教育局　李佩玲)

## (三) 校长的评价

陈海颜老师具有强烈的责任感和事业心,积极主动认真地学习专业知识,并有很强的团队合作精神与合作能力,个性独立,做事果断有主见。积极研究音乐课"小组合作"课堂模式,成效显著,带领音乐组教师为学校做出了很大贡献。

(德庆县实验小学　陈丽云)

# 踏花归去马蹄香

● 肇庆市端州区下瑶小学　林晓晖（小学美术）

● **个人简介**

我刚毕业的时候，班主任说过一句话："做事情，不做则已，要做就要做到最好。"这句话成了我的座右铭，时刻鞭策着自己。

光阴如白驹之过隙，弹指一挥29年，我在书香家庭与传统文化的熏陶中，成了师德高尚的美术老师。追梦中，从初出茅庐的懵懂，到站稳讲台，到追求精益求精的过程中，我是践行者、思考者、引领者，围绕着追求、探索、扎实、文化四个词，不断实践、思考、总结。"赏识端砚研墨立德"获中南六省（区）中小学美术教育协助交流会现场课一等奖，教学设计一等奖。课例获得全国首届中小学名派名师美术课堂观摩活动一等奖。论文《在小学美术课中诗与画的有机融合》获第26届中南六省（区）中小学美术教育协助交流会广东省选拔赛一等奖，并在大会宣读交流。主持省级课题获省级一等奖。校本课程开发研究与实践项目获广东省中小学教育创新成果三等奖。逐步形成了自己的美术教学观，情景引领，人文建构，优学高效，让美术课堂形成和谐、人文、灵动与创新精神的统一，去实现自己的人生价值。

我是小学美术高级教师、肇庆市端州区下瑶小学副校长、肇庆市优秀教师、端州区学校优秀德育干部、端州区先进德育工作者、肇庆市第二批中小学名教师培养对象、肇庆市教育学会美术书法教育专业委员会第四届理事会副秘书长、端州区中小学美术书法教研会副会长兼秘书长、端州区中小学德育研究会第三届理事会理事、广东省中小学教师资格考试面试考官、肇庆市端州区第二届基础教育科研成果学科组评审委员。

## 我的教学风格

在美术课中,我实行情景引领,以"境"悟理,用图片、诗歌、作品再现情景和任务再现情景,创灵动课堂;实行人文建构,以文引学,采用文化识学、生活引学、关爱促学与评价促学策略,创体验课堂;实行优学高效,以行促长,鼓励学生当小老师展自我、实践体验促成长、作品展示显自我,实现高效课堂。

我在美术课中通过以上策略,让美术课堂形成和谐、人文与创新精神的统一的灵动。师生和谐,让学生懂得学习的方法,有自己的构思等见解,想象力丰富,作品具有创新性,让学生喜欢上这种有趣的、灵动的、有地方文化的美术课。

## 我的成长历程

### 追寻理想的美术教育

我当老师,源于家庭氛围的熏陶,我的爸爸是中学教师,妈妈是幼儿园教师。爸爸工作认真负责,讲究方法,所教的学生成绩非常优秀,他们在工作后经常到我家探望父亲。学生的成长是父亲工作价值的最好体现,他们的感恩之情我看在眼里,也在我心中埋下了一颗当教师的种子。

经过努力,我考取了高要师范艺师专业,毕业分配到肇庆市第二小学担任语文老师。经过自己的努力,在3年后得以转教美术学科,一直到现在。在这期间,我先后到了4所学校工作,前后分别担任了班主任、大队辅导员、教导主任和副校长。

我的教师成长之路,就像家乡端砚的制作过程一样,经历了四个阶段。端砚,是集雕刻、绘画、诗词、书法、篆刻等艺术于一体的实用性艺术品,中国四大名砚之首,自唐以来是朝廷贡品,我国的文化瑰宝。端砚的制作主要由四个步骤完成。

(一)砚石质优——师德高尚

端砚能成为四大名砚之首,很重要的一点是砚石的质地优良,其"呵气成墨,滑如肌肤"的品质堪称绝顶。端砚名贵与否,最为重要的第一步是选用上等的石材,是做出名贵端砚的首要条件。

从小我就在父亲的指导下练习书法,墨条在端砚上研磨,让我摒弃浮躁,修身养性,思绪宁静,素质得以提升。我当了老师后,明白自己责任重大,要教好学生,要为人师表,做好榜样。因此,我时刻注意自己的品行,遵纪守法,正能量满满,认真做教育,既教书又育人,时刻保持着对教育的热情,对学生的热爱,对自身发展的追求,处处从严从优要求自己。

（二）维料制璞——初出茅庐，照本宣科

有了好的端砚石头，制砚大师要仔细辨别端砚石的哪部分是它的精华，将有瑕疵的、有裂痕的去掉，剩下"石肉"，去粗存精，将砚石最好的地方留作墨堂。还要根据砚石的天然形状制成天然形、蛋形、长方形、金钟形等形式的砚璞。

师德高尚，还需在教学业务中有建树。2000年以前，我年轻，精力充沛，工作非常认真，总想着如何教好美术，让学生的画画好。这个阶段，我主要依纲靠本，依据教材的指引，教参书里教授方法是什么，就如何教学生。这时的教学设备是幻灯机，为了能教好学生，我每一课都制作教具，画范本，制作幻灯片，课堂手把手地教学生，由于课前已做好了充足的准备，学生能认真学习，美术课的效率非常高，学生作品质量还是比较好的，但缺乏创新性。

（三）因材施艺——站稳讲台，有想法有追求

一块好的砚石，有好的石品，还不是好端砚，还需要精妙的艺术创作，锦上添花，成为饶具特色的端砚。雕刻集文学、历史、绘画、书法、金石于一体，雕刻大师的艺术修养，是将砚升华为精美艺术品的重要环节。雕刻大师要对砚璞因材施艺，因石构图，因型造势，在创作设计时要考虑题材、立意、构图、形制，要思考雕刻技法如刀法、刀路，力求让雕刻端砚要线条清晰，玲珑浮凸，一目了然，使设计与雕刻巧妙独特。

教师工作兢兢业业，还需有想法，有追求，才能更上一层楼。笛卡尔有句名言："我思，故我在。"帕斯卡尔说："思想形成人的伟大，我们的全部尊严就在

于思想。"我经过在一段时间照本宣科式的教学后,开始用思考的眼光审视工作,认识到自己的美术教育工作要有所改变,有所追求,要用先进的思想引领教育方法。于是,我在以下四方面做了改变。

(1) 勤读书。在 2001—2007 年,学校教学设施得以改善,有了多媒体平台,需要制作教具的课少了,节省了很多时间,自己经过了十年的教学,有了一定的教学经验,开始踏实开展美术教学研究工作,立足"用活教材,实践新理念",不断探索,大胆尝试。在美术教学工作中,学习《课程标准》,只有透彻地理解了它,落实《课程标准》才是最朴素的真理,才能够很好地实施美术课程改革。因此我以《美术新课程》为指导,认真研读《小学美术课程标准》与《小学美术课程标准解读》,课标中的 4 个关键词"文化、创新、建构、人文"在我脑中扎了根。除此之外,我还阅览了很多关于如何开展美术教学的书籍,不断加强理论学习。

(2) 阔视野。人人都是老师、处处皆是学问。我积极参加校本培训、区内外的各级各类教师培训活动,尤其是参加了肇庆市第二批名教师培养对象的培训学习,通过走出去,感受名校名师风采,得到了谭习龙、李国芳、朱学贤、邓粤军等名师的悉心指导,博采众长。业余还自主参加培训学习,从学习中提炼和汲取教育教学的诀窍与智慧,并在工作中时时刻刻将之发扬光大,做到学以致用。

(3) 勤思考。每当我备课看到课文后,会主动思考,除了课本与教参中的教学方法,还可以用怎样的方法去教呢?怎样的方法能让学生学得更好呢?除了参考教学光盘中的资料去开展学习,还找寻更好的资料提供给学生,让学生通过欣赏一些直观的图片资料、优秀创作作品、教师的示范等,开阔视野,开拓思维。这一时期,自己的美术教育工作有了自己的思考,会尝试,会反思,会总结。自己积极主动参加一些专业类的竞赛活动,例如,说课比赛、教案比赛、示范画比赛、撰写论文等,通过不断的努力,取得了比较好的奖项,对自己是一种极大的鼓励。

(4) 勤实践。在这个时期,教学改革是轰轰烈烈,课堂是教师的主战场,课堂研学成为我的常态。

只有善于发现问题,才能善于思考,才能有更大的动力去解决问题。我积极参与听课学习,每学期观摩六七十节的校内外常态课或公开课,有美术课,也有其他学科的课。在听课的时候,注重找寻这节课的优点与不足,针对不足之处,自己会思考,假如我是上课老师,会如何处理,课后能积极参与评课研讨。尽管每一学科有不同的教学特点,但学科间的教学有相互融会贯通的地方,可以把一些新的理念带到美术课堂,得到很多启发。

我的家乡肇庆,文化名城,人杰地灵,端砚之乡。我的家庭是书香之家,爸爸是书法家,我从小耳濡目染,练习书法,对端砚有一定的研究,它具有"温、润、柔、嫩、腻、洁、美"八德,深刻体会到研墨能静心修行、涵养素质。古建筑历史悠久,宋城墙、红楼、包公祠、龙母庙、崇禧塔等,特产裹蒸粽、剑花、鸡蛋花等闻名中外。我非常热爱肇庆的文化,从小受到传统南粤文化浸染,成为我教学灵感的重要来源。正因为对乡土文化的喜爱,对教育的热爱,我在上美术课的时候,不自觉地就将之融入课堂,把学生的生活融入课堂,追求人文内涵。

在开展课堂教学研究过程中,把自己的理解与体会建构之后,再次用于教学实践,不断总结反思,让自己有更大的进步。我积极上公开课,每学期最少上1节公开课,中南六省(区)上课1节,省外1节,省内5节,还到广宁市送课,效果较好。我为了上好课,选课题、研究课本、研究课标、研究三维目标,定重难点、写教案、试教、磨课、反思等,从学科价值观的高度出发,从学生的学习需求出发,研究用怎样的教学方法去实现目标,使自己有了更多的思考与心得,是非常好的学习锻炼过程。我的美术课能准确拟定三维目标,找准重难点,教会学生运用简单的方法去实现目标,学生对美术的学习兴趣高,教学效果好。当我成功对某一个课型摸索出教学模式后,上课会更自如,效果更好,学生的表现是喜欢上美术课,积极性高,课堂活跃,能领会教师的教授意图,作品有创意。我尝到甜头后,又开始思考另一种课型,如何才能又快又好地达成教学目标。通过自己对该课型的研究和翻阅更多的书籍与文章研究,找理论的支撑,在实践中不断地反思总结,然后再尝试,总结出适合该课型的一种模式。先后摸索出适合学生的支架式教学、生活美术、情景教学模式等。

在这一阶段,我充分体会到课堂研究的重要性,多上公开课,多撰写文章,使自己爆发式成长。这是一个脱胎换骨、凤凰涅槃的过程,我得到了真正的锻造,这为我的教学奠定了坚实的基础。

(四)磨砚染墨——精益求精,提炼教学风格

砚工制好砚台后,首先用黄沙泥和滑石一起磨砚,打磨细滑的砚台用笔不损毫,而且好发墨。然后染墨,把打磨好的砚台"浸墨润石",用浓淡适宜的墨在砚台上均匀涂开,阴干后进行褪墨处理,起养砚作用,令砚台产生滋润古朴的感觉。再将端砚放在木炭生的炉顶铁篱,受热均匀后涂蜡,冷却后,用木炭粉将砚堂的蜡擦去,让砚石的花纹显现,有"浸水观之"的观赏效果,并易发墨,端砚的精美浮现在眼前。

当教师到一定火候的时候,也要讲求精益求精。由于重视对美术课堂的教学研究工作,我有了更多的想法与思考,在撰写论文与课题研究上不断有新的主题。撰写论文共10余篇,6篇得以发表,其中3篇在省级以上刊物发表,5篇论文获省级以上奖,4篇获市级奖,3篇获区级奖。主持、参与市级课题3项。在肇庆市名教师培养项目中,由广东省第二师范学院的专家指导,提炼出自己的教

学风格。

教科研实践活动转变了我的教育观念，还促使自己用新的教育理念去审视教学工作，改进教育手段和教学方法，去提高教学效益。

随着自己资历的加深，我逐步成了骨干教师，除了自己做好工作外，在学校与端州区里带了徒弟，积极上示范课，给予年轻教师指导，分享自己的教学成果，达到教学相长的效果。

在不断探索教育教学新规律、不断追求教育教学新境界的漫漫征途中，我将以今天为新的起点不断追求、不断超越。

## 我的教学实录

### "赏识端砚研墨立德"课堂实录

#### 一、背景

本人2015年参加了在肇庆学院开展的中南六省区中小学美术教育协助交流会现场比赛课比赛活动，上了校本课程"赏识端砚研墨立德"，该课属于欣赏评述与实践课型。本课的内容以我的家乡肇庆端州的端砚为载体，通过赏识端砚的石头、因材施艺、八个优点，再去体验研墨立德，让学生认识了解端砚文化，效果显著，很好地达成教学目标。该课获得中南六省（区）中小学美术现场课比赛一等奖与教学设计一等奖。

#### 二、教学目标

（1）知识目标：了解认识端砚的颜色、石品花纹、制作、材质，了解端砚的文化历史底蕴，初步感受端砚在我国文化发展中的地位和作用。

（2）技能目标：培养与增强青少年学生的审美能力。

（3）情感态度价值观目标：通过对端砚的认识，了解认识端砚的传统文化，并要传承端砚文化，培养学生热爱生活、热爱家乡的情感，建设肇庆砚都名城的理念，创造美好生活。

重点：了解认识端砚能名扬海外的原因。

难点：认识理解端砚的传统文化。

教学对象：六年级学生。

课时：一课时。

教具准备：文房四宝。

学生课前准备：预习文房四宝的知识，了解端州的端砚文化。

## 三、教学过程

### (一) 引入

**1. 引出端砚**

师：同学们，我们经常说的"文房四宝"是指哪四宝呢？

生：笔、墨、纸、砚。

（屏幕出现"文房四宝"的图片）

师：大家知道我们肇庆有名的砚是哪种吗？

生：端砚。

**2. 认识四大名砚**

师：你知道中国"四大名砚"是哪些？

生：端砚、安徽歙（shè）砚、甘肃洮（tao）河砚和澄（chéng）泥砚。

（屏幕出现"四大名砚"的图片与文字）

初步了解端砚的出产、价值。

师：你知道中国的端砚都在哪里？

生：肇庆。

师：那为什么叫端砚呢？请看地图（PPT），标注的是开采端砚的坑洞，这是牌坊，砚石主要在北岭山和斧柯山一带开采。古时候，流经端州的西江被称为端溪，因此得名端砚。现在，我们走进唐朝最早开采砚石的老坑洞。请看视频。一会儿分享你从视频中了解到什么。

大家一起观看视频。

师：你从视频中了解到什么？

生：老坑洞里常年有泉水浸泡，一年只能在旱季开采两三个月。

生：由于端砚石不抗震，是人手一锤一锤地敲打出端砚石。

生：在狭小的坑洞里，砚工只能弯着腰。

生：这老坑洞从开采到现在已经1300多年了，也只开采了200多米深。

师：我们可以体会到砚工开采砚石是怎样的呢？

生：艰辛。

师：因此，端砚的价值怎样？

生：很高。

师：对了，文人墨客都离不开端砚，我们作为肇庆人，要传承端砚文化。今天我们就来赏识端砚。

（出示题目）

师把用书法写的题目"赏识端砚"贴在黑板上。屏幕上出现题目。

**【环节1】图片视频导入，引出主题**

通过观赏文房四宝、四大名砚的图片，去了解中国砚的知识。通过视频与问答，让学生们直观知道砚都、端砚名字来源，以及砚石不抗震、人手开采、量少、采石砚工艰辛、价值高、名扬海外的原因，从而引出主题，激发学习兴趣，引入新课学习。

（二）学习新课

1. 观赏端砚

师：为了让同学们更好地感受端砚，老师找来了各种各样的端砚，请同学们走到这里来，围成一圈，看一看，摸一摸，也可相互讨论一下，看你最想了解端砚哪方面的知识。

学生围着摆放端砚的桌子边走边观察，还用手去摸端砚，相互讨论。

2. 了解端砚材质

生：老师，我摸了端砚，感受到是冰凉的。

生：很滑。

师：很滑说明它的材质细润。

3. 了解端砚砚色

生：老师，我平常看到的端砚好像都是紫黑色的，这里有一块白色的石头，它是端砚吗？

生：老师，我知道。

师：请你说说。

生指着端砚说：那白色的石头是白色的端砚石，做成端砚后叫白端，这些紫色的叫紫端，这块绿色的叫绿端。

师：你的观察力真强。这位同学回答得对，你又是怎样知道的呢？

生：我爸爸是做端砚的。

师：你对端砚有一些认识，非常好。同学们，其实每一块端砚石的颜色是不尽相同的。看这方紫端，色彩斑斓、富有变化，就像浩瀚的天空一样，又像一幅水墨画，古人曾这样评价紫色的砚石"色紫为贵"，就是说紫色的砚石非常名贵。

4. 了解端砚石品

师：你们还发现什么？

生指着一方端砚说：老师，我发现端砚石上有些一圈圈的花纹，像小鸟的眼睛。

生：我知道。

师：请你说。

生：那叫石眼。

师：你怎么知道的？

生：我家里的端砚也是有石眼的。

师：哦，那你家的端砚价值不菲了。在端砚石中，斑状的、块状的、条状的花纹，我们称它为石品。

师：你们还有发现吗？

生指着其中一块端砚问：那里有一块颜色像你手上佩戴的玉手镯一样颜色的东西，是玉吗？

师：哦，不是玉，是石品，叫翡翠。你的观察力真强。

生指着其中一块端砚问：老师，那里有彩色的像丝带一样的花纹。

师：对，那叫彩带。

生：那里有一块像以前被火烙伤的疤痕。

师：那叫火捺。

师：除了刚才认识的石品，还有冰纹、蕉叶白、鱼脑冻、铁钉等。端砚石石品多，花纹清晰，你能用哪个词去形容它呢？

生：独特。

生：独一无二。

师：正确。端砚石具有奇石的欣赏价值。

### 5. 认识端砚的因材施艺

（1）师介绍：文人墨客喜欢用端砚研磨写字，请看屏幕上的端砚，这是砚堂，砚墨的，这是砚池，装墨的，这是池边，这里雕刻有图案，刻上图案有什么作用呢？

生：装饰美化。

师：这端砚石上雕了梅花，有什么意义呢？

生：象征坚韧不拔，不屈不挠，奋勇当先，自强不息。

师：如果你是工艺大师，还可以雕刻哪些传统的、具有吉祥寓意的图案？

生：梅兰竹菊。

生：蝙蝠。

师：有福。

生：橘子，大吉大利。

生：灵芝。

生：如意。

生：鱼，象征年年有余。

生：幸福平安等。

师：这端砚上雕了一只什么？

生：螃蟹。

师：象征什么？

师：有哪个词与它是谐音的？

生："和谐"。象征团结和谐。

师小结：所以，工艺大师在设计图案时，既要装饰美化，还要传情达意。

（2）师指着实物说：这两方端砚都有石眼，谁能说说工艺大师的设计异同？

生：这端砚，大师设计了一只天鹅，石眼作为它的眼睛。而这砚石有很多大大小小的石眼，大师设计为荷塘，有荷叶，石眼设计为荷叶上大大小小的水珠，还有两只鸳鸯。相同的地方是大师都能围绕着石眼去设计。

师：啊呀，对了，你也能做大师了。工艺大师根据石眼的大小、多少、位置等去设计的，像这种方法，我们可以把它称为"因材施艺"。那同学们就做一回工艺大师，这里有一块原石，上面有翡翠，你会怎样因材施艺？请你说说设计意图。

生指着端砚答：我会在这设计为砚堂，在这设计为砚池，在这设计雕刻竹子。

师：还有谁可以说说你的设计？

生：我会在这部分设计为砚堂，在这设计为砚池，在这设计为瀑布。

师：你们都有自己的设计，可以成为设计师了。

师指着端砚说：好，现在我们来欣赏一下端砚大师的雕刻工艺，你可以用什么词去形容？

生：精细。

生：栩栩如生。

生：惟妙惟肖。

师小结：把中国传统绘画与书法技巧融合一起，精细中见豪放，具岭南特色。

（3）师总结：端砚石的颜色、石品花纹各不相同，因此，每一方端砚都是不可复制的具有实用价值的艺术品。

**【环节2】新课学习一，通过参与式、体验式、研究性学习、师生互动等的学习方法，创设轻松的学习氛围，懂得砚石质优，因材施艺。**

通过直观的学习，动手摸，近距离细致观察，展开讨论，师生问答，了解端砚石的品种、砚色、石品等，领略端砚石的质地优良。通过了解雕刻的内容、寓意、设计等，知道雕刻要因材施艺，具有岭南特色，端砚是不可复制的具有实用价值的艺术品。

**6. 认识端砚的材质**

（1）师：端砚石还有一个奇妙的特点，请看视频，看完请你分享这一奇妙之处。

师：我们也来尝试一下。

大家拿起端砚，老师示范，把端砚放在嘴前边，靠近一点，哈几口气。

同学们纷纷拿起端砚用嘴在端砚砚堂上哈气。
师：请看一看，砚堂颜色有什么变化？
生：颜色变深。
师：用手摸一摸，有什么感觉？
生：潮湿的感觉。
师：如果在冬天，哈出的气足以用来研墨。现在由于天气的原因，要加水研墨。

（2）师：请看视频，墨要怎样研呢？
师生一起观看研墨的视频。
师：墨是怎样研磨的？
生：可以打圈研磨。
师拿起墨条边示范边说：还可以上下研磨，建议选一种方式研磨。墨条要垂直。
师：现在，我们来试一下，请同学们用调羹倒一点水到砚堂，拿起墨条，把墨研磨起来。
学生们用调羹倒一点水到砚堂，拿起墨条，把墨研磨起来。
师：注意，抬头挺胸，注意力集中。速度不要太快，用力均匀。

（3）师：请观察水有什么变化？请你说说。
生：有点黑了，墨研出来了。
师：说明端砚发墨快。
师：研墨会发出声音吗？
生：不会。
师：墨是否有起泡的现象？
生：没有。
师：你看，墨是否有油亮油亮的感觉？
生：有。
生：是的。
师：正因为墨的油润，所以对毛笔能起保护作用。
师：如果下雪，端砚上的水是不会结冰的，端砚石不吸水，你放了多少水，就出多少墨。好了，请同学们停下研磨。

（4）师小结：这些好处，都是端砚石质地细润所带来的，所以端砚用后易于清洗，并能长久使用。清朝文人陈龄，在《端石拟》这本书中，把端砚的这八个优点评价为"八德"。我们一起来读一遍，我请这位男生站起来领读，他读一句，同学们读一句。

生齐读：一曰历寒不冰，质之温池；二曰贮水不耗，质之润也；三曰研墨无泡，质之柔也；四曰发墨无声，质之嫩也；五曰停墨浮艳，质之细也；六曰护毫加秀，质之腻也；七曰起墨不滞，质之洁也；八曰经久不乏，质之美也。

**7. 修身立德**

(1) 师：端砚八德，是其质地细润所带来的，所以研起墨来非常轻松自如。但时间长了，还是有点累的。要磨出好的墨汁，需时较长，这就训练我们的耐心与毅力了。我们的文人墨客，每天写字绘画，每天重复着同一个动作研墨，一圈又一圈，没有厌烦，没有暴躁，而是用心研磨。心慢慢静下来，能专心思考如何构图，如何用笔，如何绘画，作品一气呵成，好的作品就创作出来了。人在端砚上舒畅研墨，人砚合一，使得人们思绪宁静，摒弃浮躁，修身养性，涵养素质，这也就传承了我国优秀的传统文化。

(2) 师：自古以来，肇庆人杰地灵，物华天宝。你看，这是我们肇庆人黎雄才先生，他用端砚研磨墨汁，陶冶性情，画出的山水画墨色丰富，画幅雄伟、大气。正因为他品格高尚，成就了他的绘画技艺，使他成了岭南画派的代表人物。

师：那好，请同学们继续研墨，体会修身立德的神韵。

播放音乐。

师：请同学们端正身子，可以微微闭上眼睛，把墨研起来，我们好像来到了大海边，周围静静的，只听到海浪拍打岸边的声音，海浪打上岸，又退回去，大家也可以跟着这一节奏去呼吸，你听，我们现在好像来到了森林里，静静地，我们可以跟着自己的呼吸去进行研墨。

学生静心研墨。

师：请同学们停止研墨。

**【环节3】** 新课学习二，运用实践体验式、情景模拟等方法，去领略端砚文化。

通过实践"哈气成潮"、静心研墨去认知端砚因材质优而具有八个优点，懂得静心研墨可以修身立德，传承中国传统文化。

**(三) 总结**

(1) 师：同学们，经过今天的学习，你可能会有一些感悟，老师要求你用一个字去表达你的感悟，并用你亲手研的墨写出来。写在桌面的纸板上，写好以后，请把它贴到黑板上。老师也把自己的感想写一写。

学生拿起笔在纸板上写了一个字，然后张贴在黑板上。老师也用毛笔把感悟写在纸板上。

(2) 师：请问这"砚"字是谁写的？为什么写这个字？请分享感受感悟。

生：我今天认识了端砚，因此写了"砚"字。

师：请问这"精"字是谁写的？为什么写这个字？请分享感悟。

生：我通过今天的学习，了解到端砚的知识博大精深。

师：你写了什么字，请分享。

生：我写的是"静"字，我知道了研墨可以使人静。

（3）师：同学们，今天我们通过赏识端砚，目的是让你们懂得研墨可以立德。传承中国的优秀传统文化。

老师边讲边把刚才自己用毛笔字书写的"研墨立德"几个字张贴在黑板上。

师：回家以后，我希望同学们把家里收藏的端砚拿出来，研研墨，写写字，涵养自我，书写描绘出美好的明天。

【环节4】总结，通过展示与分享，总结点题。

让学生用自己研的墨书写感悟，张贴展示，并分享，教师总结点题研墨能立德，鼓励要传承端砚文化。

（四）课后拓展

师：老师布置一个作业，放假时请同学们与家长到端砚文化村实地考察，进一步了解端砚文化。

【环节5】课后拓展，教学活动的延伸。

倡导学生走进生活，进一步了解端砚文化。

## 四、教学反思

本人上的"赏识端砚研墨立德"属于欣赏评述实践课，教学三维目标定位明确、具体、科学合理，重难点突出，教学板块精心设计，教材组织有序，教学步骤严谨，教学思路清晰，各环节完整流畅，学生能积极主动参与，思维活跃，生动活泼，师生和谐，教学目标很好地达成，教学效果好，深受广东省教育厅美术教研员周凤甫等同行一致好评。

（一）人文建构，浓厚的地方特色

本课是校本课程内容，属于欣赏评述实践课。这节课设计的背景是：端砚是肇庆端州的宝物，名扬海外，本课通过了解端砚的历史地位，认识端砚石质的特点，雕刻因材施艺，是不可复制的具有实用价值的艺术品，端砚因材质优而具有八个优点，通过实践体验研墨去了解修身立德，传承传统文化。作为肇庆人，要对端砚文化有所了解与认识，激起学生对端砚文化的兴趣，促使学生主动参与认识与学习端砚文化的活动，并激起要进一步认识端砚的兴趣。课后拓展，建议学生在假日与家长到端砚文化村进行实地考察，传承端砚这一优秀传统文化。

（二）情景引领，灵动课堂

能创设适宜的情境让学生开展学习探究活动。直观教学，创设形象情境，借境悟理，主动学习。为认识端砚价值，设计了一段视频，让学生直观地近距离地了解老坑洞，体会砚石开采不抗震、稀少、砚工艰辛，体会端砚的价值。让学生体验在端砚上研墨，我录制了如何研墨的微课，让学生带着问题观看，然后分享研墨的要点，通过这样直观细致的教学视频，让学生知道研墨要领，在实际操作中能磨出好墨来。

营造氛围，创设合作交流情境，诱导交流的愿望。为了更好地感受端砚，我把一批端砚放在教室一角，请学生围着端砚走走、看看、摸摸，近距离探究，营造轻松的学习氛围，吸引学生的注意力，激起学生的兴趣，大家很自然就会主动讨论交流，提出疑问，老师也从中知道了学生想了解哪方面知识，能有针对性地开展教学。设疑启智，创设探究情境，培养解决问题的能力。我通过有目的地设置疑问，创设问题情境，引发学生认知冲突。例如，肇庆生产的砚为什么叫端砚？现在科技发达，为什么还需人手敲打开采砚石呢？雕刻的螃蟹图案有什么寓意？这些问题围绕着学生需解决的问题去创设，对他们有一定思考性，能激发出探究精神，鼓励学生思考、判断和研究，提高自主学习与解决问题的能力。教学情境拓宽了教育空间，能使学生的认识与情感相结合，使思维与形象相统一，让学生在轻松的环境、形式多样的学习活动中全身心投入，得到全面发展。

（三）优学高效

当小老师展自我策略。学生围着端砚近距离探究时，轻松的氛围激起大家主动讨论交流，提出疑问，懂的同学很自然地当起了小老师，回答同学们的疑问，为知识面广的同学提供了展示舞台。实践体验促成长策略。在教授学生赏识端砚的雕刻技术时，我设计了这样一个实践活动，请同学们做一回工艺大师，根据一块端砚原石，设计如何因材施艺，并与同学们分享。老师创设让学生体验工艺师，学生学以致用，体会艺术大师的工作乐趣。在让学生体验静心砚墨，我通过话语去引导他们进入静心的状态，要求学生跟着我的话语去端坐、闭眼、放松，引导想象在海天一色的海边，海浪轻轻拍打岸边，听着音乐跟着海浪拍打的节奏去呼吸与砚墨，想象让学生快速进入到静心状态，体会到修身立德的神韵。实践活动促学生们快乐轻松地解决了重难点，优学高效。

▶ **我的教学主张** ▶

我的美术教学主张是情景引领，人文建构，优学高效。

（一）情景引领，创灵动美术课堂

情境教学法是指在教学过程中，教师有目的地引入或创设具有一定情绪色彩的、以形象为主体的生动具体的场景，以引起学生一定的态度体验，从而帮助学生理解教材，并使学生的心理机能得到发展的教学方法。情境教学法的核心在于激发学生的情感。著名教育家第斯多惠曾说过："教育的艺术不在于传授知识，而在于唤醒、激励和鼓舞。"

在教学中，要以文本教材为载体，以"境"悟理，让课堂教学贴近于生活，联系实际，美术课可以从图片、诗歌、绘画作品、任务驱动等方面巧设情景教学，从而激发学生的情感，引导学生发现生活中的美，赋予课堂以生命和活力，让美术课堂因生活而精彩，这种生活的课堂是活力的课堂，是灵动的课堂。

1. **图片再现情境策略**

图片是展示形象的主要手段，用图片再现课文情境，实际上就是把课文内容形象化、具体化。老师可以根据课文内容选取适合的图片，更容易达到所需的教学效果。

在教授"给树爷爷画像"一课时，我巧妙地将校园环境引向课堂教学，把校园内大树的树干拍成照片，通过屏幕让学生去观察树干上的纹理美，通过图片再现了课文的情景，把课本上的内容形象化。树的纹理凹凸不平，形态各异，有的有规律，有的没有规律，具有一种特殊的美。老师告知这些具有美丽纹理的树木就在我们的身旁，就在校园里面，让学生知道，只要平常多注意观察，就会发现美无处不在。通过图片再现情境策略，让学生的思维灵动起来，让学生慢慢回忆起，在校园里、上学的路上、自己的住宅小区中各种各样树木的树干纹理是什么样的，虽然学生平时经常见，但没有特别关注，经老师的图片引导，平常见到的树干纹理就会浮现在眼前，也就很自然地画出各种各样的树木纹理，让人犹如进入了森林一般。

2. **诗歌再现情景策略**

苏轼在《书摩诘蓝田烟雨图》中说："味摩诘之诗，诗中有画，观摩诘之画，画中有诗。"诗歌和绘画是彼此联系的，诗歌和绘画都是反映生活的一种艺术手段。诗画同源，诗与画都来源于生活，把诗歌融入美术课中，借助诗歌的这一文化情境，引领学生走进诗歌与绘画世界，开阔视野，从而引起学生进一步的学习需要，发展了学生对诗与画的价值认识。诗情画意的授课形式体现了中华优秀传统文化的精髓以及人文意义。

在"春天的消息"一课的教学设计中，为了把生活的场景能以绘画的形式具象表现，我选取了叶剑英元帅赞誉七星岩所写《游肇庆七星岩》："借得西湖

水一圜,更移阳朔七堆山,堤边添上丝丝柳,画幅长留天地间。"在上课现场我边朗诵诗边画了一幅范画。绘画出了七座山、星湖、岸堤、发芽的柳树、开满花的树、人在画中游。诗朗诵完毕,七星岩的春天也画好了,学生从中初步了解到诗画同源,都是来源于生活,诗是有声的画,画是无声的诗,诗能高度概括生活的场景。在学生的作业创作中,有的同学从中受到启发,现学现用,把古诗《春晓》的画面画了出来。学生也懂得了在学诗的时候,可以运用联想法把诗的内容以画面的形式浮现在脑海中。这节课因诗而使课堂灵动活泼,又突出美术与人文相结合的教学理念。我上的课例"春天的消息"获得端州区示范课一等奖。

### 3. 作品再现情景策略

绘画作品是某一特定生活的缩影,将当时的现场情景模拟和再现,通过欣赏研究绘画作品,学生可以了解到如何用绘画的形式表现生活,有利于学生把抽象的思维转化为具象的思维。

在教授"春天的消息"一课时,通过分析学生的画,让学生懂得可以通过什么内容去描绘春天。老师通过让学生欣赏课件中小朋友画春天的作品,与学生们分别介绍每一张作品,了解小朋友们眼中的春天是怎样的。欣赏的作品,都是生活中常见的场景,分别有:春天的大树吸引来了一群小鸟,燕子在春雨中飞,几位小朋友在春天植树;春姑娘在天空中飞;春天的草地上长出了许多小芽儿。学生们通过老师的指导介绍,通过自己的探究分析,有的是从宏观的角度去观察春天,有的是从微观的角度去观察春天。从中也就懂得春天可以主要从植物、动物、人与大自然等方面去表现，懂得植物颜色主要用绿色系、红色系、黄色系去表现，可以用宏观或微观的角度去看世界，利用此法再现情景，有利于锻炼学生的创造性思维，让学生们能灵动地表现形式各样的春天。

4. 任务情景化策略

任务驱动的教与学的方式，能为学生提供体验实践的情境和感悟问题的可能，围绕任务展开学习，以任务的完成结果检验和总结学习过程，改变学生的学习状态，使学生主动建构探究、实践、思考、运用、解决、高智慧的学习体系。在美术教学中，教师可以把学习内容结合节假日、社会生活等，作为一个具体的、带有附加意义的任务交给学生，让学生对学习任务有更强的驱动性，促使学生更认真地对待学习，思考创意，创作更精美的作品。

肇庆的春天非常美丽，在教授"夏日的凉风"一课时，我巧妙地以此引导学生们通过制作一把扇子，送给家中长辈，以表示感恩的情感。因为有了贴近生活的任务驱动，让他们兴致盎然，想着要努力做一把有创意的并有所表达的扇子。学生们会更有心思地去创作，大家争着发言选取什么形状去做扇子，扇子上面可以画上一些什么内容，借此向家人表达自己的想法、祝福等。学生因为任务的驱动，把学到的知识应用到生活中，去美化生活、创造生活，使学生创作兴趣浓，激发创作的新意，感受到创作的乐趣，使美术课得以灵动。

（二）人文建构，创体验美术课堂

这里的"人文性"既包括人的文化性，又包括文化的人性，它的实质就是人文精神，人文精神主要是指人格、情感、意志、性格、心理品质等。《全日制义务教育美术课程标准》中明确指出："美术课程具有人文性质，是学校进行美育的主要途径，是九年义务教育阶段全体学生必修的艺术课程，在实施素质教育的过程中具有不可替代的作用。"这充分说明美术课程在培养学生人文精神中的重要性。美术作为人文学科的核心之一，凝聚着浓郁的人文精神。在美术教学中，通过文化识学、生活引学、关爱促学、评价促学等策略，使学生通过美术学习，加深对文化和历史的认识，加深对艺术社会作用的认识，去培养学生的人文精神，满足学生发展的需要，体现人文关怀，关注学生健康成长，树立正确的文化价值观，涵养人文精神，有效地形成和发展学生的人文意识，从而去认识文化、传承文化。

1. 文化识学策略

中小学美术教育要把文化多元化作为知识财富的源泉，各种文化都应作为教育关注的对象，要注重文化与其价值的多元性，使学生养成对文化的积极态度，了解世界，尊重世界。美术教师要引导学生在广泛的文化情境中认识美术。

例如，上"创意龙"一课中，我通过讲解龙的传说、外形特征，让学生认识龙代表着吉祥和至尊，是中华民族的象征，以及中国人被称为龙的传人的缘由。还通过了解西方龙象征恶魔，与中国龙文化进行比较，让学生进一步了解中华民族的信仰与文化，增强民族自豪感，培养学生热爱中华民族优秀文化遗产的情感。如果老师只是着重介绍龙的体态特征，如何去进行龙的创意创作，而忽略教授中国的信仰与文化，学生对龙的认识就只停留在龙是什么样子的阶段，为了画龙而画龙，对信仰与文化不甚了解。这样就限制了学生的创作创意构思，淡化了对传统文化涵养的培养。

### 2. 生活引学策略

联系生活，创设符合生活实际的教学情境，培养自主实践能力。课堂教学中联系生活，结合教学内容创设的实际情境，这些源于学生生活的实际教学情境，是他们最感兴趣也最容易接纳的。我在备课的时候，联系学生生活经验，选择适合学生的文化情境去认识美术，可使教学内容具体化，更促使学生产生学习需要，主动参与学习，提高实践能力。

例如，上"古代建筑"的时候，我把我国最具代表性的，众所周知的，经常在电视、书本、图片等看到的建筑物，如长城、天安门、赵州桥等拿出来让学生观赏与分析，让他们了解中国的历史与文化。我在上课的时候，还给学生介绍家乡肇庆的建筑文化，如宋城墙、崇禧塔、阅江楼等，由于是学生身边的建筑，选取了适合学生生活实际的文化情境，他们创作的思路必定更宽，创作的欲望更强，也加深了学生对家乡历史文化的认识，受到人文教育与熏陶。

### 3. 人文关怀激学策略

用适合儿童心理的语言，让学生在愉悦的心情下进行创作，体现人文关怀精神。心理学理论告诉我们："教师的语言生动形象、简洁流畅、抑扬顿挫、快慢适中、说话有趣味，才能引人入胜，适度的表情和手势动作，可增强讲授内容的情绪感染色彩。"在教学中，我始终铭记心理学告诉我们的这些道理，抓住时机，根据学生的兴趣和适宜的环境，用生动的语言，激发他们对绘画的兴趣。

每堂课的讲解，我将自己想象成少儿节目的主持人，用孩子般天真、活泼的语气，丰富的表情进行讲解、交流。结果吵闹的学生静了下来，一双双眼睛凝视着我，思维随着我抑扬顿挫的语言在课堂中飞扬、驰骋。在尝试创作的过程中，他们在毫无压力的情况下，丰富自己的学习经验，体验到发现、探索的乐趣。在完成创作时，他们又能充分感受到成功的喜悦，得到激励，自信心油然而生。

### 4. 评价促发展策略

做好学生作业的有效评价，把合适的美术教育还给孩子。美术作业评价的目的是促进学生潜能、个性、创造性等方面的发展，使每一个学生具有学习美术的自信心、一定的美术素养和持续发展的能力。老师在评价时要多一点鼓励，多一点期待，多一点宽容，多一点征询探讨，鼓励标新立异，留置创新空间，使美术教育以美的力量，激励孩子们去发现美、鉴赏美、创造美。

为了让儿童画真正成为"儿童自己的画",我从不对学生创作的作品横加评价,而是把每个学生的作品展示,引导同学们相互欣赏讨论,老师的评价更多的是从技能的表现上去评价,以挖掘优点为主,适当给建议。可以问学生"最喜欢哪一张作品",而不是问"哪一张作品是最好的",允许学生去表现并发展个人对世界的认识,允许不同评价尺度的存在,允许个性的发展,促使学生对美术的爱好逐渐形成。

　　美术课堂教学中,老师应该有效建构美术人文性,促使学生更好地了解艺术与社会、艺术与历史、艺术与文化的关系,从而培养人文精神。总之,在美术教育活动中,我们只要注重人文精神的传播与养成,这个社会就会出现更多拥有高尚、完美人格的人。在美术教学中,老师注入更多的人文关怀,就会构筑起无数美好的精神家园。

### (三) 实现优学高效的美术课堂

　　1632年,捷克教育学家夸美纽斯在《大教学论》中提出班级教学制时就提出教学的"主要目的在于:寻求并找出一种教学的方法,使教员因此可以少教,学生可以多学"。在具体的教学中,就得把"教师强加体验"变为"学生自主亲历体验",把"讲授式教学"变为"研究性教学"。这就要求教师的"教"要教在点子上,突出重点,突破难点,把美术课堂的时间和空间还给学生,最大限度地增加学生自主的空间,让学生成为学习的主人,让学生能充分思考,把思维的过程还给学生,实现优学高效的美术课堂。

**1. 当小老师展自我策略**

　　学生是学习的主体,具有自主性、能动性和创造性,根据学生的生理、心理特点与教材自身的功能和内涵,注重主客体的交融性,使教学形式开放,能调动学生学习美术的积极性、主动性。师生互换角色,让学生当小老师会使固定的、被动的教材内容活起来。

　　例如,在教授"我的动物朋友"一课时,目标要求学生能用泥塑出动物。我让学生拿着橡皮泥到实物展台上,示范并讲解如何把橡皮泥塑成圆形、长条形、正方形、锥形等,由学生去教同学塑的方法及要注意的地方。学生们为了能当小老师,会努力想各种办法去解决老师提出的问题。通过这一过程,很多同学都已经靠自己的思考与能力解决好问题了,培养了学生自主解决问题的能力,而且在学生的努力下,经常有一些创新的想法与做法。学生都争着想到讲台上教同学如何塑造形,在下面听的同学也特别认真。当学生在教授制作遇到困难的时候,我先让其他学生帮助解决问题,当不能解决了,我才进行适当的点拨。学生给同学上课的模式,得到了多种锻炼,学生更主动学习,可以达到教师少讲学生多学,从而提高课堂学习效率的目的。

## 2. 实践体验促成长策略

学生在学习过程中，起直接作用的无疑是智力，但能让智力更好地发挥作用的还有三种元素，一为非智力因素，二为元认知，三为强势智慧。教师应当着力促使学生点亮自己的三盏心灯，从而更好地生发智慧。实践是认知的基础，其中技术性活动是人类社会的一种最基本的实践活动。美术课程向学生提供了技术性活动的基本方法，让学生动眼、动脑、动口、动手，创造条件给学生充分的时间自学、讨论，重视学生学习体验的空间，让学生多学，教师尽可能少讲、精讲，达到"多学"而至"不教"，这样学生会快乐地多学，学习效果好，这正是教师的智慧。

在上"赏识端砚研墨立德"一课时，为了让学生体验端砚石"哈气成潮"的特点，我示范在端砚上哈气后，让全体学生去观察砚堂颜色变化，并试着哈气，引导用手摸一摸砚堂有什么感觉。通过体验，学生很容易就理解了端砚石"哈气成潮"的特点。在讲授清朝文人陈龄赋予端砚具有八德"温、润、柔、嫩、细、腻、洁、美"的时候，我创设了让学生们在端砚上体验研墨活动。在其过程中引导学生观察端砚的八个特点：发墨快，研墨不会发出声音，没有起泡现象，研出的墨油亮柔润，对毛笔能起到呵护作用，砚石不吸水，放多少水就能研出多少墨等优点。通过亲身体验，学生能直观地了解到端砚石细润的好处，加深对端砚"八德"的认识。为了让学生懂得研墨能静心，体会修身立德的神韵，我指导学生第二次研墨，跟着音乐的韵律进入到宁静海边的场景中，静下心来在端砚上研磨墨，体会天人合一的境界。学生通过实践，体会到前所未有的心静。我还要求学生用自己研的墨写一个字，用以表达这节课中的感受，并张贴展览，分享学习活动的收获，这种通过体验所产生的收获是发自学生内心的感悟，是真实的，是有感而发的。实践使学生与端砚互动，学习好奇心强，用心专心学习，研究的兴趣浓，学习的效果高效。

## 3. 作品展示显自我策略

美国心理学家詹姆斯说："人最本质的需要是渴望被肯定。"教师为学生的作品提供交流的空间，让相互间有情感思想的交流，从而获得知识经验与乐趣，从而产生成就感，树立自信心，积极地投入到下一次的创作活动中。

重视学生课堂创作后的展示活动。学生创作完以后，老师提供平台尽可能多地让学生把作品进行展示，开展学生自评、互评，教师评价活动，展现了学生的主体地位，充分调动了学生的积极性，提高了学生的评价能力和鉴赏水平，并带给同学灵感和启发，最大限度地发挥学生的主观能动性，使美术课堂中作品展评这一小环节发挥大作用。

例如，在上"给树爷爷画像"一课时，最后五分钟我请学生拿着作业到讲台上进行展示，通过学生的自己评价，同学间的相互评价，以及老师的点评，让学生可以充分展示自我，增强自豪感，也知道了多种的创作手法，例如绘画可以用油画棒、彩色铅笔、蜡笔等工具创作，可以用粘贴、线条画、色彩画的表现形式，等等。绘画的树可以是一种树木，也可以是多种树木在一个版面中表现。树纹理的表现，可以是一棵树用一种纹理表现，也可以用多种纹理表现。通过学生作品的展示欣赏与评价，让学生们相互受到启发，为今后的创作拓宽思路。

## 我的育人故事

**林老师 谢谢你**

这个学期，我新接手了四（1）班的美术教学工作，像往常一样，我按部就班地开展着正常的教学，慢慢认识着学生们，学生们也慢慢地熟悉我。

上了几节课后，我与同学们慢慢就相互熟悉起来，发现有几个调皮的同学，总是违反纪律。于是，我每次上课前，都对学生们提出要求，在课中，也会根据情况适时地再次提出一些规范要求，提醒他们遵守课堂纪律，专心开展学习活动。经过一段时间的引导，这几个同学都能逐步端正学习态度，与同学们一起认真学习。但是，一个叫李明的学生，时不时在课堂上做小动作，还故意发出一些叫声，有时候更是在自言自语，影响教师的教学进度和其他同学的学习。他在做作业的时候，往往很不认真，不带工具回来，而且常与旁边的同学聊天，有时还故意找些事情来与同学小打小闹，由于他的调皮与无赖，旁边的同学虽然恼怒，但都没有办法。我感觉到他与别的孩子不太一样，因此对他上课时的行为看在眼里，心里寻思着，问题的产生肯定有原因。我默默观察他的举动，并从多方去了解，希望能快一点掌握他的情况。要知道，一个班的美术课一周是一节课或两节课，对学生们的深入了解肯定是有限的。我从上课进教室开始就默默地关注他的一举一动。经过几节课的观察，发现李明同学有一个优点，经常举手发言，有一点小聪明，而且回答问题正确率很高。在与班主任的沟通中，得知他的父母离异了，性格孤僻，不合群。我经过研究分析，李明同学的问题主要在家庭方面，他缺少父母的关爱，想通过自己异样的行为得到别人的关注，但是由于他表达的方式不被老师和学生们理解，他没有达到目的，因此，他越来越多地弄出一些不被人理解的行为。

在上"家乡的山林"一课时，我向同学们提出问题："你看到家乡的山林是什么颜色的呢？"一时间没有同学举手，只有李明一个。于是我说："表扬李明同学，能积极思考问题，还举手回答，敢于把自己的想法表达，尽管不知道答案对错，这是一种积极学习的表现，我希望同学们向他学习。"我一边表扬一边注意观察他的表情，发现他原来是歪歪扭扭地坐着，一下子身子坐直了，脸上露出惊讶的表情。我继续说："请李明同学回答问题。""我的家乡山林有时候是绿色的，有时候是黄色的。""回答得很好，其他同学也说说你家乡的山林。"李明同学得到肯定，精神抖擞地听着课，直到我授完课。为了让他能持续规范做好，我在每一节上课前，都对全班同学提出了纪律要求。李明同学刚开始的时候坚持了一会儿，不一会儿就又原形毕露了。我没有立刻去提醒他做好，因为他的这种行为已成了习惯，不能立竿见影一步到位，需要一定的过程。所以，我只在巡堂经过他身边的时候拍拍他的身子，善意地提醒他。

在后面接着的几节美术课中，我都故意让他回答问题，让他展现自我，积极地找出他的优点进行表扬，"李明同学的设计很有自己的想法，有创意""李明同学回答问题声音很响亮""他回答问题说话很完整，语文肯定学得好"，等等。在上课的讨论学习中，以往他都自己做小动作，没有参与，我就有意无意地走到他这个小组，俯下身子，听听他们的讨论，李明看到我的参与，也放下自己的小玩具，一起去讨论，有时候我还故意请他说说为什么会有这样的设计等问题，引导他参与讨论研究学习中，他小组的同学也慢慢开始与他进行互动，少了排斥。

李明同学得到我的表扬与肯定后，上课慢慢地能坐端正，把精神集中在听课上面去了。在大家进行创作的时候，由于时间比较长，他的坏习惯又时不时地出现。而我会在巡堂的时候，走到他身边，注意观察他的作业，看看他的创作有哪些好的地方，哪怕只是很小的优点，都轻声地表扬他，并与他讨论如何能画得更好。有时候给他一些建议，手把手地教他如何画。有时候，还把他的作品拿出来向全班同学展示，表扬他在哪一部分的绘画是优点，值得大家学习，当然还给出一些改进的建议。

慢慢地，他的眼睛告诉我，他开始信任我了。于是，我在表扬他的时候，会顺带提一些纪律上的要求："你对色彩的感觉很敏锐，如果你能更专注地参与听课，你的美术天赋一定能展示出来""你的回答非常好，有自己的想法，有自己的创新视野，如果你在做作业的时候，能安静下来，一定会有更棒的设想""如果你能安静地画画，更专注，你在绘画中的线条肯定会更流畅"。总之，我先表扬他，然后提出纪律要求。慢慢地，李明喜欢上美术，每当我表扬他的时候，他就很开心，而且他在美术方面也不断地进步。经过一段时间的引导教育，李明逐步把一些坏习惯改掉了，并爱上了美术，能认真听课，积极参与研究学习活动，创作有自己的想法，表现技法上也不断地进步。这时候，我对他没有了那么多的表扬，开始进一步要求了。

每上完一节美术课，我都会留在班级里，批改美术作业，我就利用这个机会，把李明同学叫到我的旁边，说："老师想请你帮个忙，行吗？""什么事情，可以的。""很简单，请你把我批改的作业按分数等级分类。""好的，我来帮忙。"在他帮忙的时候，我就和他聊天，"你在昨天的周六日到哪里玩耍了？""我到了大润发超市买学习用品了。""表扬你，爱学习，买学习用品，是自己去的吗？""我与妈妈去的。"慢慢地，经过了多次的课间聊天，我对他的生活有了更多的了解，也可以更有针对性地引导他正确对待自己的家庭，多体会爸爸妈妈对自己的爱，多体谅他们的辛劳，要懂得感恩。经过一段时间，他下课了，就会主动围在我的身旁，与我聊天，慢慢地，我们成了好朋友。上美术课时，李明同学很努力，由于心态的改变，也促使他在其他学科的学习中不断进步。

这年的元旦，我收到一张他自己制作的精美的贺卡，打开贺卡，里面画了他自己手捧着一簇鲜艳的形态各异的鲜花，背景是红彤彤的太阳发出万丈的光芒，写着"林老师，谢谢你"几个字，我看到这张卡片，泪水在眼中打转。我希望自己所教的每一位同学都不掉队，能够健康快乐地成长。

## 他人眼中的我

林晓晖同志是一位"双肩挑"的教育教学园丁，既是一线的美术教师又是学校主管教学的副校长。因此，在思考教育教学问题上既能纵向把握美术课堂教学改革的承前启后思考，又能横向拓展学校教育管理发展空间。在新时代教改的大潮中，砥砺前行，践行着教育工作者的光荣使命。在孩子的心灵播下美的种子，与美同行，终身受益。

（肇庆市端州区教育局教研员，肇庆市教育学会美术书法教育专业委员会理事会会长　邓粤军）

林晓晖老师，师德高尚，爱生敬业，淳朴无私，团结协作，锐意进取，具有强烈的责任心与事业心，既能协助校长管理好学校，还擅长于在德育工作与课堂中尊重爱护、激励和感化每一位学生，让他们健康成长，志存四方。她孜孜不倦地为教育事业奉献自己的光和热，深得领导的肯定与同事的爱戴。

（肇庆市端州区下瑶小学校长　梁俊杰）

林晓晖老师教育教学理论水平高，有扎实的教学基本功，善于开展教育教学研究，是研究型、专家型教师。美术课堂和谐、自然、紧凑、平实、流畅，善于启发学生去思考，以学生为主体、教师为主导，能调动学生的学习兴趣与创新思维。

（广州市名教师工作室主持人、广州市百千万人才培养对象、小学美术高级教师、被聘为肇庆市第二批中小学名教师培养对象林晓晖的实践导师　朱学贤）

林晓晖接到代表广东省参加中南六省（区）美术优质现场课比赛的任务，非常重视。首先从肇庆地理位置与文化底蕴方面思考确定课程内容——端砚。如何去呈现一节课呢？端砚历史悠久，文化底蕴深，制作工艺繁复，艺术性强，这么大量的内容要在40分钟内讲清楚，不是一件容易的事情。

林晓晖多次去端砚名家作坊参观请教，系统了解并吃透端砚传统文化，很快找到了表现端砚的最佳角度与其灵魂的思路，并认真备课磨课。在现场的课堂上，讲得淋漓尽致，精彩绝伦，不但把端砚最美的一面展示给来自中南六省

（区）的老师面前，而且读懂了它的灵魂，让端砚重新展示它跨时代的魅力，让曾经是朝廷贡品的端砚恰当地成为今天肇庆端州的龙头名片。课后掌声雷动，听课的老师纷纷围上前来要购买上课用的端砚，打听到哪里能买到端砚，并立刻动身前往购买。一节课带动了端砚销量，一时传为佳话。

（肇庆市端州区美术学科带头人、端州区中小学美术书法教育学会理事　李友好）

作为一位美术老师，林晓晖既重视美术基本功，也重视书法基本功，经常利用课余时间绘画习字。每当看到林老师，我脑海里就会不自觉地涌现出很多美好的诗词：妙笔涂丹青，巧手绘美景，空白化神奇，瞬间成永恒。除了专业基本功外，她上课更有自己的风格，你若有机会听她上课，肯定会被她满腔的教学热情、渊博的知识、灵活又接地气的教学方式方法深深地吸引住。她的学生都说最喜欢听林老师上课，在林老师的课中，能获得丰富多彩的体验，不但品尝到美术创作活动的乐趣，而且身心也能得到舒展，情感得以释放。

（肇庆市端州区端州中学美术教师、端州区中小学美术书法教育学会理事　黄颖婕）

在她的美术课中，我们轻松愉悦，她对我们总是饱含期待。

在她的教导中，我们学会了透过绘画看生活，感受到绘画的魅力。

（学生）

# 文道合一，春风化雨

● 德庆县德城中学　何月婵（初中语文）

## ● 个人简介

我是一位初中语文高级教师，肇庆市第二批学科带头人培养对象，中小学教师资格考试面试考官库人员，被评为"肇庆市'身边好人'""德庆县道德模范""肇庆市先进德育工作者""德庆县优秀教师"，获得"中国梦·肇庆情""中国中学生征文大赛""世界阅读日粤港澳创作大赛""马拉松在我家门口""我身边的法律故事"等征文比赛优秀指导老师荣誉。

初中阶段是学生形成优良品德和积极价值观的关键时期，而初中生对是非对错的明辨能力相对较弱，一旦受消极价值观引导，将会形成错误的价值观。任何一门学科，在教学时都要考虑到是否有利于人的发展，是否有利于崇高品德的培养和高尚情操的陶冶。尤其是作为一门人文学科的语文课，课堂上往往对学生品德的教育胜过于对他们知识的教育，因此，更应做到相互联系，密切协调，文道合一。

20多年的语文教学工作，使我逐步形成了自己教学风格：在语文学科教学中融合德育教育，并深深认识到，"德育、智育、体育是全面发展的教育目的的三个重要方面，德育不是学校的一种工作，而是学校一切工作的最终目的"。这是实施素质教育的要求，是时代的要求，也是语文学科的性质和教学目的的要求，更是学生身心发展的要求。

## ▶ 我的教学风格

我的教学风格：文道合一，春风化雨。

处处是语文，处处是德育。《新课程标准》也明确提出语文学科"工具性"和"人文性"合一的特点，赋予了新的形势背景下语文教学充分发挥德育功能的重要性。所以，在全面提高学生的语文综合素养的同时，努力挖掘语文学科课程中的德育因素，以知识为载体，采用适当的策略与方法，在语文学科教学中落实德育目标，即情感态度价值观目标，以达到知识与道德、教学与教育、教书与育人的统一。初中语文教学，不仅要让学生学好扎实的基础知识，掌握基本技能，还要培养学生的爱国主义精神，培养他们的审美能力，激励他们为建设祖国而努力学习，把他们培养成为新一代的有用人才。因此，在培养创新人才的过程中，要把德育教育融合到语文学科教学中。语文学科德育融合需从大语文的角度出发，把德育融合于课堂教学中，既要依托教材，又要超越教材；既要利用教材，又要开发教材，就是活用教材，用活教材。沟通课内外学习的联系，为德育融合注入活力。从寓教于德，文道合一的理念出发，充分利用学科德育素材，融合道德教育，改变当前德育现状，促进学生道德品质的提高，使学生的精神面貌发生深刻的变化。让学生在语文学习中真正寻找到自身的精神家园，促进每个学生在思想道德、人格品质等方面的健康发展，是我们语文教育工作者在实施课改过程中一项义不容辞的职责。

## ▶▶ 我的成长历程

### 融德于教，春风化雨

1995年，我走上教坛，最初的8年是在乡镇教学。当时的农村学生思想很单纯，很少遇到问题学生。而且，我认为德育有相对的独立性，是思想品德课，是班主任的工作，学生的思想品德是班主任的事情，学校可以开展思想品德课，有进行德育教育的班会及其他措施等，与语文课堂关系不大。所以，我很少在语文课堂上融合德育教育，认为只要教好语文知识，学生能学到文化知识就行了。

2003年，因工作需要，我调动到县重点中学——香山中学，担任语文教学工作，并开始担任班主任工作。随着时代的进步、教学环境的改变，虽然这所中学集中全县大多数的优生，问题比其他学校要少，但毕竟是城镇，我发现城镇的学生，比乡镇的学生要刁蛮、任性，问题凸显而且逐渐增多，要关注的学生情况也越来越多。我觉得单纯靠班主任每周一节的班会课，根本无法解决学生的思想问题。于是，我开始有意识地在语文课堂上，把德育教育融入教学中，并在之后的十来年，只要语文课文涉及的德育，都会认真地融合。

2014年开始县内师资、学生均衡，我调动到德城中学，担任语文教学兼任级长、班主任工作。级长和班主任的双重职责，不但要对自己班学生负责，更要对本级段全体学生负责。随着社会的转型，人们价值观的变化，留守儿童也越来越多，这里的学生与之前在香山中学教的学生是不能相提并论的，除了优生，更多的是学困生、问题学生，学生的案例层出不穷，我更注重德育教育，而且意识到以直接进行德育教育为目的的上课或活动，毕竟在时间上是有限的，内容上也是不足以完成德育教育的。而我们的语文课文的选课，也越来越注重学生的思想教育，更容易在语文教学中融入德育教育，做到文道合一。

（一）言传身教

德国著名的教育家德禄倍尔曾经说过："通过生活和从生活中学习，要比任何方式的学习更深入和更容易理解。"教师是课堂的组织者和教育者，要规范学生的行为，首先要规范自己的行为，要求学生做到的首先自己要做到。正所谓："其身不正，虽令不从。"学校一直实行晨读制，语文早读每周两天，不管严寒酷暑，晨读前25分钟，我就赶到学校，以便巡查学生的读书情况。每次学期伊始，都会有少数懒惰的学生姗姗来迟，可是我的到岗时间比晨读要早，站在教室的讲台上，我一边引领学生开始晨读，一边静候迟到学生的到来，此时此刻的我可以领略"无声胜有声"的表率效果，所以经过一段时间的磨合，迟到现象基本没有了，在语文早读课让学生学会了守时。这样的言传身教让孩子们更容易接受，要不再多的"营养品"也只能是负担。

（二）融德于教

我们在语文教学中融入德育教育时，一定要注意学生生理、心理、年龄、性别上的差异，不搞特殊化教育。学生的差异性是客观存在的，每一个学生生活的世界都是不同的，表现为智力结构体系、学习风格、人格气质等方面的差异，同时具备成熟和幼稚两方面的心理特点。

有一个留守学生在她的作文中这样写道："我的天空中没有太阳，是暗淡无光的，没有温暖，留下的只让我感受到令我窒息的寒冷，为什么父母要抛弃我，离我而去，难道钱在他们眼里真的那么重要吗？"面对这样的学生，除了对她无微不至的爱，还得依托教材例如《背影》及阅读练习《一碗馄饨》，联系实际让她明白父母对她的爱，理解父母，感恩父母，而不是仇恨父母，这也成为学生人生成长中所经历的一次历练。

（三）春风化雨

初中学生处在青春阶段，课堂上，教师或同学的一个小幽默，或者是不经意间谈及某个比较敏感的话题，学生便会趁机笑一笑。碰到这样的情况，我多数也会莞尔一笑，就当是让他们放松一下。例如，一次上课，我在巡视指导阅读，这是一篇以爱为主题的阅读，突然，不知道是谁模拟阅读内容说了一句"×××，我爱你"，学生一阵哄堂大笑。此时教学的灵光从我脑海里一闪而过，当下便决定，由这一个契机与学生探讨一下这些学生的爱情观以及在学生阶段应不应该使用手机的问题，让他们在这个充斥着快餐文化的时代中树立正确的爱情观以及是非意识，让学生走出青春期盲目迷茫的情感沼泽，提高判断力。于是，在一阵笑声过后，我敛住了笑脸，郑重地说道："爱，是永恒的话题。在人漫长而又短暂的一生中，爱便是严寒冬夜中那一盏暖和的灯，也是我们心底深处最柔软的牵挂。"

（四）专业引领

自2015年参加名师培训以来，随着先后到珠海、杭州等教育发达地区跟岗研修，带着教育教学实践中的种种疑问，我走进了培训课堂，聆听了吴丹青、韩军、赵群筠、刘良华等全国名师的精品课堂、精彩讲座，使我更深入地了解一些先进的教育教学理念、高效课堂策略、粤派教育特色。2016年、2017年参加全国中小学班主任培训，聆听了郑学志、李晓凡、张万国等教育专家的讲座，专家们的精彩讲座一次次激起了我内心的感应，更激起了我的反思，在这种理论和实践的对话中，我收获了专家们思想的精髓、理论的精华，开阔了我的视野，促进了我的成长，领略到文道合一的魅力。

## 我的教学实录

没有语文，德育像是没有绿叶的光杆；没有德育，语文也只是剩下河床的枯河。语文中有德育，但语文本身并不能代替德育，语文只是融合了德育。

（一）教学现场

【教学目标】

（1）知识教学：了解课文中以小见大、以实寓虚的记叙方法。

（2）能力训练：初步学会分析记叙文章中的情事论理及其评略安排，注意学习和运用描写心理活动的词语。

（3）思想情感教育：感受"我"终于正确对待困难，在困难面前不馁不躁，一步一个脚印来沉着应付的心理。

【教学内容】

（1）在逐步感知、深入理解中，找出课文中描写心理活动的词语并体会、理解作者的思想感情。

（2）深入解读，结合自己的生活经验来进一步感悟文章蕴含的哲理。

【学情分析】

刚升入初中的学生，已具备了字词自学能力和初步的阅读理解能力，对于本课的学习已打好了阅读理解基础。文章通俗的语言文字有助于学生从整体上把握课文内容，但其互助合作与自主探究的学习习惯尚未养成，须在教学中培养。本课内容贴近学生的日常生活，学生对此类冒险活动也很有兴趣，但在面临突发情况时却缺乏果敢有效的措施。学懂本课，学生会在思想上获益匪浅。

### 《走一步，再走一步》教学节选

师：老子《道德经》有言："千里之行，始于足下。"走一千里路，是从迈第一步开始的，实现理想要从眼前的小事做起，再艰难的事，只要我们走一步，再走一步，坚持不懈的行动必有所成，今天我们一起走进莫顿·亨特的《走一步，再走一步》。

师："莫顿·亨特"的身份，除了作家之外，还有什么身份是让你很好奇的？

生：心理学家。

师：对，带着这个疑问，我们一起来学习这篇文章，看看心理学家写的文章在描写上有什么不一样。

师：用圈、点勾画的方法速读课文，边读边想，这篇文章写了一件怎样的故事，看看你能不能把它概括出来。（生自读勾画）

生：在费城7月的一个闷热的日子里，我和小伙伴去爬悬崖，可是我蹲在了悬崖上，最终在父亲的引导下我爬下了悬崖。

师：当时我再也无法往上爬，在最需要别人帮助的时候，小伙伴们却轻描淡写地说了一句"再见"就离我而去了，以致我又惊又怕地被困在悬崖上，直到父亲和杰利出现为止，这段时间我是完全陷入困境了。所以那天下午，那种紧张的感觉我一辈子都难以忘记。那天我终于爬下了悬崖，我摆脱了这种困境，我成功爬下悬崖，最主要的因素是什么？（用文章中的句子来说）

生：在父亲的指引下，我的信心大增。（我有了信心）第21自然段"我小心翼翼地伸出左脚去探那块岩石，而且踩到了它。我顿时有了信心"。

师：从哪些地方看出他的信心的？

生：伸、探、踩、移。

师：从这些动词的变化中可以看出我的信心在增强，成功的主要因素是因为我有了信心。

生：我觉得最主要的因素是"我提醒自己……直到抵达我所要到达的地方"。

师：在爬的过程中是怎么样的？

生："听我说吧，"我父亲说，"不要想着距离有多远。你只要想着你是在走一小步。你能办得到的。眼睛看着我手电筒的光照着的地方，你能看见石架下面那块岩石吗？"

我慢地把身体移过去。"看见了。"

"好，"他对我说，"现在你把左脚踏到那块岩石上。不要担心下一步。听我的话。"

"很好，"我父亲叫道，"现在移动右脚，把它移到右边稍低一点的地方，那里有另外一个落脚点。"

我又照着做了，我信心大增。

师：这个小故事告诉我们一个什么道理？

生：这篇文章不仅仅在教育我在人生的道路上，自强自立，不管面对怎样的艰难险阻，不要畏难却步，大困难是由小困难组成的，小困难是不难战胜的，关键是化整为零，大困难分解为小困难，着眼于最初，走一步，再走一步，一步一步战胜了小困难，最后就是战胜了巨大的困难，赢得最后的胜利。

师：那么这次经历的人生启迪不仅是"我"能得到，其他人是不是也能得到呢？

师：杰利会怎么提醒自己？

生：我提醒自己，不要放弃自己的小伙伴，要及时去告诉他的家人，鼓励他走一步，再走一步。

（师：遇到慌乱事情的时候，要走好第一步，才会有一个好的结果。）

师：那些逃兵要提醒他们……

生：我提醒自己，不要抛弃自己的朋友，要和自己的朋友在一起，帮助他战胜困难，走一步，再走一步。

师：开在记忆深处的花，路尽天绝处，不妨尝试再走一步。万水千山，只源于最初的那一步。读文章，要从文字中读出它的滋味、它的深刻来，读书也要走一步，再走一步，希望我们也能走好人生中的每一步。

（二）教学反思

美国教育家爱默生说："一个感人的故事可以影响一个人的一生，一种哲理的智慧可以改变千万人的命运。"一个语文教师，如果很用心地去设计一堂课，教好一篇课文，那么就真正可以做到文道合一，既教书又育人。如果善于将德育融合在语文学科教学之中，善于在语文学科教学内容中寻找德育的因素，那么德育的资源就如同源头活水，丰富而清新，融合德育也不再是空洞的说教，而如涓涓清泉，润人心肺。

生活中，常常有人遇事因胆怯而畏缩不前，就像文中的我。探究爸爸帮我脱险的做法的启示时，如果先提出：假如父亲爬上去把我背下来，我的人生又该是怎样的人生？通过比较让学生体会父亲博大的爱的同时，明白路是要靠自己走的。在此基础上，再让学生结合自己的生活实际，谈谈自己对这个人生哲理的理解，学生能更深入领会文章的哲理。

在课后，一个学生谈起了父母的离异，她说听到父母要离婚的消息后，一下子觉得天塌了，她恨父母不顾她的感受，于是放弃了学习，找不到前进的方向了。后来一个朋友劝解她把对父母的恨转化为学习的动力，终于战胜了自己！但是依然恨父母。我开解她："虽然爸爸和妈妈分开了，但他们还是会像从前那样爱你，要学会理解父母的苦衷，而不应该恨父母。"经过几次谈心，她逐渐理解了父母，消除了对父母的仇恨。我认为这样的思想教育很有必要，能让她有一种健康的心态面临所遇到的各类困难。

在语文教学中，要巧妙地利用语文课文中的德育因素，将语文教学和德育融合起来完全可以春风化雨，润物无声，真正实现"文与道"的合一与共进。

语文因其表达的艺术性丰满了德育，增强了文章内容的"含金量"，也因为表达的艺术性，语文坚持了自身的品格，养成独立的学科性质，而不是德育的附庸。正视语文和德育的关系，使语文学科教学融合德育教育的尝试臻于完善，真正做到文道合一。

## 我的教学主张

初中语文教材选取的课文，尽管体裁、题材、风格等不同，但都是一定思想内容和语言形式的有机统一，以鲜明的形象，生动的语言，激发着学生的感情，具有高度的思想性和艺术性，能使学生潜移默化地接受正确的、高尚的道德熏陶。我们教师在教学中如有意识地加以挖掘，并向学生进行德育融合教育，这对培养他们对生活的热爱、对高尚品德的崇尚、正确人生价值观的树立等无疑会起到潜移默化的影响。作为初中语文教师，应像独具慧眼的伯乐，通过对教材的深入钻研，从课文的题目、人物、事件、文眼、意境、中心以及背景材料中挖掘出各种显性或隐性的德育素材，为创设课文情境打好基础。

（一）文道合一，心灵共鸣

语文教材中所选取的课文，大多是文质兼美、历久不衰的佳作，一篇篇文章，或是对真、善、美的颂扬，或是对假、丑、恶的鞭笞，或是作者高洁品性、高尚人格魅力的写照，或是对祖国大好河山、社会主义建设日新月异的热情洋溢的赞美……一篇课文往往有多方面的积极意义，存在着多义性。语文教材的文学作品，虽然都有其闪光的思想和精神，但侧重各有不同，有的是爱国主义，有的是集体观念，有的是自强不息，有的是舍己为公……当我们教完一篇课文时，完全可以把课文中高尚情操和闪光思想联系起来，让学生们进行讨论，然后做出选择。尽管选择各有不同，但无意中却让学生们进行了思想交流，互相取长补短。这种方式，对德育融合来说，是极其自然地突出了重点，有机地统一了课文的文学性和思想性，最终达到作品与学生心灵产生共鸣的效果，在潜移默化中教育学生、影响学生、塑造学生。

1. **文化自信，心灵共鸣**

文化自信是最根本的民族自信，是社会进步不可或缺的精神动力。而文艺创作唯有彰显时代精神，才能引起国民的普遍共鸣。现行语文教材中包含生动、丰富的爱国主义教育元素。有杜甫的"安得广厦千万间，大庇天下寒士俱欢颜"的忧国忧民的抱负，范仲淹的"先天下之忧而忧，后天下之乐而乐"的责任感，陆游的"王师北定中原日，家祭毋忘告乃翁"的爱国情怀，张养浩的"兴，百姓苦；亡，百姓苦"的忧民忧君思想……这些都能使学生批判地继承古人的思想，得到人生的启迪，在传承传统文化的同时熏陶着他们的爱国思想。

例如，在教学《邓稼先》时，教师就可确立爱国主义教育的重点，精心施教。可先设计这样的导语："当我们现在沐浴着幸福的阳光时，我们可曾想过，一百多年前的中国是什么样吗？我们可曾想过，有多少先辈为了国家的振兴，进行了怎样艰辛的探索吗？人是不能忘本的，更不能忘记祖国的历史。"这样，学生的心灵就会受到极大的震动，而深受启示。

2. **尊老爱幼，传承美德**

"百善孝为先。"孝是我国的传统美德，是古人应具有的最重要的德行，于是就有了"羊有跪乳之恩，鸦有反哺之义""孔融让梨"等打动我们心灵的典故。尊老爱幼是构建和谐社会的基础，也是现代人必备的品德。现在的初中学生有很多优点，如思想开放、思维活跃、接受新生事物的能力较强等。但也有相当一部分学生，以自己为中心，自私自利，眼中只有自己没有他人，认为父母为他们所作的一切都是应该的，不能理解父母的艰辛。我教学《散步》，让学生理解："我决定委屈儿子，说：'走大路。'但母亲摸摸孙儿的小脑瓜，变了主意：'还是走小路吧！'"通过讨论：学生懂得尊老爱幼的骨肉亲情。"我走大路"的原因表现"我"对老人的孝敬，即"敬老"；母亲改变主意，顺从孙子，则是对孙子的怜爱，即"爱幼"。

这篇文章让学生体会到亲情的可贵，学会珍视亲情。可以让学生联系自己，谈谈对"孝"的看法。李龙同学在他的周记中写道："今天，我读了《散步》，有听老师的讲课，我不禁想到了自己，当我认为理所应当地吃着父母的饭，穿着父母的衣，花着父母的钱时，我可曾给过他们一句关心的话、一次体贴的照顾吗？我可曾体会过他们的感受吗？'羊有跪乳之恩，鸦有反哺之义'，身为人子，连最起码的孝道都没有做到，我觉得自己很自私，觉得自己连羊、鸦都不如。好在自己悔悟得还不算太晚。从现在起，我要利用课外时间，做一些自己力所能及的家务：煮饭、家庭大扫除、叠被子……等待下班归来的父母。我相信，只要人人都有尊老爱幼之心，我们的家庭就会更加和睦，我们的社会就会更加和谐。"

人，因为美德而变得更加美丽、纯洁；社会，因为美德而变得更加和谐、美好；世界，因为美德而变得更加团结、多彩。

### 3. 文道合一，学会感恩

"一日为师，终身为父。"这是中华民族的传统美德。一个人的一生，无时无刻不在接受着来自各方面的恩惠。父母有恩于我们，师长有恩于我们，社会有恩于我们，国家有恩于我们，大自然有恩于我们……怀有感恩之心，才能真正体验心灵上的满足与快乐。在我们的语文教材中也不乏这样的教育材料。比如：诸葛亮的《出师表》，鲁迅的《藤野先生》，朱自清的《背影》等文章都有非常明显的感恩内容。教学《出师表》，可以向学生讲清诸葛亮用一生的奉献诠释了感恩的内涵。他隐居隆中，虽有经天纬地之才，却未得施展。刘备三顾茅庐，请他出山，诸葛亮感谢刘备的知遇之恩，从此为蜀汉"鞠躬尽瘁，死而后已"。懂得感恩的人永远是值得人们尊敬的人。

### 4. 悟文领意，提升人格

"学语文，就是学做人。"这是语文教育家叶圣陶先生给我们留下的至理名言。初中时期是人的发展的关键时期，也是人的心理冲突和心理矛盾较为剧烈的时期，因而教育学生树立正确的人生观、世界观，学会做人尤为重要。特别是语文教师，应当以渊博的知识培养人，以科学的方法引导人，以完善的人格唤醒人，以优雅的气质影响人。

在当今这个物欲横流的社会，对于诚信的教育更是十分必要的。《陈太丘与友期行》，它以小元方指出父亲朋友"无信无礼"的故事，告诉人们要信守诺言。对此，教师应不失时机地教育学生一定要言而有信，并让学生反思自己是否也做过不守信的事。教学《桃花源记》这篇散文时，当学生感叹桃花源消失的同时，应该引导他们分析这是渔人不守信而造成的。

文学作品中的人物形象也有很好的品德示范作用：例如《水浒传》中的"鲁提辖拳打镇关西"，文中人物形象鲜明，描写手法精妙，教师在引导学生阅读、交流评价时，都注重了鲁提辖值得歌颂的品质，因为他疾恶如仇，仗义相助，而郑屠仗势欺人，自私可恶，应该被打死。作为教师，是否可以考虑周全，让学生评论郑屠是否该死？即使该死，是否由个人思想决定？要让学生明白，这种行为在宋朝，在今天，乃至将来都是一种犯罪。要知道，文学作品潜移默化的影响力，要远大于空洞的法律读本。学习诸葛亮的《出师表》，要领会诸葛亮对国事的深切关心、对事业的无限忠诚和"鞠躬尽瘁，死而后已"的奉献精神；《音乐巨人贝多芬》能激发学生追求自己的理想，与苦难和困难作不屈不挠的斗争。这样，利用语文学科的教材优势，努力让每一篇课文都能对学生的心灵进行一次洗礼，用作品中人物的人格魅力去感染学生，把提升学生的人格魅力融合在悟文领意中。

### （二）拓展生活，人文引领

"生活处处皆语文，语文无处不生活。"德育融合不能只局限在课堂教学上，应与语文课外活动有机结合,适当开展一些语文活动课和语文主题活动。现代的初中生精力充沛,兴趣爱好广泛,容易在各种兴趣活动中接受感染和影响,这种感染和影响的深度和广度有时会远远超过课堂,给学生留下深刻的印象,有的甚至会令学生终生难忘。生活中的各种活动是整个语文教育体系中的一个有机组成部分,因此,在课外活动中融入德育内容,深化素质教育,是语文这门学科进行德育融合的重要且行之有效的延伸。

在教学《纪念白求恩》这篇文章时,我布置了课外活动:请同学们把《纪念白求恩》排练成情景剧,为全校艺术节准备节目。之后,我一直关注着这一活动的发展动向,不时地对学生进行指导,告诉他们只有深刻把握人物特点,才是排练成功的关键。为了让学生更形象地理解人物和作品主旨,我还运用多媒体教室下载了电影《白求恩》让学生观看。这样,学生在语文第二课堂活动中潜移默化地接受了革命历史主义和爱国主义教育,他们的排练实践会更加巩固这种革命历史主义和爱国主义思想,使其终身受益。当然,第二课堂活动要以学生活动为主要形式,教师只需准确把握时机,巧启发、妙诱导,在开发学生智力、掌握语文基本知识的同时,有机地融合德育内容。

积极开展课外活动,将德育教育寓于活动之中,从而收到"导其行"的效果。比如开展应时活动。如"雪中送暖—家亲"捐资捐物活动、"祖国在我心中"演讲活动等。积极地引导学生阅读那些充满人性、关注人类命运和地球家园的书籍,通过与大师、名人、哲人对话,使学生明辨是非、善恶、真假、美丑,具有正义感,爱好和平,拥有爱心和温情。可以借助"读书活动"为载体,内化传统美德教育。还可以通过社会实践活动,把语文学习引向家庭、社区、社会,在广泛的生活实践中活学语文,活用语文。

充分发挥校园文化的育人功能,通过雕像育人、标语育人、名言育人等,提升学生的人文素质,形成健全的人格。鼓励学生读《弟子规》《二十四孝》、唐诗宋词等,引导学生学习经典,让学生沉浸进去,从阅读中懂得礼仪、孝敬父母、尊敬兄长,诚实守信、清正廉洁,并获得美感,产生愉悦之情,引发对传统文化的热爱。挖掘本地德育教育资源,如革命烈士、名人、名胜等作为校本德育教材。让学生了解烈士革命的一生,从而培养起学生爱家乡、爱祖国的情感。

此外,还可以充分利用当地的自然风光、文物古迹、历史名胜、文化传统、风俗民情等,使语文教学成为学生走向语文实践的桥梁和纽带。

(三)融合教学,提升素养

在语文学科教学中融合德育理念,不仅可以有效陶冶学生的情操,帮助学生树立正确的人生观、价值观与世界观,而且能够有效提升学生的道德品质,提升学生的综合素养,促进学生全面发展。在语文教学中,我们应该结合自己的学科特点和学生的实际情况,采用多样的方式融合德育教育,提升学生的素养。

### 1. 创设情境，领悟人生

在教学的过程中，教师要善于创设道德情景，让学生进入情境中自主感受和体验，并通过与同学的交流，形成自己的道德认识，把学生带入到情境中去，将心比心地感受情景主体的喜怒哀乐，学会羞愧、同情、怜悯，陶冶善良的心灵，培育不泯的良知，追求自我的不断完善与超越。有时候作者在文中所要表达的情感，学生由于入不了"境"，所以不容易理解和接受。这时候就需要教师用各种方法创设一种符合课文内容的情境，使学生似亲眼所见，亲身经历，言出己口，情出己心一样。让学生与作者能够产生在情感上的"亲"，从而引起学生的共鸣，做到入境悟情。创设情境的方法很多，有活动展现情境，有音乐渲染情境，有画面再现情境，有感人故事唤起情境……但我们必须注意到要根据教学内容与学生认识水平去考虑创设情境，以取得良好的德育效果。

如学习《羚羊木雕》时，我这样导入："刚刚升入初中的我们，在悄悄地长大，对许多事情有了自己的主见。对学习，对友情，我们可能与父母有不同的看法，它也许让你无奈、伤心，甚至落泪。这节课我们学习的《羚羊木雕》将告诉我们对待家人、朋友之间的争执。"同学们热情高涨，认真学习，并希望自己也能徜徉于亲情、友情的温暖怀抱之中。

例如，在教学《背影》这课时，一开始导入新课提问"回忆你的父母为你做一些事情"，从学生的表情看得出来，他们毫无感激之情，毫不感动，于是我放出了一段准备好的钢琴曲，再配上一段充满情感的话，音乐缓缓流放，他们也慢慢陷入沉思，眼里饱含着泪花，相信那段音乐将他们带回了与父母在一起的日子，那么美好，那么甜蜜。

创设情境，让学生在情境中感受学习的乐趣，开发学生创新的潜能，领悟人生的哲理。

### 2. 体会意境，传承文化

中华文化源远流长，古诗词是其中一颗闪耀的明珠。古诗词是新课标教材中的一个重要内容，教材选编的古诗词具有很高的美学价值和强大的艺术魅力。教师要在教学中引导学生体会古诗词的意境美、语言美、声韵美，进而体验、感悟诗人的心灵美，不仅有利于陶冶学生情操，还能传承传统文化。

例如：《送孟浩然之广陵》有这样两句诗："孤帆远影碧空尽，唯见长江天际流。"这是两个写景的诗句，作者融情于景，借景抒情，展现了深韵的意境。为了开拓学生的想象，首先要求学生以"假如我就是诗人，那是怎样的情景"的假设进入原有的意境，再提出三个问题：①烟花三月的长江是一派怎样的景色？你注意到了吗？②你是怎样目送朋友远离的？朋友的船是怎样消失的？③当时你的心情怎样？经过老师的点拨，不少学生由第一人称想象出了形象的意境来：晚春小草碧绿碧绿的，百花散发着芳香，彩蝶轻轻地飞舞，然而这美丽的一切我都无心欣赏,我站在江边,任凭春风拂面,只是目不转睛地望着远方,江中的船越来越小,小小的白帆慢慢地消失在遥远的天边。滔滔的江水不停地流着,一个浪花推着另一个浪花,哗哗地滚向远方,朋友啊,此次分别又要等到何时相见?这美妙的想象融入了学生对美的理解和创造。即使学习较差的同学也能不同程度地有身临其境之感,体会到了弦外之意。这样,学生就不会觉得美是抽象的,而是实实在在地感受到美,最大限度地发挥了学生的主观能动作用,培养他们再现美、创造美的能力,让学生把所思、所感表达出来,使他们的审美感受得到升华,从而让他们热爱美、追求美,传承了传统文化。

### 3. 情感朗读,提升素养

朗读能以声传情,营造氛围,激发学生产生共鸣、体验情感。朗读不仅是学生听说读写多种能力中重要的一个环节,也是德育融合的一个重要途径,作者的写作意图,贯穿在全篇课文的字里行间,有明确的,有含蓄的。只有通过教师入情入境的朗读指导,才能"悟"出"道"来,产生感情共鸣,提升素养。

全国初中语文特级教师于漪在她的回忆性文章《往事依依》中,就深情地回忆了初中读书时听国文老师入情入理地朗诵而激起课外阅读的浓厚兴趣的往事。于漪老师就是在两位老师的熏陶感染下,从此热爱文学,在教学的岗位上辛勤耕耘,取得了很大的成就。可见,我们在指导学生朗读课文时,若能启发学生有感情地去朗读,用心去体味,定会激起学生感情的浪花,更好地陶冶学生的思想情操。

例如学习《羚羊木雕》时,欢乐、轻松地朗读同学、朋友间的趣事,低沉、舒缓地朗读"要回木雕"时的心理活动,表达出愧疚的心情,会使学生的情感自然地与作者的情感融为一体,从而珍惜朋友之间的友谊,培养家人相互尊重、理解的美好品质。再如,有节奏有感情地朗读刘禹锡的《陋室铭》和陶渊明的《五柳先生传》,更能体会古代名士的安贫乐道的精神。又如学习《闻一多先生的说和做》时,将先生演讲中的"你们站出来"这一句话,用最"慷慨淋漓"的语气读出来,会使学生深深地体会到闻一多先生大无畏的革命精神,从而使学生受到熏陶。

例如讲授《心声》时,反复指导学生有感情地朗读李京京读信的内容部分,还指导学生朗读重点句。学生朗读:"……我没爹没娘,只有您一个亲人了?""……我的生活没有指望了,连狗都不如……"读着读着,学生便不由自主地对凡卡产生了深深的同情。接着又让学生对"寄信后的事"进行想象,并讨论"爷爷能不能收到凡卡的信?"和"如果爷爷收到信,会不会带凡卡回家,为什么?"课文结尾为什么要这样写?通过朗读课文、讨论,使学生深刻地认识到凡卡的悲惨命运是无法摆脱的,因为当时是黑暗的旧社会。从而激发全体学生珍惜今天幸福生活。课后又要求学生朗读课文并写一篇《与凡卡比童年》的读后感,以巩固学习成果，使学生的素养得到提升，思想觉悟进一步升华。

作为滋养人文精神沃野的语文学科，充满人文精神的语文教学，能促使学生热爱学习，真正提高学生的语文素养，体现语文教育的本质。

4. 应用迁移，塑造心灵

在课文内容的基础上延伸拓展，而且要求学生联系自己的实际情况去反思。学生在教师精心创设的情境中产生了强烈的共鸣，但如果教师不注意点拨，学生就如同看一场电影，当时很感动，但过后回到和课文情境不一样的实际生活中还是依然故我。因此，教师要懂得点拨，既要立足于课文又要跳出课文，拉近课文和学生实际的距离，使学生能将课文学习中获得的感情体验和理性认识指导自己的实际学习和生活。

如学习《陈太丘与友期》后，激发学生思考：对你有何启示？学生从不同角度回答：学习陈元方的懂事明理，学习友人的知错能改，懂得待人要有礼貌，懂得做事要讲诚信……并让学生结合自己的生活实际，写一篇日记。《我终于见到了大海》作文提纲：读了这首诗，让我想起自己学游泳的经历，我也看到了属于自己的海，这是我坚定信念不懈努力的结果。记得我学游泳，每次练习比赛我都落在最后。我下定决心，一定要攀过这座山。别人练2小时，我练4小时，别人游1圈，我游10圈。"功夫不负有心人"，我终于学会了游泳。这次难忘的经历让我感受到了山的巨大，海的广阔，也让我明白了要战胜"山"那样的困难，必须有坚定的信念，顽强的毅力，伴随我的将永远是——山那边的大海！从写作中塑造心灵，作文教学是初中语文教学中一个重要的环节，写作能力是学生综合能力的体现，要提高学生的写作能力，关键是培养学生感受生活和发现生活的能力。教师如能在学生感受生活和发现生活的过程中，适当地点拨对于学生良好品德的养成、心灵的塑造，会有着不可低估的作用。

## 我的育人故事

### 播撒阳光，放飞希望

教育是一种技术，更是一种艺术，它需要爱作为媒介和手段。把一颗关爱之心作为教育的基础，用自己的言行为孩子们做出表率，得到孩子们的信任和支持。其实宽容与责难只有一步之遥，当学生犯错时，能以包容的心态来面对，老师的一举手，一投足，一个鼓励的眼神，一句关切的话语，就能拨动学生心中爱的心弦，让他们真正感受到老师的爱，让他们在主动纠错中感受到进步的快乐，成长的喜悦，而不是悔恨、压抑与无助。如果没有爱，任何说教都无法开启一颗封闭的心灵，如果没有爱，任何甜言蜜语都无法打动一颗冰冷的心，唯有爱，才能播撒阳光，放飞希望。

2012年新转来的女生桂梁滔，机灵、懂事，但爱说谎，痴迷于玩手机，平时父母管不住，也让以前的老师非常头疼。针对她的情况，我先与她分析情况、转班的目的，然后结合一次"手机对生活的影响"的作文，要求她写考试目标和对上课玩手机弊端的认识，让家长暂收手机代为保管。学生很爽快地答应了，在开始一两个月遵守承诺，并在第一次月考有了很大的进步。但是，好景不长，有一次，我到班巡堂，发现她又入迷地玩手机了，我课后及时与她做思想工作，之后的情况反反复复，时好时差，成绩也随之进退。我常与她谈心，给她做思想工作，无论好与差，都及时表扬和批评，及时与家长沟通。她在中考前又在课堂上玩手机了，我为了不影响她的考试情绪，只是通过同学暗示，并布置一篇以"一诺千金"为主题的作文，让她明白诚信是为人处世之根本，是人生的第一张名片。正所谓"言必信，行必果""人而无信，不知其可也""民无信不立"。她知道错了，也通过同学向我保证，考前不再玩手机，努力复习。她真的做到了，最终，她在 2013 年中考取得前 100 名，语文单科满分的好成绩。她给我的毕业留言是："是您，给了我希望；是您，保护了我的自尊；是您，让我成长，谢谢您。"

学生是一个个鲜活的生命体，是需要人性关怀的成长者，老师就是学生情绪的调控者，所以要科学适时地调控每一位学生成长着的心灵。作为一名语文教师兼班主任，随着工作时间的增长，我也摸索出了一套自己的方法。

我班的张宁，在我给他们上的第一节课的时候，他就在课堂上说话，做小动作甚至打别的同学。我很生气，把他叫过来严厉地训斥了一顿，结果他根本没听我说的话，站在那里摇头晃脑、全身乱颤的，等我说完了他拿眼睛瞥了我一眼，就再也不与我"合作"了，不论我说什么他都是拒绝回答，由于那时我刚踏上工作岗位，工作经验还很不足，我当时面对这种情况气得一句话也说不出来，眼泪直在眼里打转。在以后的课堂上我延续了"严厉"的作风，对张宁更是严格要求，结果是我越训斥，他越反抗，两人互相看不顺眼，一度我们的关系很僵。后来我意识到我的教育方式方法是行不通的，于是我便向他原来的班主任了解他的一些情况，通过了解，我知道张宁在家里是独生子并且身体很虚弱，从小在爷爷奶奶及父母的共同关心和呵护下长大，由于是长孙，更是得到奶奶无微不至的关怀和溺爱，谁也不能碰他一下，谁也不能骂一句，父母碍于面子也放松了对他的教育，再加上家庭优越的物质条件，使他养成了固执、偏激、倔强的性格，办事不爱动脑，我行我素，不计后果，出了问题又缺乏责任感，表现出逆反心理。学习缺乏自觉性，老师布置的作业完成了事，多一点也不想做，没有毅力克服学习上的困难，根基打得不牢，使学习成绩处于下游。做了错事，不接受批评，不让人家说，表现出较强的虚荣心和反抗心理。

针对张宁的情况，我决定改变我的工作作风。这个孩子本质是好的，如果与家长配合，共同对他进行耐心细致的教育和帮助，他是会有改变的。他经常犯错误，出问题的方面，我则耐心指导他写日记、周记，把每天所做的事情清楚记录，认真帮助他分析错误原因，让他自己找出错误所在。同时，没有放松对他的教育，用爱心去关怀爱护，用爱心去严格要求，使他真正理解教师对他的关爱，有利于他形成良好的行为规范。针对他自制力差、上课爱搞小动作的缺点，我在语文课上让他担任纪律小队长，帮助老师维持课堂秩序，这样一来让他养成要管别人必须先管好自己的习惯，经过一段时间，张宁的课堂纪律有了明显的改变，也真正地能帮助老师去维持课堂秩序。针对他比较自我、性格孤僻的缺点，我在课堂上让他为同学服务，为老师拿教学用具，然后再对他进行肯定与表扬，让他体会帮助他人的快乐，也让他认识到自我的价值，树立自信心。

经过近一年的了解、教育及写作训练，张宁在纪律、学习、作文上都有了一定的进步，正如人的性格不是一朝一夕就能改变的一样，它具有稳定的特点，要彻底改变要经过长时间的努力。现在，张宁对生活也满怀信心，情绪较稳定，冲动事件逐渐减少，对劳动有了初步认识，值日主动、热心肯干，犯了错误能认识到错误在哪儿。任性、固执得以缓解，办事能有目的性，逆反心理在减弱，他现在仍缺乏刻苦学习的精神，对较难的问题易放弃，缺乏坚强的毅力，抗挫折能力较弱，对于他今后的教育仍是长期的，我希望他会成为坚强、有知识的身心健康的人才。

他人眼中的我

（一）学生眼中的我

何老师的上课方式是十分有趣的，让我们更容易的了解课文知识，平时我们课后去找老师问问题，她也会耐心地给我们讲解。生活中，何老师很积极地融入我们，像大朋友一样和我们一起愉快地交谈，也会像慈母一样关爱我们。

（2017届毕业生　欧松松）

（二）同事眼中的我

何老师是学校的优秀学科带头人和优秀班主任，经常和同科组的老师一起探讨问题，在语文教学和班级管理上都给予我们很大的帮助。

（德城中学　覃业祥）

（三）同行眼中的我

何老师专业知识过硬，重视基础知识的巩固、归纳，注重读写结合，课堂上尊重学生，循循善诱。

（孔子中学　陈灿玲）

（四）领导眼中的我

何老师是一个敬岗爱业、专业知识扎实、理念创新、勇挑重担、积极改革课堂教学、严格管理的教师。

（德城中学副校长　黄坚）

## 带着梦想出发

● 四会市玉城学校　薛三妹（初中语文）

● 个人简介

我有一个朴素的名字——薛三妹，一名中学语文高级教师，曾任四会市东城中学语文科组长、语文教师，现任职四会市玉城学校教导主任、语文教师，是肇庆市第二批名教师培养对象、肇庆市教育学会中学语文教学研究会理事，曾获"四会市教育系统学科带头人""四会市优秀教师""四会市首届道德模范"等荣誉称号。

我曾主持过多项省、市级课题，课题成果曾获广东省教育学会第二届教育科研规划小课题研究成果二等奖、广东省教育学会第四届教育科研规划小课题研究成果三等奖及肇庆市基础教育科研成果三等奖，2018年5月又通过了广东省教育科学"十三五"规划2018年度"强师工程"项目立项，科研不断，笔耕不辍，有多篇论文获得国家、省、市级奖项及在《肇庆教育》《中学课程辅导》期刊上发表。

20多年的教学生涯，让我逐渐形成了自己独特的教学风格，课堂上简洁明了的表达，平等、民主、亲切的交流，引导学生走进文本细细品味语言文字，挖掘隐藏在文字背后的情意，引起共鸣，学会做人，和风细雨般的教育，正是"温婉亲和，润物无声"的教学风格。

### ▶ 我的教学风格 ◀

我的教学风格，简单来说，就是"温婉亲和，润物无声"8个字。

教学风格，是教师独有的教学作风，是与教师本身的性格气质相吻合的。如果教师开朗、幽默，他的课堂应该是妙语连珠，学生是开怀大笑的；教师的性情如果内敛、理性，他的课堂可能是层次分明、逻辑严密的；教师的性格温柔、知性，他的课堂可能是和风细雨、情韵天成、润物无声的……每个老师都有自己先天独特的气质和喜好，如能顺应这些优势打造自己的课堂教学，就能形成自己独特的教学风格。

说实在的，在参加名师培训班之前，我从未思考过自己在教学中属于哪种教学风格或自己能追求怎样的教学风格。因为在我的意识里，教学风格应是自成一家的名师所拥有的教学艺术，高山仰止，而我只是个有点教学经验的平凡教师，教学风格对我而言，只能望尘莫及。况且，教学20多年，特别是最近10年，有8年带初三毕业班，整合教材、赶新课、明确考点、精选练习、指导答题、巩固训练，是初三课堂的基本环节，讲、练、评各有侧重是它的常态。这样的课堂着重的是考点与知识点的结合，知识与技能的把握，不但毫无特点，还模糊了语文应有的味道，更淡化了对学生进行文学的熏陶。所以，我不知道在我的课堂中有着怎样的教学风格。

但庆幸的是，自从2015年参加名师培训以来，听了闫德明教授的"如何凝练自己的教学风格"专题讲座和古立新教授的"名师成长之路"讲座，对教学风格有了一定的认识。后来赴珠海、杭州、北京等地跟岗研修，听了韩平丽导师的课，观摩了吴丹青、韩军、黄厚江、赵群筠等全国名师的精彩课堂，听了赵德成博士的讲座"教师教学领导力的提升"和赵谦翔名师的报告"敬业、乐业、创业——名师成长之路"，给了我很大的触动，我聆听着、总结着、反思着、沉淀着，我突然觉醒：只要有追求，就能让自己的教学生命不寂寞，我也可以提炼自己的教学风格。反观20年的教学生涯，细想自己的教学点滴，脑海中闪过一幅幅与学生共同探究、倾心交流的画面，课堂上简洁明了的表达，平等、民主、亲切的交流，引导学生走进文本细细品味语言文字，挖掘隐藏在文字背后的情意，引起共鸣，学会做人，和风细雨般的教育，就是我的风格，如果要给这样的教学风格找个归属，我想那就是"温婉亲和，润物无声"8个字了。

（一）温婉亲和

一个人的教学风格与个人性格、际遇和知识素养有关。的确，大家都说我温柔美丽，待人亲切，为人宽容。课堂上，我总是走到学生中间，平等、民主、亲切地与不同层次的学生交流，认真地听他们分析表达，分享自己的感受。我总是尽可能地寻找学生的亮点和优点，少批评多鼓励，努力让更多的学生参与课堂，亲近语文。在我眼中没有成绩好坏的区别，只有参与与否的区别，只有今天的我有比昨天的我进步与否的区别。或许是因为自己亲切随和，一视同仁，赏识鼓励，不区别对待，或许是教学方法运用相对得当，越来越多的学生愿意投入精力学习语文。以至于办公室同事晓君说："薛科长，我真是好佩服你，学生那么喜欢学语文，你不用发脾气，不用骂学生，也不用罚学生，学生都积极完成语文作业，就连那个洲洲每天都写语文作业，我的英语课，他从来都不听。"其实，虽说严师出高徒，但未必时时都要板起脸，雷厉风行。相反，民主、平等、平和地与学生交流，鼓励肯定他的优点，得到老师的赞赏与平等对待，他自然就会遵从老师，"亲其师，信其道"大概就是这个道理。

（二）润物无声

在我读书期间，语文一直是我的强项。我的作文总为我带来自豪感，被老师作为范文读，作文比赛经常获奖，语文成绩经常全班第一，这一切得益于我有一个好习惯——爱看书。我从小喜欢语文，喜欢诗词，喜欢文学，我喜欢沉入书中，与书中的人物进行心灵交流，产生情感共鸣，从书中获得精神愉悦，明白做人的道理，激发人生追求。作为一个过来人，作为一个语文老师，我深知阅读对语文的重要性。因此，在我的语文教学里，我首先研读文本，读教材，读作者的人生，读作者的其他作品，了解作者作品的风格。有了这些积淀后，再精心设计教学，知人论世，课堂教学中娓娓道来，引导学生走进文本，细细品味语言文字，挖掘隐藏在文字背后的情意，引起情感的共鸣，学会成长，并引导学生从一篇走向一本，推进阅读，与经典为友，与高尚为伍，得到美好人格的熏陶，形成正确的人生价值观。如九年级上册《孤独之旅》这篇课文，讲述了一个少年杜小康因家道中落被迫辍学随父背井离乡到芦苇荡放鸭，经历了一段孤独生活，从而变得坚强了、长大了的故事。教学此文，我发现学生对文章很感兴趣，对杜小康的孤独之旅和成长之旅很有共鸣，我对学生说："课文结尾写到杜小康激动地说'蛋，爸，鸭蛋，鸭下蛋了'，这说明鸭子长大了，可以赚钱了，那么杜小康能否回家？能否重回学校读书？杜小康曾经过着怎样的生活？他最终的命运怎样？而他的好朋友桑桑又是怎样的一个少年？油麻地是怎样的一个地方？"一连串的疑问，正说中了学生的心，激起了学生的好奇心。我接着说："老师看过原著，我知道答案，但不告诉你，我可以向同学们推荐一部好书，那就是曹文轩的《草房子》，它会告诉你们答案的，友情提示，这本书我们学校的阅读室有，同学们可以去借，先借先得！一星期后汇报读书结果。"

此话一出，真是一石激起千层浪，学生的阅读欲望被激发出来了，阅读积极性也被充分调动起来了，课后，学生飞奔阅读室，争相借阅《草房子》。就这样，学生由课内走到了到课外，走进了广阔的课外阅读天地中去。

又如教学朱自清的《背影》一文时，在"拓展欣赏，升华感情"环节，我播放了微电影《2014父亲节献礼》，学生被那一个个温馨感人的父爱画面深深地吸引了，沉浸其中，眼圈红红，若有所悟，我趁机深情寄语："同学们，我们年少轻狂，青春叛逆，往往不理解父母的良苦用心，甚至与父母对抗。而当我们真正感觉到父母的爱时，父母却已渐行渐远。父爱如山！父爱如海！今天，我们只用了一节课来读《背影》是远远不够的，我们要用一生来读《背影》！台湾现代著名作家龙应台对此有更深的体会，她在《目送》中写道：'我慢慢地、慢慢地了解到，所谓父女母子一场，只不过意味着，你和他的缘分就是今生今世不断地在目送他的背影渐行渐远。你站在小路的这一端，看着他逐渐消失在小路转弯的地方，而且，他用背影默默告诉你：不必追。'这段经典的语句，感动了无数的读者，《目送》一经发表，立刻引起了世界华人的轰动，请同学们课外阅读《目送》，做好读书笔记，写好读书心得，两周后进行读书汇报。"

这样的课堂，只读书，不说教，只是在与学生平等、民主的交流中产生共鸣，激发兴趣，并走向广阔的阅读天地中去，走向健康和高尚的精神世界，净化灵魂，健全人格，传承美德，达到潺潺流水、春雨润物般的教学境界。

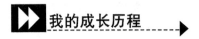

## 我的成长历程

### 心怀梦想，潜心研修，成长蜕变

"心态、学习、思考、规划"是我成长过程中不可或缺的四个重要因素。

"态度决定高度"，积极上进的心态、不断进取的勇气是我成长的基础。有了积极的心态、良好的态度，还要有接受挑战的勇气和坚持不懈的努力。教学公开课、教学比赛对我来说是一个挑战，但同时可以促使我成长。

"一个人因学习而拥有，因学习而丰富，因学习而发展。"这一切都源于不断的学习与锻炼。学习是我专业快速成长的前提。

教学能力的提高关键就在于在工作实践中是否善于观察反思，是否善于动脑质疑，就在于是否能发现问题、研究问题、解决问题的过程中！只有勤于学习、不断反思、乐于钻研、善于总结，才能一步一个脚印地走近成功。我坚持写教育随笔，写教学反思，坚持积累成功教育案例，积累自己哪怕是点滴的思想火花。久而久之，我拥有了一笔多少金钱也买不来的"财富"。

心怀梦想、自我规划是我走向成长的阶梯，如何成长，最后成长成什么样，要有一个规划，一个科学的、清晰的规划。

我的名师成长之路，经历了"初入教坛，青涩懵懂""勇于探索，积累经验""名师培训，点燃梦想""潜心研修，成长蜕变"四个阶段。

### （一）初入教坛，青涩懵懂

我于1995年大专毕业参加工作，被分配到四会市江谷镇清源中学，一所只有9个班的初级中学，在僻远的乡镇学校挥洒青春。

虽说是熟悉的地方，但初入教坛的我，青涩懵懂，对教学很是生疏，为了一节课，经常要备到深夜。书到用时方恨少，在教学工作中，我深感自己知识的不足，于是在2000年，我开始踏上了自学考试、提升学历之路。2002年，我取得了中山大学汉语言文学自考本科毕业证，为我今后的工作更上一个台阶奠定了基础。

(二) 勇于探索，积累经验

走过了青涩懵懂的教坛岁月，2004年，我调进了四会市城区东城中学任教。东城中学是一所拥有6栋教学楼、72个教学班的城区初级中学，是四会市办学规模最大的初级中学，学生人数占了全市中学生人数的三分之一。

都说环境造人，在人才济济的东城中学，教风严谨，教研规范，教改氛围浓厚，正是这样的大校，锻炼了我，成就了我。

在东城中学这个熔炉里，我工作更加认真负责，勇于探索，尤其是2010年担任语文科组长，肩上的责任就更重了。在教学上，我更加深入钻研教学，积极承担公开课和中考备考任务，大胆试验创新。我在2010年12月执教的市级公开课"中考复习——古诗词鉴赏方法导引"，因能紧贴中考，针对性强，以生为本，师生互动好，课堂效果显著，受到了四会市教育局领导和同行们的高度赞扬，成为大家中考备考学习的典范。2011年5月，我又成功举办了全市公开课——"雕饰凤头豹尾、让阅卷者青睐"，给全市老师展示了一节作文生本示范课，受到一致好评，产生了深远影响。2014年4月，在集体备课全市公开展示活动中，我作为备课的中心发言人，成功地向全市老师展示了中考散文阅读复习经验，广受好评，成为全市集体备课的典范。

在我的带领下，语文科组取得了优异的成绩，不管是期末抽检还是中考，语文成绩都在全市的前列，而我本人所任教班级的成绩总在全级的前列，语文科组成为学校乃至全市的龙头科目。

(三) 名师培训，点燃梦想

反思这20年的教学生涯，我虽然能以自身的能力带动和鼓舞着身边的同事，以个人的工作热情赢得大家的尊重，但是，还有很多不足之处：一是教学工作缺乏规划，对自己的成长缺乏长远的目标规划和系统的理论学习和专业的培训；二是工作虽有热情、教学虽有经验、教学成绩虽好，课堂虽受学生欢迎，但没有凝练成自己的教学风格。

此时的我，还只是一个有工作成就的经验型的语文教师、语文科组长。对于教育的追求、对于专业发展的规划，我还是懵懂无知。机会来了，2015年，我很幸运地被遴选为"肇庆市第二批中小学名教师培养对象"，开始了为期3年的名师培训。

名师培训班点燃了我的梦想，锻炼了我，提升了我，让我在教育的道路上不断探索，不断追求，促进了我的成长。

（四）潜心研修，成长蜕变

自2015年参加名师培训以来，随着先后到珠海、杭州、北京等教育发达地区跟岗研修，我开始关注并相对深入地了解一些先进的教育教学理念、全国名师的经典课例和省内的初中优秀语文课堂。如吴丹青、韩军、黄厚江、赵群筠等全国名师，他们对教材钻研之深透，教学设计之巧妙，教学方法之高明，教育观点之独到，文学底蕴之深厚，教学风格之独特，让我敬仰不已，钦佩之极。一节节的名师精品课堂、一个个教授的精彩讲座，开我视野，引我深思，转我观念，促我成长，令我蜕变。

什么样的语文课能凸显语文味？如何让学生走进文本、参与课堂？语文教学的意义何在？我的教学有何风格？如何练就我的课堂，形成我的个人教学风格？跟岗研修期间，我珍惜每一次机会，努力学习，边学边思，及时总结，不断吸收内化，提升自己的专业素养和课堂艺术，努力将自己的理解和领悟运用到实际语文教学实践中，突破自我，提炼个人风格，并引领、示范、辐射整个语文科组，促进科组教师的成长。

1. **借鉴课例，指导比赛**

为了更好地分享省内外的一些高效课堂策略和教学经验，每年我都组织指导全校语文老师以科组研讨课、校级教学比赛、市级教学比赛等形式开展的语文教学活动，对执教老师进行悉心指导，从而给全校语文教师提供教学示范。如在2015年12月我校举行的"东城中学微课堂教学比赛暨全市教学开放周"活动中，我指导陈文珍老师执教的"走进杜小康的精神世界——杜小康的日记"，教学设计独特新颖，以写促读，引导学生再读《孤独之旅》，走进文本，感受孤独，领悟成长，课堂效果显著，得到全市听课老师的高度评价，获得了一等奖。这个教学设计灵感，就是来自我参加名师培训赴杭州跟岗研修所观摩到的韩军老师的"于勒叔叔的第三封信"。

这些活动，更新了部分教师的教育教学观念，使他们从新的角度审视课堂，促进成长，同时也促进了我的专业成长。

2. **走出去，带回来**

我积极申请外出学习，并带领科组教师参加省中语会和市教研室举办的语文观摩研讨活动，了解教学改革前沿的新举措、新主张，现场感受教师如何驾驭课堂、组织教学，学生如何参与课堂、自主学习。这些感受真实、深刻，有利于听课教师与自己的课堂进行比较、反思，进而取长补短。2015年12月，我申请组织了我校语文骨干教师25人到广东省实验中学参加了"全国名校中学语文课堂观摩暨备课攻略"教学研讨会,宁波特级教师肖培东执教的"走一步,再走一步"深深地震撼了我。会后,老师们都写出了感受深刻的总结,大呼精彩!2017年5月27日,我又组织了全校语文老师36人到深圳参加了"全国初中语文名家精品课堂教学展示"活动,老师们观摩了八大名家的展示课,见识了韩军、余映潮等名师们的教学风格和高超的课堂艺术,受益匪浅。走出去,带回来,学以致用,促进成长。

3. **课题引领,以研促教**

参加名师培训以后,我更加认识到做课题对专业成长的重要性,所以工作之余,我积极申报主持研究课题,撰写论文,通过课题引领教学教研,以研促教。2014年5月—2015年7月,我主持研究的广东省小课题"中考记叙文写作升格训练试验与研究"已结题,我撰写的课题论文《突破三技法,升格记叙文——中考记叙文写作升格训练的有效尝试》荣获肇庆市2015年教育教学论文评比一等奖;2016年4月—2017年7月,我主持的广东省小课题"将阅读进行到底——名著导读课型构建研究"已结题,我撰写的课题论文"将阅读进行到底——初中名著阅读现状的思考和有效课型初探"获得2016年肇庆市初中语文名著阅读教学专题教研活动论文三等奖;2018年5月,我申报的2018年度广东省教育科研"十三五"规划(强师工程)课题"中学生语文核心素养培养途径与策略研究"已通过立项。

4. **成立工作室,示范引领**

2017年9月,在个人努力争取和学校领导的支持下,我成立以我为主持人,叶晓阳、丁玉萍等9个年轻教师为成员的东城中学语文工作室,积极探索语文学科有效的教研方法,提高课堂教学效率、培养学生语文核心素养,促进青年教师向骨干教师、名师方向转化。

3年的名师培训,让我怀着梦想出发,在名师成长的道路上潜心研修,不断追求,奋力前行,不断进步,成长蜕变。如今,我已由一个经验型的老师成长蜕变为一个有着自己独特风格的一方小有名气的名师。2018年8月,我被挖到我们四会市一所新开办的九年一贯制公立学校——玉城学校任教导主任,主管初中的教育教学,在新的岗位上,我更加努力进取,示范引领。余生,我不寂寞!

## ▶ 我的教学实录

### 《背影》课堂实录片段

**授课内容:** 人教版八年级上册第13课《背影》

**授课班级:** 珠海市紫荆中学八(3)班

**授课时间:** 2015年12月8日

**教材分析:** 朱自清的《背影》是人教版八年级上册的一篇叙事性的写实散

文。此文通过描写父亲的"背影"来歌颂父亲，把父亲对儿子的疼爱、儿子对父亲的感念展现得淋漓尽致。

**学情分析：** 珠海市紫荆中学位于珠海市香洲区，是一所城区中学，学生基础相对来说较好，而八年级的学生，正处于青春叛逆期，年少轻狂，往往不太理解父母的良苦用心，有时甚至与父母对抗，而当他们真正感觉到父母的爱时，父母却已经渐行渐远。

**教学设想：** 本课教学拟在充分朗读、整体感知文意的基础上，引导学生品读第二次背影描写，体会父爱亲情，以点带面辐射全篇，并以读促写，打开记忆的闸门，回忆父母对自己关爱的生活点滴，学习捕捉生活细节、运用细节描写的方法，叙写亲情片段，感悟亲情。

**教学目标：**

(1) 有感情地朗读课文，品析父亲买橘子的背影描写，领会父子间的深情。

(2) 联系自己，捕捉细节，以读促写，感悟亲情。

**教学重点：** 品读父亲买橘子的背影描写，感受父亲对儿子的一片深情。

**教学难点：** 学习本文抓住捕捉生活细节进行细致刻画的写法，以读促写，体验亲情，感悟父爱。

**教学过程：**

师：上课！

生：老师好！

师：同学们好！请坐！很高兴今天来到紫荆中学跟大家一起学习。其实我是第二次来紫荆中学了，去年12月，我到紫荆中学观摩广东省初中语文童话寓言教学比赛，紫荆中学的同学给我留下了深刻的印象，我感觉紫荆中学的同学非常棒！我相信同学们这节课也会表现得很棒！下面先请同学们欣赏一个微电影，看完电影后，告诉老师，这个电影的主题是什么。

生：观看微电影《2014父亲节献礼》。

师：我发现同学们看得很专注很投入，那么，谁来告诉我电影的主题是什么？

生1：亲情。

生2：父爱……

师：非常棒，同学们好聪明！有一篇文章，同样也是表达父爱的，它写出了父子深情，感动了无数读者，它就是朱自清写的《背影》，下面我们一起来学习这篇感人的文章。这节课，我们要达到两个学习目标，请同学们齐读一下。屏显学习目标：

(1) 有感情地朗读课文，品析父亲买橘子的背影描写，领会父子间的深情。

(2) 联系自己，捕捉细节，以读促写，感悟亲情。

生：齐读学习目标。

师：请同学们拿出学案，对一对，读一读生字词，屏显：

字词积累：

交卸（xiè）　　奔丧（sāng）　　狼藉（jí）　　迂腐（yū）
琐屑（suǒ）　　蹒跚（pán shān）　差使（chāi）　踌躇（chóu chú）

生：齐读字词。

师：读得非常准确！下面我们一起初读课文，走进文本，感知背影，屏显：课文中提到了父亲的几次背影？表达了怎样的情感？写了作者几次流泪？原因是什么？请用简洁的词语来概括。

（一）＿＿＿＿背影（　　）　　第一次流泪：祖母（　　）了
（二）＿＿＿＿背影（　　）　　第二次流泪：父亲（　　）了
（三）＿＿＿＿背影（　　）　　第三次流泪：父亲（　　）了
（四）＿＿＿＿背影（　　）　　第四次流泪：父将（　　）（　　）了

请同学们小组讨论，互相交流意见。

生：小组讨论，师巡视，参与学生讨论

师：好！讨论到此，刚才老师巡了一遍，发现同学们预习得很充分，下面请你们分享一下预习答案。第一次背影谁来说说？好，这位女同学，你说。

生：难忘的背影，表达怀念的感情。

师：你的回答很正确，第二次背影呢？

生：买完橘子回来的背影，感动的背影。

师：内容对了，但能否简洁点？这是刻画父亲买橘子的背影，如何用两个字来概括？

生："刻画"背影。

师：对，真聪明！第三次呢，举起你的手，这位男同学，你来说。

生：离别的背影，表达理解的感情。

师：好！请坐！前面概括的非常好，离别的背影，那与父亲离别，对父亲应该是什么感情？

生：不舍、惜别！

师：对了，不舍，非常好！第四次，这位女同学，你来说。

生：第四次是再现背影，感情是心酸的。

师：再现背影，感情是心酸的，嗯，在课文的什么段落？

生：最后一段。

师：对，在课文的最后一段里面写到，读着父亲的来信，在脑海里又再现父亲的背影，那么这时候的感情是……心酸的、怀念的。

师：在同学们的共同努力下，我们完成了四次的背影描写和感情的表达，那么，四次流泪呢？

生：第一次流泪是因为他祖母去世了。

师：第一次流泪是因为他祖母去世了，我们可以用简单的一个字来概括："祖母死了。"嗯，还有吗？第二次呢？

生：第二次流泪是因为父亲老了。

师：第二次流泪是因为父亲老了，可以这样概括吗？"父亲老了"，概括得很准确，为什么？这是第二次背影时，望着父亲艰难地为我买橘子，行动不便，说明父亲年纪已大，父亲老了，很好！第三次呢？好，这位女同学，你来说。

生：第三次是离别的背影，父亲走了，所以流泪。

师：对，第四次还可以继续吗？

生：父将大去。

师：对，父将大去，文章最后怎么说？父亲来信怎么说？

生：大约大去之期不远矣！

师：这里呢，我们初读了课文，理清了文章的脉络，了解了文章的内容，写了四次背影，四次流泪，那么在这四次的背影描写当中，写得最详细、最感人的是哪一次？

生：第二次。

师：第二次，对！第二次为什么那么感人？作者为什么把它写得那么详细？实际上，第二次它是有一个特定的背景的，下面老师介绍一下第二次背影描写的背景，屏显：

知人论世，特定背景。

《背影》是纪实散文，写于1925年。1917年冬，祖母死了，父亲原任烟酒公卖局局长，因时局动荡被解职，文中的"祸不单行"正是指这两件事。作者当时在北京大学哲学系读书，得知祖母去世，从北京赶到徐州与父亲一道回扬州奔丧。丧事完毕，父亲到南京找工作，作者回北京念书，父子在浦口车站惜别。

"望父买橘的背影"正是在"祖母去世、父亲失业、祸不单行、家境惨淡"这样特定的背景下产生的。

师：这样背景下刻画的背影，感动了无数的读者，下面我们有感情地朗读，你们认为怎样才能有感情地朗读？应该用什么样的语调来朗读？

生：沉重。

师：沉重，低沉的语调，是吧？用什么样的语速？快还是慢？

生：慢。

师：慢，对，感情呢？应该带着一点——

生：悲伤。

师：对，悲伤，非常好！朗读这一段要注意：语速（缓慢）、音调（低沉）、感情（淡淡的哀愁），下面请同学们自由练习朗读，等一下找一两个同学示范朗读，老师给一点配乐，同学们酝酿一下感情，找找感觉，好，开始。屏显：

感情朗读，注意把握语速（缓慢）、音调（低沉）、感情（淡淡的哀愁）

父亲是一个胖子，走过去自然要费事些。我本来要去的，他不肯，只好让他去。我看见他戴着黑布小帽，穿着黑布大马褂，深青布棉袍，蹒跚地走到铁道边，慢慢探身下去，尚不大难。可是他穿过铁道，要爬上那边月台，就不容易了。他用两手攀着上面，两脚再向上缩；他肥胖的身子向左微倾，显出努力的样子，这时我看见他的背影，我的泪很快地流下来了。

生：跟着音乐，自由练习朗读。

师：巡视2分钟。

师：好！同学们都在很认真地练习，下面找一两个同学试着有感情地朗读，好，有请这位男生。

生：认真投入地朗读。

师：读得怎样？掌声。

生：鼓掌。

师：读得太好了，语速非常适合、恰当，比较缓慢，又带着一点淡淡的哀愁，我想请一位女同学来跟这位男同学比一比，好，这位女同学，非常好。

生：跟着配乐，很投入的有感情地朗读。

全班不由自主鼓掌。

师：老师很感动，被你的朗读打动了，真的很有感情，下面我们全班同学来齐读一遍。

生：全班缓慢地有感情地齐读。

师：我们用了比较多的时间有感情地朗读了这段文字，接下来，我们细读第六自然段，找出最能感动你的词句细细品味，并且说说，你读到的"背影"是一个怎样的背影？屏显：

细读课文，品析背影。

细读第六自然段，找出最能感动你的词句细细品味，并且说说，你读到的"背影"是一个怎样的背影？（提示：可从"衣着、动作、'我'的泪"等词句品味）

生：我读到的是一个朴实慈爱的背影。

师：朴实慈爱，很好！从哪些词句读到的？

生：慢慢探身下去，尚不大难。

师：慢慢探身下去，尚不大难，读到了一个朴实慈爱的背影。是什么描写？

生：动作描写。

师：动作描写，读到了朴实慈爱的背影，非常棒！还有吗？

生：我读到了慈爱的背影。"我看见他戴着黑布小帽，穿着黑布大马褂，深青布棉袍，蹒跚地走到铁道边"，从他的衣着可以看出是慈爱的背影。

师：这是什么样的衣着？

生：黑布小帽，穿着黑布大马褂，深青布棉袍。

师：颜色是怎样？

生：黑色。

师：就是说深色的，布料呢？

生：棉布。

师：就是说从深色和棉布的衣着，读到了朴素的背影。也可以看出父亲的慈爱。这位女同学，你说。

生：我读到的是一个朴实平易的背影，从"他用两手攀着上面，两脚再向上缩；他肥胖的身子向左微倾，显出努力的样子"可以看出。

师：还有没有？还有很多动作描写。

生："蹒跚地走到铁道边"这是一个动词，是动作描写，写出了父亲即使腿脚不灵便，也要去坚持为我买橘子，是一个感人的背影。

师：这是一个感人的背影，也可以说是一个充满父爱的背影，充满爱心的背影，还有吗？同学们还有没有其他的见解？这里老师提醒一下，刚才有同学已经找到了他的衣着，大家都发现那个颜色是怎样的？

生：深色、黑色。

师：深色，因为这时候家中正在怎样？

生：吊唁、办丧事。

师：祖母死了，办丧事，可以说从这个深颜色的衣服当中，我可以读到父亲当时的心情是怎样？

生：沉重。

师：非常沉重！我说这是一个悲伤的背影，这是一个沉重的背影。然后同学们再看看，父亲穿的是深色的、朴素的衣服，但是他给我做的，联系上文，他给我做的衣服是什么颜色的？

生：紫色的大衣。

师：紫毛大衣，对了，然后给我买橘子，买来的橘子是什么颜色的？

生：朱红的。

师：对，我们读文本，要走进文本里面细细地去品味，父亲把大紫大红给了儿子，却把什么留给自己？把悲伤留给自己。那么，这是一个怎样的背影？

生：有责任感的背影。

师：责任感，充满父爱的背影，是吧？父亲把大紫大红给了我，大红大紫象征什么？

生：喜庆、富贵、吉祥。

师：还有幸福和美满希望，父亲把这一切给了我，却独自把悲伤留给了自己，这是一个多么伟大的父亲，在如此艰难的情况下还去为我买橘子，还惦记着我，把这个希望幸福给我，我说这里我读到的是一个伟大的深沉的博大的父爱的背影。

这里，我们通过词句来品读了第二次的背影描写，这个背影，主要是着重于父亲的衣着和动作的描写，可以说这是一个细节描写，通过细节来表达父爱。

板书：

$$背影\begin{cases}衣着\\动作\end{cases}\quad（细节\rightarrow父爱）$$

师：读了背影，你是否有被感动？你是否忆起了父母对自己的关爱？下面我们捕捉细节，感悟亲情。屏显：

片段写作，请你打开记忆的闸门，回忆父母对自己关爱的生活点滴，捕捉生活细节，抒写那份至善至爱的亲情。150字左右。（提示：抓住人物的外貌、动作、神态等细节进行描写，表现亲情）

生：动笔写作。

师：我看同学们都写得差不多了，下面推荐几位同学的作品分享一下。好，你来，读一读你的作品，跟大家分享一下。

生：我每次放学回家，妈妈总是做好了香喷喷的饭菜等着我回来，每次吃饭时，妈妈总是用慈爱的眼神看着我大口大口吃饭，脸上洋溢着幸福的微笑。

师：不错，抓住神态描写来写母爱，最好能加一些动作，比如为我夹菜。还有吗？

生：有一次考试考得不好了，不想对妈妈说实话，但是又考虑到做人要诚实，然后就把试卷递到妈妈的手中，我低着头，刚想要认错，可没想到，妈妈摸着我的头说："这次没考好没关系，要再接再厉，下次考好就行，关键是从哪里跌倒就从哪里爬起来，不要害怕，我抬起头，望着妈妈慈爱的眼睛，我点了点头。"

生：鼓掌。

师：掌声再热烈一点，我觉得这位同学写得非常好，写一次考试考砸了，本不想对妈妈说实话，后来还是一五一十交代，心想一定会被骂，结果呢，出乎意料，妈妈用温暖的手抚摸着我的头鼓励我在哪里跌倒就从哪里爬起来，用语言、动作描写，写出了母爱，很好！

师：同学们分享了自己的习作，也捕捉到了生活细节，感悟到了父爱亲情、母爱亲情。同学们，我们年少轻狂，青春叛逆，往往不理解父母的良苦用心，甚至与父母对抗。而当我们真正感觉到父母的爱时，父母却已经渐行渐远。

请同学们记住，屏显：

寄语，父爱如山！父爱如海！一生读《背影》！

我们只用一节课来读《背影》是远远不够的，需要用一生来读！

作业：推荐阅读龙应台《目送》。

（我慢慢地、慢慢地了解到，所谓父女母子一场，只不过意味着，你和他的缘分就是今生今世不断地在目送他的背影渐行渐远。你站立在小路的这一端，看着他逐渐消失在小路转弯的地方，而且，他用背影默默告诉你：不必追。）

下课！

生：谢谢老师！老师再见！同学们再见！

## 教学反思：

### 温婉亲和，以读促写，感悟亲情，润物无声

本节课，是我 2015 年 12 月到珠海市紫荆中学跟岗期间，在韩平丽导师的指导下所上的一节实验课，受到了导师和听课老师的高度评价。

### （一）凸显"温婉亲和"的教学风格

朱自清的《背影》以其语言自然朴素、感情真挚自然见长。"缀文者情动而辞发，观文者披文以入情。"哪些角度易于学生领悟文中渗透的父慈子孝的真情呢？如何润物无声地让学生走进深深的父爱，捕捉亲情，体会父爱，学会感恩身边给予我们关爱的每一个人？

**1. 情境导入，未成曲调先有情**

在上课一开始，我播放微电影《2014 父亲节献礼》，迅速吸引了学生的注意力，把学生带入到一个亲情父爱的感人世界中，学生被那一个个温馨感人的父爱画面深深地吸引了，沉浸其中，未成曲调先有情，为学生的学习创设了一个很好的情境。

**2. 温婉亲和，感情朗读**

本环节，我温婉亲和，娓娓道来，引导学生了解背影的特定背景（祖母去世、父亲失业、祸不单行、家境惨淡），在此基础上，我配上音乐，指导学生用缓慢的语速、低沉的音调、淡淡哀愁的感情练习朗读，学生读得很好，加深了对课文的理解。

### （二）收到"润物无声"的育人效果

**1. 捕捉细节，感悟亲情**

"细微之处见真情，抓住人物的'背影'细节，多次展开描写"是这篇散文

最大的特色。我引导学生思考：作者为什么选择"背影"这样的角度来命题立意，并用它来组织材料呢？然后小结：抓住细节描写能达到艺术视角的创新，可以给读者以自由想象的广阔天地，并且最能体现父亲对儿子的爱。随后，我布置学生片段写作，感悟亲情：请你回想导入时播放的微电影片段，打开记忆的闸门，回忆父母对自己关爱的生活点滴，捕捉生活细节，抒写那份至善至爱的亲情。

不一会儿，学生脑洞顿开，纷纷写出了生活中父母关爱自己的点点滴滴。

**2. 展示分享，深情寄语**

接下来，在展示分享了两个学生的片段作文后，我看到学生被那一个个温馨感人的父爱画面深深地吸引了，沉浸其中，眼圈红红，若有所悟，我趁机深情寄语："同学们，我们年少轻狂，青春叛逆，往往不理解父母的良苦用心，甚至与父母对抗。而当我们真正感觉到父母的爱时，父母却已渐行渐远。父爱如山！父爱如海！今天，我们只用了一节课来读《背影》是远远不够的，我们要用一生来读《背影》！台湾现代著名作家龙应台对此有更深的体会，她在《目送》中写道：'我慢慢地、慢慢地了解到，所谓父女母子一场，只不过意味着，你和他的缘分就是今生今世不断地在目送他的背影渐行渐远。你站在小路的这一端，看着他逐渐消失在小路转弯的地方，而且，他用背影默默告诉你：不必追。'这段经典的语句，感动了无数的读者，《目送》一经发表，立刻引起了世界华人的轰动，请同学们课外阅读《目送》，做好读书笔记，写好读书心得，两周后进行读书汇报。"

这样的课堂，只读书，不说教，只是在与学生平等、民主的交流中产生共鸣，激发兴趣，并走向广阔的阅读天地中去，走向健康和高尚的精神世界，净化灵魂，健全人格，传承美德，达到潺潺流水、春雨润物般的教学境界。

**（三）美中不足**

一节课下来，整体上感到能够把"以生为本"作为教学设计的主导，以读促写，感悟亲情。让学生在情感上获得丰收，学生们能够积极参与、勇敢地说出心里话，发出内心真实的呼喊。以文本为出发点，引导学生融入自我的体验和感觉，结合学生的实际生活世界，引发新的共鸣和思维，创造出新的境界，感悟出新内容，从而让我们的语文教学体现出深刻的人文关怀。

真实的课堂总有缺陷美，本节课的不足，老师温婉亲切、循循善诱，但学生不甚活跃，不够积极，师生间的互动、默契配合不够融洽。今后还需多学点调动课堂气氛的高明手段，与学生与课堂融为一体，达到人课合一的境界，这是我们做老师的最高追求。

## 我的教学主张

### 平等灵动，简约自然

一直以来，我所追求的课堂是平等灵动，简约自然。

（一）平等灵动

泰戈尔说过，"教育的目的应当是向人传递生命的气息"。素质教育也要求我们的每一次教育，应该是让师生在学习的过程中都获得生动活泼的成长。所以，学校要成为学生成长的绿洲，而课堂更要成为学生生命发展的乐园。课堂上的每一分钟，都要成为师生生命历程的每一分钟。让每一个孩子灵动起来，理应是课堂教学改革追求的终极目标。而只有打造平等灵动的课堂，才能让每个学生在自主学习和相互交流中灵动起来。

灵动的课堂应该是什么样的呢？

1. **温情弥漫爱相随**

灵动的课堂，首先是温情弥漫的课堂。老师真正面对着一个个有感情、有思想、活生生的生命个体，老师对学生的真心和爱意应该弥漫在课堂的每一个角落。这样因为爱而灵动起来的课堂，既没有吵吵闹闹，也不出现"一潭死水"的现象；这样的课堂没有那些过于注重形式的花哨的场面。温情弥漫的课堂，首先，教师要有朴素而率真，诚挚而无私的"真情"，它或来自自身对教材内容的感动，或来自课堂中的一个细节、一处偶然的生成。其次，教师应该真正成为"情的充分表达者、始终保持者、迅速传递者、积极激发者、有效调适者"。最后，教师要不失时机地轻轻拨动学生求知的心弦，在师生间谱写出一曲曲温润的小调。

曾经有幸听到全国名师赵群筠的"春酒"，其中有个环节对我触动很大感受很深。屏显文字：

琦君的妈妈绣两朵梅花，对琦君说："这双拖鞋要寄去给你爸爸穿，还要再绣一双……"琦君抢着说她要。

妈妈瞪她一眼："小孩子穿什么绣花拖鞋？"接着低声说："是绣给你那如花似玉的二妈穿的。"琦君不平，问为什么。"你不懂！"妈妈叹口气说，"我如果只绣一双，你爸爸一定会给你二妈穿的，自己反而不穿。倒不如我索性绣两双，让他们成双成对吧！"

师：这是一份怎样的爱？我从你们的眼睛里分明看到了一份感动。我们一起把最后这句话读一遍。

生：爱，原来可以如此豁达。

师生：深情齐读。

这段文字拨动了学生的心弦，这是温情弥漫的课堂，这是相互尊重、身心放松、没有拘束、没有顾忌的课堂，这是无声胜有声的教育，这就是我一直所追求的"平等灵动"的教学主张。

2. 平等倾听密无间

老师站在讲台上滔滔不绝地讲，学生坐在下面老老实实地听，似乎已经成为习惯了。其实，老师和学生都是应该受到尊重的生命个体，课堂上师生是平等的，平等对话，平等交流，平等倾听。在这样的课堂上，应该随时可以看到师生的思想在倾听中碰出了闪亮的火花。老师在倾听中，捕捉到孩子心灵深处最微妙也最动听的弦音，收集到了孩子们的喜怒哀乐，也收获别人不曾拥有的幸福和快乐。孩子们也在倾听中，有了更多的自由思考的时间，有了更多的自由表达的机会，他们的人格就会得到尊重，他们的个性就会得到张扬，他们的智力就会得到开发。于是，课堂就因为师生之间的平等倾听而灵动起来。

（二）简约自然

何为简约？简约是简洁洗练，单纯明快，辞少意多。简约不是简单摹写，也不是简陋肤浅，而是经过提炼形成的精约简省，富有言外之意。教学中的简约就是抓住问题的要旨去除繁枝，在精简中蕴含深意，富含哲理。它是一种更深广的丰富，是寓丰富于简单之中。在去繁就简的同时，极其完美地保留了事物本身经典的部分，通俗来说，就是一课一得。

"简约"是我对课堂状态的最高追求。如果说课堂是一幅多彩的图画，简约课堂则更像是一轴写意中国水墨画。这种境界，我心向往，努力求之。

再说自然，自然是师生在课堂水乳交融的一种状态。教师讲课亲切自然，朴实无华，没有矫揉造作，也不刻意渲染，而是侃侃而谈，娓娓道来，师生之间是在一种平等、协作、和谐的气氛下，进行默默的情感交流，将对知识的渴求和探索融于简朴、真实的教学情景之中，学生在静静地思考、默默地首肯中获得知识。教师讲课虽然声音不高，但神情自若，情真意切，犹如春雨渗入学生的心田，润物细无声，它虽没有江海波澜的壮阔，却不乏山涧流水之清新，给人一种心旷神怡、恬静安宁的感受。

一直很喜欢听赵群筠老师的课，她提倡的"做一个从容智慧的教师"是我的毕生追求，我努力追求像她那样，始终坚信"用平和的心态积极迈好每一小步，一定能收获一份意想不到成功的快乐"，用"一颗燃烧的心"呵护着自己理想的"花蕾"，带着"一个年轻的笑"走进了每一个学生的心里，成为他们的良师益友，"与语文共舞，让生命欢歌"，课堂上力求"平等灵动、简约自然"，用激情和活力点燃学习的欲望，使学生成为积极向上、感情丰富而又性格坚强的人。

## 我的育人故事

### 捕捉契机，尚美育人
——由一件班服所想到的

这两天，愉悦、感动充盈心间，让我深有感触：教育是一门技术，教育更是一门艺术。教育既是烦琐复杂的，教育又是简单轻松的，只要你善于捕捉教育的契机，就能简单轻松地尚美育人，收到意想不到的效果。

3月6日，星期一，经过周末的休整，我像往常一样，早早地来到学校，早读过后，罗诗棋同学拿着她的演讲稿——《感恩有你，寒冬不冷》来找我这个语文老师帮她修改。说到感恩，坐我前面的班主任阿宝说："唉，现在的学生哪懂得感恩，我带了他们3年，现在就要毕业了，他们订班服都没预我份，一件班服也就30块钱，还要我自己出，本来有几个学生说要平分我那份，但我不想增加这几个学生的负担，我就自己出了。"我作为这个班的语文老师兼督导，心想，这不行，班服是用来凝聚班集体、亲和师生关系的，是毕业后的一个念想，怎能没有老师的份？我等会上课一定要趁这个机会教育一下大家。但是怎样说才能委婉切入、婉转得体不伤人，让学生听进去而心悦诚服的接受，达到尚美育人的效果呢？

思索一翻后，第四节，到我上课了，来到课室，我跟学生说："上课前，老师有一番感触想说说，你们想听吗？""想"，学生异口同声地说。"好"，我说，"刚才罗诗棋同学拿演讲稿过来让我修改，演讲稿的题目是'感恩有你，寒冬不冷'，说到感恩，我很有感触，你们觉得，你们最应该感恩的人是谁呢？""父母""朋友""亲人""帮助过我的人""老师""祖国……""好，说到感恩老师，刚才跟班主任闲聊，听说你们买班服都没预老师的份，只有班主任有一件，还是她自己出钱的，班上是有那么几个同学有心，想替班主任出钱，但班主任考虑到同学们的负担，就自己出了。班主任从初一到初三，带了你们3年，毕业了，到头来连班服这个纪念品都不送她一件，你们这是感恩老师该有的做法吗？你们有感恩的心吗？我真是替班主任不值！"一连串的质问，说得学生个个头低低眼红红，满脸愧色。我看到学生都听进去了，就接着说："不过话又说回来，我相信同学们是有心的，只不过学习繁忙，没空没心思去多想，一时忽略了老师而已。明天就是中考百日冲刺宣誓的日子，试想，要是我们全班同学与团队老师都穿着整齐的班服出场，那该多有气势！"学生个个脸上露出了欣喜的神色。

意外的惊喜来了，下午上班，一进办公室，只见班长薛泳带着2个女生，手里拿着一叠班服，报告进来，分给每个科任老师，一人一件。我们真是太意外了，办公室同事直夸我教育方法独到，语文老师说话就是有水平！听着我心里美滋滋的，喜悦！感动！

第二天,"中考百日冲刺宣誓"活动结束后,我穿着学生送的班服,带上自制的小吃——两瓶木瓜酸来到课室上课,我跟学生说:"老师很开心,很感动,谢谢你们送我班服,我很喜欢。'投我以班服,报之以木瓜',这两瓶木瓜酸是我自己做的,一点小心意,送给同学们尝尝。"学生们个个喜形于色,就这样,一节课在愉快温馨和谐的气氛中度过了。

下课后,一个调皮男生送作业过来,他说:"老师,班长让我代她送作业过来,她没空,她正和同学们忙着吃你的木瓜酸呢,她说语文老师不但人长得漂亮,做的木瓜酸也很好吃!"听着这样的赞美,我的心里美滋滋的。

就这样,1件班服,2瓶木瓜酸,拉近了老师与学生之间的距离,激发了学生感恩的心。"生活中从来不缺乏美,只是缺少发现美的眼睛",老师要善于捕捉教育契机,加以委婉引导,用美言美行感染学生,就能熏陶学生美好的心灵,做到尚美育人。

## 他人眼中的我

在他人眼中,我是一个温柔可亲、经验丰富、热爱学生、热爱教学的语文老师;是一个专业扎实、理念先进、勇挑重担、积极改革课堂教学、严格管理,锐意创新,率先垂范的语文科组长,是一位肯钻研、有才干、课题科研成果丰富的高级教师。

(一)学生眼中的我

薛老师是一个和蔼可亲、温柔美丽、平和而有原则的语文老师。她关心体贴我们,公平对待每一个学生,而且善于鼓励。她讲课有条理、清楚易懂,善于启发。

(2016届毕业生 薛泳)

(二)教学同行眼中的我

薛科长热爱语文教学工作,性情温和,课堂上关注每一个学生,课堂节奏简洁流畅,重点突出,一课一得,有语文味道。她勤奋钻研,积极推进课程改革,勇挑重担,发挥自身的辐射和引领作用,带动身边的老师一起前进,带领语文科组屡创佳绩,成为学校的龙头科目。

(东城中学语文教师 叶晓阳)

(三)年级同行眼中的我

薛老师为人真诚,待人和气,工作敬业,积极进取,做事大气,成绩过人,令人敬佩。

(办公室同事 陈晓君)

(四)学校和主管领导眼中的我

薛科长做事待人坦诚,责任心重,有才干,言传身教,有人格魅力,工作上锐意创新,积极进取,独当一面。

(东城中学副校长　何彩珍)

(五) 导师眼中的我

薛老师教材解读深透,备课深入,教学清新自然,和风细雨,语言简洁细腻,重视读写结合,课堂上善启善导,尊重学生,具有亲和力,润物无声。

(珠海紫荆中学导师　韩平丽)

# 寓童心于激情　在互动中探究

● 广东肇庆中学　徐华芳（初中英语）

● 个人简介

"春风化雨，诲人不倦"，转眼间，本人在广东肇庆中学任教已有17个年头了。作为一名初中英语高级教师，我一直坚守"寓教于乐、寓乐于教"的教学理念，探索具有个人风格和特色的"动感"英语课堂，深受学生的欢迎，也得到了同仁的赞许。其间，我被选为广东省英语骨干教师及肇庆市第二批学科带头人培养对象，荣获"肇庆市优秀教师"称号及校"杰出教师"等各项荣誉，并作为访问学者被选派到英国雷丁大学进行学习。本人现担  任广东肇庆中学初中部英语教研组组长，肇庆市端州区英语教育学会副会长，肇庆市英语教育学会理事，肇庆市翻译协会理事。个人参加或主持过省级课题2个，市级课题3个，校级课题4个，多篇论文获市论文评比一、二等奖，并发表于《新校园》等教育研究刊物上。

在17年的教学生涯中，我深刻认识到英语学科和其他学科相比，是一门特殊的学科。不同于数理化，英语属于语言教育，需要记忆大量的信息，以备后期的输出。而它与同属于语言教育的语文学科相比，两者所承载的文化意义有很大差异。总的而言，英语既是一门技艺与实践紧密结合的学科，又是一门包罗万象、涉猎广泛的知识学科，同时还是一门集人生哲理与成长经验于一体的文科学科。

这17年的成长历程，对我而言，就像是一场"打怪升级"的修行，而我在这一段漫漫修行之中也逐步确立了自己的英语教学风格——童心·激情·

互动。

在长期的教学实践中,我一直执着地追求一种理想的教学主张——通过任务驱动、情境体验、合作探究,打造"动感"英语课堂。作为学科带头人培养项目的一员,我将正视自己存在的不足,通过本项目的研修促进自己深刻反思,以研促思,以思促学,在学习中成长,在成长中超越。

## ▶ 我的教学风格 ▶

回顾我从教 17 年走过的路,从初出茅庐的稚嫩与青涩,经过了在教学中的探索与努力,不断地打磨与提炼,到现在的成熟老练。在教书育人的漫漫摸索中,我时刻提醒自己:身为教育者要有爱心、有耐心、有责任心、有平常心,更重要的是还要有一颗付出而不求回报的心。除此之外,我格外追求一份"童心",所以一直以来我在教学中都执着地追求一种"童心未泯、满怀激情、灵活互动"的风格,也因此备受孩子们的喜爱。

### (一)童心

教师的童心要以恒固的爱心为基础,童心能够唤起爱心,爱心又能滋润童心。作为一名初中学段教师,教学中面对的是一群正处于青春发育期的孩子,这一阶段的学生自主意识增强,但是思想又不成熟,不喜欢说教和受到太多约束,且情绪不稳定。作为英语教师,我们更多地受到了民主思想的熏陶,更应该信奉和践行师生平等的理念。虽然学生是向我们学习文化知识,他们得尊重教师,但教师也不应该高高在上,初中生往往具有很强的"亲师性"。所以平时课上课后,我和孩子们互称姓名,他们都叫我英文名 Vivien,或者昵称我"大 V"或"老徐",我从不会认为这是一种冒犯,而是我们师生和谐相处的标志。我认为我的课堂魅力或许很大程度源于我的个性,因为我就是个"童心未泯"的人,爱和学生开玩笑,爱聊他们感兴趣的话题,经常扮演"知心姐姐"的角色,与孩子们打成一片,观察他们的喜怒哀乐,一直保持着良好的和谐互动的关系。

### (二)激情

一直以来我都认为,有激情才能彰显活力,有激情才能滋润心灵,有激情才能迸发出智慧的浪花。作为教师,我们需要年轻的心态,教师要带着饱满的激情走进课堂,因此不管我在生活中遇到什么挫折或困难,在我进入教室的那一刻,一定会调整好自己的状态,扬起笑脸、带着微笑、带着激情走向学生。每天我都是带着好心情去上课,一进教室首先是热情的问候,上课的时候就把自己投入到课堂中,用眼神、表情乃至夸张的动作去表扬和吸引孩子们的注意力。整个课堂教学中，我始终像个兴致勃勃的大顽童，带着学生学习、游戏，而且很多时候我还充当着"演员"，有时我是游客，有时我是售货员，有时我又是导游。我擅长在上课的过程中运用自己富有激情的肢体语言，吸引学生的注意，感染学生的情绪。因为我相信，如果老师讲课没有感染力，不能吸引学生的注意力，那么他们肯定不爱听。所以，不论上课还是课后，我都会用我饱满的情绪感染他们、影响他们。

（三）互动

一个生动而又激情的课堂，绝对少不了老师与学生的灵活互动。首先，我结合实际教学的需要灵活而有创造性地整合了我们所使用的教材，对教材的内容、编排的顺序、教学方法等方面进行了适当的取舍或调整。同时，我还积极利用其他课程的资源，通过灵活多样的教法，导入我的课程。我的英语课堂有演讲、有表演、有唱歌、有戏剧、有电影，更有生活。另外，我还擅长在课堂上创设真实的语用情景，用趣味性的活动把课堂串联起来，在不知不觉中就能完成教学目标，让学生学会应用他们所学的语言知识，进行有效的英语交流，从而让学生的思维"活"起来，课堂"动"起来，跟我有真正的"互动"，我们的教与学才能真正变得高效。不仅如此，我还善于运用鼓励、表扬等手段帮助学生克服英语难学的畏难心理，帮他们树立起学好英语的自信心。比如在英语听说课上，学生做结对练习时或者是小组讨论时，我一定会给他们足够的练习时间，也会最大限度地让学生进行训练，而不会因为怕完不成教学任务而草草了事。一节课不长，只有40分钟，但这段时间却非常关键和重要，只有认真抓好和发挥好，才能真正使学生"一课一得"，提高课堂效率，提高教学质量。

## ▶▶ 我的成长历程 ▶

### 一场"打怪升级"的修行

回想当年，当我还是个"懵懵懂懂"的高中生的时候，我曾幻想过将来我可能会是个干练飒爽的职场女性，或者是一名威风凛凛的女法官，又或者是个优雅知性的女翻译，但唯独从未想过自己将来成为一名中学教师。但高考中的发挥失常，却让我阴差阳错地被一所师范院校的英语教育专业录取了，就是这个阴差阳错造就了现在的我。

2000年夏天，我跟着大学同学来广东旅游。就在那时，我与风景宜人的美丽肇庆有了第一次邂逅。这一次邂逅，肇庆美丽的七星岩和鼎湖山、热情好客的岭南人家、浓郁的广府文化气息给我留下了深刻的印象，更让我萌生了到肇庆生活的念头。于是，2001年7月大学毕业后，抱着"出去闯一闯"的念头，从小就性格倔强的我离开了故乡江苏，跑到广东，在广东肇庆中学这所百年老校里当起了一名普普通通的人民教师。弹指一挥间,我竟已在英语教育这个行业里耕耘了17年。在流逝了却的永远难忘的岁月中,我既经历了喜怒哀乐,也品味了其中的酸甜苦辣,我由一个浑浑然不知如何教学、不知如何对待学生的"菜鸟级"教师,变成了一个教学业绩突出、颇受学生喜欢的优秀骨干教师。回首过去,整个成长的历程就像是一场"打怪升级"的修行,17年来,我总是在一个又一个的关卡上"摸爬滚打",不断修炼打磨自己,同时又在不停地"打怪升级"中收获成长,逐步由稚嫩走向成熟,再由成熟走向优秀。

(一)新手入门——"学"

"打怪"第一步对于新手而言自然是"学",我们教师专业成长的出发点也是学习。2001年刚刚踏入职场的我就是一个连广东话都听不懂的"菜鸟"级新手。还记得我到学校报到时,碰到的第一个难关就是"语言关",领导布置任务用"白话",同事交流用"白话",家长沟通用"白话"。刚开始让我完全无所适从,只能埋头苦学,天天观察别人说广东话,静静聆听模仿,心里细细琢磨,晚上看电视都是挑广东话的节目,一周高强度的训练下来,我已能基本听懂广东话,甚至跟本地人交流时还能时不时蹦出几个广东方言。

"语言关"解决之后,紧接着我迎来了职业生涯的第二个难关——"教学关"。当时我们学校第一年进行扩招,导致老师配备严重不够,像我这样的新手,也要带3个班的英语课,还要做1个班的班主任。环境不熟,工作量大,经验全无,而我空有一腔教学热情,教学结果自然不理想,这个"关卡"让我压力山大,甚至曾经想过"落荒而逃"。要想摆脱困局,当时的我唯一能想到的方法就是拼命地"学",拼命去充电。那么学什么,怎么学呢?慢慢地我摸索出了一些方法。

1. 专业阅读

专业阅读是我们教师"打怪升级"最重要也是最有效的"武功秘籍"。我根据各阶段自身的需要,选学了一些教育理论经典书籍,特别是经常读一些大师作品,通过读书加深我的自身底蕴,提高自身学养。除此以外,我也经常阅读专业书籍,作为一名英语教师,阅读英文原版读物肯定是必需的。

随着科技的发展,现在专业阅读的途径越来越多,我们的成长途径也越来越多,例如微博、博客、微信等,一些教育专家或者公众号会把该领域的精华搜集整理,不断展示教育最核心的问题、最新的发展趋势、最好的文章等,我们不仅可以在这些平台上学到东西,还可以突破地域和学科的界限和千里之外的同行互动交流,参与网络回复、讨论,体验他人思想、分享他人经验,从而解决自己的困惑,使自己的思想观念与知识结构实现跨越式的提升和发展。

2. 同行互助

俗话说,闻道有先后、术业有专攻,我身边的每一个人都有值得我学习的地方，我充分利用身边所有的资源来提升自己的"打怪"技能。

当年我之所以能快速站稳讲台，关键就在于我始终抱着一颗谦恭之心，向那些功夫高强的老师傅们学，向同门的师兄师姐学，还向志同道合的伙伴们学，甚至我也会向我可爱的徒弟们学，实现教学相长。"菜鸟"时期，白天我跟着老教师们听课、备课，晚上回到宿舍还会仔细地把学习所得整理到笔记本上，然后根据前几天的听课所得以及从老教师那里所取的真经，尽量结合自己上中学时的学习经验在课堂上加以发挥。我还常常邀请其他老师来听课，征求他们的意见，博采众长，提高教学水平。慢慢地我变得越来越自信，越来越放松，教学效果越来越好，学生也越来越喜欢我。

3. 培训助力

教师培训是促使教师专业快速成长的有效途径，这一点我感受非常深刻，因为在不断的培训中，我收获了太多。

除了每年在我们校内进行的各类培训，在学校的推荐下，我基本上每3～5年就会去参加一些教育教学培训班。例如，2005年参加为期3周在肇庆学院进行的全市中学英语骨干教师培训，2009—2010年参加在华南师范大学进行的第二期广东省骨干教师培训，2015年至今又参加了我市第二批学科带头人培训班，2016年更有幸被选拔参加了国家留学基金委员会组织的中学英语教师出国研修项目，并在2017年作为一名访问学者远赴英国雷丁大学进行了为期3个月的专业研修学习。所有的培训都使我快速成长。例如，学科带头人培训3年以来，我不仅有幸能与全市各区各校的骨干教师们一起学习钻研，还有像实践导师傅红老师（深圳福田梅山中学）和理论导师李华教授（广东第二师范学院）等这样的智者为我们的专业成长保驾护航。通过聆听教育大师们的讲座，观摩优秀教师的课堂等活动，拓宽了我的教育视野，让我在学到丰富、先进的教育教学理论的同时，更树立了"终身学习"的信念。

"学"不仅给我的教学生涯开了个好头，同时也贯穿了我整个专业成长历程。我的勤奋好学和不断摸索，使我在教育教学方面不断收获着成功的喜悦。这些年来，我先后多次获得了学校"模范文明班班主任""三好班班主任""优秀园丁""十佳班主任""十佳教师""十杰教师""肇庆市优秀教师"等多项荣誉。感到高兴的同时，我也增加了驻足于教育事业的决心和勇气。

(二) 勇往直前——"炼"

适应期之后，面临的就是"技术关"。怎样才能不断提高自己的教学水平，形成自己的教学风格？如何才能站"好"讲台？我的"闯关"必杀技就是"炼"：不断实践，锤炼自我，多刷"任务"，快速提升"经验值"。课堂教学就是我们的主阵地，而课堂教学能力是衡量一个优秀教师的重要指标。在适应期过后，我调整了自己的学习节奏和方向，我希望能更好地锻造自己的教学风格，提高自己的英语学科素养和教学能力，主动承担各级公开课任务，参加各级教学大赛成了我专业成长的一个重要途径。

很多老师都应该有这样的体会，"我们既能在听公开课的过程中成长，更能在上公开课的过程中成长"。从我入职以来，上过各级别的汇报课、公开课、示范课，参加过的教学比赛也挺多，也获得了很多荣誉，例如，2002年在学校青年教师基本功大赛中我获得二等奖；2006年在学校青年教师基本功大赛，获得一等奖第一名；2009年我参加肇庆市初中英语优秀课堂教学大赛，获一等奖第一名；2010年我又参加校"党员、名师行动"课堂教学大比武活动，并获"教学能手"称号；2012年在肇庆市教科文卫工会组织下，我作为市优秀教师代表到基层学校上示范课。在各类培训期间，我也会承担公开课的任务，例如在珠海、深圳、杭州等地，都留下我上课的身影。甚至在英国研修期间，我在当地的中学实习时也要给7—9年级的英国学生上中文课和文化交流课。在整个公开课（备课、磨课、上课）的过程中，我深刻体会到，"压力就是动力，准备就是提高，群言就是智慧"。当然除了公开课的磨炼，我们还有其他"刷任务"的机会，例如说课大赛、"一师一优课"晒课活动等。另外，我们也可以通过辅导学生参加各类竞赛来锻炼自己，我多次辅导学生参加国家级、省级、市级等各项中学生英语能力竞赛，多次获得优秀指导老师称号。这些"任务"我们都能得以自我磨炼，促使我们不断成长，不断超越。

（三）角色转换——"研"

"研"就是不断钻研、提升自我的过程，这是解决我们"教研关"的必胜法宝。从专业发展的角度看，教师的成长离不开教研，最好的方式就是"用中学""用中研"，我们必须结合自己的工作一边实践一边研究，在实践中研究，在研究中提升。但其实一直以来，我们一线老师对"教研"敬畏有余，亲近不足。我也曾经是这样，真正让我改变对"教研"态度的转折点是角色的转换。

2012年，由于我一直以来在教学和班级管理方面的突出表现，学校领导和科组老师推荐我担任初中部英语教研组组长，成为学校英语学科带头人。这一角色转换，让我站在了一个新的高度审视我的教学实践，而同时让我面临的难关就是如何带着大家一起攻克"教研关"。以前的我只需要做好自己的事，可是当上教学管理者后，我除了做好自己的教学工作，还要担当培训新教师、组织科组教研等任务。同时，我还要带领全科组老师共同学习，有时还要组织大家去名校向名师学习，让大家都逐步成为业务精湛的专家。这个时候，我只能逼着自己不断成长，更好地了解最新的教育政策、教学理念，并积累丰富的教学管理经验。同时，我根据学科的特点，结合学校的统一教研部署，2012—2015年带着老师们一起进行了初中英语"先学后教，合作探究"高效课堂模式的课题研究，2016—2018年我们又先后进行了学生核心素养培养研究和"云服务"+"微课程"初中英语课堂教学有效性实践研究等。在我的带领下，这些年来，科组老师们已经养成了常态化教研的习惯。

多年钻研，我的研究心得就是多写论文，多搞课例，精做课题。那么应该研究些什么？我归纳为两种：一种是顺应式研究，一种是兴趣式研究。

顺应式研究是指围绕当下的教育新形势或者是学校校本教研大方向开展的研究。例如，新高考的来临，对于我们每一位教师都是一个严峻的挑战，就像是游戏升级了，游戏规则也发生了变化，为了应对这种变化，我们就不得不去研究。另外，前些年我校初中部进行"高效课堂"课改或者是近几年的学生核心素养培养研究，我们就围绕这些大方向研究，写论文，搞课例，开课题，所以我把这种研究称为"规定动作"。

兴趣式研究当然就是"自选动作"，这是基于兴趣与自主之上的研究，我们可以就所感兴趣的教育教学理论、教育现象、课堂模式、实践总结或反思等开展。

无论是"规定动作"还是"自选动作"，我们都必须动起来，研究不能太功利，得慢慢积累，慢慢收获。我给自己制定的目标是每年至少有2篇论文获奖，制作出1个精品课例，参与一个课题，3～5年主持好一个市级或省级课题。经过慢慢的积累，我撰写的论文多次获得肇庆市教育教学评比一、二等奖，在各级别的刊物上发表，也参与了或者主持了省级、市级、校级的课题，我的教研水平也不断提高。

（四）反思沉淀——"悟"

经历了前三个艰难时期，我已经成功由一个"菜鸟玩家"蜕变成一个"打怪高手"了，接下来的进阶目标应该是通过"悟"去拉近自己与"名师"之间的距离。我们应该直观地看到，成为名师其实也不是高不可攀的事情，与高人交朋友，学其道，并尝试模仿，然后经过在实践中不断地学习、积累、总结、反思、沉淀，开始慢慢认识和尝试着提炼自己的教学风格，升华自己的教学主张，领悟出自己的专业追求，我不断地把名师的经验、名师的标准融入我的教育教学实践中，使之成为我的专业思想，不断提升教学和工作能力，加快向专家型教师转变，直至成长为一名优秀的"名师"。

游戏可以重来，人生却再也不会倒流！回看17年的教学生涯，我无怨无悔。我相信，只要守住我们的"教育初心"，只要执着于我们的"教育情怀"，只要坚守我们的"教育使命"，我们就会在"打怪升级"的教育修行之路上行稳致远。

> **我的教学实录**

### 人教新目标九年级 Unit 8 It must belong to Carla.
### Section B (2a–2e)
### Stonehenge – Can Anyone Explain Why It Is There?

## 一、教材分析

《新目标英语》教材的语言教育理念是：知识用于行动，强调语言应用，培养创新，实践能力，发展学习策略。它采用任务型语言教学模式。教材中每单元都设计一个或几个与该单元话题有关的任务，让学生在完成任务的过程中，使用英语获取信息，用英语进行交流，培养运用英语解决实际问题的能力。在这个单元，学生要学会进行合理的推论，这样的主题对活跃学生的想象力和提高学生的推测能力很有帮助。对于一些掌握快的学生会在课上就活跃地参与到活动当中。通过各部分的学习，要求学会如何进行推测，并了解、学会基本句型的使用。教材内容从基本语言知识到语言综合知识的应用，层层递进，以一种循序渐进的生活化的学习程序，引导学生在活动中有目的的学习语言，这样对提高学生口语和交流能力很有帮助。

本单元以"物品归属"为话题，以"谈论推断"为交际功能，重点在这些语境中学习和运用情态动词进行推断。Section B 主要围绕一些奇怪的事情和世界其他奇观而进行，在语言技能上，从听、说练习用情态动词进行推断，深入到情态动词进行推断的读、写，进行语言综合性训练。本节课是新目标九年级 Unit 8 Section B (2a–2e)，为本单元阅读版块，阅读材料是关于巨石阵的说明文，语言输入量较大。阅读语篇涉及英国文化，还涉及一些含有连接词的复杂句子，需要引导学生在上下文语境中体会语言表达的确切含义。

## 二、学情分析

该班学生基础比较好，处于年级前列，口语表达能力较强，小组合作互动良好。

## 三、教学目标

（一）知识目标

能掌握以下单词和句型：

1. 能掌握以下单词：express, not only... but also..., circle, Britain, receive, leader, midsummer, medical, prevent, energy, position, burial, honor, ancestor, victory, enemy, period

2. 能掌握以下重难句子：

（1）For many years, historians believed Stonehenge was a temple where ancient leaders tried to communicate with the gods.

(2) The large stones were put together in a certain way.

(3) As you walk there, you can feel the energy from your feet move up your body.

### (二) 能力目标

在语言输入的同时完成语言输出，在听、说、读、写、译中提高语言技能，提高综合语言运用能力，着重培养学生读的能力：速读、跳读、精读和任务型阅读的能力，还包括分析概括能力，语言表达能力，书写能力、合作能力和沟通能力。帮助学生在完成本课的任务中提高综合语言运用能力。

### (三) 情感目标

通过学习英国巨石阵，培养学生对事物的探索精神，让他们乐于接触并了解世界的神秘地方，乐于参加相关的英语实践活动，提高对英语的学习兴趣，培养对异国文化、风土人情的兴趣，从而也提高对本国文化的认识。

### (四) 情感策略

培养对事物的探索精神。培养合作精神和合作意识，主动地参与学习活动，善于和他人合作。通过小组合作学习，不同水平的学生都有所提高。

### (五) 文化意识

了解外界信息，拓宽知识面，不信谣，不传谣。

## 四、教学重难点

### (一) 教学重点

(1) 学习阅读短文中连接词的使用。

(2) 阅读短文，获得相关信息，提高学生们的综合阅读能力。

### (二) 教学难点

(1) 学习阅读短文中连接词的使用。

(2) 阅读2b部分的短文并完成相关要求。

## 五、教学手段

本节阅读课采用任务型教学法，同时加上多媒体教学。用视频、图片等方式为学生学习英语创造情境，实现师生互动、生生互动、人机互动的多项交流。

## 六、教学过程

### Step 1　Warming-up（热身活动）

Task：Brainstorming

(1) Show a map to the students and let them guess what country it is.

(2) Ask Ss a question: What will come into your mind when you think of Britain?

设计意图：展示英国地图，让学生进行头脑风暴，既可以活跃气氛，激发学生的学习兴趣，又可以在不知不觉中激活学生已有的相关知识，通过思维碰撞，拓宽学生的视野，了解英国文化，为新课文的学习做好铺垫。

**Step 2　Lead-in（导入）**

Open an invitation letter from Britain and watch a short video clip.

设计意图：通过展示一封英国旅游局发出的邀请信（视频），创设了真实的情境（英国旅游局邀请学生们去英国旅游），让学生自然得以游客的身份进入今天的阅读主题——巨石阵。同时，老师扮演巨石阵的导游，和学生一起进入设置的英国旅游情境之中，从而自然导入新课内容。

**Step 3　Pre-reading（读前预测）**

Task: Mind-map

(1) Ask and Answer: If you visit a historical place (such as Stonehenge), what do you want to know about it?

(2) Draw a mind map.

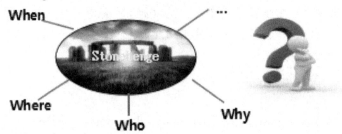

**Step 4　Fast Reading（速读）**

Task 1：Read the whole passage and answer questions.

Q1. Which paragraph gives a general introduction?

Q2. Which paragraphs can you find the specific details?

Reading strategy：Main idea ⟶ topic sentence：the first sentence of paragraph 1.

Task 2. Match the general idea of each paragraph.

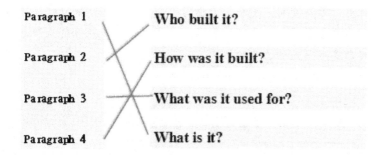

设计意图：让学生学会如何通过快速阅读抓住主旨句，整体感知文章，理清文章脉络，同时可以验证他们的预测是否正确。

**Step 5　Careful Reading（细读）**

Task 1　Read Paragraph. 1 and finish the mind map.

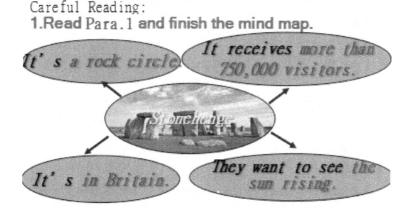

设计意图：通过阅读找出支持主题句的细节，训练阅读微技能。

Task 2　Read Paragraph. 2&3 carefully and complete the sentences.

What Stonehenge might have been used for：

① a temple where ancient leaders tried to _____ the gods
② a kind of _____
③ have a _____ purpose
④ might be a _____ place or a place to _____
⑤ might be built to _____ over an enemy

设计意图：让学生在输出阅读信息的同时练习情态动词的运用。

Task 3　Group discussion & share opinions with each other.

Q：What might Stonehenge be built for?

设计意图：巧妙设问，发散学生思维，激发学生主观能动性，培养学生辩证思维能力。让学生根据自己已有的知识，分组讨论他们所知的未解之谜。让学生依靠集体的力量，拓宽自己的知识面。

Task 4　Read Paragraph. 4 and fill in the chart.

3. Read Para. 4 and fill in the chart.

| | |
|---|---|
| 1. How old is Stonehenge believed to be? | It must be almost 5,000 years old. |
| 2. Do people know how it was built? | No, they don't. |
| 3. What does Paul Stoker think of the planners? | He thinks they are hard-working and great. |

设计意图：让学生在整体语篇中感知连词的用法，并培养学生"查读"的阅读能力。

**Step 6　Post Reading（读后活动）**

Task：Group Work

Make a dialogue：Suppose you were a tour guide and visitors to Stonehenge, make up a dialogue and have a role play.

Guide：Welcome to Stonehenge. I am honored to introduce it to you.

Visitor A：Could you tell me when it was built?　　Visitor B：…?

Guide：…xxx hold the idea that…

　　　　Another popular idea is…

　　　　As far as I'm concerned…

xxx believe that…

Different people have different ideas…

设计意图：这个读后活动任务的设计给学生提供了语言交流机会，要求学生进行综合灵活的语言输出，也是对阅读文本信息（Stonehenge）的整体巩固和加深，从而有效达成这节课的教学目标，也能让老师在学生语言输出的过程中检查本堂阅读课的有效性。

## Summary

**1. Something about Stonehenge**

1. What is it?
2. Who built it?
3. What was it used for?
4. How was it built?

} mysteries?

**2. The use of linking words and phrases.**

so, or, when, while, as, because, since,

but, however, though,

not only…but also…

**Step 7　Summary（总结）**

设计意图：引导学生小结梳理知识框架、规律、方法，并对合作小组当堂学习情况进行总结评价，巩固学生所获得的语言知识和经验，让学生在评价中反思，在反思中进步。

**Step 8　Homework（作业布置，限时 25 分钟）**

（1）Write a short passage about a mystery that is similar to Stonehenge.

（2）Underline the linking word in the passage and finish 2b&2d.

设计意图：主要是将读、写的任务结合起来，不仅锻炼了学生的写作及对语言的综合运用能力，还巩固了学生对目标语言的学习及综合运用。

## 七、教学反思

本节课是我在初中英语泛读教学中实施自主学习策略的一节课，在整节课中，我精心设计了每一个环节、每一个教学任务；按照英语教学提倡的交际性原则，运用多种教学手段及方法以达到教学目标，很好地调动了学生的学习积极性和兴趣，顺利地完成了教学任务。

通过本课教学，我有如下几点反思：

### （一）任务驱动

近些年以来，我不断摸索如何将多项任务有机地链接起来，做到既疏通教材的内容,又使学生的注意力和兴奋点得以相对集中。在本课中,我就采用了"任务型"的教学途径,让学生积极"动"起来,让课堂教学"活"起来,通过感知、体验、实践和合作等方式,实现任务的目标,充分体现了"在用中学,在学中用"的教学理念,但是如何设计"任务"是一堂课成败的关键。我们设计的任务应具有挑战性,能让学生体验成功。所以,我们必须认真做好学生需要分析,切实了解学生想做什么,会做什么,该做什么,需要设计学以致用的任务,与生活有关的任务,促进学生全面发展的任务。

### (二) 情境体验

教学情境,就是学生从事学习活动、产生学习行为的一种环境或背景。在英语教学中,创设情境教学既能活跃课堂气氛,激发学生的学习兴趣,锻炼学生的语言能力,又能培养学生的思维能力和空间想象能力,简而言之,就是让学生们"浸泡"在英语的氛围中。在这节课中,我通过多媒体(邀请信视频),模拟了学生们受英国旅游局邀请前往巨石阵旅游的情境,而我也戴上导游的帽子,手拿导游旗,扮演起了巨石阵 tour guide 的角色,从而和学生一起自然地进入英国旅游情境之中,从而顺利导入新课内容。另外,在 post reading 环节,我让学生以小组为单位进行巨石阵导游和游客之间的对话表演。创设这种想象情境,让学生当场表演,既能使学生身临其境,人人进入角色进行语言实践,又发展学生的发散性思维能力,还培养了学生用英语交际的能力。

### (三) 合作探究

在这节课中,我创设了有关巨石阵旅游的模拟情景,通过结对练习和小组讨论任务环节促进学生大胆地用英语进行小组活动,从而引导他们进行有效的合作学习。同时,我也创造了条件让学生在合作中发现他们自我的一些问题,并自主解决问题。

### (四) 教材整合

我们所使用的人教版"Go For It"的课本任务环节较全面地涵盖了听、说、读、写等语言技能以及语法、词汇等语言知识,但在给定的课时内难以完成全部内容,就需要有所侧重,集中时间和精力学习某些方面的知识或技能。因此,我在教学过程中根据学习目标,基于交际性、相关性、目的性、满足学习者需求和体现语言材料真实性的原则,对教材内容进行了适当的删减和补充。这节课我的教学目标比较明确,就是训练学生的阅读微技能以及提高学生的综合语言运用能力,所以我对教材本来有的语法部分(linking words)进行了删减,去掉了 2a 和 2d 两个环节。而原有的阅读技能训练部分比较单一,只有 2c 的填表格,所以,我在此基础上增加了问答题、思维导图题、填空题等不同类型的环节强化学生读的能力:速读、跳读、精读和任务型阅读的能力,还包括分析概括能力。

但是，一节课下来，我也感到有许多遗憾和不足。

（1）导入部分占用时间过长，教师用的单词偏难，语速较快，学生理解有一定难度，导致时间没有控制好。今后，应多注意这方面的问题，设置问题不宜过多过难。

（2）师生互动活动开展得还不错，但生生互动方面有所欠缺，今后还要注重引导学生之间的对话交流。

（3）课堂整体节奏把握得不够好，前面部分教学环节耗时太多，导致后面的角色扮演无法进行，有点前松后紧，今后要加强科学设计，提高宏观掌控能力。

## 我的教学主张

### 任务·情境·合作——打造"动感"英语课堂

作为初中英语教师，我一直坚信"兴趣是最好的老师"，而学生学习英语的兴趣来自老师的激发、引导与维持。若要学生学得轻松，学习高效，我们必须打造一个"动感"的英语课堂，通过多样化的活动任务让学生始终参与到教学实践中，始终处于动态的学习交流状态，这样，课堂就能"动"起来，学生的思维就能"活"起来。

（一）任务驱动

任务驱动是建立在建构主义教学理论基础上的教学方法，让学生带着真实有效的任务展开学习探索，获取新知，在任务执行过程中不断获得的成就感又会进一步激发学生的求知欲，使他们主动建构探究、实践、思考、运用的学习体系，从而不断提升探索欲望和自学能力。

要想将这样的教学方式来引领英语课堂，"任务"的设计必须独具匠心，必须有明确的目的，每个任务都应以达成教学目标为导向。同时，我们既要考虑活动的多样性和灵活性，又要考虑其层次性，使课堂活动不仅富于变化，难度适中，而且要连贯、紧凑和循序渐进。另外，所有的活动都应该和学生实际生活相关联，来源于生活又高于生活，学生可借助已有的经验和知识，在老师足够的支架搭建下，愉快地在活动中实现新知识的录入和运用。

【课堂剪影】以人教新目标八年级上册 Unit 7 Section B 中的 2b 阅读 Do you think you will have your own robot? 为例，结合任务型教学理论，我设计了多个梯度明显的任务，搭设活动支架，在引导学生进行文本阅读的同时，促使他们不断进行阅读输出。

Task 1　Brainstorm（头脑风暴任务）：Use some words to describe robots. 学生将答案输进平板电脑，老师通过网络互动平台的云图模式呈现学生答案，归纳出现频率最高的三个词：convenient、helpful、dangerous，从而导入新问题：Why do you think robots are …? 引发学生进一步思考。

Task 2　Discussion（话题讨论）：What will our life be like in the future with more and more robots around us? 学生登录平台的讨论群，通过平板电脑输入自己看法，其他同学可以在讨论群回复观点或进行点赞。然后，老师通过平台的大屏幕展示功能分享学生不同的观点并进行点评。

Task 3　Designing（设计并拍图上墙）：教师播放由多个机器人电影片段剪辑的短视频并引导学生以小组为单位设计一个机器人，并讨论它的外形和功能。学生把设计图拍照并上传到互动平台，老师邀请部分学生上台向同学们展示机器人设计图并做解说。

（二）情境体验

在初中英语教学中，教师应该在课堂上积极创设"语用情境"，因为它既可以克服非母语教学的缺陷，又贴合中学生的心理特征和心理需求，在启迪思维、培养情感、激发审美情趣、发挥学生主体作用等方面有独到之处。将学生熟悉的生活情境、问题情境作为教学活动的切入点，能使学生迅速进入思维发展的"最近区"，掌握学习的主动权，以此调动与激发学生的学习兴趣。真实的"语用情境"让学生觉得课堂教学不再远离他们，具有亲切感和认同感，让学生乐于进行语言技能方面的训练。在真实的任务驱动下，学生会积极主动地学习并掌握运用学习策略。所以，我在平时的教学实践中喜欢把课文文本材料改编成实际活动中的对话、短剧或者小品，让学生通过具体演示来学会知识、激发兴趣、懂得道理。

【课堂剪影】以七年级下册 Unit 9 What does he look like? Section B 为例，1a 部分本来是为图片选择合适的外貌描述，旨在考查学生对于外貌描述形容词等的理解和运用。而我就利用了网络互动平台 UMU 平台创设了一个真实的语用情境，将这一部分内容转换成情景剧 X MAN。首先，我在 UMU 平台上发布了 4 个短视频，每个短视频是一个独立的案件，每个案件都有一个罪犯。学生以小组为单位只选择其中一个视频观看，然后每个小组要准备一个警察和目击者对话的情景剧表演，其他学生根据他们的表演，来推断出罪犯是谁，并且利用平板电脑在 UMU 平台上进行投票选择（老师事先已经在平台上设置了相关投票任务）。

这种情境搭设，既可以让学生更好地理解这些外貌描述形容词，同时也让学生在真实语境中训练了综合语用能力，充分发挥了他们的创造性，既激活了教材，又激活了学生，使学生能够积极主动地投入到学习生活中，从而实现新课标的要求。

（三）合作探究

要让学生生成英语思维，获得有效解决问题的合作交流，关键在于教师要让学生体验到合作学习是解决问题的策略，体验到合作交流的重要性，为此，设计一定的合作探究任务是非常必要的。为此，我将全班分成几个小组，以小组为单位共同分析和探究创设的问题。通过小组合作，引导学生们进行有效的合作学习，互相交流，分享合作成果。我的课堂活动往往会以小组竞赛的形式来展开，不但可以让学生们的竞争意识有所增强，也大大提高了小组各成员的责任感和荣誉感。

【课堂剪影】以人教版新目标英语（*Go for it*）七年级下册 Unit 10 Section A（1a－2c）的教学为例。这部分的教学目标主要是学习各种食物名称和点餐的基本表达。通过一些听说活动，学生要学会在相应的语境中运用核心句型和重点词汇进行初步的口头语言输出。为了调动学生的课堂积极性和激发学生的学习兴趣，在设计教学活动的时候，我增加了一个游戏活动，整节课以游戏开始，以活动结束。在整个活动过程中，学生要以学习小组为单位进行小组比赛：以"钱"计分！回答越多问题，就能"赚"到越多的"钱"！凭借自己努力在本节课中"赚"到的钱，为下一节课开展"美食节"活动积累"财富"。

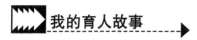

我的育人故事

## 爱的交锋

著名教育家陶行知先生曾对教师说过一句名言："你的教鞭下有瓦特，你的冷眼里有牛顿，你的讥笑中有爱迪生。"在我的教育之路上，这句话对我的启发很大。众所周知，教育是一种爱的艺术！这种爱虽然不同于父母、家人、朋友的爱，但我觉得这种爱与其他类型的爱都具有一种共同的特点：无私。只有这种"无私"的爱，才能使我们的教育产生无穷的智慧和力量。作为班主任，在协调班务工作的同时还要把班级的成绩搞上去，把孩子们培养成德智体全面发展的接班人，可以说工作虽神圣但也繁重且琐碎，难怪人们说：世界上权力最小的是班主任，但是贡献最多的也是班主任。也有老师说：班主任不是人干的，只有神才最适合。非常幸运，学校给了我一个做"神"的机会。

2009年，由于学校的工作需要，我担任初三（5）班班主任，据教过的老师反映，我班差生最多，更为重要一点是，此年级的出了名的"迟到大王""街舞队队长"都在班里，当时很多老师都为我担心，听老师们描述那些"捣蛋大王"们的种种劣迹，我真的是忧心忡忡、寝食难安。但是后来我调整了心态，暗暗给自己打气：怕什么，凭我多年的班主任经验，他们还不是我"如来佛"手下的"孙猴子"，就这样，我走马上任了。

（一）初次交锋，细心观察

8月31日，学生返校的第一天，我就领教了他们的威风，有8个人迟到，而且有的嘴里还嚼着香口胶，有的头发根根竖直，看起来就像是街上的小流氓，我当时有点看傻了眼。不过我发现他们中有一个人好像是老大，其他人都很听他的话，他就是学生A。我打算擒贼先擒王，先拿他"开刀"。当天我并没有严厉地批评他们，而是提醒他们下次不要迟到，他们都觉得挺意外的。开学头几天我不动声色细心观察学生A的一举一动，并向其他学生详细了解他的优缺点，据说他以前练过散打，有好多学生挨过他教训，所以大家都不敢惹他，他和班里那几个不爱学习的同学都很喜欢跳街舞，大家都叫他"街舞队队长"，许多学生对他是敢怒而不敢言，但也有个别学生说他是个重义气、讲情义的男子汉。开学初，他们可能也在琢磨我的套路，所以在前两周我们相安无事。

（二）再次交锋，诚心感化

在第三周，学生A他们终于装不下去了，可能是他觉得我这个班主任没有什么本事，驾驭不了他，有一次在自习课吵闹被我看到，在我批评他的时候，他居然在下面气鼓鼓地说他没说话，还用广东话骂我"痴线"（神经病）。当时我真是怒不可遏，气得浑身发抖，心想：他向我发难了，我必须接招，否则他会更加肆无忌惮。于是我强压心中怒火，把他叫到办公室，问他顶撞老师是什么意思。谁知他竟然反问，你难道听不懂白话吗？当时气得我真想发飙，转念一想：他骂我，无非就是为了挑衅我，如果我骂回去，是起不到任何教育作用的，反而会把事情越闹越大。于是我忍住怒火，让他冷静并随后给他家长打电话，希望家长配合，可家长有事赶不到，为了达到感化他的目的，我中午没回家，请他和我一起吃饭，在吃午饭时，我心平气和地询问他的情况，得知他是父母好不容易盼到的男丁，他们宠他惯他，要什么给什么，他的脾气越来越大，没人敢惹他。我不失时机地反问："你觉得你这样做能得到他人的尊重吗？"他也反驳："我管他尊重不尊重，反正我心里痛快了就行。"我又问："难道这就是你要的成就感吗？"他沉默不语，于是我接着说："如果所有的孩子都像你一样，用发脾气来解决一切，那咱班会变成什么样？如果我也对你们也用高压手段，同学们会真心服我吗？你能认可我吗？……"就这样循循善诱，他终于低下他的头，向我承认了错误。

（三）第三次交锋，耐心说服

学生A接下来状态明显好转，看得出他在努力改变自己，但我不敢怠慢，一发现闪光处及时表扬，不足处立即提醒，就在这种情况下，他还是犯事了。原因是他的朋友被值周班学生扣了分，他就帮朋友出头，去恐吓值周班学生。我知道之后去找他谈话，他还愤愤不平地说："老师，他们这些人拿着鸡毛当令箭，故意针对我朋友。"我耐心地跟他解释："你为朋友两肋插刀，确实值得表扬，但你的做法是不正确的，如果你们觉得值周班干部针对你们，处事不公，你们应该向老师反映。你这样恐吓别人是不对的，你已经违反了校规。本来你们没有错，你看现在弄巧成拙，有理变无理，这多得不偿失啊。"经过一番耐心地说服，他终于心平气和了。

（四）精心指点，悉心引导

经过这次教训，他学会了控制情绪，为了让他能够严格要求自己，我任命他为班里的风纪委员，此后他确实能很好地约束自己，我和学生们对他的变化感到由衷高兴。可好景不长，我发现他很懒散，学习缺乏恒心，于是我找到他，起初他不肯说，后经我再三开导，他终于向我袒露心扉：原来他不是不想学好，而是总觉得以前学得太少，现在想学好但是困难重重，太累了，所以他选择了放弃。我了解之后对他说，什么时候有困难都可以来找我，我也会委托其他老师对他多关注、多辅导。他的脸上露出了久违的笑容。

（五）得力助手，共谱乐章

这次事件后，他对我的尊敬溢于言表，让我深深地体会到"亲其师信其道"的含义。此后，他在负责班级考勤、维持自习课纪律等方面真正成了我的得力助手。曾经有次学校组织广播体操比赛，那几天我身体不好，休息在家，但比赛迫在眉睫，学生A看我着急就说："老师，您休息，我和班长他们来负责练操，你就放心吧。"在那次课间操比赛中，我班荣获第四名。谁说顽石不能雕琢，谁说铁杵磨不成针，谁说浪子不能回头？从这个例子看到，只要有恒心、细心、诚心、耐心、爱心，就没有教育不好的学生。

在那一年的中考中，他也取得了很好的成绩，虽然没有上重点线，但是他取得的进步已经让我和他的父母刮目相看。

教师，的确是一份给能教师和学生都带来幸福的职业！

## ▶▶▶ 他人眼中的我 ▶

（一）同行眼中的我

徐华芳老师学术水平高、专业能力强，在肇庆基础教育领域极具影响力，为肇庆基础教育工作做出了突出的贡献。在教学上，一直坚守一线岗位，所任教班级的教学效果很好，具有自己独特的教学风格，深受学生喜欢和家长的信任。

（肇庆市教育局教学研究室老师　李祥）

徐华芳老师是我市的英语名师，她以其独特的个人魅力和教学风格深深地吸引了她的学生和同行们。她不断提高自身的教学水平，形成了独特的英语教学风格。她倡导主题活动性教学与习得性教学，促进学生自主研究，课堂真实有效。她十分注重组内成员教师的专业发展，经常举办各种层面的教研活动，推广该校课堂教学中合理的方法和成功经验。

（肇庆市地质中学英语教师、广东省骨干教师　吕琴）

我眼中的徐老师，热爱教学，性格开朗，敢想敢做，综合素养很好，是一个能用心用脑子做事情的人，属于科研型的教师。大家都很喜欢听徐老师的课，因为她总是以灵活有趣的方法达到很好的教学效果。与此同时，大家也很愿意被徐老师听课，因为她总是能一针见血地指出该老师以及该节课的问题所在。

（广东肇庆中学英语教师　蒙品庄）

## （二）学生眼中的我

Vivien 是一位尽职尽责的老师。课前，她认真备课。徐老师的课堂气氛活跃，活动很丰富，同学们都积极发言。课后，她耐心地解答同学们的问题，细心地跟进同学们的作业情况。感谢 Vivien 能带我们体会到了英语的"美"。

在我眼中，Vivien 是一个做事严谨认真、待人友善、关心学生、非常幽默的老师。在她的课堂上，不仅能学到课内知识，她还经常和我们分享她那些愉快的经历，我们还学到了很多实用的课外知识，让我觉得学英语真的很有用。

Vivien 是一位幽默、活泼开朗、平易近人的老师。她讲课能挣脱课本束缚，注重课外拓展。喜欢给我们设计很多英语活动，让我们畅游在英语的海洋中。

# 激情幽默　亲和实效　精工致巧

● 肇庆市第五中学　杨雪群（初中英语）

## ● 个人简介

"默默耕耘不言苦，钟情教育倾心课堂，平凡岗位挑大梁；微风吹过，发丝稍扬，千里飘雪，碾压芳群。"这就是我，一位来自粤西地区的初中英语高级教师的真实写照。从教25年，担任班主任工作16年，我一直坚持"教育不是为了遇见更好的人，而是为了把遇见的人变美好"。风雨兼程地行走在激情与智慧并融的专业发展的道路上。现任肇庆市第五中学英语科组长，是广东省中小学教辅材料评议专家，广东省中小学教师资格考试面试考官，肇庆市中小学高级委员会评委委员，端州区基础教育科研学科组评委委员，端州区中小学中级教师职称评审委员，端州区英语教研会理事，肇庆市第二批名师培养对象。曾获"端州区首批教学能手""端州区'范例式'优秀导师""端州区优秀教师""端州区优秀班主任"称号。主持并参与了省级、市级、区级课题3个，曾参与多项初中英语教辅丛书的编写工作，多篇论文以及教学设计获国家级、省、市、区级奖项，多次应肇庆市教育局之邀请，送课下乡或开设专题学术讲座，曾先后到英国、香港理工大学参加高端研修，研究方向为初中英语教学。

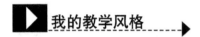
### 我的教学风格

**激情幽默　亲和实效　精工致巧**

英语是一门集人生哲理与人类成长经验于一体的文学学科，工具性和人文性的统一，是英语课程的基本特点。其学科核心素养应包括语言能力、学习能力、思维品质和文化品质，也就是说英语课程的双向融通目标就是：Learn to learn and learn to be。可见，英语课堂是师生之间、生生之间在民主自由、平等、开放的情境下，进行一种心灵与心灵的碰撞、沟通的教育活动。那么，我的教学风格定位为："激情、幽默、亲和、精工。"

"激情"，就是在英语课堂教学活动上，善于利用自己的激情教学，与学生进行思想碰撞和交流，通过不同的交流方式，把教学中的各个环节紧密有效地结合起来，激发学生的学习热情和求知欲，使学生的智慧得到启迪，潜能得以挖掘。

"幽默"，就是以幽默的教学语言、智慧的教学手段、妙趣的教学场景、巧设的师生活动，生成一种幽默妙趣、人文丰富的课堂。

"亲和"，就是在英语课堂上，要注重着装得体，保持仪态优雅，面带微笑，循循善诱，润物无声。利用自己的亲和力、人格魅力开启学生心灵之花，让学生爱上英语学习。

"精工"，就是课堂教学设计精益求精，力求每一节课都当成是一件艺术品来完成。教学设计做到环环相扣，结构完整。把英语教学过程变成一个思维和文化品质培养和提高的过程，把英语课堂变成"爱的交响""乐的诗篇""成长的舞台"，让学生在学中做，在做中学，快乐成长，感受精彩的人文世界。

（一）我的教学风格解读

**1. 激情幽默，演绎快乐课堂**

（1）激情幽默可以寓教于乐。

长期以来，学生为了应付考试，只是死记硬背单词、语法，学习效率不高，兴趣越来越少。英语和汉语虽然属于两种不同的语系，如果我们细加观察这两种语言的语音学，会发现其中蕴含一些幽默。于是，在教授新词汇的时候，我经常鼓励学生联想或谐音来加深单词的记忆，并将幽默穿插于课堂间，这在活跃课堂气氛的同时，还能让学生在轻松自如的语言环境中学习英语知识。又如，在初三的复习课中，为了让学生易于记住英语单数名词变复数的规律，我编了五个口诀：①黑人和英雄爱吃土豆和西红柿。②你在 zoo 里，看见一根 bamboo，上面挂着一张 photo，上面放着一台 radio。③ "中、日"友好是一致，"英、法"联盟 a 变 e，其他一律加 s。④妻子持刀去宰狼，小偷吓得发了慌，躲在架后保已命，半片树叶遮目光。⑤大鹅老鼠齐步走，男男女女龇龇牙。这些幽默诙谐的教学方法，逗得同学们哈哈大笑，回味无穷。

（2）激情幽默可以"关照"问题学生，活跃课堂气氛。

演讲家海因雷曼麦说过："用幽默的方式说出严肃的真理，比直截了当提出更能被人接受。"遇到学生违反课堂纪律时，我会善意用夸张动作、本地方言、英文歌曲或者一个简单的鬼脸给予还击，经常惹得当事人和其他同学哄堂大笑。这既让学生自觉意识到错误，又保护了学生的自尊心，课堂也因这个"小插曲"变得更加活跃。经常有学生"享受"我在课堂上对他们的调侃，他们在日记中写道："杨老师的'关照'有如下特点：语言幽默，一针见血，有感染力；论据科学，有说服力，就事论事，不伤自尊，非常受用。"

（3）激情幽默可以拉近师生间的距离，加深师生间的感情。

每次上课前我都给自己定下要求，力求做到课堂有三声：一是掌声。自发的掌声，源于师生的深刻和精辟。二是笑声。自然的笑声，源于师生的生动与精彩而忍俊不禁。三是辩论声。自动的发言，源于老师的幽默启发和学生的主动参与。通过教学的幽默妙趣，让学生领略到教师所具有的丰富多彩的个性和精神世界。

2."五心"亲和，求实效课堂

（1）全心求实效的教学课堂。

"施教之法，贵在启导。"我任教的学校是老城区的学校，生源水平较低，学生缺乏良好的学习习惯，回到家后大部分学生就只完成一部分作业而已，根本没有预习和复习的习惯。为此在教学上我一定要充分利用好课堂时间，寻求实效课堂。根据学生的实际情况，我给自己制定的亲和课堂的基本标准就是课堂轻松活泼、富有激情，教学设计流畅，教学方法新颖，师生配合自然和谐，学生主动参与，课后学生能充分理解和运用所学的知识，大部分学生能在课堂上记住所学的知识。上完每节课后我都会进行教学反思，反思下学生在这节课中究竟学到了多少知识，在下节课中我将如何弥补和巩固。每隔一段时间我就会在学生中做一个书面调查，调查我的教学情况，以此来改进教学方法和策略。

（2）用心求实效丰富的教学内容。

学生既是教学对象，又是丰富的教学资源。因此在我的课堂上，我经常大胆处理教材，常引入活性教材，使我的课堂教学生活化，接地气。例如，在话题教学"How to make banana milk shake?"课例中，我布置2个学生预先在家里拍摄如何做奶昔的微视频，在课堂播放学生做奶昔的视频，边看边学习，把教学内容丰富，形象化。又如，在复习一般过去时，布置学生去市里的景点拍摄外景，通过现场报道，复习一般过去时。在我的课堂教学中，教材只是个引子，大多数时候为了让课堂教学更加贴近学生生活，我更多的是自编教材。

（3）诚心求平等的教学组织形式。

"Miss Yang！It is time for you to answer the question."我的课堂经常会响起这样的声音。我会被台上的"小老师"点起回答问题。有时轮到我了，有时其他同学回答不上来，有时是好奇心驱使。总之，爱你恨你就叫你回答问题！（学生语录）我经常坐在学生中间，位置不固定，谁上去当"小老师"，我就坐谁的位置，我是一名普通学生，"小老师"就有权找我回答各种"刁难"的问题。我开放我的讲台，开放我的教案，开放我的"权威"和思想，与学生形成一个学习的共同体。又如，我每节课的提问量大且广，尽量让每个同学有1次回答问题的机会，为了公平起见，有时候用"点名器"（天堂与地狱）。我积极参与学生的教学活动，帮"小老师"们找好资料，配音或课文录音等工作。我力求让我的英语课堂成为受欢迎的课堂，教学过程由一个丰富、有力的灵魂来组织安排。

（4）真心求民主开放的师生关系。

我的课堂，师生不用互相问好，不用站起来回答问题，对于有质疑的问题，可以随时提出，学生可以直呼我的名字或昵称……学生与我打成一片，我将"民主"贯穿于整个课堂教学。伏尔泰说过："我坚决不同意你的观点，但我誓死捍卫你表达自己的权利。"因此，我从不阻止学生挑战性的提问，而是鼓励他们积极思考。每节课我预留几分钟让学自由提问，如果我不知道，我就坦然告诉他们我不知道，第二天查阅后再与他们分享答案。在提问的过程中，我也并未丧失自己的主导地位，总是看准时机，在学生提出具有"科研价值"的问题后，重点引导他们自己去解决。有时候他们一时想不出解决的方法，我也绝不代劳，只是稍做点拨，然后与他们一起商讨解决问题。

（5）衷心求尊重的开放评价方式。

人人都喜欢被他人赞美，学生尤其关注老师对他的评价。我开放了原来一直由老师紧握的教学评价体系，由单一的分数评价转为个人自评、同学评价、小组互评、家长评的多层评价网。设立了听写之星、课堂之星、阅读之星等奖项。与此同时，我给每个学生也建立了一个学习档案袋，记录学生的各种表现：每天的作业、课堂问答、阶段考试、读书记录、课前5分钟演讲比赛、英语小作文、手抄报等，尽量做到形成性评价和发展性评价相结合。

### 3. 精工致巧，打造完美课堂

我是一个完美主义者，尤其表现在我对课例设计的精工致巧的要求。熟悉我的同事和同行都知道，我是在一次次家常课的酝酿和赛课的砥砺中成长起来的。一位名师的成长必然要经历模仿积累、丰富实践、总结提高再实践的过程。观看名师的教学录像、整理教学实录是我起步阶段常做的功课。名师的举手投足、语气语调，我都尽心观察，吸取精髓。磨课成了我最享受的事。在区的公开课 How to make school rules 一课上，我试讲了5次，"形容词和副词复习课"，我试讲了

7次，在为仁爱版出版社录制示范课 I am sure there are no UFOS 中，我试讲了10次……真可谓"衣带渐宽终不悔，为伊消得人憔悴"。每次课后，我都会与同行和教研员对照实录一个一个环节地推敲，甚至把上课每一句要说的话都写下来。通过这样反复地打磨，让我更准确地把握教学目标，明确每一个环节的意图，采取适当的方法达到最好的效果。在整个备课过程中，更新了教育理念，教学方式和对教材的理解，其价值远远大于那仅有的40分钟的呈现。

## ▶▶ 我的成长历程 ▶

### 一步一脚印，让梦想绽放

（一）无可奈何，结缘英语教育

从初中开始我就寄宿在外公家里，因为外公的家离学校近。外公当时是肇庆市华侨公司的经理，由于愧对未能给我母亲很好的教育，所以对我学业要求特别严格。在外公的军事化管理下，在初中三年的生活中，我成了老师们的宠儿、同学学习的榜样、父母的骄傲。1988年中考放榜之日，我满心欢喜地以为可以上肇庆中学的高中了，谁知却接到广东省外国语师范学校（以下简称省外师）的面试通知（原来外公私下找人改了我的志愿）。令人意外的是，我却以优异的成绩通过面试，成了当时众多竞争对手羡慕的对象。

带着无奈，15岁的我第一次离开家乡，只身来到广州，身处陌生环境，我学会了自主管理学习，学会了与别人积极互动交流，获取更多信息的好习惯。省外师浓厚的学习氛围，风趣幽默、知识渊博老师们也深深安抚了我不安的灵魂。在求学期间，我喜欢与老师、同学积极交流探讨，喜欢质疑、提问，善于反思与总结，读书与生活都富有激情。从中专到大专的这5年，我除了认真学习英语专业知识外，还主动参与了大量的课外兴趣活动，练就了过硬的技能：跳舞、唱歌、画画、书法、排球、演讲等。这些技能的培养使自己充满灵气，富有创新精神，也为我日后成为一名受学生欢迎的老师奠定了坚实的基础。5年的省外师求学的日子，让我脱胎换骨，不断的成功体验，触发了我对英语教育的浓厚兴趣，也奠定了自己的职业理想选择。

（二）幼稚涉世，初露头角

当我站上讲台的那一刻，我的梦想就是当一名有理想信念、有道德情操、有扎实的学识、有仁爱之心的优秀老师。而真正意义的优秀教师不只是一本证书、一种荣誉，而是一种职业幸福的体验。那么，如何才能成长为一名优秀的教师？我认为："善良、博爱、悲悯、包容，做一个有情怀的教师；课堂万变、应对自如，做一个有智慧的教师；大量阅读、厚积薄发，做一个有底蕴的教师；风趣幽默、生动活泼，做一个有情趣的教师；平和安详、乐观向上，做一个心境健康的教师。"

1993年7月,我从广东省外国语师范学校毕业,分配到肇庆市第五中学从事英语教学工作。五中是一所普通中学,生源比较差。据说当时校长非常信任省外师毕业的学生,所以给予我重任,让我担任了两个毕业班的英语教学工作。当我满怀信心地想施展拳脚大干一场时,才发现这两个班不但成绩最差,而且"烂仔"也最多。听说号称"四大天王"的4个学生曾经将前任英语老师的单车扔到池塘中。但我并没有被这些事例吓到,反而通过走进学生心里,与他们做知心朋友,成功地感化了"四大天王"。在1994年中考中,这"四大天王"都顺利考上了高中,如今他们在各自的行业上都事业有成,而我们友好的师生关系一直保鲜至今。

在前5年的工作中,我一直是担任两个平衡班的英语教学。由于当时年少气盛,对学生的情况了解不够透彻,虽然被学生称为"知心姐姐",但容易被学生吃得死死的。所以,教学成绩并不是非常优秀。但是我并不气馁,因为我知道这些努力过、拼搏过的失败经历也是一种经验的积累。我一有空就搬凳子去听老教师们的英语课和班会课,我经常在笔记本上反思自己当天的教学情况,记录教学心得和做教学笔记,及时反思。因此,在科组虽然我是最年轻的老师,但也是最好学的青年教师。

1999年休完产假后,我重新投入工作。2000年我担任了2000届10班的班主任工作。在担任班主任工作期间,我重新调整英语教学方法,结合学生实际情况,制定了适合该班的一系列学习措施,如学习小组、学生成长档案、课堂之星、听写之星等。由于我管理方法到位,所带班的班风学风好,教学成绩优秀。我的课堂教学也逐步得到教研员的认可,受到学生欢迎。由于出色的教育教学成绩,2000年至2001年连续两年被评为专业优秀,2002年9月我被端州区人民政府评为优秀教师。

职业理想初步的成功体验给我很大的触动。随着教学实践,我深深感觉到学无止境及时充电深造的必要性。1999—2001年,通过自学考试,我获得华南师范大学英语教育专业本科学历。2001年12月,肇庆市人民政府要选派10名优秀的青年骨干教师到英国学习,我校推荐了3名英语教师参加肇庆市教育局组织的选拔考试,全市共有100名老师参加选拔赛,我有幸成为其中一员。接到学校通知后,我心里暗暗下决心,一定要争取到这个机会去国外深造,提高自己的业务水平。当时我儿子才3岁,爱人又在外地工作。每天晚上我哄孩子入睡后,才能拿起书本来备考迎战,每天都是凌晨3点才能上床睡觉。皇天不负有心人,我以过硬的专业知识与一口流利的口语,与99名的高中老师竞争,挤进了前3名。2002年7月至10月,我成为首批赴英国学习的初中骨干英语教师(端州区仅有的一名初中英语老师),被肇庆市人民政府选派到英国布莱顿市 Embassy

CES 国际教师培训学院接受为期 3 个月的英语语言与教学法的培训。3 个月的英语学习,亲身体会到国外以学生为中心的课堂教学模式:和谐的师生关系以及小组学习、合作探究、展示点评、体验成功等教学环节。

(三) 通过磨砺,走向成熟

2002 年 10 月从英国学习归来之后,我充满了对山区英语教育的激情和憧憬,渴望把自己在国外学到的新的教学理念在课堂中展示出来。市、区教研室给予我很多的磨砺机会。2003—2008 年,一个学年除了正常的教学工作之外,我承担大大小小公开课、赛课无数次,开设了多项第二课堂辅导及学术专题讲座,每一次任务后都是凤凰涅槃重生,让我在压力中积累经验,在压力中不断磨炼,在压力中不断成长。

1. **勇挑重担,积极上公开课**

2003 年,我承担了题为"形容词和副词复习"的市级新课标研讨课;2004 年,我代表区参加肇庆市初中英语优质课比赛获一等奖,代表市参加省第三届初中优质课评比获二等奖;2005 年,珠海市香洲区英语骨干教师到我市研讨,我承担了题为 Traveling around Our Hometown 的市级交流课;2006 年,承担了题为 How to Make Rules 区中考备考复习研讨课;2007 年,承担了题为 A Fantastic Experience 区级七年级的研讨课;2008 年,承担了仁爱版英语教材配套《教师与教学用书——话题教学展示与评析》光盘八年级上册 Unit 4 Topic 2 Section A 示范课例及主讲工作。这几年的公开课大部分属于原创任务型自编教材,题材多来源于学生生活和增添了地方的文化元素。其实不知不觉中,我的教学课堂早已经渗透了学科的核心素养:培养学生的文化意识、分辨是非的能力,教会学生如何做一个合格的公民。

2. **及时反思,总结经验**

2005 年,我参与了中国环境科学出版社出版的《新探究导学——英语学习指导与目标检测》编写工作;2006—2007 年参与了外语教学与研究出版社出版的《初中英语精讲精练》的编写工作;2006 年,《谈班主任工作中的"教心"与"交心"》获区优秀教育论文评比一等奖;2007 年,《被动语态复习课教案设计》在首届全国英语教师教学设计大赛中获二等奖;2008 年,单元教学设计获肇庆市仁爱版初中英语教材设计评选一等奖,在广东省新课程初中英语单元教学设计和单元教学展示活动中荣获"仁爱版初中英语单元教学设计"二等奖,《形容词和副词的复习课》在第三届全国英语教师教学设计大赛中获二等奖。

3. **砥砺前行,助力科研**

在此期间,我除了把自己在国外学到的理论转化为课堂实践之外,还着力从教学研究方向发展,注重示范带学,希望把自己一些好的教学经验与更多的同行分享,积极承担市、区级教研室交给我的讲座任务:2003 年,在肇庆市的英语新课标研讨会上,在题为"如何在英语课堂教学中实施小组合作学习"的专题讲座上做中心发言,与会教研员和老师对我提出的合作小组学习模式以及实施方法给予充分的肯定。2004年,在端州区的中学英语教研会上,在题为"如何进行初中英语对话课的教学"的专题讲座上做了中心发言,介绍了如何整合对话课内容,实施任务型教学。这次发言反响极大,深得与会者的好评。2006年,在区九年级英语中考备考的教研会上,在题为"如何运用任务型教学,进行英语语法复习"的专题讲座上做中心发言,介绍了如何利用任务型教学,对语法进行有效复习的方法,对中考备考复习起到很好的指导作用。

**4. 综合成绩,硕果累累**

我把在英国学习到的先进理念用于教育教学管理上,大胆尝试和践行自己的教学理念,教学风格逐渐从稚嫩走向成熟,风格初见雏形,达到了教育教学双赢:2003年、2006年、2009年获"中考成绩优秀奖",2003年度、2007年度考核中被评为优秀等次,2005年、2006年、2008年被评为专业技术考核优秀,2009年获"端州区首批教学能手"称号,2007年、2009年获"端州区优秀班主任"称号,2006—2008年连续三年担任端州区新教师招聘英语科评委,2006年辅导的英语节目在"二十一世纪亚洲杯"英语课文剧大赛中荣获市级二等奖,2007年、2008年获"全国中学生英语能力竞赛优秀指导老师"称号。

2002—2008年,大量的赛课、研讨课、示范课、交流活动,让我在一步步地学习,一步步地改变,一步步地提高,一步步地完善,一步步地走向成熟。我的日常课堂也随之发生了巨大的变化,每节课的教学设计都能从学生所处的学习主体地位出发,任务型组织教学,把活动作为课堂中心。通过设任务、启发、诱导以激发和培养学生的主体意识,使学生积极主动地参与到课堂学习中,让学生爱上英语课堂,享受成功的乐趣。这个阶段,教学风格虽然不明显,但我的课堂教学在初中英语界也可以称得上独树一帜了。尤其是在语法教学、听说教学和课文内化教学上已经形成了自己独特的任务型教学法,多个课堂教学实录被选为新教师培训的素材。

**(四)海纳百川,风格形成**

2009年12月,我顺利地评上了高级教师,成为学校最年轻的高级教师。很多老师对我说:"小杨,你已经顺利到岸了,以后就不用那么拼搏了。"可是恰恰相反,我开始不断反思,深刻审视自我,思考如何抓住课堂的根本形成属于适合自己又符合学生的教学风格,成为一名有思想、有主张的地理教师。在梳理课堂教学模式并提炼教学方法的过程中,我认真研究课堂实录,思考听我课的同事们对我教学的点评,征求学生们的感受。他们对我的课的意见是:"上课激情澎湃,语言丰富幽默,脸总是带着微笑,亲和力强,打扮时尚得体,话题贴近生活,让学生有话可说,有事可做;课堂容量大,指令简单清晰,实效性强。"于是，我逐渐形成了"激情幽默、亲和实效、精工致巧"的教学风格。

2009—2013年，我身兼三职，既是科组长、备课组长又是班主任。忙累的工作并没有让我退缩，反而更加激发了我要向更高的目标迈进。2009年，我成为端州区首批教学能手，开启了与城区各校青年教师师徒结对的教学生涯，在我徒弟们的课堂教学上可捕捉到我的教学风格。在三年的时间内，除了给他们上示范课，积极指导他们开展课堂教学的改革，还经常与他们进行互相听课和评课的活动，定期在网上继续工作反思与教研。对他们所承担的每一节课从设计的思路、制作课件到课堂教学每个环节的具体把握等方向，都进行如切如磋的研课，力求每一堂课都是精品课。例如，2013年在肇庆市教育局教研室英语科举办的九年级英语教学研讨会上，我辅导钟颖瑜老师上了一堂题为"定语从句练习评讲课"；2014年在市级送教下乡活动中，我指导夏贤坤老师开展音标运用教学，课题是"英语字母在Phonics教学中的综合运用"；至今，我所带的钟颖瑜、陈萍、宋为莲、候玉珊、夏贤坤等青年教师已经成为我区骨干教师，活跃在我区的初中英语教坛上，成为新一批的英语教坛新秀。由于培养青年教师效果显著，2011年我被区评为首批"范例式"优秀导师。

（五）"名师"的培养，助力我腾飞

我的辛勤耕耘得到了回报，作为普通中学的一名英语教师，我有幸被选为"肇庆市第二批中小学名教师培养对象"，参加了为期三年的培训学习。"与智者同行，你就会不同凡响；与高人为伍，你就能登上巅峰。"成为名师培养对象后，我与来自全市各校的骨干教师为伍，共同学习与研究。有了很多机会奔赴全国各地区聆听教育大咖的讲座，观摩教育名家的示范课，他们的睿智、专业修养、思想和教育情怀深深地影响着我。在3年培养期间，我勤读教育杂志，勤写论文，勤做课题，勤与学生为伍，勤写教学反思，勤上示范课，勤开设专题讲座，勤做示范带学。因此，我的教学与教研能力提高到了更高的层次，使我的教育意识、教育教学能力水平有了质的飞跃，给我插上了腾飞的翅膀。

1. **德育工作创硕果**

从2013年至2016年我一直转接两个毕业班的教学工作，并担任其中一个班的班主任工作。多次接全级最差的班，做到"尊重个性，智慧管理"班级。培优转差成功，多名学生获市三好学生、市优秀学生干部，中考成绩超额完成学校下达的指标，位列同类班榜首。多次被评为文明班、体育先进班、卫生先进班称号。所撰写的德育论文获市、区级优秀论文奖项。2014年，我被评为"端州区优秀班主任"。

2. **教学业绩显优秀**

从2009年至今，学校委以我重任，连续10年担任毕业班的英语教学工作，并担任初三备课组组长，每年获中考成绩优秀奖，中考备考优秀备课组。我所带的两个班级英语中考成绩名列前茅，2018年中考九（2）班马梓瑜同学以119.5分成为肇庆市中考英语单科状元。我潜心钻研教学，总结自己多年课堂经验，经常撰写反思。尤其擅长毕业班实效开放的语法复习课。由于个人业务水平高，中考备课经验丰富，近6年一直被任命担任肇庆市中考改卷作文组组长。第二课堂成绩喜人，2016—2018年，组织学生参加端州区九年级作文比赛、广东省中小学英语在线朗读展示活动，共计获省、市、区一、二、三等奖32人，本人也获"优秀辅导老师"称号。

### 3. 带领科组同进步

科组是每一位教师专业发展的主阵地和平台，科组的建设和发展关系着每个教师的专业发展。有凝聚力的科组才是一个有"战斗力"的科组。作为科组组长，我提出了12个字的科组管理建设（文化传承、制度健全、人文关怀），让每个老师在科组有"家的感觉"。老师们遇到什么困难，都互相帮助；接到任何任务，均群策群力。因此，科组的凝聚力越来越强大，多次被区教研室表扬肯定，并取得了很多集体奖项：2015年，在"在肇庆中小学教师网络研修与校本整合培训试点"项目中，英语科组被评为"优秀科组"；2016年，在端州区"专题式教研"活动中获初中组一等奖；2014年，被评为"端州区巾帼文明岗"；2016年，被评为"肇庆市巾帼文明岗"；2017年，被评为"端州区优秀示范科组"；2016—2018年，在"广东省中小学英语朗读能力在线展示活动"中荣获优秀组织奖；2016年，在端州区中学学科组长"教学常规管理主题交流活动中"，我被评为"最佳表现奖"。

### 4. 课题研究出佳绩

有幸成为肇庆市第二批名师培养对象后，我珍惜在全国各地进行观摩学习培训的机会，严格按照自己制定的3年规划目标进行研修，在反思定位阶段，坚持阅读经典名著以撰写教学反思、读书笔记，凝练提升进行课题研究。我有幸得到李华教授、傅红两位导师的悉心指导，在教学与研究方面均有长足进步，教学风格初步凝练而成。成为名师培养对象3年多时间以来，我已经完成了4篇跟岗总结，1篇理论学习总结，7篇跟岗日记，6篇教学随笔及反思。主持3个省、市级课题，参与2个市、区级课题，承担了6个示范课。2015年，课题"'任务式'话题教学在中考语法复习课的实践研究"顺利结题，并获省级课题成果一等奖；2016年，主持的市级课题"基于微视频资源的初中英语听说课的实践研究"正在进行中，预计2019年5月底结题；2018年，主持的区级课题"核心素养视域下，初中英语阅读教学的策略研究"正在研究中，预计2020年结题。

搞好课题研究的教学设计与实施的同时，我还善于撰写课题研究论文成果，论文多次获奖，2篇论文获省级二等奖，1篇论文获市级二等奖，2篇论文获区级一等奖。积极在市、区内开设5个专题讲座："探讨中考语法专题评讲课的模式""七年级教材分析和教学设计""九年级探究性词汇教学""研读考纲,整理资源,科学备考""齐聚香江,修学之路,论剑理工,研教之道"。

发挥名师引领辐射效应,积极承担示范课。2010—2018 年共承担 6 节示范课:2010 年承担端州区青年教师示范课,课题为:"Which sport will you take part in";2012 年参加了肇庆市教育局教研室组织的初中英语教学送课下乡活动,课题为"中考时间状语从句总复习"。2015 年 3 月承担了区九年级词汇教学的示范课,课题为"仁爱版九年级上 Unit 4 Topic 的词汇课";2015 年 6 月承担肇庆名师到深圳梅山中学跟岗学习公开课,课题为"牛津版八年级 Unit 4 Module 8 Life in the future";2017 年 5 月承担了肇庆市专业技术人员全员培训专家到校活动示范课,课题为"人教版八上 Unit 8 Section A Have you read treasure yet";2018 年 6 月承担了名师示范汇报课(四会东城中学)课题为"人教版(*Go for it*)八年级上 Unit 10 Section A I've had this bike for three years"。2015—2018 年,由于个人教学科研能力强,科组建设成效显著,中考备考经验丰富,我分别被邀请到区内兄弟学校、四会大旺中学、封开杏花中学、怀集大岗中学、高要区禄步初级中学等学校开设专题讲座或经验交流,得到与会同行的高度好评。

5. 综合成绩列前茅

由于我的一步步积累,一步步前进,教学成绩非常显著。在此期间,我个人取得了很多的荣誉:在肇庆市第二批名师培养工程项目中我曾多次被评为优秀学员、优秀组长,期中考核被评为优秀;在 2017 年广东省初中英语骨干教师赴香港学习中,被评为优秀学员和获最佳服务奖;2009 年和 2014 年,获"端州区优秀班主任"称号;2015 年,入选广东省中小学教辅材料评议专家库;2016 年,获"端州区优秀科组长"称号;2016 年,被聘任为肇庆市中小学高级委员会评委委员,端州区基础教育科研学科组评委委员,端州区中小学中级教师职称评审委员,端州区英语教研会理事;2016 年,被聘为广东省中小学教师资格考试面试考官;2017 年 7 月,被选拔参加广东省中学英语骨干教师赴香港理工大学学习培训;2017 年,被端州区人民政府授予"优秀教师"称号。

余泽曾经说过,"一个用他双手工作的人是劳力,一个用他手和脑工作的人是工匠,一个用她的手,脑和心灵工作的人是艺术家。由此,你要展示的就是自己独特的魅力"。教师要想形成自己独特的教学风格,就要在品德修养、知识结构、个性特征、审美情趣等多方面不断完善自己,通过自我体验、自我分析、自我评价,在学习、实践以及反思过程中提高自己的能力,最终一定能形成独树一帜的教学风格。

## 我的教学实录

### Making Rules for School——被动语态复习课

**设计意图：**

本课采用自编教材形式进行单元复习被动语态，以 Talking about objects and languages, Signs, Giving instructions 为主线，采用任务型语言教学法，同时借助多媒体辅助教学。通过一系列任务活动，以竞猜、比赛、谈论、表演等形式让学生在实践中运用被动语态，并增添课堂教学的趣味性和互动性，从而达到教学目的。

1. **语言知识目标**

   （1）复习和巩固三种被动语态的基本句型以及词汇。

   （2）掌握公共场所的不同标志（signs）以及如何向别人表述它们的含义。

   （3）复习巩固公共场所的须知（如音乐会的入场须知）。

2. **语言能力目标**

   （1）学生能在听、说、读、写活动中运用被动语态。

   （2）学会制定学校的校规。

3. **思维品质目标**

   让学生积极参与各项活动，大胆地运用英语进行交际活动，在做活动的过程中，培养学生对各种规则合法性的判断能力，树立他们正确的人生观。

4. **文化品格目标**

   语言科学最关键的作用是在于培养一种人文的精神，所以在本课一系列的任务的活动学习，渗透了德育和美育以及安全教育的理念，提高了学生的安全防范意识；让学生积极参与自己学校的管理，让他们有当家作主的感受，从而更加热爱自己的学习环境。

5. **学习策略目标**

   （1）通过学习，要学会自己编造谜语。

   （2）通过学习，能对不同公共场所的标志进行分类记忆。

   （3）通过学习，掌握制定一些场所的规章制度的词汇。

6. **教学策略分析**

   采用任务型教学方法。

**教学过程：**

Task One: Make conversations with the pictures. (5 minutes)

(1) Germany

(2) Shanghai

(3) China

(4) Japan

(5) America

(6) England

(7) Russia

(8) Beijing

教师活动：

1. Make a model dialogue with one student.
2. Guide students to make similar dialogues with pictures on the computer.
3. Have some students share their dialogues and comments on their work.

学生活动：

1. Make dialogues in pair.
2. Share pair work in groups.
3. Have reports in class.

Model dialogue

T: *Look at Picture One, What is it made of?*　　S: *It's made of metal.*

T: *What is it used for?*　　S: *It's used for telling time.*

T: *Where is it made?*　　S: *It's made in Germany.*

T: *What is this called in English?*　　S: *It's called a watch.*

T: *Thank you. Well done!*

设计说明：

利用多媒体的图画，设计和学生的示范对话，以两人对话的形式，很好地指引学生把所谈论的话题范围锁定在本课时的目标语言：一般现在时的被动语态的各种用法，也为学生在下一个环节猜编谜语提供了足够的语言词汇和句型。

Task Two：Guess and make Riddles. (7 minutes)

教师活动：

1. Show a model riddle and guide students to ask and guess.

2. Guide students to make riddles by using the passive voices.

3. Check some students' riddles and give comments on them.

学生活动：

1. Individual work: Make up riddles by using the objects which they have prepared.

Write down the riddles.

2. Ask and guess: Some students show their riddles and others guess.

3. Retell riddles: Listen to your partner's riddles, and then say what you have heard.

Model dialogue

T: Now, I have something in my hand. It's made of bamboo and animals hair. It's used for writing. It is made in China. Can you guess what it is called in English?

S1: Is it called a writing brush?

T: Well done. It is called a writing brush in English.

T: I have another riddle. It is my birthday present. It was given to me by my husband. It was bought in Guangzhou. It is made of paper. It is used for looking up new words. What is it called in English?

S2: Is it called a dictionary?

T: Yes, it is called a dictionary in English.

设计说明：这一环节的教学是"竞猜谜语"，是第一个小任务的延伸，由对话过渡到用简单的几句话编一个谜语。由于老师的合理示范，所以在编谜语的活动中，学生在四人小组中能自然地运用所学的一般现在时和一般过去时的被动语态各种句型，从而使学生在语言活动中运用语言点。

Task Three: Learn different signs in different places. (6 minutes)

教师活动：

1. Competition: Let students say as many signs as they can.

2. Guide students to tell the names of the signs on the computer.

3. Guide students to describe the signs by using one or two sentences.

4. Have students talk about the signs by using the target languages individually.

学生活动：

1. Listen and name out of the signs in English.

2. Pair work: What does the sign mean?

Signs on the computer

(1) No Litters   (2) No Mobile Phones   (3) No Motorcycles

(4) No Smoking   (5) No Bicycles   (6) No Locks

(7) No Cars   (8) No Fire   (9) Exit

(10) No Swimming   (11) No Fishing   (12) No Photos

Task Four: Describe the signs in public places. (5 minutes)
教师活动：
Let students practice the passive voices by talking about the signs in public places.
<u>What should not be done in the following public places?</u>

设计说明：

为了让学生更好地掌握与运用含有情态动词的被动语态，本环节设计活动"标志知多少"的竞赛，一共使用到12幅标志图和4幅公共场所的须知图。学生在老师的引导下在完成活动时，运用目标语言，同时也渗透了德育和美育教育，对学生进行了礼仪及安全教育，使学生的安全意识提高。比赛的活动形式可以刺激学生的兴奋点，同时也为下一个任务做了铺垫。

Tips for discussions in Task Four

The following ideas may be helpful to make the rules：

1. Students（allow）
2. School uniforms（wear）
3. Students（dress neatly）
4. Hair（cut）
5. Bikes（ride）
6. Mobile phones（use）
7. No smoking（allow）
8. No noise（make）
9. School things（take good care of）
10. Rubbish（put into）
11. Homework（hand in）
12. Students' cards（check）

Task Five: Find rules in a concert. (5minutes)

教师活动:

1. Present a pictures about *"Rules in a Concert"*
2. Guide students to talk about it.

学生活动:

1. Talk about the pictures individually.
2. Tell the rules together

<u>Rules in a Concert</u>

        Dressed neatly   No Food

  No smoking    No Photos   Under 1.2 m Children

Model sample needed in this task

---

Notice to the Audience

1. All members of the audience should be dressed neatly.
2. No slippers are allowed into the concert hall.
3. Children under 1.2 m in height can not be taken into the concert hall.
4. All beepers and mobile phones must be kept off during the concert.
5. No photos can be taken during the concert.
6. Smoking is not allowed in the concert.

---

设计说明:

在这个任务活动中,学生加深了对公共场所"须知"的了解,同时为完成

下面的真实任务 "Making English rules for No. 5 Middle School" 提供了写作的模式。

Task Six: Make rules for school. (10 minutes)

教师活动:

1. Let students read a notice "English rules for our school".

2. Ask some students to give some ideas for rules in school.

3. Discuss school rules in group work.

4. Show a form "Discussion for the school rules" and help students make school rules.

5. Have students share their school rules in class (通过实物投影) and evaluate them.

学生活动:

1. Discuss the task in group work.

2. Write down the rules for school.

设计说明:

这一环节的目的是要训练学生综合运用被动语态的能力,包括听、说、读、写的能力,尤其是写的能力。以一个广告语引入,设计了一个真实的任务"Making Rules For School",由于学生该任务前已做好知识准备,因此,在完成任务过程中更能灵活有效地训练和强化语言能力,最后的交流的活动中,还渗透了人文主义教育,尊重了学生的个性发展。

---

Notice

English Rules for Our School

New English rules are wanted right now! Welcome new ideas from our students. Make the rules, and many prizes are waiting for you!

——No. 5 Middle School

---

Task Seven: Have a quiz. (5 minutes)

设计说明:

本环节设计目的在于:①了解学生在本节课的学习效果,找出问题与不足,有利于下节课的教学。②给学生提供了一个类似题材的范文,帮助学生高质量地完成家庭作业。

A quiz: Complete the forms

Rules for the Students of No. 5 Middle School
1. All the students _____ (not allow) to come late.
2. All the students ____ (must dress) neatly and no slippers ____ (allow) in school.
3. School uniforms _____ (must wear) in school.
4. Students' cards _____ (must check) at the school gate.
5. Hair _____ (should cut) just right.
6. Homework _____ (can't hand in) late.
7. Bikes _____ (must not ride) after entering school.
8. No food _____ (can have) in class.
9. All the mobile phones _____ (must not use) in class.
10. No smoking _____ (allow) in school.
11. All the school things _____ (should take) good care of.
12. Rubbish _____ (must put) into the dustbin.
13. _____

Post-task: (2 minutes)
1. Summary of this lesson.
2. Homework:
\* Go over Unit 9 – Unit 11;
\* Get ready for Unit 12;
\* Write class rules.

教学反思:

(一) 本节课的亮点

(1) 杨老师凭借流利的口语、富有的激情、亲切的教态、清晰的思路以及娴熟自如的驾驭能力, 圆满地完成了教学任务。我们听课不仅身临其境地领略了杨老师的教学艺术的魅力, 更在听课过程中促进了自我素质的提升。

(2) 本节课教学设计流畅、导入体现话题引入与文化意识渗透双功能, 教学方法新颖、师生配合自然和谐、杨老师采用任务引导式的设计激发学生的学习欲望; 让学生对本堂课充满兴趣, 教学设计精细, 教学风格幽默, 师生互动巧妙, 层层递进。

(3) 充分体现了以学生为主的教学思想及以教为本、以学定教的课堂教学策略, 在课堂组织上以交际任务统领整个教学过程, 较好地体现了课标中"自主,合作,探究"的学习方式,在各环节活动中能渗透学科核心素养,培养学生的审辨思维能力。具体表现在:设计新颖巧妙,大胆创新;教学贴近生活,为生活服务;重点突出,活动形式多样;教师课堂指令精练,语言丰富幽默。

(二) 有待提高的地方

(1) 没有将这课的复习重点进行板书,一部分基础较弱的学生可能跟不上。

(2) 学生过于被"动"的活动不能更好地做到"既动既静"。

(三) 课后的一些想法

(1) 倡导探究性学习,强调学生的主体性,把时间还给学生的同时,不要轻视教师的主导作用。

(2) 教学过程中,既要重视教学总结,更要重视教学结论的生成过程,重视英语学科素养的渗透和学生思维能力的培养。

(3) 传统与现代化教学手段必须要完美结合。

(4) "亲其师然后信其道",让学生先爱上老师,从而喜欢你的课。

(5) 运用语境和语篇教学,在特定场景下,把语法与听、说、读、写活动紧密结合,从而促使学生真正做到活用活学。

## 我的教学主张

"简约务实、智趣共生"是我一直追求的教学主张。简约务实,教学的最高境界是扎实、朴实,学生绝对参与。作为一名初中英语教师,我首要的教学追求就是简约务实。在教学课堂上做到教学目标简约化、教学环节简明化、教学活动实效化、教学过程节奏化。课堂上不追求表面的热闹,应该去繁就简,抓重点,回归大道至简的境界,给课堂留空白。留给学生足够的时间深入思考,心灵交流,从而学到真知。在课堂实现"玩中学、做中学、思中学、动中学"。学习本身是件快乐的事情,没有必要设计过多复杂的学习环节,因此要合并、缩减过多的教学环节,做到精美致巧。但是内容要充实丰满,语言指令要简单明了,一针见血;不能盲目追求现代媒体,而是要做到有的放矢。

"智趣共生"是我所追求的理想课堂效果。这源自一位优秀的小学语文老师孙双金提出的"情智教育"的理念。在我的课堂教学上,我一直追求的课堂效果要达到教学语言情趣化、教态表现夸张化、思维活动游戏化、智力培养策略化、教学评价色彩化。教师课堂用语应该是充满智慧和趣味的语言,有掌声和笑声的课堂一定让学生流连忘返。教师必须巧用夸张的肢体语言,学会放下身段,用近似孩子的视界和情感心态与学生交流。幽默、笑话、游戏、歌曲、视频教学,都能有效将学习、趣味、快乐进行有效的融合,有利于学生的思维发展和智力的培养。我的课堂评价拒绝冷冰冰,尽量让评价充满色彩感。例如,小奖状、表扬信、爱心便利贴等都成为我和孩子共同认可的色彩。

## 我的育人故事

### 善意的欺骗

"杨老师,看看你们班学生的杰作!"周三上午,我正专心致志地制作课件,忽然被这极具震撼力的声音惊起,抬头一看,是分管德育教育的吴校长,只见她双手捧着四分五裂的安全标识牌,一脸严肃地诉说"罪状":"你说下课玩什么不好,这帮小子非得挤到夹道里胡打乱闹!这一闹不要紧,人趴到标识牌上,牌子碎了事小,若是伤到了身体那麻烦可就大了!杨老师,你应该好好加强一下班级的安全教育了!"

唉!这帮小祖宗,咋就会忙中添乱?本就因为公开课的事儿忙得团团转,他们竟……瞬间怒火中烧,我狠狠地瞪着几名肇事者:小魏、小许、小张、小王,此时的他们就像霜打的茄子,耷拉着脑袋,垂头丧气。先是10分钟的面壁思过,之后我便为他们"插上想象的翅膀",设想胡打乱闹可能造成的种种严重后果。整个过程,我充分发挥导航的作用,施以多种情景预设,引导他们及时换位,关键时刻适时点拨。几个回合下来,孩子们自知理亏,言谈之中透出愧疚之情。紧接着,我也搞清了事情的经过:下课后,几个孩子一起玩游戏。不知是谁推了小许一下,小许没站稳,趴在警示牌上,偌大的身体压在轻巧的牌子上,结果可想而知。然而问及推人者是谁,几个孩子的态度却是如此地整齐划一,头摇得皆像拨浪鼓,谁也不肯承认。偏巧他们玩耍的地带又处在监控盲区,究竟是谁也无从考究,这可真急煞我也!思索良久,事情的处理绝对不能如此简单!对,得让这帮孩子"买"点教训!索性以假乱真,把家长也拉进来"演戏"。

于是,临放学前我把他们叫到跟前,一本正经地掰着手指,跟他们细算损坏公物后的赔偿费用,加上学校的处罚金,每个人都需支付100元不等。几个孩子闻言,面面相觑,欲哭无泪,看来这惩罚真的触到他们的神经了!中午吃饭的时间,几个孩子的家长陆续打电话来询问。我耐下性子,详细讲述了事件的前因后果,以及我为此做好的"剧情"安排,家长们纷纷表示会积极配合。等到分别跟几个家长解释完,只觉得脑袋都大了。事情过去几天了,几个孩子的行为确实得到收敛,甚至有时见到我还会躲躲闪闪。我自以为导演得不错,惩戒真正起作用了。直到后来剧情翻转,不禁让我大跌眼眶,悔恨当初。

那是周四课外活动时间,学生小邓气喘吁吁地跑来,告诉我向来要好的小王和小李竟然打起来了!待我调查了解,两人就因一根跳绳,友谊的小船说翻就翻!我只得分别先做他们的思想工作,谁知在和小李单独交流时,他竟蹦出这样一段话:"老师,其实……其实并不只是因为那根跳绳。我很生气……小王背后骂你贪财!说你多收了他们的钱都塞进了自己的腰包……"听了小李的话,我如遭雷击，整个人立刻垮了下来。真是怕啥来啥，看来即便是善意的欺骗，有时也会弄巧成拙，留下难以弥补的缺憾。和小王单独交流时，昔日那个活泼可爱、无话不说的孩子，此刻竟满眼敌视。心意已决，再和他说话时我表现得异常平静："我知道你对我有看法，这样吧，你可以和其他三位同学商量一下，把对我的不满全都写出来。倘若你们有足够的理由说服我，多收的钱我一分不少地奉还！"

　　第二天晨读课上，一进教室我就发现讲桌上放着一封信。待我回到办公室细细研读之后，内心竟有不小的震动！原来，周六小王到叔叔家做客，恰巧叔叔是做广告牌的，于是他随口打听了一下标示牌的价钱。他一听和老师收的钱差距竟如此大，叔叔还调侃式地告诉他，剩下的钱是被老师"私吞"了。当他把这件事原原本本地告诉另外几个同学时，孩子们全都傻了眼！怪不得最近几天孩子们对我躲躲闪闪！孩子们信中道出心声："杨老师，原来您在我们心中是美丽的女神，我们不相信您会'贪污'。这次您是不是糊涂了？我们宁愿相信这是一场噩梦……"上午第二节的英语课直接改为临时的班会，当我把这封信展示在大屏幕上时，立刻吸引了孩子们的视线。读完信的同时，我竟发现孩子们看我的目光里多了一分猜疑。我表情严肃地走上讲台，郑重其事地朝着同学们深深地鞠了一躬。

　　"今天老师要给所有的同学道歉，尤其是对小魏、小许、小张、小王四位同学，因为……老师骗了大家。"当我一五一十地说出事件的整个过程，孩子们全都呆住了，小魏、小许、小张、小王4个孩子更是一脸的困惑。我随即打开微信视频，视频中四个孩子的家长除了解释事件背后的真相，也表达了对他们深深地期望。

　　刚才还在洋洋自得的4个孩子转瞬间变得局促不安，头也埋得低低的。"老师，是他们误会你了！""是啊，老师，我一直相信您不会做出这种事的！""老师，在我们心中，您永远是最美的！"……

　　"不，孩子们，这次的确是老师做错了！我向大家保证：以后不会再骗你们了！"听着孩子们温暖人心的话儿，我一脸真诚地给大家表决。"老师，是我推的小许！"小魏突然站起来，哇的一声哭出来，"是我的错，我应该多承担责任！"

　　片刻宁静之后，教室里立时响起了一片掌声……

## 他人眼中的我

### （一）同行眼中的我

　　"众里寻他千百度，蓦然回首，那人却在，灯火阑珊处。"杨老师就是在那千百次的探寻中，追求着她的理想中的"生本课堂"。走进杨老师的课堂，我看到的是激情幽默、亲和实效。课堂外，杨老师又会有不一样的教师活动。她讲究设计预设充分，有着精工致巧的一面。

（肇庆市第一中学英语中学正高级教师、特级教师 陈美勤）

杨老师注重自身和徒弟们的专业发展。在课堂上，她凭借纯正的口语发音和丰富的海外经历使学生能够感受到地道的英语和异国文化，优雅温和，课堂上气氛活跃，感染力强。她严谨的教学风格，创新的课程设计，授课幽默风趣，富有激情又能切中要害，方式灵活，重点突出，让学生在轻松愉快的氛围中感受英语的魅力及重要性，深受学生和家长的喜爱。扎实的专业知识鞭策着所带的青年教师不断充实自己。

（肇庆市端州区英语教研员、英语中学高级教师、肇庆市第一批名师培养对象、肇庆市学科评审委员 潘雪红）

杨老师是肇庆市及端州区的英语名师，有着其独特的个人魅力和非凡的才华。20多年来，站在三尺讲台，挥洒着辛勤汗水；教学上孜孜不倦，铸造了一节节精品课程。她拥有深厚的专业底蕴、多彩的授业之道、精湛的课程教学能力。每次市区的公开课都给同行们很多的教学启迪。同时，杨老师是一位懂得生活、热爱生活的美丽女性。她性格开朗、独立、自信、自尊，拥一份从容，执一份淡定，怀一腔柔情，掬一腔才华，用享受生活的恬淡态度呈现一个精致的女人完美体现，不愧为端州英语教学发展的领航人。

（肇庆市地质中学英语中学高级教师、广东省骨干教师、肇庆市首批英语学科带头人 吕琴）

## （二）学生眼中的我

杨老师风趣幽默，漂亮而且有魅力。从前的英语课不曾有过如此轻松、开心的状态。同学们的学习兴趣也未曾如此之高，我也没有试过像现在这样，上课轻松而充实，而且知识也学得无比扎实。

[2018届（4）班学生 卢玮]

杨老师就是英语科组的定海神针，她外表看似冷若冰山，好似下界仙女一般拒人于千里之外，可一踏入课室，她脸上的冷冰一扫而空，带着如火热情投入课堂，在讲课过程中，她为了将一个知识点说清楚，总会"手舞足蹈""歇斯底里"地呐喊，无所不用其极。课后，我们总会聚集一众"战友"拿着一道道难题向杨老师请教，而她每次一看到错题，总会嘴角闪过一道冷笑，紧接着训斥的话语便会如连珠炮一般脱口而出，话语中往往能一针见血指出我们的错处，让我们意识到错误的同时，还让我们无地自容，但一个个的错题便是牢牢地铭记在心中了。然而时光从未停住匆匆的步伐，一眨眼，我们就已经面临中考，初见杨老师的惊艳与赞叹仍然历历在目，在杨老师的关心与"嘲讽"下，我们学到了越来越多的知识，也见识了她出题的"腹黑"。

[2017届（4）班学生　陈铭佳]

　　杨老师是我心中为数不多的印象深刻的一位老师。初给我印象的是一个完美主义者。在成为我的英语老师后，她表现出来的张扬个性的一面，让我目空一切的母亲也对她赞不绝口。她有能力把生硬的课堂和无味的教学内容变成一场自由精彩的英语讨论会。她的教学方法总是让你眼前一亮，她是个知性而又时尚的美女教师。在最后中考冲刺阶段，为了减轻我们的心理压力以及疲劳，她每天穿着靓丽的长裙，带着友善的笑容，为我们的中考战场"排雷扫弹"。

[2017届（4）班学生　温梓欣]

# 一切为了培养"聪明"的脑袋

● 广宁县教育局教研室　杨庆辉（初中物理）

● **个人简介**

我，一个标准地道的理科男，物理中学高级教师，肇庆市中学名师培养对象，肇庆市首批名师网络工作室主持人，肇庆市青少年科技教育协会第七届理事会理事。我自小好奇心强、好观察、好思考、善动手，后天形成聪慧机灵、思路活、点子多、有主见的个性。从小到大，聪明机灵成为我明显的特征。我曾任教高中、初中物理8年，后担任县中学物理教研员兼青少年科技教育具体工作至今15年。工作中，我致力于学生智力的提高，即努力为每个学生培养"聪明"的脑袋，特别善于对学生观察、逻辑思维、分析等学科能力的培养。同时，工作生活中也牢牢贴上了机灵、睿智的标签。我参与广东省中小学教学研究"十二五"规划课题的研究，主持广东省教育科研"十三五"规划研究教育科研重点课题项目，近年在《中学物理》《湖南中学物理》《肇庆教育研究》等各级专业刊物发表与学科教学、学生能力培养相关的论文十余篇。先后荣获"广东省青少年科技教育优秀组织工作者""肇庆市青少年科技教育活动先进组织者""肇庆市优秀学科竞赛辅导员""广宁县优秀教育工作者""广宁县教育局优秀共产党员"等荣誉称号。

▶ **我的教学风格** ▶

世上每一个人都是一个独有的个体，各自不尽相同的成长环境、成长条件和经历，孕育了各自特有的个性。而经自成一格的个性濡染必会形成自己特有的生活习性，当然，同时也会形成个体特有的工作习性，教师就会形成稳定独有的教学风格和学科教育观。而一个人的个性特征将是形成这一切最重要的基础要素。

"少言者多思"，我就属不善言者。好奇心强、善于观察、善于思考、思维敏捷、逻辑性强、分析能力强是我的特性。工作生活中思路活，点子多，有主见。

从小到大，我总喜欢观看、思考机械的运转，儿时路过自行车维修点，还有今天现代化工地大型机械在工作，都会吸引我驻足；对所遇到的事物，我总爱弄明白其来龙去脉，个中发生运行的因由；家中手表、收音机、录音机等"贵重"家产，也有不少毁于我手。从小就有点自带小聪明，十几年的读书历程，从不会埋头死啃，课堂上总会在关键那几分钟回神认真听老师的课，而成绩既不会是最好，也不会太差那类，惹来同学不少的眼红和不理解。整个成长过程，不经意形成的"聪明"脑袋给我带来更多的轻松和愉悦，也带来了在别人眼中属于难以获取的小收获。一直以来，十分感激上天赐予我一个"聪明"的脑袋，助我轻松愉快成长。

在23年的教育教学工作中，我一直都在为一个目标坚持努力着：为学生培养一个聪明的脑袋，包括亲自尝试落实如何为每个学生培养"聪明"的脑袋和帮助老师如何才能做到有效培养学生"聪明"的脑袋。这一观念结合到物理学科上，就是注重学生学科能力的培养和学科素养的形成。

我在学校教育一线工作8年，既任教过初中物理，也任教过高中物理，个人的特性也造就了一直坚持的教学方向：一切为了培养"聪明"的脑袋，还有机灵、睿智的课堂教学风格。所以，课堂上在学生学科能力的培养和学科素养的形成上就可能做得更好、更有优势；重思维，重逻辑，凡分析必全面有条理、有理有据，重过程经历，重学科技能的形成就能做得更到位。我在整节课教学设计中，在分析讨论过程中，在局部环节的内容处理中，都努力做到有很强的逻辑性。老师的"身教"是最有效的教育，对学生思维、逻辑能力的形成都有很好的促进作用。在物理课堂教学中，充分发挥和利用自己善于思考、思维敏捷的优势，在交流辩论、分析物理现象等环节，尽量抓住所有培养训练学生思考习惯、逻辑能力的契机，做到引导恰当，深入浅出，达到相应的培养效益。在物理课堂教学中，巧妙设计学习活动过程，让学生在活动中经历过程，落实观察、实验、建模等物理学科能力和物理基本技能的培养。总的来说，就是在学习知识的活动过程中，努力在所有可以利用的环节，达到学生能力和学科素养的培养。而这一切，恰好就能更好地培养学生"聪明"的脑袋。

在物理学科教研工作岗位15年，我十分清楚这样一个道理：人的思想观念会深刻影响一个人的行为。所以，要改变物理老师教育教学行为，只有努力改变他的教育教学理念，对其教育教学行为进行客观科学的剖析，并给予合适的处理建议和方法，才能产生效益。在新岗位，我获得了更多学习提高的机会，对课堂教与学的行为有了更深入的理解，为更好地帮助老师做到培养学生"聪明"的脑袋提供了更有力的保障。工作可以做到更灵活，更有智慧。

对学生也好，对老师也好，教育的作用是多层次、立体化、多元化的，是教育者与受教育者心灵与心灵的沟通、人格与人格的对话。在长期的教育教学工作中，我养成认真执着、坚持不懈、自觉自律、重身教以身示范的特性。充分利用个人魅力和人格力量影响着自己教育的对象——学生，还有服务的对象——物理学科教师。在工作中对他们产生陶冶作用，寓教育影响于无形，产生深刻的教育效益。

## ▶▶ 我的成长历程 ▶

### 默默潜心修炼　完成专业成长三级跳

我是南方地道的广东人，由一方水土滋养成长，自然就带有南方人固有的坚毅、细腻多思、聪慧机灵的个性。自小好奇心强、好观察、好思考、善动手；十几年的读书历程，从不会是埋头死啃那种；从小就有点自带小聪明，不经意形成的"聪明"脑袋给我带来更多的轻松和愉悦，也带来了在别人眼中属于难以获取的小收获。

我生长在一个教师世家，祖爷爷辈和爷爷辈已是私塾学堂的先生，父母也在本地山区做了一辈子的中小学教师，大哥大嫂职业也是教师。我从小家教甚严，加上长久耳濡目染，自然对教育也有了比别人更多的先知和先觉。后天成长进一步促使形成稳定的个人习性——聪慧机灵，善思考，善"偷懒"；逻辑思维强，分析能力强；思路活，点子多，有主见。

基于自身的个性，在 23 年的教育教学工作中，一直设法令课堂更具吸引力，更有影响力，所以我努力寻找轻松有效学习、轻松有效教学的好做法。我一直坚信：为学生培养一个"聪明"的脑袋，将是最强有力、最有效的教育。工作中，我一直都在为达到这个目标而努力着，包括亲自尝试落实如何为每个学生培养"聪明"的脑袋和帮助老师如何才能做到有效培养学生"聪明"的脑袋。漫长的成长中逐渐形成了机灵、睿智的鲜明特征。回看成长的经历，我深刻体会在教师专业成长过程最关键的要素是：要具有某些个性特征（如物理学科必需的擅思、擅逻辑、擅分析等），要做到潜心修炼（具有主观能动性），要创造性地与实际工作结合。

### （一）初上教坛　懵懂中初熟

当初高考选择师范类物理教育专业有三大理由：一是家族影响，家中祖爷爷、爷爷、父母、哥嫂都是老师；二是自主意识较强，上大学不想花家里太多的钱；三是个性取向，物理教育专业开设有自己喜欢的课程，如家电维修、微机原理、钳工基础、金工基础等。

1995年大学毕业，分配到县城所在地的镇级中学任教初中物理。1995—1996学年担任初二5个教学班物理学科教学。1996—2000年完成两次初中物理学科循环教学，每年均担任5个教学班的物理学科教学，同时担任一个普通班的班主任工作，一直满负荷工作。

南方山区民风质朴，学生纯洁、善良，虽没有城市孩子的聪慧，但也算努力上进。可是种种原因之下总有部分孩子处于无视学业、放之任之的状态。我当时有个简单淳朴的想法：如何发挥自己聪慧机灵的优势，把课讲得有吸引力，改变学生的状态，更好地为自己家乡教育服务。

初上教坛，5年初中物理学科的教学，经历过业务的青涩与懵懂。从开始只懂拼尽全力关注知识的讲解与传授，到略有余力考虑学生的认知水平、学习能力，再到可以在学科教学中顾及学习方法与学习技巧，渗透融合对人的教育，又考虑到育人的长远效益，做到一步一步慢慢成长。

虽然是老师中的新手，但因为受自己个性决定，课堂教学中还是很有物理学科的"味道"：重思维、重逻辑、重参与，分析全面有条理，有理有据。能把生活中、自然现象中的实例分析简单化、通俗化；在课堂教学推进遇到障碍，学生思维遭遇"堵车"时，总能随即进行有效调整及应对；灵敏的思维令课堂上不时会出现一些"一语双关"的发挥，既是授课，也有长辈教育人的效果，学生顿悟后会引来会心一笑和一阵低语。课堂中经常表现出个人的机灵和智慧，这样的课堂风格也挺受学生欢迎，特别是优秀学生的喜爱。

在懵懂中初熟，工作也略有成效。在2000年中考中，平均分、及格率、优秀率分别在全县排第一、第三和第二，我所担任班主任的三（1）班是5个平衡班中成绩最好的班。辅导学生参加全国初中物理知识竞赛，1998年获得全国三等奖、省一等奖、省二等奖各1人次，县级奖5人次；2000年获得全国三等奖、省一等奖、省三等奖各1人次，县级奖3人次。两年均是全县物理学科竞赛最好成绩，是全县学校唯一在初中物理竞赛获得国家级奖项的中学，我也被评为市"优秀学科竞赛辅导员"。学科竞赛的辉煌战绩同时也证明了我的课堂对学生有足够吸引力，证明了我对学生思维能力、逻辑能力等培养的重视和有效。

努力工作中取得的小成绩、小回报，也对我的成长和进步提供了不少的原动力。

（二）再度历练　努力中成熟

2000年秋，我开始担任高中物理学科教学工作，同时担任学校物理学科组长。2000—2001学年，负责高一全级两个教学班物理学科教学；2001—2002学年，担任高一、高二两级 3 个教学班物理学科教学；2002—2003 学年，负责高三全级物理学科教学，三年均担任班主任和科组长。

不同的工作代表着不一样的责任。从已经熟悉并可以轻松应对初中物理学科教学工作，突然转变为担任高中物理学科教学，并负责学科组的教研工作，确有很多的不适。因为高中学科教学，知识要求、解题能力等要求都非同一般，对象是思想更为独立、初步已有自己价值观和人生观的高中学生，这对老师的素质、综合能力要求都会较高。学科组的工作对自己来说，也是全新的领域。别无他选，只有在工作中不断学习，努力逼自己再经历练，尽快成长，胜任新的工作要求。

"热爱学习，勤于实践"成为这一成长阶段的主题。初始，我只有抓住一切的学习机会进行学习提高，书本、前辈、外地工作的大学同学都是我发掘的学习资源，并在现实工作中不断实践总结，潜心修炼。学习令我的课堂处理更灵活，更有智慧：能用浅白的话语把复杂的问题讲清楚，能迅速反应把握课堂教育教学的良机，能根据课堂实际发生进行及时的调整应对。灵活、机智的风格令课堂教学更富吸引力，更有效益。

经过 3 年的努力，学科教学工作已经可以胜任，并且还延续了自己课堂上应有的习惯和风格。重思维，重逻辑，凡分析必全面有条理、有理有据，重过程经历，重学科技能的形成。这些都成为培养学生"聪明"脑袋的有效保证。在教与学活动中特别重视问题的思辨过程，我的"身教"对学生思维能力、逻辑能力的形成都产生了很好的促进作用。在物理课堂教学中，充分发挥和利用自己善于思考、思维敏捷的优势，在交流辩论、分析物理现象等环节，抓住所有培养训练学生思考习惯、逻辑能力的契机，达到相应的培养效益。在物理课堂教学中，巧妙设计学习活动过程，做到让学生在活动中经历过程，落实观察、实验、建模等物理学科能力和物理基本技能的培养。作为班主任，陪伴同一届学生共同完成 3 年的高中生活，师生都同时得到了成长和发展。从解决学生的学习问题，有智慧地解决因补课收费而发生的罢课风波，到解决个人青春期的成长问题，我和学生因此结下了最深的友谊，至今都是关系最好的一届学生。这个过程也让我更深刻地了解到学生的心理和想法，对教学工作和学生思想工作有效性的提高确实有很大帮助，也更好地促进了我的专业成长。

3 年的陪伴和付出也得到了应有的回报。做班主任所带教学班，3 年都是全校有名的先进班集体，特别是在高二校艺术节晚会表演获二等奖，校运会获团体总分第一名。2001 年，指导学生设计的两件作品参加肇庆市首届中学生创意物理实验设计大赛分别获得一、二等奖，其中一件作品代表市参加首届广东省"华美杯"中学生创意物理实验设计展评获省一等奖。这是我市 3 个一等奖中的一个，更是我县唯一的获奖项目。我也因此获肇庆市"优秀指导老师奖""省指导老师一等奖"。2003年，所带毕业班有2人考上第二批本科院校，1人考上专科A线学校，完成数是县高考指标任务的3倍。

3年中，我不断学习钻研，成长为学校的教学骨干和业务尖子，物理学科带头人。所写论文《一道考查学生能力的好题》《因陋就简做好演示实验》，在肇庆市2000年中学物理优秀论文评选中分别获得一、二等奖，并在同年《广宁教研》《肇庆市中学物理优秀论文选》上发表；论文《轻触微动开关在力学实验中的应用》在第四届全国中学物理教研论文选评活动中获得二等奖；论文《简易准确的同步计时装置》在2002年第4期《肇庆教育研究》杂志上发表。我也因工作中优秀的表现，在2002年度考核中评为优秀，并被评为"广宁县2002年优秀教师"受到政府表彰，被县团委评为"2002年度广宁县青年岗位能手"。3年来，还多次获得镇、校"先进青年老师""优秀班主任"等称号。

带领学生斩获首届广东省华美杯中学生创意物理实验设计展评一等奖，再一次证明了我的课堂对学生产生的吸引力和影响力，证明了课堂对学生思维能力、逻辑能力等培养的正确性和有效性，也给我带来空前的鼓励。再次历练，再次成熟，既为我个人专业成长道路打下了坚实的基础，也再次为我的成长和进步注入了巨大的新原动力。

（三）新的挑战　步入新境界

2003—2018年，"不断学习，致力科研"成为这一成长阶段的主题。15年间，我像巨大的吸水性超好的海绵，不断快速在各种场合学习吸收新的东西，促使自己快速成长；同时，致力于教育科研的开展，助力个人提高成长。经历这个过程，令我工作可以更灵活、更具智慧。

1. 新的起点，再一次成长

2003年6月，全县公开招聘初中物理学科教研员。我抱着希望改变一下工作环境的心态报名，经过数个环节筛选，竟然应聘成功，从此踏上了物理学科教研之路。从2003年步入新岗位，到2013年以初中物理教研员的身份申报副高职称成功，是我从新的起点再次成长的修行历程。

从早已得心应手的一线学科教学工作变为负责一个县物理学科教研工作，一切从零开始，而且还要兼任小学科学学科教研工作，县青少年科技教育工作和中学成绩统计等工作。再加上我才持有中二职称，30岁出头的年纪，为工作的开展带来一定的困难。

在新的工作岗位，最大的优势是有更多学习提升的机会。2003年刚好全国性推行新课标，有大量的相关培训学习，加上2003年刚好儿子出生，超强的欲望希望可以在小朋友的教育上做到更好，这一切促使我不断地学习吸收和进步。2005—2008年，完成中央广播电视大学公共事业管理（教育管理）专业本科的学习；2010—2012年，完成华南师范大学教育学（教育管理）专业研究生课程班的学习，充实更新了知识储备，为更好地做好本职工作提供了强有力的支撑。同时，积极参加不同类型、不同层次的教学、教研活动，在"实战"中学习提升。特别是2011年开始，参加广东省教育厅教学研究室举办首批为期3年的"初中物理骨干教师"培训活动，对物理学科教学、教管、教研方面有了更深入的认识，成为成长关键的一环。

经过几年刻苦钻研业务，我已经基本具备了系统扎实的专业基础知识，可以胜任中学物理教管和教研工作，并能有效指导中学物理教师开展教学和教研活动。工作中一直坚持为实现培养学生一个"聪明"的脑袋而努力；能灵活、有智慧地结合实际条件规划开展学科教研活动；在对学科老师的交流指导中，能把课堂教学行为的剖析变得浅显易懂，建议有效易操作。对老师的课堂要求仍坚持"重思维，重逻辑，凡分析必全面有条理、有理有据，重过程经历，重学科技能的形成"的原则。成为教研员后我才敢确认，我在课堂上所落实的事情其实就是培养学生"聪明"的脑袋。而现在我可以通过教研员岗位影响和帮助更多的师生。

从新起点再次成长的过程中，也带来新的收获：2012年，我被聘请为西南大学远程培训辅导教师，参加"国培计划（2011）"——义务教育骨干教师远程培训项目（初中物理学科），并获优秀辅导教师称号；2011年主持的"学业评价对三维目标在教学中落实的导向研究"课题被确定为广东省中小学教学研究"十二五"规划课题的子课题，于2013年结题通过验收；2013年荣获第23届全国初中应用物理竞赛全国优秀指导教师奖；2007—2012年分别获第17、第18、第19、第21、第22届全国初中应用物理知识竞赛肇庆市优秀指导教师奖；2006年荣获"肇庆市第三届中学生创意物理实验展评优秀指导老师"称号；2007年被评为"广宁县教育局优秀共产党员"；获2004—2009年度被评为"广宁县科协工作先进工作者"称号；2005—2009年度被评为"肇庆市青少年科技教育工作优秀组织者"。论文《山区义务教育阶段物理教师对三维目标和学业评价了解状况调查报告》在2012年肇庆市教育教学优秀论文评比中荣获一等奖，并在2013年第1期《肇庆教育研究》发表；论文《课堂上如何重视物理能力的培养》在2010年第4期下半月刊《中学物理教学参考》发表；论文《如何让物理在教学中散发魅力》在2010年第3期《肇庆教育研究》发表；论文《课堂上如何既关注物理知识又重视物理能力的培养》在广东省2009年物理教育学会论文评选获二等奖；论文《缩小广宁县初级中学教育区域性差异的建议》在2008年肇庆学会优秀教育教研论文评比获一等奖。

2. 快速提升，步入新境界

有前面十年的铺垫和积累，从2013年开始，我在专业方面有了快速的提升。2015年1月，作为肇庆市第二批中小学名教师（中学名师）培养对象，接受为期 3 年的项目培训，更是成为我专业成长的高效催化剂，也是我专业成长标志性的一环。

至此，聪慧机灵的我工作更为得心应手。我对中学物理课堂教与学活动、课堂教学行为的诊断剖析更为准确到位，交流讨论中能自如运用恰当的课例、案例进行分析，说明问题；对教研活动的设计开展更为科学有效；自身教科研能力有了更大的提高；对教育教学有了自己的思想和见解。为使学科老师业务水平的提高和教学质量的提高能有可靠抓手，我通过科学构思、设计、开展学科教研活动，让学科老师在参与中得到学习和提升。我亲身开展教科研活动，把研究心得、成果运用到实际工作中，使之转化为效益。2017 年 5 月，我被肇庆市教育局聘为"肇庆市首批名师网络工作室建设项目"初中物理名师网络工作室主持人，成立工作室开展物理骨干教师培养。通过自身的能力和专业素养，影响、引领身边的物理教育工作者。

继 2012 年主持广东省中小学教学研究"十二五"规划课题的子课题并圆满结题后，2016 年 6 月，个人课题"广宁县初中物理课堂落实学生能力培养教学设计与实施的研究"被批准为广东省教育科研"十三五"规划 2016 年度研究教育科研重点课题项目，并收获丰富的阶段性成果。组织开展"广宁县 2015 年中学物理教学改革创新大赛活动"，指导老师参加"肇庆市 2015 年中学物理教学改革创新大赛"；开展"广宁县 2017 年初中物理实验（仪器使用）微课比赛"。及时总结，撰写文章，使教育教学思想、观点对学科老师产生更广更好的正面影响。论文《上好初中第一节物理课的价值》《初中物理课堂教学如何落实演示实验的功能》《物理建模能力在初中物理课堂教学中的有效培养》分别在《中学物理》2018 年第 2、第 10、第 18 期发表，论文《例说初中物理老师怎样吃透吃准教材》《从教育的本义再看山区义务教育阶段物理课堂教学》《初中物理老师课堂对学生能力培养问题了解状况调查及分析》《体验物理实验创新教学，落实学生创新能力的培养》《基于资源管理及关键能力培养的教学设计——以"神奇的压强"章复习课为例》分别在 2015 年、2018 年《湖南中学物理》发表，多篇论文在历年肇庆市中小学教育教学优秀论文评选中获奖。

不同级别的奖项和荣誉也代表了对我工作的肯定与鼓励。我在组织开展青少年科技活动中表现突出，被评为 2017 年省优秀组织工作者；2014 年，获广东省青少年科技创新实践能力挑战赛设计方案征集活动三等奖；2017 年，被聘为肇庆市首批名师网络工作室主持人；2017 年，被评为"第 32 届肇庆市青少年科技创新大赛活动优秀组织工作者"；被评为"肇庆市中学名师培养项目 2015—2016 年度初中物理优秀学科组长"；2016 年，被聘任为"肇庆市青少年科技教育协会第七届理事会理事"；2015 年，被评为"肇庆市青少年科技教育活动先进组织者"；2015 年，在第 30 届肇庆市青少年科技创新大赛中，荣获科技辅导员竞赛项目一等奖；2017

年，被广宁县人民政府评为"2017年广宁县优秀教育工作者"。

从2003年开始，无论从跟一线老师交流的主题，还是发表论文的选题，还有课题研究的方向，无不体现我关注学生能力培养、素养形成的出发点，本质就是为实现培养学生一个"聪明"脑袋的目标而努力。从2003年以来的成长过程，我最大的感受就是：专业成长最重要的是"学习"。作为教育工作者，我们不能被快速发展的社会抛离。在新的工作岗位，带给了我更多学习的机会，为我的成长提供了最有效的保障。学习令自己工作中表现得更机灵，更睿智。

## 我的教学实录

由肇庆市首批名师网络工作室项目策划，开展的"肇庆市名师网络工作室初中物理网络大课堂活动"在各县区展开。在该教研活动中，我在一所乡镇中学上了一节示范课，内容是粤教沪科版八年级上册"1.1 希望你喜爱物理"，这是初中学生接触的第一节课，很好地体现了自己的教学思想与风格。

教学流程主要环节

| 教学流程主要环节 | 教师活动 | 学生活动 |
| --- | --- | --- |
| （一）引入 | 自我介绍；新学年增加了新学科——物理，大家会迫切想知道：学什么？有用吗？难学吗 | 学生聆听 |
| （二）活动1 | *今天给个机会大家考考老师 | 请学生口头描述某个事件或现象 |
| | *简要分析并指出学生口头描述的事件或现象中涉及的物理知识………… *物理无处不在，物理就在你我身边 | — |
| | — | 阅读教材第3页倒数第2段，了解"物理学定义" |
| | *对"物理学定义"做解释（重点：关键词）；提问教材图1-1、图1-3是属于哪方面的物理现象 | — |

续上表

| 教学流程主要环节 | 教师活动 | 学生活动 |
|---|---|---|
| （三）感受物理学对社会发展的推动 | *以PPT介绍展示我国交通发展的历史 | 学生聆听 |
| | — | 阅读教材第4~6页"物理学推动了社会的发展" |
| | *老师巡视，并跟有需要的学生个别交流 | — |
| （四）活动2环节"吸气也能吹胀保鲜袋" | *学生从已有经验确认事实：吹气能吹胀保鲜袋 | 学生聆听 |
| | *老师提出：吸气也能令保鲜袋胀起来 | 思考，产生认知冲突 |
| | *展示活动2环节所需装置。（结构如图1）<br>*演示：提示看变化，然后吸气令保鲜袋胀起来 | 学生观察 |
| | *提问看到什么？让学生描述 | 学生口述观察到的变化 |
| | *提问：为什么会产生这样的变化 | 学生思考，然后表述 |
| | *对学生的表述及分析作整理，并规范<br>*总结观察的程序，分析过程模型化处理等技能 | 学生聆听并思考理解 |

续上表

| 教学流程主要环节 | 教师活动 | 学生活动 |
|---|---|---|
| （五）结合"物理学"定义和活动2了解物理学习的一些特点 | *布置独立阅读教材第6～7页"物理学的召唤"，尽量理解黑体字内容，有想交流的可与同桌小声交流 | 阅读教材第6～7页"物理学的召唤"，理解相关内容，并按需要进行交流 |
| | *结合"物理学"定义和活动2讲解学习物理的一些特点（黑体字的内容） | — |
| （六）活动3环节"吹纸条" | *柳枝会随风而动，纸条会随风而动。老师展示向纸条吹气，纸条随风而动 | 学生聆听，观察 |
| | *如果把两纸条垂直靠近，从两纸条中间沿纸条方向向下吹气，想想会怎样？动手试试，并想想 | 学生操作、观察、思考、同学间交流 |
| | — | 让学生分享表述自己的分析 |
| | *对学生的表述及分析做整理，并规范 | — |
| （七）小结 | 知道物理学定义，观察的程序，物理学习的一些特点 | 学生聆听 |

## 反 思

在该"名师大课堂"教研活动的交流环节，参与老师对本示范课的综合评价较高。在学生接触物理的第一节课，能使学生对物理产生强烈的好奇和兴趣，能为学生通过模仿完成自主学习而搭建扎实的"脚手架"，能关注落实物理学科能力和物理基本技能的培养，能让学生经历体验物理学习的基本程式。老师巧妙设计学习过程，充分展示了优秀物理老师的深厚功力，很好地体现了初中第一节物理课的价值和反映了老师课堂教学

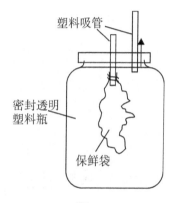

图1

处理的智慧。

（1）"使学生对物理产生强烈的好奇和兴趣"这一教学目标落实十分到位。老师通过师生交流互动的活动1环节，给学生极大的震动（为提高学生参与的欲望，变为学生"考"老师的机会），让学生感受物理就在你我身边，应用无处不在的事实；通过介绍展示我国交通发展的历史，以学生从未试过的视角，感受物理巨大的作用与价值；通过以老师为主的活动2环节"吸气也能吹胀保鲜袋"（原创的设备制作），由产生认知冲突到观察、思考、理解，切身经历和体会了解决疑惑后的愉悦和满足感。所有的这些过程，都给学生从未有过的触动和感受。并且，老师所有的讲解和分析，均从第一节物理课的实际出发，没有过多的专业语言和名词，符合学生的认知水平和思维起点。令学生对物理来源于生活，对物理的作用与价值产生深刻认识，并对物理产生强烈的好奇与兴趣。这些课堂处置，需要授课老师有较远大的教育视野和很好的教育智慧。

（2）为学生通过模仿完成自主学习而搭建扎实的脚手架。现在的课堂教学理念，十分认可学生自主学习的价值。但有效的自主学习，也有必要的前提条件，也需老师一定程度的指导和帮助。本节"名师大课堂"示范课，老师在多个环节为学生通过模仿完成自主学习而做了充分铺垫。在"感受物理学对社会发展的推动"环节，老师以图2模式介绍梳理交通发展的历史，从而感受物理学对社会发展的巨大推动。这其实就是一种示范，然后安排学生"阅读教材第4～6页物理学推动了社会的发展"，完成学习任务，就是培养学生通过模仿学会自主学习。同样的巧妙安排在活动2环节"吸气也能吹胀保鲜袋"和活动3环节"吹纸条"中也有体现。活动2环节是物理学习基本程式（图3）的示范，活动3环节就是培养学生通过模仿这种基本程式学会自主学习。这就为学生更畅顺、更有效地完成自主学习提供了必要的条件保障。

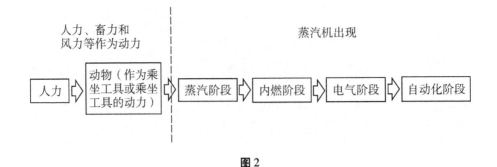

图2

（3）课堂重在关注学科知识以外的价值，落实物理学科能力和物理基本技能的培养。我们课堂教学的价值，不仅仅在于学科知识，更在于落实物理学科能

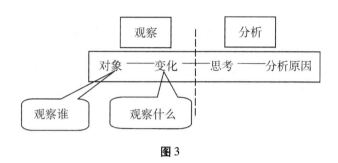

图3

力和物理基本技能的培养。本节示范课，老师在多个环节为落实物理学科能力和物理基本技能的培养做了很大的努力。在活动1环节，老师对学生描述事件或现象的分析，就是分析过程的一种展示，再加上活动2环节师生共同详细经历了"观察—思考—建模—分析—理解"的完整过程，让学生初步对"观察、建模、分析"等物理方法与技能有了大概的了解，也是落实物理学科能力和物理基本技能培养的有效做法。在活动3环节，学生亲身参与经历活动过程，是对"观察、建模、分析"等物理方法与技能培养的实践与落实。这一切都是老师的教育价值取向在课堂上很好的体现和落实。

（4）逻辑性强。不管是整节课的教学设计或课堂的教学生成，还是老师对问题的分析讨论过程，都表现出很强的逻辑性。整节课各教学模块结构很清晰，功能性很明显，局部环节的内容逻辑处理也很好。老师的"身教"是最有效的教育，更是对学生一种无形的教育，能产生巨大的正面影响，对学生逻辑能力的形成有很好的促进作用。

因为是离开讲台15年后第一次上课，所以也有很多的不适应，包括媒体设备、课堂表现等。但是，本节课还是能很明显地落实教学设计的初衷：使学生对物理产生强烈的好奇和兴趣，为学生通过模仿完成自主学习作铺垫，落实物理学科能力和物理基本技能的培养，等等。个人感觉还算是满意的。

## 我的教学主张

**善思考　重逻辑　亲经历**

我曾在2015年全县中小学教导主任培训班上提道：所有学科教学都有两大功能（或任务）。一是传授学科特有的专业知识，这是其他学科替代不了的。二是在经历学科专业知识学习过程中，让人脑袋变"聪明"。这里所说的聪明泛指人要具备多方面的能力和优秀的"品质"，这是很多老师都忽略的，或在教育教学工作中不知道如何才能做到。这一观念落实到物理学科上，就是注重学生学科能力的培养和学科素养的形成。而要达到这样的目标就必须在学科知识学习中做到善思考、重逻辑重分析、亲经历。

（一）善思考

人思考是对意向信息内容的加工，任何思考都包含着根据信息内容而进行的一系列推理与演算，是让人脑袋变"聪明"极其有效的方式。因此，我们要引导学生做善于质疑、善于思考的人。善思考、爱思考是一种习惯，需要时间去养成。课堂教学以问题为导向，以解决问题为驱动，还有老师身教的深刻影响等，都是培养良好思考习惯的有效做法。

（二）重逻辑重分析

思维敏捷，逻辑思维能力强，分析能力强是"聪明"脑袋的具体表现。人逻辑思维能力以及分析能力会影响人一生长远发展的结果。物理学科的性质和特点，令其学习过程更有利于培养人的逻辑思维能力及分析能力。

老师的"身教"是极为有效的教育。老师逻辑能力强，处理事情有条有理，分析有理有据，必然会在课堂教学行为中体现，也会对学生思维、逻辑能力的形成有很好的促进作用。在物理课堂教学中，我充分发挥和利用自己善于思考、思维敏捷的优势，在交流辩论、分析物理现象等环节，尽量抓住所有培养训练学生思考习惯、逻辑能力的契机，达到相应的培养效益。在物理课堂教学中，巧妙设计学习活动过程，让学生在活动中经历过程，落实观察、实验、建模等物理学科能力和物理基本技能的培养。总的来说，就是在学习知识的活动过程，努力在所有可以利用的环节，达到学生能力和学科素养的培养。而这一切，正好对培养学生"聪明"的脑袋有很好的正面促进作用。

（三）亲经历

人要想能长进，脑袋变聪明，最好的途径就是多做事和勤思考。不管是幼儿、学生还是老师，要想有进步、脑袋变聪明，最好的办法就是"多做事、勤思考"，也就是平时所说的"带着脑袋去做事"。只有在参与做事的过程中，才会遇到不同的问题，才会触动思考，分析问题，想办法解决问题，人才能有长进，脑袋才会变聪明。但是光做事、不动脑不行，光有想法、不行动也是无效。我们只有在不断做事情中，才会以不断重复"问题—思维—解决问题"的过程，人脑才会得到不断的锻炼。所以，课堂教学中能否做到让学生更多体验和参与，是教育教学能否有效的最好体现。研究表明，人各种能力、技能的形成（培养）必须通过个体的参与才可有效。只有在个体深度参与过程中才可内化而形成自己的能力与技能。物理学科能力和相关素质的培养也同样遵循这一原则。所以，课堂上要努力让学生深层次参与、经历学科知识获得的过程，才可收获更大的课堂教学价值，实现让每个脑袋变聪明。

## 我的育人故事

### 完美解决"罢课"事件

2000年秋,我开始担任高中物理学科教学工作,同时担任班主任和学校物理学科组组长。作为班主任,陪伴同一届学生共同完成3年的高中生活,师生都同时得到了成长和发展。3年的共同生活留下了许许多多值得回忆的点点滴滴,解决了学生的学习问题和青春期的成长问题,参加校运会比赛,排练学校文艺演出节目等,我和学生因此结下了深厚的友谊,至今都是关系最好的一届学生。三年中,让我记忆犹新、印象最为深刻的事就是因收费补课而引发的"罢课风波"。

进入高中,为更好地应对高考,当时就有利用周六进行补课的习惯。高二第二学期的一个周六,一大早就接到年级负责人的通知:我们班只有少数同学在教室参加补课,还有很多同学留在宿舍,说要罢课,要我立刻回去解决一下。

我急忙赶回学校,来到我们班的宿舍,果然有20多人留在宿舍中,或躺或坐,有看书也有闲聊。我就召集大家到一块,了解他们的真实想法。

我们学校高中部在全县是属于三四流的学校,一个年级只有2个班,分了快慢班。我们班算是快班,另一个班有部分同学不打算参加高考,所以有的同学就不愿意参加周六的补课,结果蔓延到全级。我们班也有部分同学说不想参加补课,不交费。

知道了真实情况后,我心中立刻有了想法:只有对事情做出客观的分析,动之以情晓之以理,令同学们自己想通了才有可能真正解决好问题。我就跟大家说明了三点:首先,高考对大家都很重要,全省全国考生都在加班加点进行学习,我们连这点都做不到,有可能在残酷的竞争中获胜吗?其次,天底下没有免费的午餐,知识有价,任何劳动的付出都是有价值的,难道老师利用法定休息时间为大家讲课不应该获得合理的回报吗?再次,在座各位暂时还不具备改变规则的能力,希望在座各位将来有人能在一定范围内成为规则的制定者,这才是最好的结果。最后,如果认为我分析得有道理的在10分钟后回教室继续上课,如果认为道理不成立的可以不参加补课。

然后,我就回到教室门口等着。不一会,陆陆续续有同学回来上课,最后只有一位决定不参加高考的同学没有回教室,其他人全部回到教室参加上课。至此,"罢课风波"完美解决。

我也没有想到,在十几年后参加这个班同学聚会还不时会有人提起这件事。说当时一班人根本找不到反驳我三点分析的理由,所以也就没有理由继续坚持"罢课"了。并且,十几年后也确实有相当部分人在不同范围内成为规则的制定者。回想,我自己也有点佩服自己的机灵和智慧,能把一次负面的事件顺利解决，并顺势而为，使之成为一次教育和激励大家的机会，并影响那么深远。

## 他人眼中的我

（一）学生眼中的我

杨庆辉老师是我中学5年的物理老师，高中3年的班主任和高三时的入党介绍人。严格意义来讲，我还是杨老师的"关门弟子"。

师者，传道授业解惑也。杨老师无论在课堂上还是教研工作上，都努力不懈地朝着这个目标奋进，给人留下追求真理、锐意创新、身教垂范、严爱相济的深刻印象。每次的课堂实验，每次的课外辅导，他都倾囊相授，遇到难题会像学生一样和我们一起琢磨，直到找到解决方案，他才会笑得像个孩子。成为他的学生我是幸运的。

在高二，我有幸成为杨老师指导参加首届广东省华美杯中学生创意物理实验设计展评活动的学生代表，并获省一等奖。备赛的日子，在杨老师协助下，我们解决了许多难题，完善作品，那是令人终生难忘的经历。

转眼快20年了，杨老师至今仍对我给予无微不至的关心、指导，我也喜闻杨老师借助他的智慧和能力在教研领域取得了不俗的成绩。相信这么有事业心和责任心的老师，会给我们带来更多的精彩！

（广宁县其鉴纪念中学2003届高中学生、中共肇庆市委办公室调研科副科长梁爱玲）

（二）同事眼中的我

同事，是我们每个人工作之旅中的同行者、合作者。我到县教研室工作10年，在这里我不仅得到温暖和关爱，更重要的是自己的专业素养得到快速成长。特别是一起共事的杨庆辉老师，他对我的影响和帮助最大。

杨老师总是那样的和善，对工作勤勤恳恳、精益求精。在学科教研教管工作中，他总是一丝不苟，脚踏实地；他善于动脑，为县、校两级教研管理出谋划策，不断推动我们县的教研工作，为地方教育教学质量的不断提高做出贡献。

平时，我们经常能听到杨老师分享的学习所得和教研心得。我们在交流中不断吸纳他的智慧，在碰撞中领悟他的教研之道。在教研路上能遇到这样的同事，真好！他的工作总给人以认真踏实并富于创新的感觉，开展教研活动都非常切合实情有实效，深得领导和一线老师的好评。杨老师负责的中学物理学科教管教研及全县青少年科技教研育工作，几乎每次外出参赛或参与展示交流都能载誉而归。这样的结果，一方面体现的是老师们专业的成长，更多的是与杨老师严谨的教研态度和高度的教研智慧分不开的。

生活中的杨老师也总是那样的热情，乐于帮助别人。跟他相处久了，让我深深感到了同事间朴实的真情。

（广宁县教育局教研室政史教研员　钱少珍）

（三）学科老师眼中的我

首次认识杨庆辉老师是在2007年，他作为县学科教研员到我所在学校视导，并听了我的一节公开课。这是我从师以来面临最大的一次挑战，非常紧张，自然表现有些失常。原以为会被批得一塌糊涂，但整个评课过程只有鼓励和建议，剖析透彻易懂，特别是在教学理念和教学方法方面给我很多启迪，这为我的成长注入了很大的动力。经此，我觉得杨老师专业能力强且极为平易近人。

再次与杨老师的接触，是2009年中考评卷工作。这是第一次与杨老师共同协作完成一项工作。这次合作，让我见识到他对工作的认真、严谨和坚持，令我的思想再次发生质的提升，包括对工作的态度、对问题的看法、对人生的规划，都有了很大的蜕变。

对我触动最大的，还是2012年和2016年与杨老师共同完成广东省教育科研"十二五"规划、"十三五"规划两个课题的研究工作。在整个课题研究过程中，杨老师给了我极大的帮助，他耐心给我指导意见，教我课题研究的方法，一遍一遍不厌其烦地帮我修改课题研究计划、方案、总结等。在此，十分感激杨老师为我提供学习机会和实践平台，如此用心、耐心地引领着我成长。是他给我快速成长的机会，让我真正明白作为一名教师的意义，明白教师不仅在课堂上传授知识，更重要的是对学生作为一个真正意义上的人的培养。为此，让我深深地明白导师的重要性。杨老师身上的那份对工作的态度、那份谦逊、那份真诚、那份对人对事的平等，深深影响着我，不断坚定我前进的步伐。再次诚心感谢我的导师杨庆辉老师。

（广宁县五和中学物理教师　毛钟波）

# 灵动创新　激趣助长

● 四会市周开泉中学　赵洁琼（初中化学）

● **个人简介**

本人 1968 年 11 月出生。1991 年 6 月毕业于肇庆市原西江大学化学生物系。2004 年 1 月至 2007 年 1 月参加肇庆学院化学（师范类）专业函授学习，取得本科学历。1991 年 9 月至 1999 年 7 月，在四会市黄岗中学任教。1999 年 9 月至今在本校任教。总教龄 27 年，担任班主任工作 22 年，担任  理化生教研组组长 20 年，长期任教九年级毕业班化学科教学。2012 年 12 月，取得化学中学高级教师资格。我是一位热爱教育事业、有强烈事业心和责任感的教师。在教学教研工作中，刻苦钻研教材教法，大胆创新，走在教育教学改革的前列，个人撰写的教学论文多次在肇庆市、广东省新课程化学优秀教学成果评选中获奖。2001 年 9 月，被评为"四会市教书育人先进个人"；2004 年 9 月，被评为"四会市先进教育工作者"；2007—2008 年，享受四会市第二批政府特殊津贴；2010 年 5 月，被评为"广东省中学化学教研积极分子"；2010 年 9 月，荣获"四会市教书育人先进工作者"荣誉称号；2012 年 9 月，被评为"四会市优秀班主任"；2013 年 1 月，被评为"四会市教育系统学科带头人"；2015 年 5 月，定为肇庆市第二批中小学名教师培养对象；2017 年 5 月，被评为"美丽四会——最美教师"。

我的人生格言："走好人生每一步，做好人生每件事。"人生目标："一辈子学做好老师。"我的教学风格："灵动创新，激趣助长。"

## ▶ 我的教学风格

任教九年级化学科的老师，每年都重复着同一教学内容，练着相同的习题。久而久之，觉得书本内容非常简单，随口可讲，不进行认真备课和编写练习题。结果，教龄越老，教学成绩越差。在参加肇庆市中小学名教师培养项目之前，我一直沿用比较陈旧的教学方法，在为期3年的培训中，我的教学理念发生了翻天覆地的变化，逐渐形成了自己的教学风格——灵动创新，激趣助长。

（一）灵动处理教材，吸引学生眼球

九年级化学的教学内容是固定不变的，尽管版本不同，但其传授的知识点都是一样的，只是编排的顺序不同而已。我们每年面对的都是九年级学生，教学内容不变，学生的年龄阶段不变。随着年代的变迁，学生的见识、教学设备的变革、中考命题方向的改变，已不容许我们手拿一支粉笔、面朝黑板、照本宣科地讲课。故此，我在课堂教学中，常常根据学生的认知规律，灵活处理教材，再根据学生对知识的掌握程度，及时调整教学手段，让学生把书本的内容学透、学灵。例如，在上第一节课"1.1 身边的化学"时，我把家里的一些用品：1包食盐、1瓶酱油、1瓶食醋、1瓶白酒、1瓶可乐、1条毛巾、1支牙刷等带到课堂，难以携带的就用PPT展示图片。学生看到这些天天都接触到的用品，即可明白化学与我们的日常生活息息相关。接着，我引领学生翻开目录，以目录为索引，引导学生初步了解"化学课学习的内容是什么"。随后，展示了几个有趣的实验："钠珠戏水"、镁带燃烧、用pH试纸测定盐酸、氢氧化钠溶液的酸碱度等。学生在对实验现象的惊讶与好奇中领会了"化学很有趣"。最后，我播放了一小段有关"居里夫人与镭的故事"的视频短片，学生在观看的过程中知道了"怎样才能学好化学"。教材内容和教育对象都是"静"的，而我们的教学手段是"动"和"灵"的。现代的信息化教学为我们提供了多种多样的教学手段，我常常用图片、视频和动画模拟来代替书本上枯燥无味的文字叙述，让学生直观地、贴近现实生活地学习化学，培养学生学习化学的兴趣，让学生学得轻松，掌握牢固。例如，在讲授"9.4 化学物质与健康"，教材内容有这样一段话："人体缺乏维生素会患各种疾病。例如，缺维生素A，会引起夜盲症；缺维生素B，易得贫血病或脚气病；缺维生素C，会引起坏血病；缺维生素D，会引起佝偻病；缺维生素K，会皮下出血。"为了让学生贴近生活地熟悉各种病症，我灵活地把教材进行处理，用图片展示了各种疾病。

人体缺维生素A，会引起夜盲症

人体缺维生素B，易得贫血或脚气

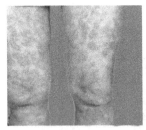
人体缺维生素C，会引起坏血病

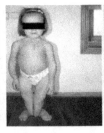
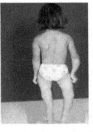
人体缺维生素D，会引起佝偻病

人体缺维生素K，会皮下出血

## （二）打破传统教法，提高课堂教学效果

在灵活处理教材的同时，我在新授课和复习课中做了大胆的尝试，尝试新的教学方法，初步取得了一定的成效。例如，在新授课中，我一改传统的"温故→知新→展开→小结"教学模式，删掉"课前复习"这环节，直入新课题，把教学目标、突破重点、难点的对策灌输在一节课上，尽可能腾出10分钟进行课堂小测验，5分钟进行点评，反馈当节课的教学效果。九年级化学是初中教学阶段新开设的一门学科，由于不熟悉学生的学习情况，学生开始时不知道化学学习什么，怎样学习，考试题型怎样。通过课堂小测，不但可以让我尽快了解学生，还可以让学生自查每节课的收获，驱使学生主动学习。记得有一次，在进行10分钟课堂小测后，来不及评讲，下课铃响了，我只好把小测题拿回办公室，有几个学生紧追着我，要求我立即批改，急切想知道成绩怎样。学生一次次尝到听课后的得与失，自然而然地进行认真预习和听课，养成良好的思维习惯，成绩一次次好转，从而克服"一听就明，一做就错"的坏习惯。课堂小测不一定每节课都进行，可以是学完一个课题，可以在课前，也可以在课后，因教学内容而定。

再如，在中考备考复习课上，我以"初中化学中考复习中有效课堂教学的实施策略"为题开展有效教学研究，其中两点如下。

**1. 精选题目，"点"到"题"处是我研究的策略之一**

九年级化学虽然只有上下两册，但它是一门入门学科，在新授课的过程中要花大量的时间，留给中考复习的时间较短。时间不允许我们进行题海战术，必需精讲精练，又要有所收获。故此，选什么题给学生练，需要老师精心选择。每年的中考题，都是命题专家依纲靠本，对每一道题进行反复推敲而出炉。在复习过程中，我参照每年部分省市的中考题，对题目所考的知识点进行分类，精选并根据复习进度适时改编中考试题，编写同步练习。例如，在复习完"酸的化学通性"时，我亮出了如下一道中考题：

【2015年黄冈中考】构建模型和构建知识网络是化学学习中重要的学习方法。李华同学利用左手构建酸的性质知识网络，如右图所示，请结合图示回答下列问题：

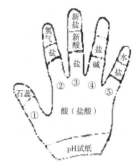

（1）如用湿润的pH试纸测定盐酸的pH，则结果会_____（填"偏大""偏小""无影响"）。

（2）写出符合图中②的一道化学方程式是_____。

（3）写出一个符合图中③的化学方程式是_____。

（4）图中性质④属于_____反应（填基本反应类型）。为了让学生更全面地"掌握酸的化学通"，笔者对原题做了如下补充：

（5）试述①的化学性质_____。

（6）写出符合图中⑤的一道化学方程式是_____。

学生做完题后，我请了一位基础较弱的学生重述稀酸的化学性质，该生也能准确表述出来。在以后的做题中，一旦遇到需要稀酸的化学性质来解题时，学生都不由自主地张开左手，回忆稀酸的化学性质，灵活用于解题。

**2. 从题中悟，启发解题思路，以"不变"应"万变"是我研究的策略之二**

在依次复习完酸、碱、盐三大类物质的性质和用途后，我以课堂小测的形式考查了两道广东省中考化学试题：

【2015年广东中考】（6分）下列是初中化学中常见的物质：铁、氢气、氧化铜、二氧化碳、硫酸、氢氧化钠、氯化铜。它们进行击鼓传花游戏，条件是相互之间能发生反应就可以进行传递。请把上述物质分别安排在A～G的位置上，使花束能从A传到G。其中，A的固体俗称干冰。请回答：

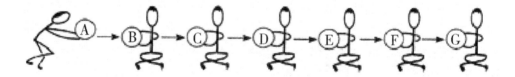

(1) 氢氧化钠应放在位置_____上。

(2) C和D反应的化学方程式为_____，反应类型为_____反应。上述物质除了发生从A到G的化学反应外，常温下还能相互发生化学反应的是_____（写名称）。

(3) 当G换成另一个同类别物质时就能将花传回起点A，它是_____（写名称）。

【2017年广东中考】（6分）A～H分别是氢、氧、碳、氮、钠、钙六种元素中的一种或几种组成的初中化学常见物城（如图所示，箭头表示物质间能转化，实线表示物质间能反应）。请回答：

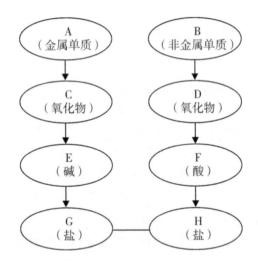

(1) 若B常温下为固态，则B是_____，F的化学式为_____。

(2) 若B常温下为气态，则A是_____。

(3) G+H反应的化学方程式为_____；此反应属_____反应（填反应类型）。

在学生做题中发现，尽管基础知识很扎实的学生，也无从入手做上述两道中考题。究其原因，学生对"单质、氧化物、酸、碱、盐之间的相互转化和相互反应的规律"仍未真正掌握。故此，即与学生共讨下列各类物质之间的相互转化和相互反应规律。

经过激烈的举例讨论，学生发现并不是"条条大道通罗马"，明确了它们之间的相互转化和相互反应是有规律的。接着，我要求学生再做上述两道中考题，正确率高达95%。在此基础上进行新题的拓展，学生做题兴趣大增，个别优生还主动上台分析题目，讲得头头是道。

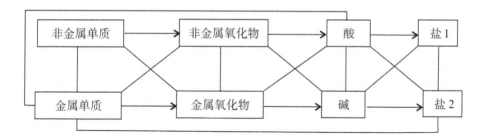

近3年，我在全新教学理念的驱使下，不断加强理论学习，主动承担学校示范带学课、片区教研公开课、市中考备考复习研讨课，虚心聆听同行的评价，探求"灵动"和"创新"的课堂教学策略。

## ▶▶ 我的成长历程 ▶

我读小学二年级的时候，来自广州一名上山下乡的知青当了我的班主任，在她的启蒙下，我有了当教师的梦想。为了实现这个梦想，我努力读书，从一个看牛娃"蜕变"成一名人民教师。令我对化学产生兴趣的是读初中三年级的时候，从农村走进城里插班的我，其他科目的基础都比较差，唯独化学是初三新开设的科目。我与城里的同学同步进行学习，成绩遥遥领先，从此对化学产生了浓厚的兴趣，立志教化学。在校读书10多年，我都是一名积极做事、听话乖巧的女生，常担任班干部，与班主任关系密切，深得班主任的爱护，这是我喜欢做班主任的诱因。弹指挥手间，在三尺讲台上默默耕耘27年，担任班主任工作22年，在平凡的岗位上不断探索，寻找适合当地学生的教育教学方法，赢得了历届学生的好评。

偶然翻开大学毕业时的留言本，看到班主任简荣达老师的留言："走好人生每一步，做好人生每件事。"班主任的留言成了我日后的人生格言，在教学工作中循序渐进，一个阶段完成一个目标。

（一）教学促我成长

刚踏上讲台的头两年，学校安排我教4个班的生物课和一个班的化学课。尽管任教化学的班级成绩不好，我还是认真对待。在备课过程中熟悉教材，在做练习和批改练习的过程中提炼教材、寻找适合差生的教学方法；虚心向老教师学习，主动承担公开课，积极参与评课，听取同行的点评。记得有一次，教研室的化学教研员麦老师来我校听课，我上了一节题为"氢气的实验室制法和验证氢气化学性质"的课。在验证氢气的化学性质时，出现因产生氢气流的速度慢而无法完成"点燃氢气和氢气还原氧化铜"两个实验的尴尬场面。当我百思不得其解的时候，麦老师一语击破，说不能用太纯的锌粒与浓度较大的盐酸或硫酸反应来制取氢气。在本校理化生教研组组长彭老师的悉心指导下,我2年已站稳了讲台。从教5年后,我接了彭老师的班,担任了学校理化生教研组组长一职,任教九年级4个班的化学。

在随后的教学过程中,我曾运用对比教学法,反复摸索,探求适合农村学生的教学方法,撰写的教学论文《用类比法看今天的新教材》《使用化学新旧教材知识点的处理探究》《对症下药方能"药"到"病"除——谈初中化学综合计算题的复习》在肇庆市初中优秀化学教学论文评选中分别获一等奖、二等奖和一等奖。随着时代的变迁,教育教学理念发生了翻天覆地的变化,推行素质教育日新月异。我结合自身学科的教学特点,把素质教育渗透到学科教育之中,灌输"金山银山,不如绿水青山"的环保意识,并以题为《更新化学教学观念,适应素质教育》撰写教学论文,获肇庆市化学教学优秀论文二等奖。《新形势下的初三化学教学策略》和《讲方法 求效率》依次获肇庆市新课程成果一等奖,在广东省化学优秀教学成果评选中分别获一等奖和二等奖。"核心素养"教育观的诞生,促使我的教育教学观念再次经历时代的考验,在这种新型教育观的驱使下,我不能退缩,只能前行。新的教学论文再次诞生,《改变传统的授课方式,展开科学探究法》和《在化学教学中如何善于培养学生的创新思维》在肇庆市初中优秀化学教学论文评选中分获一等奖、二等奖。

随着信息技术的迅猛发展,已不允许我们手拿一支粉笔、面朝黑板上课。我从一个"电脑盲",过渡到熟练使用 Word 文档编写教学资料、使用 PPT 制作课件、熟练操纵平台进行教学的老师。我曾与四会市教育局教研员冼雪兰老师、东城中学李秀金老师、四会中学杨健等老师参与编写《拓展强化练与测——新探究导学 九年级 化学》《科学——粤教版九年级 化学 教材解读与优化讲练》上下册三本教辅书,深受学生和同行的好评。课件《自然界的水》、说课《稀酸(稀盐酸、稀硫酸)的性质》、教学设计《初三化学基本概念和理论》和《表示物质组成的化学式(第2课时)》均在肇庆市中学化学教研会主办的"九年级化学新课程(科教版)教师成果评奖和展示会"上分获一等奖、二等奖。教学设计《常见的酸》在广东省义务教育化学优秀教学设计评选活动中荣获二等奖。

(二)学习助我提升

2015年,我有幸参加了"肇庆市中小学名教师培养工程"中学名教师培养对象的培训学习,先后到浙江、北京、上海进行观摩学习,多次参加在广东第二师范学院的研修培训。在培训学习过程中,聆听专家、教授们的专题讲座,使自己的教学观念得到洗礼,理论知识得到提高。例如,浙江省义乌中学特级教师吴家树的一节"把课堂还给学生——构建高校课堂的哲思"唤醒我从教20多年陈旧的教学理念,吴老师的发言字里行间流露出他的教学风格,为我守旧的教学理念点亮了一盏明灯。又如,走进北京名校听同课异构课,3节的同课异构,鲜明地对比出肇庆教育教学的理念与北京的差距。我发现，肇庆市教学水平薄弱学校占的比例较多，教学环境和教学设备虽与北京名校有很大的差距，但是，北京名校的教育教学的变革与发展、教师教学领导力的提升以及个人教学经验与风格是值得我们学习的。再如，在上海市闵行区教育学院的精心安排下，我们进行了为期5天的理论研修和跟岗研修，聆听了秦书珩、金慧频等八位教授的专题讲座。其中，孙静贤教授的"如何全面提高课堂教学的有效性问题"专题讲座，以真实贴切的教学案例剖析了我们在课堂教学中达不到有效性的原因，阐述了应对的策略。在先后两次到广州市花都区北兴中学进行跟岗学习的过程中，更让我受益匪浅。我们的导师——广州市花都区北兴中学教导主任温利广的敬业精神和创新精神，深深地触动我沉积20多年的陈旧教学方法。他以"一辈子学做好老师"作为他对教育事业的毕生追求，获得了很多殊荣。他的工作室教学追求——"有情、有趣、有效"的课堂教学赢得了同行的认同。

在3年的培训过程中，刚开始时，我总埋怨要经常外出学习而拖教学进度，埋怨学习过程中的苦和累，甚至有打算中途终止参加培训的念头。随着学习的深入，我一次又一次尝到收获的甜头，教育教学理念不断更新，教学策略不断提升，并把学习到的经验带回工作单位，进一步推广出去。例如，主动承担学校示范带学课、片区教研公开课、市中考备考复习研讨课，得到同行的一致好评；在校与理化生教研组成员开展题为"初中化学中考复习中有效课堂教学的实施策略"课题研究。继续撰写的教学论文《如何提高学困生的整体成绩》在肇庆市2015年度新果评奖活动中评为一等奖，并发表在《广东教育》2018年第5期；《谈信息技术在初中化学教学中的灵动作用》在广东省中学化学2016年学术年会暨课题教学成果现场展示活动中展示宣读，评选荣获二等奖。这次名教师培训，不单单在理论上有依据、在实践中有实例，而且又能从实践中回到理论，找到焦点，指导实践，在实践中提高自己的认识，升华自己的理论水平。在今后的实践中，我还要不断学习、不断思考、不断总结，用理论指导教学实践，研究和探索教育、教学规律，把科研和教学结合起来，努力前行。

## 我的教学实录

课题：九年级化学 根据化学式计算专题复习

授课者：四会市周开泉中学 赵洁琼

【教学内容分析】

根据化学式计算是中考必考的题型，通常以选择和填空题的形式出现，占的分值为5～6分。

【教学对象分析】

由于学生对概念理解不透，化学用语（如化学式表示的意义）不够扎实，基础计算比较薄弱而导致失分。

【教学目标及重、难点】

熟练掌握根据化学式计算的方法与技巧，获得准确的答案。

【重、难点及其突破策略】

通过让学生分析错例，纠正自己平时在计算过程中常出现的错误，达到正确解题的目的。

【教学准备】

了解学生的学习情况，理清教学思路，设计教学方案。

【总体教学设计思路】

| 教学环节 | 教师活动 | 学生活动 | 设计意图 | 实施效果与分析（课后写） |
|---|---|---|---|---|
| 【引入】<br><br>【教学内容】 | 启发学生回顾根据化学式计算的各个量<br>依次展示"案例1"和"案例2"<br>小结1：如何根据化学式计算相对分子质量、计算各元素的质量比、计算某元素的质量分数？<br>依次展示"案例3"和"案例4"<br>展示学生的错案<br>小结2：如何计算一定质量的化合物中某元素的质量，或如何计算含一定质量某元素的化合物的质量？<br>巩固练习<br>布置作业 | 代表回答<br><br><br>诊断案例对错<br><br>参与小结<br><br><br><br><br><br>依次做题<br><br>诊断案例对错<br><br><br>参与小结<br><br><br>做题 | 促进学习动力，提高学习热情<br><br>让学生走出解题误区<br><br>让学生学会归纳知识，使学过的知识网络化<br><br>在学生的做题中寻找错案<br><br>让学生走出解题误区<br><br>让学生学会归纳知识，使学过的知识网络化<br><br>检查学生的收获课后加强练习 | |

## 【教学过程】

### (一) 引入复习内容

师：根据化学式可以计算哪些量？

生1：计算相对分子质量，计算各元素的质量比，计算某元素的质量分数。

师：结合化学式表示的微观意义和化合价与化学式，还可以计算哪些量？

生2：计算各元素的原子个数比。

生3：计算某元素的化合价。

师：展示【案例1】，下列是某同学标出的各种物质中硫元素的化合价。请你帮该同学诊断是否正确，并归纳出解题根据。

$$①\overset{-1}{H_2S} \quad ②\overset{-2}{S} \quad ③\overset{+1}{H_2SO_3} \quad ④\overset{+6}{H_2SO_4}$$

生4：①至③对，④错。

生5：①至③错，④对。

师：同意"生4"的请举手（少数生举手），同意"生5"的请举手（多数生举手）。

师：请"生5"分析诊断的理由。

生5：解题根据是，在化合物中，各元素的正负化合价代数和为零；在单质中，元素的化合价为零。在算元素的正负化合价代数和时，要把各元素的化合价乘以原子个数。

(生4和同意他答案的学生恍然大悟)

师：展示【案例2】，已知硫酸的化学式为$H_2SO_4$，以下是四位同学计算的相关量。请你诊断是否正确。

小丁：$H_2SO_4$的相对分子质量
　　　$= 1 + 32 + 16$
　　　$= 49$

小芳：$2H_2SO_4$的相对分子质量
　　　$= 2 \times 1 \times 2 + 32 + 16 \times 4$
　　　$= 100$

小明：$H_2SO_4$中各元素的质量比
分数 $= 2 : 1 : 4$

小丽：$H_2SO_4$中氧元素的质量
$\dfrac{16}{98} \times 100\%$

生6：小丁和小明错，小芳和小丽对。

生7：四位同学都做错。

师：请"生7"到黑板上改正。

(生6和同意他答案的学生恍然大悟)

师生共同讨论：如何根据化学式计算相对分子质量、各元素的质量比、某元素的质量分数。

（小结并板书）

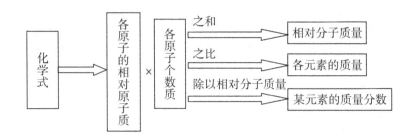

师：如何计算一定质量的化合物中某元素的质量？如：计算9.8g硫酸（$H_2SO_4$）中含氢元素的质量。

生8：到黑板上演算。

（其余学生在草稿纸上计算，老师巡查并进行个别辅导）

师：若已知化合物中某元素的质量，如何计算化合物的质量？如：计算多少克硫酸（$H_2SO_4$）中含氧元素6.4 g。

生9：到黑板上演算。

（其余学生在草稿纸上计算，老师巡查并进行个别辅导）

师：点评并引导解题方法。

师生共同讨论：如何计算一定质量的化合物中某元素的质量？已知化合物中某元素的质量，如何计算化合物的质量？

（小结并板书）

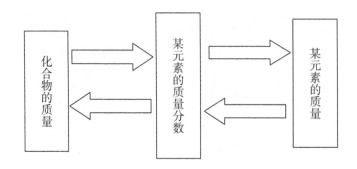

## （二）课堂小测（10分钟）

1. 葡萄糖（$C_6H_{12}O_6$）是一种重要的营养物质，下列关于葡萄糖的说法，正确的是（　　）。

A. 葡萄糖是由碳、氢、氧三种原子组成的

B. 葡萄糖中碳、氢、氧三种元素的质量比为6∶12∶6

C. 葡萄糖中碳元素的质量分数 = $\dfrac{12 \times 6}{180}$

D. 葡萄糖的相对分子质量为180

2. 右图为某分子的结构模型，请回答下列问题：

（1）这种分子的化学式为_____；该物质是食醋的主要成分。

（2）该物质的碳、氢、氧原子个数比为_____。

（3）该物质中碳元素的质量分数为_____%。

3. 我国民间有端午挂艾草的习俗。艾草含有丰富的黄酮素（化学式为：$C_{15}H_{10}O_2$），有很高的药用价值。请回答：

（1）黄酮素是否属于氧化物？_____（填"是"或"否"）。

（2）黄酮素含有_____种元素，碳、氢的原子个数比为_____（填最简比）。

（3）黄酮素分子中碳元素的质量分数为_____（结果精确到0.1%）。

4. 新药帕拉米韦注射液可用于治疗$H_7N_9$禽流感，其说明书中部分内容如右图所示：

（1）帕拉米韦由_____种元素组成，其中氢、氮元素的质量比为_____。

（2）帕拉米韦中氧元素的质量分数是_____（精确到0.1%）。

（3）每支帕拉米韦中含氮元素_____mg。

药品名：帕拉米韦注射液
化学式：$C_{15}H_{28}O_4N_4$
相对分子质量：328
适应症：$H_7N_9$禽流感
成人用量：75 mg/次
　　　　　2次/日
帕拉米韦含量：25 mg/支

（三）评讲课堂小测题

（学生互评）

（四）布置作业

## 我的教学现场
—— 一节跟岗学习的研讨课

【课题】质量守恒定律（2）

【课型】新授课

【教学内容分析】

本课题的教学内容是学生在已学"元素符号"和"化学式"两种化学用语的基础下，继而学习的新内容，它是为学习化学方程式做好铺垫，起承上启下的作用。教学内容主要是让学生通过观察化学反应的实验现象，分析物质的量的变化规律，再从微观的角度剖析质量守恒定律的实质。

**【教学对象分析】**

每一个班都有上中下层的学生，他们通过第一至第四单元的学习，已学习了部分化学的基本概念和理论，如"化学变化（又叫化学反应）""元素""元素符号和化学式表示的意义"等，还认识了一些如"氢气在空气中燃烧""水的电解"等化学反应。

**【教学目标及重、难点】**

质量守恒定律的内容和实质，以及怎样利用质量守恒定律的内容和实质来解题。

**【重、难点及其突破策略】**

通过演示实验和从微观到宏观的化学学习理念，引领学生进一步认识质量守恒定律的内容，剖析质量守恒定律的实质，再运用讲练结合的教学方法，教会学生如何运用知识解题。

**【教学准备】**

按照教学内容制作好PPT。准备实验器材：托盘天平、烧杯、试管、盐酸、碳酸钠、镁条、坩埚钳、酒精灯、石棉网。

**【总体教学设计思路】**

课前复习→课前小测→评讲→设疑→引出新课→学生讨论→再次设疑问→引出新课→师生共同讨→小结→巩固练习→布置作业

**【教学过程】**

一、课前复习

质量守恒定律是指参加化学反应的各物质的＿＿＿＿＿＿，等于反应后生成的各物质的＿＿＿＿＿＿。

二、课前小测并点拨（10分钟）

1. 下列叙述中，符合质量守恒定律的是（　　）。

A. 10 g 的冰融化后得到 10 g 的水

B. 5 g 酒精与 5 g 水混合得到 10 g 酒精溶液

C. 高锰酸钾加热分解后，试管内固体药品减少的质量等于生成氧气的质量

D. 分离液态空气时，液态空气的质量等于得到的氮气和氧气的质量总和

（点拨：质量守恒定律适用的范围是"在化学反应里"）

2. 已知物质A和物质B反应生成C，现有 10 gA 和 10 gB 充分反应后，发现B有剩余，剩余 2 g，则生成C的质量是（　　）。

A. 20 g　　　　B. 12 g　　　　C. 18 g　　　　D. 22 g

（点拨：质量守恒定律中所说的"物质的质量"是指"参加反应的物质质量总和"，没有参加反应的量不算在内）

3. （拓展）已知反应 A + B = C + D，且 A 与 B 参加反应的质量比为 4∶3，若反应后生成 C 和 D 共 2.8 g，则消耗的反应物 B 的质量为（　　）。
A. 1.6　　　　B. 1.2　　　　C. 0.3　　　　D. 0.9

三、设疑引入

下列两种现象是不是不符合质量守恒定律呢？

蜡烛在空气中燃烧后的灰烬比蜡烛的质量减小了

铁生锈后的质量比生锈前的质量增大

四、引出新课：分别做演示实验 5-1 和实验 5-2

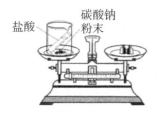   

实验 5-1　盐酸与碳酸钠粉末反应前后质量的测定　　　　实验 5-2　镁条燃烧

（强调：质量守恒定律是经许多事实证明了的基本规律，适合于所有的化学反应；在探究质量守恒定律的内容时，如果反应中有气体参与，或有气体产生，设计的实验方案需在一个密闭的容器中进行）

五、学生讨论

蜡烛在空气中燃烧后的灰烬为什么比蜡烛的质量减小了？铁生锈后的质量为什么比生锈前的质量增大？

六、设疑引入

为什么参加化学反应的各物质的质量总和，等于反应后生成的各物质的质量总和？（播放水电解的动画模拟）

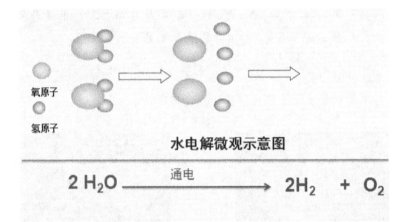

七、引出新课

（师生共讨：边讨论边板书）

在化学反应前后 $\begin{cases} \text{一定没有发生改变的} \begin{cases} \text{原子的种类} \\ \text{原子的数目} \\ \text{元素的种类} \\ \text{物质的总质量} \end{cases} \\ \text{一定发生改变的} \begin{cases} \text{物质的种类} \\ \text{分子的种类} \end{cases} \\ \text{不一定发生改变的 \quad 分子的数目} \end{cases}$

八、小结：质量守恒定律的内容和实质

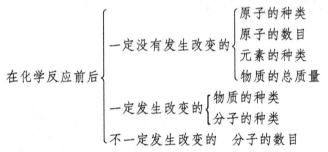

【巩固练习】

1. 化学反应前后肯定没有变化的是（　　）。

①原子的数目　②分子的数目　③元素的种类　④物质的种类　⑤原子的种类　⑥原物质的总质量

A. ①④⑥　　　B. ①③⑤⑥　　　C. ①②⑥　　　D. ②③⑤

2. 蔗糖在隔绝空气加热时，生成碳和水。据此推断蔗糖中一定含有的元素是（  ）。

   A. 碳、氧       B. 碳、氢、氧     C. 碳、氢       D. 氢、氧

3. 今年8月4日左右，2008年奥运会火炬"祥云"将在我市进行传递活动，火炬采用的燃料是丙烷，丙烷完全燃烧时的化学方程式为：$R + 5O_2 \xrightarrow{\text{点燃}} 3CO_2 + 4H_2O$（R代表丙烷），符合"绿色奥运"的要求。由此推断出丙烷的化学式为（  ）。

   A. $CH_4$       B. $C_3H_4$       C. $C_2H_8$       D. $C_3H_8$

4. 某物质可能发生如下反应：$2[\quad] + 2H_2O == 4KOH + O_2\uparrow$，则[  ]中的物质应为（  ）。

   A. $KO$       B. $K_2O$       C. $K_2O_2$       D. $KO_2$

【课外作业】

书本：第98页　2.3

## 我的教学反思
### —— 一节没有按时完成的研讨课

在为期三年的肇庆名教师第二批培养学习期间，我先后两次到实践导师——温利广所在的广州市花都区北兴中学进行跟岗学习，承担了两节研讨课：一节是复习课"化学式　化学方程式计算"，另一节是新授课"质量守恒定律（二）"。前者，我打破了传统的复习方法，运用问题诊断法引导学生分析"错案"，在分析过程中主动获取知识，掌握解题方法，提高解题速度，赢得同行的一致好评。后者，我运用比较传统的教学模式："温故→知新→展开→小结→练习"进行授课，该课新授的内容不多，主要是化学反应中有气体产生和有气体参与反应时，如何设计实验验证质量守恒定律的内容，如何从微观的角度来解释质量守恒定律的实质。课后，对新授课"质量守恒定律（二）"的教学进程和在导师与同行的点评下进行了反思。

### （一）以"温"激"趣"，时间过长

回顾一节课45分钟的授课过程，我的教学内容只进行到匆匆忙忙与学生共讨"为什么参加化学反应的各物质的质量总和，等于反应后生成的各物质的质量总和"这一教学环节。时间已不允许我让学生进行"巩固练习"和通过老师点评突破本节课的难点。究其原因有：时间分配不合理，没有按时完成本节课的教学任务。例如，进入新授课之前，我向学生提出这样的问题："上一节课，老师上了什么内容？"试图把学生的注意力集中回课堂中，以激发学生的求知欲。在提问的5个学生中，没有一个能正确表述出来，浪费了10分钟时间。课后同

行点评：把质量守恒定律的部分内容展示出来，让学生填写关键词，会大大缩短提问时间。再如：课堂 5 分钟小测，设计意图是让学生重温前一节课的学习内容，独立完成 3 道题，在做题中加深理解质量守恒定律的内容。学生不能按时完成，拖延 5 分钟。

### （二）灵动创新，激趣助长

本节课虽然没有按时完成教学设计中的所有内容，但在新授课的过程中，能通过设疑引入，层层过渡，引领学生思考，激发学生的求知欲；能灵活处理教材，拓展实验内容，让学生在实验中轻松领会"在探究质量守恒律的内容时，如果反应中有气体参与，或有气体产生，设计的实验方案需在一个密闭的容器中进行"；能通过电解水的动画模拟对质量守恒定律的内容进行微观解释，使微观的内容宏观化，以此激发学生的学习兴趣。最后展示一台托盘天平，突出本节课的重点——"质量守恒定律的内容的实质"。45 分钟的课堂教学，学生积极参与，注意力集中，本人的教学风格在课堂上应运自如，获得了同行的一致好评。

### （三）名师点评，如梦方醒

个人认为这节课设计得很完美，能运用传统的教学方法，如温故而知新，再运用设疑问引入、演示实验、小组讨论和老师点拨等教学手段进行教学，但为什么时间不允许我达到预期的效果呢？当我百思不得其解的时候，课后评课，温利广导师针对几位参与上研讨课的老师的通病，就"时间去哪了"做详细的点评。他说："时间过多花费在复习上一节课的内容和练习上"，"时间过多花费在新授课过程中，反复强调与本节课无关的细节内容上"。温老师提出上课应该具有的六种意识："目标意识、策略意识、评价意识、学生意识、时间意识和态度意识。"他说："每上一节课，都要围绕本节课的教学目标展开教学，从学生的认知水平出发，选择突破重难点的策略，有评价学生一节课收获的测试题，时间不适宜过多花在复习旧知识和评讲作业这一环节上，力求做到一节课达到一个目标，突破一个难点。"聆听温老师的点评，再回顾自己一贯以来的课堂教学，常因为课前复习和练习的时间过长，导致每节课只上完新课内容，没有及时对学生进行评价，练习拖到下一节课，如此循环往复，影响教学效果。现在，我在探求"灵动创新 激趣助长"的同时，结合名师的指点，已克服了原有的教学模式，提高了课堂教学效率，赢得了学生的好评。

## ▶ 我的教学主张

九年级化学是初中阶段最后开设的一门学科，教学内容既有独立性，又有依附性。作为一门新的学科，如果学生入门不好，会在学习兴趣上大打折扣，影响后阶段的学习，甚至影响高中阶段的学习。每次新学年上第一节课时，都会看到一张张陌生的面孔，用好奇的眼光看着我，期待着我介绍"化学课学习的内容是什么""化学对个人、家庭和社会有什么用""化学有趣吗？""怎样才能学好化学"，等等。当我在展示几个有趣的实验时，学生在一片哗然中惊讶化学的趣味性，生生之间交头接耳："化学很有趣，一定要把它学好。"但是，随着学习的深入，教学内容出现了很多抽象的、枯燥无味的、要记忆的内容，学生的学习兴趣大打折扣，成绩一路下滑。故此，我主张：教师应尊重学生的人格，关注个体差异，满足不同学生的学习需要，创设能吸引学生主动参与的教学情境，激发学生的学习兴趣；根据不同的教学内容采取适当的教学手段，让学生持之以恒地学习。

（一）创设情境，激发兴趣

在参加肇庆市中小学名教师培养对象的学习过程中，有幸认识了广州市花都区北兴中学温利广老师，他是我跟岗学习的实践导师。他的工作室教学追求：有情、有趣、有效。即以情优教，感受有情的化学课堂；以趣渡学，享受有趣的化学课堂；整合提效，实现有效的化学课堂。细琢温老师的教学追求"以趣渡学"，再结合自己多年的教学经验，个人认为：创设情境，有助于激发学生的求知欲，从而激发学习兴趣。在情境的设计中，我通常以问题情境、故事情境、生活情境、游戏情景和操作情境导入新课。例如，九年级化学上册"2.2 构成物质的微粒（Ⅰ）——分子"是学生进入微观的世界学化学的第一课时，如果引入不好，学生会一片茫然，无法进入微观的世界学化学。故此，我设置问题情境诱发学生思考："用眼睛观看，一杯水和一瓶花露水有什么区别？"学生立即展开激烈的讨论，有的说颜色不同，有的说气味不同，有的说分类不同，等等。我把水和花露水分别洒在两条手帕上，请一位平时不爱学习的学生先后围绕课室走一圈。设疑：感觉如何？沾有哪一种物质的手帕在课室"走一圈"后，会闻到一股香味？学生异口同声地说"香水"。我再问："你们看到有东西进入鼻孔吗？"学生说没有。我进一步逼问："如果没有东西进入鼻孔，怎么会闻到香味呢？"学生茫然，求知欲急剧上升。此时，我立即引出：自然界的许多物质是由一种叫作"分子"的微粒构成，这种微粒很小，我们看不见、摸不着，但确实存在。随后分析香水的微观构成和能闻到香味的原因。学生在老师的设疑中自然而然地掌握了相关的知识，学得轻松、学得愉快。

（二）密切跟踪，持之以恒

许多学生在开始学化学的时候兴趣很浓，但当学到"第三章 维持生命之气——氧气"时，兴趣就慢慢消退，当学到"化合价与化学式"时，兴趣大打折扣。究其原因，学生对元素名称、元素符号不过关，学到烦琐的常见元素和原子团的化合价就放弃，很多学生因此中断了学习化学的信心，甚至放弃学习化学。针对这种情况,我主张在教学过程中,要密切跟踪学生的学习状况,让每一位学生在学习的过程中都能做到持之以恒、永不放弃。例如,我根据学生对知识的掌握程度,结合学生的认知规律,设计好每一节课;充分运用多媒体平台,让抽象的教学内容直观化;将枯燥无味的识记内容编成诗歌、故事或小品,让每个学生都能轻松牢记。例如,在引导学生熟记常见元素和原子团的化合价时,我编写了下列"诗歌",以助学生记忆:一价氟氢钾钠银、二价氧镁钙钡锌、铝三硅四硫四六、铁可变为二三价,铜汞一二价里寻,氯硫氮磷要记负(一二三三)。我还通过课堂听写、默写、课后抽背,检查学生对识记的内容是否记牢;通过课堂小测,检查学生的听课效果。再如,当学到"酸、碱和盐"这三大类物质时,学生的学习兴趣一落千丈,部分学生甚至放弃不学。为了让学生能持之以恒地学下去,在教授新课时,我常带学生走进化学实验室,根据实验内容编写实验报告,让学生自己动手探究、近距离观察反应现象,做好记录,并引导学生写好相关反应的化学方程式。当学完整章书后,学生仍感到一片混乱,无从入手做综合题。故此,我在复习有关"酸、碱和盐"这一章的内容时,对教学内容做了调整,把复习内容分为四个板块,每一板块配备适当的题量。第一板块是"酸、碱、盐的俗名、物理特性和用途",第二板块是"酸、碱和盐的化学性质",第三板块是"复分解反应条件的应用",第四板块是"如何根据酸、碱和盐的俗名、物理特性、用途和化学性质来做推断题、鉴别题、探究题和计算题"。学生在我循序渐进的引导下,由浅入深地做题,逐步尝试到能正确解题的甜头,兴趣大增,学习劲头进一步提升,做到持之以恒。

温利广导师工作室宣言——教学之道,止于至善。"至善课堂"是追求"三高"的课堂——学生学习的高兴趣高质量、教师教学的高情感高效益、师生教学相长的高品位高境界。"至善课堂"充分体现"三权"的回归——学生的思考权、自主权、话语权。他主张教学应从"有效"到"有道"。三年的跟岗学习,我的教学主张得到了进一步的升华,我在温老师身上学会了怎样让课堂教学"有情、有趣、有效"。

### 我的育人故事

#### 初出茅庐

按着电脑键盘,我的思绪立马回到1991年9月1日,这一天是我第一次踏上讲坛日子。初出茅庐、满身书生气、满脑子都是理论知识的我看着把课室挤得满满的、叽叽喳喳的、跑来跑去的几十个孩子,不知所措。我面带笑容,温柔地说:"同学们,请回到各自的座位就座。"此时却没有人理我,再重复一次,还是没人理我。心里有点委屈,再也控制不住自己,撕破喉咙,大吼一声:"尽快回座位坐好!"也许是我的声音太大、神情太凶,孩子们立即安静下来,乖乖地坐回自己的座位。面对着50多张稚嫩的面孔，既气愤，又有点激动的我声音有点颤抖，介绍自己是他们的班主任，刚大学毕业，愿意跟他们做好朋友，也愿意做他们的大姐姐。当年的学生，年龄比我小10岁，读初一。上班的第一天，让我领略到在学校学到的教育理论知识必须灵活应用到实践中。故此，在22年的班主任工作中，一幕幕育人故事再现在我的脑海里。

刚毕业的头两年，我稳坐初一级，担任了两年班主任，在实践中摸索做班主任的方法和技巧。20世纪90年代初，通信设备还比较落后，学校只有一台固定电话，在乡镇长大的孩子对外面的世界了解不多，思想比较单纯，也比较封闭。学生之间、师生之间、老师与家长之间常常以书信形式沟通。记得有一次，一位读初三的男生拿着一盒幸运星来到我宿舍，脸有点红，说我担任班主任的班有位女同学送了一盒幸运星给他，里面有一封信，问我怎么办。我问他："你看过这封信吗？"他说："我不敢看。"我问他："你认识这位女生吗？"他说认识，我问他喜欢这女生吗？他说不喜欢，想把幸运星和信还给她，但又怕伤她的心，问我怎么办。我自己还没谈恋爱，十五六岁的孩子就有这种想法。我感到很好奇，答应帮他转还给女生。当他准备离开我的宿舍时，脸有点红，叫我摘下眼镜，想看看我不戴眼镜的样貌怎样。此时，我意识到这男生喜欢上了我这位刚毕业出来的大学生。我说："老师摘下眼睛好难看，可以不摘吗？"男生不好意思地离开了。10年后的一次遇见，他还有点不好意思呢。还有一次，我晚饭后出去散步，在一间卖床上用品的店铺前，一位看上去已有30多岁的男人叫我一声"赵老师"，问我记不记得他，当时我一片茫然，完全没有印象，还以为是拉生意的。后来他讲述自己是1993届的初中毕业生，读初一时我教他生物，还说他上课经常讲话，我经常把他拉到黑板前罚站。我的思绪立即回到1991年9月某天上的一节生物课，依稀有点印象。我问他现在还恨老师吗，他说不恨，那次罚站让他懂得了怎样尊重他人的劳动，为他日后的人生点亮了一盏明灯。初出茅庐的我没什么实践经验，总模仿着自己求学时班主任的管理模式，结合从《教育学》学来的理论知识开展班主任工作。

弹指挥手间，感谢22年的班主任工作，让我走进学生的内心世界，与时代同行，让我领会到做老师的真正意义和收获满满的幸福感。其中，令我终生难忘的一次：当我从北京学习回来，学生自制了一个大蛋糕，举行了一个简单的仪式欢迎我回到他们身边。我激动地拿起手机，拍下精彩的镜头。

## 他人眼中的我

### 孜孜不倦，善为人师

校长说："谢谢你对学校作出的贡献，你执着的追求和辛勤的付出，为周开泉中学的化学成绩一次又一次创造了佳绩。"

同事说:"你怎么精力这么好,总是在不知疲倦地工作?我们都比你年轻,但没有你干活的那种劲头。"

学生说:"老师,谢谢你任劳任怨陪伴了我们一年,你是一位很负责任、很能干的好老师,好班主任。我们也因为有你这个完美的教师班主任而感到很开心,作为(2)班的班长,我代表我们这个最强(2)班真诚地向你道一声:'谢谢。'我们永远爱你!"

教育局教研室教研员张老师:"赵老师在中考备考研讨课上,面向全市初中化学老师上的示范带学课,能打破传统的复习方法,大胆创新,紧靠本课题的重点难点设计练习,练习难易有梯度,有深度,起到示范带学作用。"

同行:"赵老师上的示范带学课很值得我们学习,她用实验图片再次展示了酸、碱、盐三类物质的化学性质,既可以让学生重温实验现象,又可以让学生从现象看到各反应的实质。她根据本节课的教学内容灵活改编中考题,做到'点'到'题'处。"

跟岗导师温利广:"赵老师由于长期当班主任,工作细心,所以在教学过程中比较注重细节,过于担心学生这里不会,那里不会,故把握不好时间,分配在突破重点、难点的时间过短。但能灵活处理教材,大胆创新,善于拓展书本内容,层层吸引学生的注意力。"

## 幽默激趣　智慧引思

● 肇庆市怀集中学　潘小映（高中英语）

● **个人简介**

我现在任教于广东省肇庆市怀集中学，英语中学高级教师，肇庆市英语工程研修班学员，肇庆市第二批英语学科带头人培养对象，肇庆市首批名师网络工作室主持人。长期在教学一线工作，有10多年的高三教学工作经验，专业基础扎实，讲课语言幽默风趣、逻辑性强，形成了"幽默激趣　智慧引思"的教学风格，深受学生欢迎。多次被评为学校优秀教师、优秀备课组长；曾在优质课比赛、高中英语课例评选活动中获奖；先后参与或主持英语教改实验研究，迄今有多篇论文在各级杂志发表或获奖，所辅导的学生多人次在国家、省、市级各项竞赛中获奖。

## ▶ 我的教学风格

**(一) 学科特色**

英语课程是一种人文工具，承担着培养学生基本英语素养和发展学生思维能力的任务，同时也承担着提高学生综合人文素养的任务。学生通过英语课程，例如阅读报纸杂志，浏览网络外文，获取国际资讯等信息源，体会中西方文化的碰撞，从而开阔文化视野，发展跨文化意识，促进创新思维。

**(二) 教学风格归类**

我的教学风格：幽默激趣，智慧引思。

幽默是英语课堂的磁铁。英语作为一门外国语言学科，对于山区的学生来说，他们都认为英语难学，单词、语法，还有大量的阅读都是非常枯燥乏味的。用幽默阐释语言和文化，寓教于乐，激发学生的学习兴趣，让学生愉快学习，从被动接受到主动求知，使他们在课堂上始终积极而又愉悦地处于活动状态之中，进而达到乐学、学会、会学的境界。

智慧课堂教学是指教师充分考虑英语科的思维特点、每节英语课讲授内容、学生掌握知识的程度、学生已有英语知识水平诸因素，针对学生的课堂表现和学习特点，睿智地安排课堂教学活动，投入最少的时间、精力和物力，较好地引导学生思考解疑，引导学生多思、深思、会思，使学生成为教学的主体，提高英语课堂教学质量。

## ▶▶ 我的成长历程

**(一) 童心未泯，初为人师，崭露头角**

1994年7月，从中师毕业后，我被县教育局分配到怀集县坳仔镇坳仔中学任教。因为普九工作的开展，当时学校正在扩建当中，第一年就被安排到乡镇管理区的借用教室担任初一的英语老师。初为人师，我心怀陶行知的名言"学高为师，身正为范"，开始了自己的教学生涯。刚出来工作，遇到比较多的难题，但初生牛犊不怕虎，年轻气盛，自信心很强，凭着自己扎实的专业知识和英语天赋，总相信自己在教学上能做得很好。当时校本部的教务处主任到学校听课，突击检查分校的英语教学工作。还好，我上课前必定把每一节课精心备好才进行授课的。在课堂中，我运用简笔画表示可数名词的单复数，使名词的复数这个概念顿时立体地呈现在学生面前。同时，我灵活安排不同的教学活动引导学生积极思考，充分调动学生的学习积极性，课堂效果非常好，以至于主任对我这节课赞不绝口，并说："如果满分是100分的话，我给你打99分。"这给年轻的我更大的鼓励，感觉找到了自己的价值和方向。从那以后，我对教育教学工作更加投入，以满腔的热情点燃学生求知的欲望，用一颗仁爱之心关怀每一个学生。我凭借着自己的悟性和对教学的热情，在课堂上创设不同的活动激发学生学习英语的兴趣。我既是他们的老师，也是他们的知心朋友，颇受学生的欢迎。这和谐的关系，课堂带来的成就感使我感受到当老师的快乐和幸福，更喜欢那神圣的三尺讲台，喜欢与纯真的学生在一起。那几年我在班级管理和教学方面成绩突出，所任教班级中考成绩非常突出，我的教学能力逐渐被同行尊重并得到学校的领导认可，连续3年年度考核被评为优秀，曾被评为"怀集县优秀教师"。

（二）执着修行，自学升格，逐渐蜕变

在乡镇任教期间，为了提高自己的学历和知识层面，我参加了自学考试，获得广东外语外贸大学的大专学历，随后，报考了本科学历的自学考试。俗话说，机会是留给有准备的人的。2001年，县重点中学怀集一中招聘2名高中英语老师，其中一个条件是本科学历或本科在读，我毫不犹豫地报名。经过笔试、说课、上课等环节的考核选拔，我最终从众多报名者中脱颖而出，成了怀集一中的一员。我一直是担任初中英语教学工作，突然给思考能力和领悟能力更强的高中生上课，深知自身不断改进才能赢得学生的喜爱和尊重。幸运的是，学校有着浓厚的教研氛围，我不放过任何听课的机会，努力向有经验的教师学习。当时我听闻高三的欧阳级长上的英语课非常受学生的欢迎，特别是评讲阅读理解。初到学校的我厚着脸皮到他的办公室表明来意，可惜那天他调课了，没能听成他的课。几天后的一个早上，欧阳级长打电话说他那天讲阅读课。当时的我非常激动和感动，立马冲去教室开始了我的学习之旅。他是一位聪明、说话温和、幽默的老师，有条理地展示了一节精彩的阅读讲评课。那一节课对我的教学很有启发作用，从此打开了我的成长之门。随后，我们学校推行青年教师导师制，他们都给了我极大的帮助和指导，使我能够更快地进入高中教师这个角色，正是他们的关心和帮助给了我极大的信心与动力，让我在教学道路上感受到了温暖和力量，推动我在工作中不断探索，不断总结，不断进步。随着听课的逐步深入，我关注教师的教学模式，学习观察，博采众长，套用他们的成功经验，并且把他们的教学模式与教参的教法整合，经过自己的思考，另辟蹊径，使自己的课堂独树一帜。在课堂上，我的语言幽默，善于启发学生的思维，注重激发学生的学习热情，深受学生的喜爱，所任班级的优秀成绩使我赢得学校领导的重视，从2005年至2011年基本都在高三年级任教。在怀集一中任教期间，我的教学成绩突出：指导的李旭宁同学在全国中学生英语能力竞赛中获得三等奖，从2005年至2011年所任教的班级高考成绩在全县重点中学名列前茅。同时我边实践边反思，积极撰写论文，发表多篇论文并获奖。

（三）多年磨砺，筑梦而行，风格形成

由于学校规模过大要进行分校，因此在2011年我被分配到新的学校怀集中学任教。来到怀集中学,听说在我们学校将要举行肇庆市高中英语"同课异构"优质课比赛。为了知道经过模拟、思考和探索之后,自己的教学能力如何,想借此机会挑战一下自我,所以我毅然报名。经过了年级、学校、县的激烈竞选,我最终被选上,代表怀集县参加市的比赛。在课堂上中我选取贴近学生生活的话题,将一些个性化的教学特色有机地结合起来,运用不同的教学方法启发学生的思维,激发学生的学习兴趣,教学流程设计新颖,环环相扣,得到了专家同行们的好评,并荣获肇庆市高中英语"同课异构"优质课比赛一等奖。从收集资料、设计教案、制作课件到课堂教学、课后反思,整个过程都让我收获颇多。同时,倾听其他选手的讲课对我来说也是一个很好的学习机会,通过这次比赛,让我看到了肇庆市很多优秀的老师,他们的讲课水平和课件制作都各有千秋,非常出色,我从中也得益不少。这次课赛是一个锻炼的契机,是一种鞭策我进步的动力。在随后的历练中,我不断更新教学观念,深入研究教材和教法,课堂教学方法灵活,注重学生的个性发展,所任教班级成绩优异,高考成绩显著。由于教学成绩突出,本人多次被学校评为优秀教师,多年获得了县年度考核优秀等级。这些对我来说是一种锻炼和磨砺,在锻炼中进步、成长。随着能力的不断加强,学校安排我担任英语备课组组长。在此期间,我充分发挥示范引领作用,团结协作,带领备课组老师积极开展各种教研活动。我积极参加教育科研和教改实验,注重理论学习和信息吸收,引进借鉴与总结创新并重。

2012年,我被推荐到北京外国语大学参加肇庆市高中英语骨干教师高级研修班的学习,听取了多名著名教授的讲座,把自己在实际中碰到的问题与这些理论相结合,使自己有了一种顿悟。同时,我勤于反思教学,勤于总结教学经验,先后有多篇教学论文获奖。我积极参与肇庆市课题研究,并将研究所得付诸教学实践中,在教学中取得了可喜的成绩。在课改进行之时,我带领高一的英语老师参与了推进课改的课题"通过思维导图提高中生英语阅读理解能力的实践研究",此课题成功立项,并被列为"十三五"教育科研重点课题。2015年,我参加了肇庆市第二批学科带头人培训班,令我收获颇丰。在培训期间内容丰富的专家讲座、跟岗学习等使我开阔了眼界,拓宽了思维,思考问题能站在更高的层面,并看到了今后努力的方向,从而促进我在教育教学实践中不断地学习新知,用理论指导教学实践,研究和探索教育,在教中学,在教中研,个性化的教学艺术达到了相对稳定的状态,将教学艺术的独特性逐渐磨炼成熟,并走出自己的一路风采!

## ▶ 我的教学实录

### The Olympic Games—An interview（Reading）的教学设计与反思

**1. 教材分析**

本单元以世界性的体育盛会 Olympic Games 为话题，旨在通过本单元的教学，使学生了解奥运会的起源、宗旨、比赛项目以及古现代奥运会的异同。这一课时主要围绕阅读部分讲解，文章通过一个虚拟的采访——2000多年前古希腊作家帕萨尼亚斯与一位当代女孩李燕的对话，向学生介绍了古今奥运会的异同及奥运会的一些基本情况。

**2. 学情分析**

教学对象为高一级学生，他们的智力发展趋于成熟，认知能力比初中阶段有了进一步的发展。但由于地处山区，他们运用英语交流的机会较少，用英语获取信息、处理信息、分析问题和解决问题的能力较差，因此，我特别注重培养学生运用英语进行思维和表达的能力。在课堂上，我尽量采用英语教学，为学生构建英语语言环境。通过任务型课堂活动和学习，学生的学习自主性得到了加强，不再认为英语课堂学习很枯燥，能主动地参与到活动中去，成为课堂的主体，同时也加强了与他人交流合作的能力。但本班学生的英语水平参差不齐的情况仍较为明显，因此，在教学过程中，布置的任务要兼顾各个层次的学生，使他们都有所收获。

**3. 教学目标**

知识目标：

学习掌握有关奥运会和文中涉及的词汇以及学习掌握一些用于讨论奥运会的结构句式。

技能目标：

通过 skimming, scanning, careful-reading, generalization 等阅读技能训练，让学生进一步熟悉和掌握一些阅读技巧，获取关于奥运会的信息，并培养学生运用信息进行推理、判断的能力。

情感目标：

通过学习奥运会的知识，培养学生对体育运动的热爱。学习更快、更高、更强的奥运精神，培养学生团体合作、努力拼搏、积极向上的精神。

**4. 教学重点**

本课的教学重点是帮助学生了解古今奥运会的异同点和其一些基本情况。

**5. 教学难点**

本课的教学难点是训练学生获取信息、分析思考和解决问题的能力，培养学生带着问题去阅读文章的习惯。

（部分实录对话）

**Step 1　Warm up and lead in**

(Listen to the theme song of 2008 Olympic Games)

T: Do you like listening to music?

Ss: Yes.

T: What else do you like doing in your spare time?

Ss: Playing basketball. / Swimming.

T: Do you like watching TV?

Ss: Yes, of course.

T: Have you watched this TV series? It is very popular. What's the girl's name in this TV series? What happened to her?

Ss: Qingchuan…

T: Look at this picture. She is a modern girl. But look at another picture. She was living in the Qing Dynasty.

T: Marvelous! Do you want to travel to the past or travel to the future?

Ss: Future.

T: And how about you?

Ss: Future.

T: Oh. Most of you want to travel to the future. But Pausanias, a Greek writer about 2000 years ago, wants to travel to the present time. According to the picture, where is Pausanias?

Ss: In the Olympic Games.

T: He travelled to the present time. Why?

Ss: Because…

T: He went to a magical journey from the ancient time to the modern time because he wanted to find out about the present day Olympic Games. He travelled to the 2000 Olympic Games and there he met a beautiful girl whose name is Li Yan, a volunteer for the 2008 Olympic Games.

**Step 2　Pre-reading**

T: Therefore, he would have an interview with Li Yan. But before the interview, I want to interview you first to see how much you know about the Olympic Games. Now let's come to the interview.

**Step 3　Fast reading**

T: However, all of the information is not enough for Pausanias. He wants to know more about the Olympic Games. Now please take out your book and turn to Page

9. Read through the text quickly and then find out what questions Pausanias asked about the Olympic Games. Meanwhile, please underline the questions you have found.

　　Ss: How often do you hold your games?

　　　　How can the runners enjoy competing in winter? What about the horses?

　　　　Where are all the athletes, horses?

　　　　Do you mean the Greek?

　　　　Where are all the athletes, horses?

　　　　Does anyone want to host the Olympic Games?

　　　　Do you compete for prize or money too?

　　T: Excellent. Do you compete for prize or money too?

　　S: No, we compete for knowledge.

　　T: Yeah, we should be Swifter, Higher and Stronger. Now, look at the questions. They include some information about the ancient Olympic Games. Now, let's read the questions together. (Ss read all the questions aloud.)

### Step 4　Careful reading

　　T: These are the questions. What about Li Yan's answers? Now, let's listen to the tape to find out Li Yan's answers. Which include some information about the ancient games and modern Olympic Games? While listening, try to find out the information to fill in the blank. Now, let's listen to the tape.

　　T: That is all for the listening. Let's fill in the blank with the information of the ancient Olympic Games.

　　(Ss fill in the blank after listening to the interview.)

　　T: You've done a good job. This column is the information about the ancient Olympic Games, and another is the modern one. Can you find out something similarities and differences between the ancient Olympic Games and the modern Olympic Games? (Ss find out the similarities and differences between them.)

　　T: Let's come to the next task. Read the passage carefully and think about whether the following statements are Ture or False.

### Step 5　Post reading

　　T: After the interview, Pausanias has known much about the modern Olympics. Imagine Pausanias went back to the ancient time, what would he tell his friend Atlanta about the modern Olympics? Suppose you are Pausanias, and your partner is his friend Atlanta, please make an interview with each other.

　　(Ss have an interview with their partners.)

**Step 6  Homework**

T: Well done. That is the homework today: design a post about the similarities and differences between the ancient Olympic Games and the modern Olympic Games. Thank you very much.

S: Good bye, Miss Pan.

**6. 教学反思**

(1) 优点。

本课教学目标明确，体现三维目标整体要求。在该课的教学中，始终注重学生敢于探索、勇于创新的实践精神，提高发现问题、分析问题、解决问题的能力，引导生生之间的合作、互助和交流，注重多元智能的培养和习惯的养成，并恰当地渗透情感教育。此课例突显了我"幽默风趣，智慧引思"的教学风格。

首先，我采用新颖有趣的导入如通过热门穿越剧《宫》来引入古希腊作家Pausanias，使学生对课文主题饶有兴趣，激发他们获取信息的欲望，引导他们全身心地投入2000多年前古希腊作家Pausanias穿越时空与一位当代中国女孩进行的对话，准确迅速地感知阅读材料，深入理解阅读内容，了解古今奥运会的异同。

其次，在采访学生时，学生由于知识面不够无法做出回答。我便灵机一动，以自己采访自己的方式，这样，我以幽默的处理方法使学生更加深刻地了解到了The five rings stand for the 5 continents 这一信息。

再次，学生对采访类的文章难以把握文章的大意，因此，我先让学生快速阅读找出Pausanias对Li Yan提出的问题，然后再精读课文，获取这些问题的答案，以达到对课文的深层次理解，从中知道奥运会的起源、宗旨以及比赛项目等相关知识，让学生了解古代奥运会和现代奥运会的异同。在此过程中，我对学生进行启发、点拨和引导，激发学生对学习任务的兴趣；借助书本、学习资料和课堂等媒介，启发学生思维，引导学生积极有效地参与到学习活动中来。

最后，在完成教学任务后，我给学生创设了After the interview, Pausanias has known much about the modern Olympics. Imagine Pausanias went back to the ancient time, what would he tell his friend Atlanta about the modern Olympics? Suppose you are Pausanias, and your partner is his friend Atlanta, please make an interview with each other. 这样的一个情境，并要求学生结合课文内容编排他们的 interview：学生在完成活动的时候均能够接触地道的英语，这不仅会增加他们的语言输入量和输出量，同时还能发展他们分析问题、解决问题的能力，培养他们的跨文化交际的意识和能力。

(2) 有待改进之处。

第一，在学生角色扮演的过程中，有些同学英语基础比较薄弱，所以在对话时就会有一定的困难。应该提供参考的范例，从而降低难度。

第二，在分层教学中有时对个别学生的关注做得不够。

### 我的教学主张

从情感出发，让英语学习因快乐而精彩。

英语学科包括语言能力、文化品格、思维品质和学习能力四大核心素养。四大核心素养是互相影响、互相促进的整体，其中语言能力是基础要素，文化品格是价值取向，思维品质是心智保障，学习能力是发展条件。心理学研究表明，良好的心理氛围是学生产生积极情绪的源泉。在实践生活中我们也感到，在轻松融洽的氛围中，人的思维异常活跃，就连平时较沉默的人也会出现妙语连珠的话语。因此，营造和谐、宽松、自由、快乐的课堂氛围，可以活跃学生的思维，提高课堂教学质量。

对于学生来说，英语不仅仅是一门知识，更是知识学习过程中一种内心的体验，一种学习外语过程中带着愉悦情感的体验。情感是教育的生命，在教学过程中，教师不仅要带着良好的情绪、充沛的感情去感染、教育学生，更要用适当的语言引导学生在自在的氛围中感受语言、学习语言。

（一）情感教育，联系生活

外语学习是一个复杂的习得与学得的整合过程，它涉及各种因素，其中包括学习者的非智力因素，如学习动机、学习态度、学习兴趣、意志和性格等是最直接和主要的因素。因此，在英语课堂教学中创设有效的语言习得情景是不可缺少的一个教学环节，也是英语教师必须认真完成的一项教学常规工作。在英语教学中，创设生动形象的情境，既能活跃课堂气氛，激发学生的学习兴趣，锻炼学生的语言能力，帮助学生获取语言知识和技能，又能培养学生的思维能力和想象能力。如在上词汇课时，应从整体语言的角度出发，创设真实的情境，让学生在情境中习得语言、运用语言，进而有效地激发学生的思维，不断提升他们的联想、理解与分析能力。外语教学必须首先激发学生的动机，才能发挥学生的潜能，在学习英语过程中培养他们乐于学习的情绪和善于学习的习惯，会事半功倍。

（二）用爱宽容，激励学生

苏霍姆林斯基曾经说过："教育者最可贵的品质之一就是人性，对孩子深沉的爱，兼有父母亲昵的温存和睿智的严厉与严格的要求相结合的那种爱。"在学生学习英语的过程中，教师要特别注意正确对待学生语言上的失误。学生的这类失误是他们在语言学习过程中不可避免的现象，教师一定要宽容，要学会艺术地纠错。尤其是小学生，在英语学习过程中难免会出现各种各样的语音错误、语法错误和语用错误。有些错误必须加以纠正，有些错误则不必专门纠正。对于那些不影响交际顺利进行的语法错误，教师只要通过正确的示范，就能启发和引导学生自行纠正。一是启发学生自主纠正语法错误，二是启发学生互助纠正错误。通过启发学生，让学生自主发现纠正错误和同伴互助纠正错误，在有效地解决了问题的同时也维护了学生的自尊。

（三）以疑引思，拓展思维

语言必须在一定的语言的环境下或氛围中才能完全地习得。因此，在英语课堂教学中创设有效的语言习得情景是不可缺少的一个教学环节，也是英语教师必须得认真完成的一项教学常规工作。英语教学中，创设生动形象的情境，既能活跃课堂气氛，激发学生的学习兴趣，锻炼学生的语言能力，帮助学生获取语言知识和技能，又能培养学生的思维能力和想象能力。如在上词汇课时，应从整体语言的角度出发，创设真实的情境，让学生在情境中习得语言、运用语言，进而有效地激发学生的思维，不断提升他们的联想、理解与分析能力。教师可以通过不同类型的问题情境或任务情境来提升学习兴趣，驱动学生积极思维。例如，在对话教学中，教师可以依据教材，巧设问题，引导学生深入思考，重点训练他们的理解、分析与概括能力；在文本拓展环节，可采用续写或创编故事的形式发展学生的想象与推理的思维能力等，帮助他们树立多思路、多角度、多元化的认识事物的方法及思维方式。

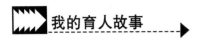
**我的育人故事**

### 春风化雨　润物无声

学生上了高中，由于身心的迅速发展，进入青年初期的学生的独立心理、批评心理、逆反心理增强，他们处在情感上不成熟的过渡期，总觉得自己是大人了，力求摆脱对成人的依赖，老师、家长在他们心目中的权威降低。他们不再以老师为中心，不再绝对服从教师的命令。他们中有的人情绪不稳定，多变化，不易控制，可以说软硬不吃；他们自觉不自觉地向老师闭上心扉，这给高中班主任的教育工作带来一定的难度。

班主任要通过爱与人格魅力影响学生，通过心灵互动让学生敞开心扉，还需要在行为习惯上以身作则，真正让学生感觉老师的关爱。在担任班主任期间，我遇到过一些"小刺头"，在他们身上，发生过许多令我辛酸也令我感动的故事。其中，有一个故事给了我永远的鞭策和启迪。这事发生在我刚参加工作时，心里总有这样的感觉：他们怕我这个新老师吗？常言道"棍棒出孝子，严师出高徒"，我必须严厉点，要镇住他们。当时班里有一个出了名的"捣蛋大王"，他学习成绩差，经常欺负同学，全班同学都怕他，暗地里还给他起了个绰号——"大捣蛋"。一次，他又打了班里的同学，我不由分说将他揪到办公室，火冒三丈地对他进行了一顿狠狠的批评。没想到，他不但不服气，还理直气壮地顶撞我，我忍无可忍打了他一个大耳光。谁知他居然骂骂咧咧地冲出了办公室。当时我被气坏了，感到自己受了莫大的委屈。这件事之后，我对他冷若冰霜。而他上课再也不听我讲课，经常变着花样给我捣乱。下课后，他变本加厉地欺负同学。当时，我对这个孩子既恨之入骨，又无计可施。

可后来的故事却改变了他，更使我幡然醒悟。那次，我打开抽屉拿作业本，发现抽屉里有一张纸条，上面写道："老师，你一定非常非常讨厌我、恨我吧，但我不讨厌你，因为我知道你恨我这块铁不能成钢，可我讨厌你对我毫不留情的训斥，更讨厌你'赐'给我的大耳光。"课下，我把这张纸条读了很多很多遍，内心深处有一种说不出的滋味。一张纸条惊醒了总想给学生"下马威"的我，该是我好好反省的时候了。我决定找他好好地谈一谈。那天放学，我和这个学生进行了一次和颜悦色的谈话。我首先向他道歉，不该用粗暴的话语伤害他，更不该动手打他。对着我改变的新面孔，他有些不自在，又好像有点受宠若惊，一改往日那蛮横的样子，向我承认了自己的错误。说自己捣乱、欺负同学都是故意的，原因就是对我不满，想对我报复。他很真诚地表示以后不会这样了。还十分诚恳地对我说："老师，我喜欢今天的你，相信我也会喜欢以后的你。"最后还问道："老师，我给你惹了那么多麻烦，你还会喜欢我吗？"我当时毫不犹豫地回答："我会，我会把你看成我最好的朋友。"

这件事已过去多年了，但一直珍藏在我心底。这张给了我教育的纸条我也一直珍藏着，它时刻提醒我最调皮的孩子也有他最可爱的一面，每个学生都是鲜活、灵动的个体，有着各自独特的性格。作为一名班主任，应用自己的和颜悦色，用亲切的目光，用慈爱的双手给每一个学生以自尊、自信、关爱和鼓励，只有这样，学生才会"亲其师，信其道"。

在教师这片原野上，是真诚与爱点燃了前行的灯盏，照亮了学生的心灵，延续了中华民族几千年师德师魂的崇高与伟大。看着学生一拨一拨在涓涓细流的浇灌下健康成长，我由衷感受到为人师表的幸福，感受到真诚无价的甜蜜。所以我在和他们相处中，更多的是表扬他们的优点，赞美他们的闪光之处，用美好的语言激励他们，用真善美的故事启发他们，对他们以热情的鼓励和殷切地期望！我既然选择了教师这个职业，就要用爱心与责任去关心每个学生，"春风化雨，润物无声"，把爱的种子根植心底，让呵护在空中飞扬。

## 他人眼中的我

（一）领导眼中的我

潘老师是有智慧、有灵气的老师。她在教育教学实践中对于工作的创造性驾驭、敏锐反应以及灵活机智应对等综合能力都较为突出。在她的课堂上，她结合自己的英语教学实践，采用以发散学生思维为中心的课堂教学模式，教学方式新颖生动，讲解细致到位，幽默风趣，引导学生积极思考，深受学生的欢迎。

（怀集中学副校长　陈文爱）

### （二）同事眼中的我

如果要找一位标准的英语教师形象，我首先会想到你——潘老师。因为你温柔的气质，和蔼的笑容，优雅从容的教态。因为你学识渊博，细致认真，清晰睿智的教学理念。因为你沉稳中透着幽默、灿若阳光的笑容面对每一位学生。因为你与人为善、团结互助的精神。工作敬业和教学专业是作为老师的根本，我很高兴看到在你身上结合得这么完美！

（怀集中学英语教师　王冬甫）

在我眼中，潘老师在工作中追求精益求精。课前她精心设计各种适合学生的教学活动，环环相扣。在课堂中她用幽默的语言激发学生的兴趣，并力求人人参与，创造平等的学习与探讨的机会。她正视个体差异，从多角度、多层次引导学生思考，很受学生的喜爱。

（怀集中学英语教师　李东萍）

### （三）学生眼中的我

小映是一个集才华、幽默、可爱、学识、经验于一身的老师。她在高三这一年，给了我最好的教导。很喜欢她的上课风格，认真又带点幽默。她这个人本来就很可爱，讲话轻声细语的，很有魅力。她上课也很有条理。作为她的课代表，我可以感受到她对英语教学工作的热爱，以及对学生的关心。无论是对学生，还是对老师，她都是一个好榜样。

（怀集中学 2013 届高三 A3 班　梁晶晶）

"虽然是开学第一天，但还是不能松懈，要加强训练……"谢谢你潘老师，你的话总是那么激励着我。你的循循善诱、幽默风趣，让我们原来沉闷压抑的英语课变得截然不同。你的笑容让我们有了很多的动力，那短短的一个学期里我们认识了你，你也认识了我们，没有什么比这更有意思了！带着你对我们的期望和关怀，带着我们的热血，相信在你的引领下，我们的英语会大有突破！

（怀集中学 2019 届高三 B3 班　李莉花）

# 民主和谐，简约理性，风趣幽默

● 肇庆鼎湖中学　邱秋梅（高中政治）

● **个人简介**

我叫邱秋梅，本科毕业，中学政治高级教师。肇庆市基础教育科研成果奖学科组评审专家，市第二批基础教育学科带头人，市第二批名师培养对象。在三尺讲台默默耕耘，已有28个春秋。多年战斗在高考第一线，所带的历届学生高考都取得了优异成绩，多次受到上级表扬奖励。曾获"肇庆市高考优秀指导教师"，区级"教书育人先进个人""优秀班主任""宣教系统先进工作者""校内先进德育工作者""家庭教育先进工作者"等光荣称号。

我积极开展课题研究，"高中政治'生活演绎教学法'研究"在首届肇庆市基础教育科研成果奖评选中被评为三等奖；"利用信息技术，高中政治课堂教学中渗透国学教育"课题研究获市三等奖；主持省级课题"思想政治教材的二次开发和利用的研究"。《价值判断和价值选择》等多篇教学设计和《高中政治探究式课堂教学的实践》等多篇教学论文在省市杂志上发表或获奖。

我潜心教学，积极参与探索课堂教学新变革，在长期的实践中形成了民主和谐、简约理性、风趣幽默的教学风格。本文从我的教学成长之路、我的教学风格案例、我的教学主张、课堂实录和教学反思等方面，展示我对民主和谐、简约理性、风趣幽默教学风格的定位、追求和实践反思。

### ▶ 我的教学风格 ▶

**民主和谐，简约理性，风趣幽默**

说来实在惭愧，在我的意识里，教学风格应是自成一家的名师所拥有的教学艺术，高山仰止，我只能望尘莫及。这次参加肇庆市第二批名师培训，我学习了实践导师胡兴松老师的"诗意灵动：我的教学风格"，阅读了闫德明教授的《如何形成教学风格》，听了广州花都温利广老师的"教学之道，止于至善"的教学风格案例解读与成长历程分享讲座。项目组要求写我一篇"我的教学风格"案例后，我才细细地去想这个问题。

我的教学风格是什么？什么样的教学风格才适合我？回顾我从教近30年走过的路，从初出茅庐的稚嫩与青涩，经过了在教学中的探索与努力，到现在的一种平和与成熟，我不知自己的教学风格是怎样的，但依稀记得是朋友或是同事或是学生家长告诉我的一些事："某某的孩子很喜欢你的课，某某同学很欣赏你的课，在很多篇日记中写到你的课堂，写你讲的话……"；新学期开始，学生们看到是学校安排我上他们的政治课，满心欢喜。我沉下心来思考：如果这种影响算是风格的话，那么我是一直在我的教学中尝试追求着一种"民主和谐，简约理性，风趣幽默"的风格。

（一）民主和谐

我喜欢站在孩子中间，喜欢和学生一起讨论，不怕被学生反驳，因为我觉得学生有自己的思考和见解，更有利于培养学生独立的思想和人格。不论是在课堂上还是在课外，不论是做班主任还是政治科任老师，我都力求与学生建立一种民主平等的关系，因为所有教学活动都是师生的双边活动，只有双方都积极参与，教学相长，才能提高课堂教学效率，知识是心灵的碰撞，是矛盾的消除。

在我的眼里，从来没有优秀生和差生的区别，也从来不去区分好孩子与坏孩子，我认为现在的每一个孩子都是很聪明的，学习成绩只是一个表现的侧面，不能对一个孩子轻易地下"好"或"不好"的结论，孩子的创造力不仅是表现在单一方面的。在课堂上，我除了讲授最基本的知识与技能外，最重要的事情是鼓励每一个人讲，让学生展现，与学生交流，在这个过程中不以高高在上的老师自居，低下身来，侧过耳去，走到他们中间，与前后左右的孩子一起说，一起乐，一起听，与学生进行最自由的、最真实的对话，肯定每一个人的努力，往往在这种平等交流的过程中，学生的思路被激活，会激荡起绚丽的浪花。例如，在进行"企业经营者的地位"这一框的教学时，我设置了一个情景事例："请讨论，市场经济条件下，如果你是一个新建的拥有500亿元资产的国企老总，你首先需要什么？"（学生积极讨论，答案多种多样。随着讨论的进一步展开，答案逐渐趋向于首先需要有企业人、财、物，产、供、销的管理权力）"当你拥有权力后，怎样保证这种权力不是谋私的资本，而是真正为人民服务的依托，是谋求和指挥企业发展的保证？"（答案由讨论初的多样化趋向于建立完善的监督机制）"你认为这种监督机制是什么样的？"（学生讨论的范围除经济生活本框内容外，还涉及了市场经济的法制性，政治生活中的民主监督、依法治国。对此，教师进行适当引导，为今后的教学打下伏笔）"你拥有了权力，也建立起了企业发展的监督机制，是否就能够确保企业的社会主义发展方向，确保企业的性质呢？"（讨论的结论是离不开党的领导）"那么我国现阶段所建立的企业管理体制是什么？其中的监督机制、方向保证又是如何实现的？（学生讨论归纳）"那么，作为国企的老总，你认为是否只要处理好企业自身的发展就可以了呢？还应该处理好哪些关系呢？"……在这一教学过程中，教师不再是知识的传播者，而是学生学习的引导者和促进者，学生在和教师一起设置的情境中充当角色，在提出问题、解决问题的探索过程中有效地培养了思维能力，获得了"成功"的愉悦。对任何一个学生的任何发现都予以肯定，力图最大限度地发展每一个学生的能力。不同学生间有差异，教学时，对不同的学生提不同的要求，采取不同形式的指导，让学生按自己的方式学习，达到最能达到的水平，学生学习不感觉有压力，当学生不希望有作业时，我便尽最大方法不安排，所以每当上政治课时，学生总是很兴奋。

"亲其师而信其道。"学生亲近你时，会亲近你所教的学科，便会在不知不觉中学好你这一门课。我们所要做的，只是拿出真正的民主与平等的情怀。

（二）简约理性

我喜欢追索事物的核心本质，因为很多复杂的行为背后都是极其简单的原因。达·芬奇说："简约是最终的成熟。"我追求简约化的课堂教学，不喜欢闹哄哄的皆大欢喜的教学课堂，我认为课堂教学要删繁就简，凸显朴实的品格，彰显简约之美，促进学生的和谐发展。在课堂上，教学环节设计应具有明确的目的性，要梳理教材中最核心的内容，教学过程要突出学习的主干。注重对教学内容的重新整合，即对教学内容进行调整和必要的补充，根据时代形势的发展变化和需要，与时俱进，增添新的内容，拣取一些学生所关注和感兴趣的事件和典型事例，既能拓展学生的知识领域、开阔学生的视野，又能增强思想政治课的魅力，调动学生的学习兴趣和积极性，从而激发他们的积极情感体验，更好地启动学生的思维活动，使课堂活起来。这样，师生之间的感情就容易沟通，情感共鸣也就易于形成，学生也才能积极配合老师的教学，课堂教学也就能按照老师的教学计划和教学要求进行，课堂教学的目标和任务才会圆满完成。例如，在讲"依法维护消费者的合法权益"这一部分内容时，我向学生展示了中央电视台质量报告栏目中曝光的"乡巴佬"鸡腿的制作过程，然后请学生就这一事实谈谈自己的看法。由于此类休闲食品比较受学生的青睐，因此商家的行为强烈地刺激着每一个学生的神经。结果同学们激情澎湃、义愤填膺，发言十分踊跃。在学生发言的基础上及时进行整理：商家为什么会这么做？商家的行为侵害了消费者的哪些权益？作为消费者我们该怎么做？课后经过调查反馈得知：由于有心灵上的震撼，学生对这部分内容的理解非常深刻，掌握得也很好。事实证明，情感充沛、精神饱满、潜心投入、信心十足、追求卓越，是学生获得充分发展的心理基础和人格品质。

莎士比亚说："简洁是智慧的灵魂。"我希望我的教学追求能影响学生，他们也能明白简约其实不简单的道理，与此同时，在抓住本质的过程中，我也努力以一种风趣委婉的方式进行，不至于太直接和赤裸裸。在课堂上，我经常从教材的内容和特点出发，通过有趣的问题、生动的小故事等方法导入新课，唤醒学生乐学的内在动力；力争以诙谐的语言、抑扬顿挫的语气，甚至故意以一种怪调来说明问题、阐明道理；总是把一些问题与他们身边常见的事物结合起来，形成反差，达到目的；让学生在宽松快乐的环境中，学到知识，掌握技能，有所感悟和思考，受到情感熏陶。

（三）幽默风趣

众所周知，政治课与其他学科相比确实比较枯燥和抽象，如果我们的政治课堂教学不注意授课的方式和方法，不注重情趣性教学，课堂就会变得更加枯燥、干巴巴和毫无生气，导致学生上课昏昏欲睡，我们政治教师稍不注意就成了催眠和课眠的"专业杀手"。因此，我在我的教学实践中要努力避免出现这一类现象。

为了学生的一切，一切为了学生，也为了能把课本知识和自己所学本领更好地传授给学生，我在我的课堂教学中很注重讲授的方式和方法，注重怎样更好地"授之以渔"。

我从胡兴松老师的《思想政治课教学艺术论》《风趣哲学大师》《著名哲学命题》《哲学趣例300题》《思想政治趣味案例精选》等书籍中，从报纸杂志或剪切或抄录的笑话和典故等相关资料中，从自身教学实践中和实际生活中，不断地积累和吸取知识宝库的精华，把相关趣例不断地丰富和完善并充实到自己的课堂教学实践中，让抽象化为通俗，让枯燥化为兴趣盎然。

风趣、幽默、诙谐的语言能够缓和课堂的气氛，给有时沉闷的课堂注入一针兴奋剂，激发学生学习的兴趣。比如，在讲到发展农业要走产业化经营的道路时，我也会开玩笑地说道，可用以下方法解决。第一种方法：如果市场上豆子滞销，那么就把豆子剥成豆瓣，卖豆瓣；如果豆瓣卖不动，就把豆瓣腌了，卖豆豉；如果豆豉还卖不动，那就加水发酵，改卖酱油。第二种方法：将豆子制成豆腐，卖豆腐；如果豆腐不小心做硬了，就改卖豆腐干；如果豆腐不小心做稀了，就改卖豆腐花；如果实在太稀了，就改卖豆浆；如果豆腐还卖不动，那就放几天，改卖臭豆腐；如果还卖不动，就让它彻底长毛发霉后，改卖腐乳。第三种办法：让豆子发芽，改卖豆芽；如果豆芽滞销，就改卖豆苗；卖不动就移栽到盆里卖，但千万要起个好听的名字，叫"豆蔻年华"……这些风趣、幽默的语言在课堂教学中的适当穿插应用，启迪了学生的思维，活跃了课堂的气氛，成了课堂教学很好的催化剂和兴奋剂。

带着笑容去，让学生记取你的笑容，把笑留在课间，让学生的欢声笑语萦绕在课室的每一个角落；用笑感染每一个学生，让学生在笑声中获取知识和教益，让学生愉悦、轻松、快乐地学习，让教学彰显"幽默风趣"的"魔方"和魅力。

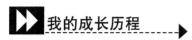 我的成长历程

### 教学路上不忘初心，逐梦前行

鲁迅先生说：其实地上本没有路，走的人多了，也便成了路。我想说：其实地上有很多路，属于自己的那条路，坚持走下来，一定会越来越宽广。每个人都有自己不同的人生之路。回望我自己走过的路，虽然不那么宽广，不那么平坦，却洒满了汗水和泪水，也留下了一串串用心走出的深深脚印。从教近30年的历程中，有这样几个词将记刻在我人生的辞典中：永安初中、广利职业高中、鼎湖中学，它们是我人生山路上的一级级台阶。回顾我的专业发展历程，谈谈个人专业成长的过程和体会，或许能给大家带来一些有用的启示。

（一）从不会教到会教

我从梅州嘉应师范政史系政史专业毕业，1991年毕业后，千方百计想留梅城，但连梅城最边缘的学校都无法留下，学校分配原则是本地回本地。正当我准备回老家任教时，收到一条决定我命运的信息，有6个外调鼎湖的名额，闻名世界的鼎湖山让我不假思索选择外调鼎湖区。初涉教坛，对未来充满了憧憬，畅想能在这三尺讲台之上大展宏图。然而理想与现实有时候也会出现巨大的反差。刚开始的教学工作并不顺利，一是自己是外地老师，语言不通，与老师、学生，特别是家长沟通不畅顺；二是缺乏实践经验，在当教师之前没有任何实践方面的储备。所以，走上教学岗位后，没有及时实现从学生到教师的转变，很不适应，上课紧张，精心准备的课，在课堂上讲得干巴巴的。一节课下来，不要说学生，自己就很不满意。加上个人条件不是太好，声音不够洪亮，天生性格柔弱，学生不服管教，一度曾怀疑自己不是当教师的料，产生逃离鼎湖的念头。但是随着工作的深入，对教师职业认识的不断变化，逐渐放弃了这个念头。自己说服自己，安下心继续教书。我想：既然只能选择教学，那么就要做一名好的教师。我坚信，只要自己努力，就一定会有成效。

为了使自己能够尽快地进入教师这一角色，成长起来，我采用的方式主要有两点：一是多听课，模仿和借鉴他人所长。从优秀教师身上学习，学习他们如何备课、上课，如何驾驭课堂、处理课堂上的突发事件，如何选用教学模式和教学手段进行教学，如何充分利用现有的课程资源生成新的课程资源。然后结合自己的实际去消化，在实践中不断摸索。二是一边工作，一边学习，常常挑灯夜战。没有资料，采取自费订阅和去书店购买，每年都会订阅多种教育以及政治教学期刊。没有专家指导，我就到处请教，市县教研室是我常去的地方，并且一听说有教学业务的学习和比赛，我都尽力参加，有时还毛遂自荐。那些日子里我不仅出色完成了教育教学任务，还多次参加了教学比赛，每一次参与都使自己的业务水平得到锻炼和提高。几乎把所有的精力都投入到了教学工作中。在教学实践中不断积累经验，在积累中不断升华，随着时光流逝，自己的教学水平悄然发生变化，逐渐能够行走于讲台，对教材有了一些自己的见解。渐渐地我也成了当地有名的"土专家"。

（二）从会教到教好

2003年的时候，我被教育局分配到鼎湖中学，任教高三（10）班政治课并担任该班班主任，这是学校办的第一届文科复读班，教这样的班级，压力可想而知。所以，我就琢磨怎样把课教好，提高教学质量，不辜负领导给予的信任。我用心去学，潜心去研究。研究教材、研究学生、琢磨考题等，在课堂教学中，我奉行"细节决定成败"的执教格言，一丝不苟，即使对教过的熟悉的章节，也要逐章逐节、逐字逐句地认真分析推敲，力求挖掘出更高、更深、更活、更精的含义来。"上课就像打仗，我们不能打无准备之仗。"每章、每节都要写出切实可行的教案，为教好每一节课做好充分的准备。那时我夜以继日地工作，可以说走路、吃饭，甚至在睡梦中想的还是教学工作。经过一年的努力，取得了优异成绩，学生谢振华成绩突出，成为学校文科状元，我也因此被评为"市高考优秀指导教师"。赢得了学校信任，家长放心，学生的敬重。接下来，我连续奋战在高三第一线十多年。也是从那时起到现在，一直都是任教鼎湖中学同一年级中最好的班级，是鼎湖中学政治科把关老师，引领着鼎湖中学政治学科教学。

"教"而善思，是每一位教师应具备的基础素质。为人师者，就要多思考、善思考，只要有心就能发现，就有所建树。叶澜教授曾指出："一个教师写一辈子教案不可能成为名师，但一个教师写三年教学反思就有可能成为名师。"为此，我不断对自己的课堂行为进行反思与总结。一节课下来，我反思：教学过程是否达到了目标？这节课的内容是否有利于学生未来发展？本节课的教学方法有哪些？为什么用这些方法？本节课印象最深的环节是哪些？感觉哪个教学环节还有待于改进？通过反思，不断修正教案，不断优化、寻找最适合学生的教学方法。

这个阶段的教学给我的感悟是：从上不好课到上好课，要经历一个漫长的过程；从能教到教得好，更是个漫长的过程。教师的责任很大，应在教学上苦下功夫，只有这样，才是教师"忠诚党的教育事业"的一种最好的实践和诠释。

### （三）追寻真正的教学

我曾经有个错误的观点，认为把教材讲解得越明白易懂，学生的疑问就会越少，学生对知识就会学得越深刻，教师讲得越多，学生收获的越多。其实不然，我不知疲倦地讲解，学生机械重复地记忆。当我在满堂灌的课堂教学中乐此不疲的时候，却蓦然发现自己努力的结果并没有带来学生的发展和飞跃。

满堂灌的课堂教学使学生疲惫不堪，怎样才能改变这种现状？怎样的政治课才是好课？恰逢此时，也就是在2005年，我参加了市举办的骨干教师培训班，脱产在华东师范大学学习了一个月。这次培训有两方面的收益：首先转变了教学观念，2005年正值新课程改革之际，学院主要针对新课程对我们进行了培训，系统学习了《政治课程标准解读》《走进新课程》《新课程中教师行为的变化》《农村教学的困惑以及对策》等理论知识，走进大上海最前沿的学校观摩，与上海最优秀的一线老师面对面教研，张培军老师的教学风格至今都还影响着我。通过这次培训学习，让我重新定位教师的角色，树立新的教材观、教学观、学生观和评价观，由传统的灌输式教学转向学生学习的合作者、参与者和引导者，为教学指明了方向。进行新课改的尝试，在课堂教学中渗透新理念，以转变学习方式为主。一改过去主要由自己上课先讲解基本原理—讲解例题—布置作业的模式，转变为"先学后教，导引结合，变式训练，及时反馈"，即采取先由老师提出精心设计的问题，让学生带着问题去自学，寻求解决问题的办法，让学生在主动的情况下去讨论，去思考。老师发现学生解决不了的问题，再做指导及引导，最后老师还要从学生的训练中发现问题及时指出，让学生去感受，使学生全身心地投入到学习中去，使学生具有充分的动力、主动学习，培养了学生的自主学习能力，夯实学生"终生学习"的基础。在这期间，我与本校的马卓茜老师进行了高中政治"生活演绎教学法"研究，在首届肇庆市基础教育科研成果奖评选中被评为三等奖；"利用信息技术，高中政治课堂教学中渗透国学教育"课题研究，此科研课题获市三等奖；主持省级小课题"思想政治教材的二次开发和利用的研究"。将课题研究上升为教学常态化的思考，不断学习，不断探索，不断完善，把自己真正打造成教师专业发展的引领者和促进者。科研兴教，以研促教，让我告别迷茫，明确方向，沿着科研的道路——启航！

### （四）不忘初心，逐梦前行

2016年8月，鼎湖区委、区政府加大教育改革力度，加大教育教学上的投入，深化鼎湖中学与肇庆中学的共建合作，公开向全国招聘引进高素质教师，打造高中教育优质名校。在鼎湖中学设置问鼎班和肇中实验班,通过竞聘,我有幸进入问鼎班教师行列,成为学校领军团队的一员,与引进优秀教师和肇庆中学的老师一块工作学习研讨,共同研究班级教学班级管理。年过半百的我,继续接受教学上的挑战,不欲使命,不忘初心,负重前行。

这一路走来,是政府、学校、老师给我的成长创造了有利的条件,首先,是政府和学校的关心和支持,给我提供了多次学习和锻炼的机会,2003年到鼎中带复读班给我压力,2005年参加了在华东师范大学举办骨干教师培训班为我助力;10多年来,每年都能参加省级高考备考培训、研讨为我添能;2015年到现在为期3年的市名师高级研修班的学习促我跨越;2016年竞岗进入学校领军团队成为区领军人才。其次,是同事的帮助和激励,在我身边,有底蕴深厚富于教育艺术的老教师,也有理念先进富于探索精神的年轻教师。他们的独特思想、宝贵经验和教学方法,不仅是我学习的资源,也是我进步的动力。总结我的专业成长经历,得出的结论是,教学后教师必须做好两项工作:积累充实和总结反思。

当教师近30年,对于教学一直诚惶诚恐,不敢有丝毫懈怠,对自己的教学总有很多的不满意,对名师们的成就和魅力非常景仰。回顾自己的教育教学生涯,有曲折和困惑,更有成功和喜悦。我深深认识到:一个正直可敬的人民教师应该是对教育痴情、对学生深情、对奋斗执着坚守的人。在指引着学生的人生路程上,真心付出,耐心引导、爱心植入,一定会收获一路风景!

## 我的教学实录

### 《文化生活》第二单元第四课第一框"传统文化的继承"

#### 一、课前安排

教师活动:布置学生收集肇庆传统习俗(节令习俗)、传统文艺(鼎湖九坑客家山歌)、传统思想(佛教思想)、传统建筑(肇庆端州宋城墙)等信息,指导学生分组进行探究。

学生活动:合作探究,从网络、报刊以及到实地调查访问等,收集有关鼎湖区传统文化相关资料。

#### 二、课堂教学

教师活动:课前我已经安排大家在预习本框题知识的基础上搜集鼎湖区本地的传统文化,现在就请四组推荐的代表上台展示本组的成果。

学习小组成果展示。

第一小组(传统习俗):

在中秋夜鼎湖区乡村和高要区、端州区的乡村,不妨去参加下"烧番塔"的俗例。据说参加者全部是男性青少年。他们自由组合,备足砌筑的残旧砖瓦、石块和柴草燃料,选择村中空旷的地方,动手垒起塔墙,收敛成底宽顶窄的塔型,腔内中空,塔身和塔顶也都留空。塔型有大有小,视材料和燃料而定。年龄18～20岁的青年垒大塔,12岁左右的少年垒小塔。大塔底直径可大至2～3米、高3～4米,小塔底直径1米、高1.5米。垒塔成型,即在膛内点火,顿时烈火熊熊,火舌上冲四窜,不待火势减弱,边持续添柴加草,边同唱"番塔歌",边燃放鞭炮,全场通红,火光冲天,气氛热烈。尽兴之后便合力把塔推倒,然后散去。中秋节青少年的这一特别节目曾经一度沉寂,但近年又在某些地方恢复,唤起人们的记忆。

第二小组(传统建筑):

庆云寺位于广东省肇庆市鼎湖区鼎湖山的天溪山谷中,始建于明崇祯九年(1636年)。清光绪十九年(1893年),四周峰峦环抱,如瓣瓣莲花,被冠上"莲花寇"的美称,是岭南四大名刹之一,素有"禅、净、律三宗俱善"之盛名,寺里香火历久不衰。

第三小组(传统文艺):

鼎湖区凤凰镇的九坑山区和其他讲客家话的村庄,历来有用客家话唱山歌的习惯。山歌的内容丰富,感情真挚,生活气息浓厚,声调动听。选录几首可见一斑。

《凤凰歌》:你唱我唱我就唱,唱出日头对月光,唱出麒麟对狮子,唱出金鸡对凤凰。八月十五耍月花,又无槟榔又无茶,青山红茶正笔目,南海槟榔正浪花。蜜蜂采花南海转,好花不怕路途长。

《天光》:尔盼天光天未光啰,打开大门望月光。尔往夜有夫就夜间短,今夜无夫夜间长。

《老妹走路》:老妹走路尔莫拣快,放慢两步等埋捱。阿哥有嘢同尔讲,喊尔老妹嫁奔捱。

第四小组(传统思想):

划龙舟除了是中华民族的传统习俗,更是肇庆这座岭南文化名城声名在外的传统运动,展现着肇庆群众团结拼搏、奋勇争先的体育精神。利于弘扬传统文化,推动群众体育发展,展现肇庆"解放思想,实干兴肇"。

教师活动:从四组代表的介绍中可以看到大家在课下做了认真的调研。结合刚才同学们列举的事例,谁能来讲一下你对传统文化的理解。

学生活动:积极发言。

教师活动:归纳总结。

## (一)传统文化面面观

(1)传统文化含义:历史发展过程中形成的,并保留在现实生活中的、具有相对稳定性的文化。

(2) 传统文化继承性的表现，我们可以概括如下：

| 形式 | 传统习俗 | 传统建筑 | 传统文艺 | 传统思想 |
| --- | --- | --- | --- | --- |
| 含义 | 在一定社会群体中约定俗成或世代相传的风尚、礼节和习惯 | 建筑被称为凝固的艺术 | 文学艺术，称为民族精神的火炬 | 包括在长期历史积淀中形成的理论观点、学术思想和道德观念 |
| 影响 | 对人们的物质生活和精神生活产生持久影响 | 在世界建筑史上写下了光辉的一页 | 有悠久的历史，蕴藏了丰富的文化内涵 | 对今天中国人的价值观念、生活方式和中国的发展道路具有深刻的影响 |
| 地位 | 传统文化的基本形式之一 | 展示中国传统文化的重要标志 | 中华民族灿烂文化的重要组成部分 | 中华民族灿烂文化的重要组成部分 |
| 举例 | 元宵节、端午节等传统节日 | 北京菊儿胡同，四合院、三合院 | 古代文学 传统戏曲 传统绘画 | 儒家思想 佛教思想 道家思想 法家思想 |

## （二）传统文化在今天

### 1. 传统文化的特点

探究活动一：你是如何理解传统文化中"和为贵"思想的？

（学生思考回答）

教师提示：首先我们要承认此思想仍存在于现实生活中，比如我们为人处世都讲"和气生财""一团和气""和睦相处"，社会发展中也讲"和谐"发展，这说明了传统文化具有稳定性。但我们也看到保留的是传统文化的基本特征，它的具体内涵因时而变了，因此，传统文化的稳定性是相对的稳定性。

（1）相对稳定性。

高要齐拉牛闹开耕，摆筵席迎宾客，开耕仪式前，村民在田间祈福。乡村处处鞭炮齐鸣，锣鼓喧天；家家户户大摆筵席，亲朋满座；文化广场游人如鲫，龙腾狮跃；集市墟镇人来人往，购销两旺；亲朋好友带着礼品，走家串户……在高要河台镇，出现这般景象的不在春节，而在每年的农历二月初二。这天，河台群众以最隆重的方式欢度当地最重要的节日——"开耕节"，故河台民间流传着"'开耕节'大过年"的说法。

探究活动二：高要齐拉牛闹开耕活动有何意义？体现了传统文化的什么

特点?

(学生思考回答)

教师提示:高要齐拉牛闹开耕活动,目的是弘扬中华民族优秀的传统文化,传承中华文明;通过活动,增强对自己所属民族的认同感和归属感,增强凝聚力,共同为中国特色社会主义事业而努力奋斗!

(2) 鲜明的民族性。

(过渡)在分析传统文化特点的过程中,我们也能感觉到传统文化在今天也产生了一定的作用,具体有哪些作用呢?

探究活动三:传统文化中的"孝"在当今社会发挥着什么样的作用?

(学生思考回答)

教师提示:传统文化中的"孝"是一种道德准则,它既包含尊老、敬老、养老、爱老包括亲亲、爱人。在封建家庭里它表现为完全服从于家长,在国家中又表现为对封建专制皇权的服从。在当今,它尊老、敬老、养老、爱老、亲亲、爱人等思想对我们人与人之间建立和谐关系、构建和谐社会有着积极作用。而没有主见的"愚孝"思想是与我们所提倡的尊重人性是对立的,不仅严重束缚人的发展,还会阻碍社会发展。

2. **传统文化的作用**

传统文化有双重作用:如果顺应社会生活的变迁,不断满足人民日益增长的精神需求,就能对社会与个人的发展起积极作用;反之,如果一成不变,传统文化也会阻碍社会的进步,妨害人的发展。

(过渡)正因为传统文化有双重作用,因此必然会产生双重影响:一个民族一个国家,只有发挥传统文化的积极作用,克服传统文化的消极作用,才能兴旺发达;每个人只有正确对待传统文化的影响,才能使自己全面发展,更好地创造新生活。我们应如何正确对待传统文化呢?

### (三) 取其精华,去其糟粕

探究活动四:关于儒家思想有两种看法,有人认为它是社会发展的财富,有人认为它是社会发展的包袱,你是如何认识的?

(将学生分成正方和反方进行辩论,正方观点"传统文化是财富",反方观点"传统文化是包袱"。先分小组讨论,准备辩论的事例和观点。选出四位学生进行现场辩论,在允许的情况下,其他同学可以进行场外的提示)

教师归纳:对待传统文化应坚持"取其精华,去其糟粕",批判继承,古为今用的正确态度。

这节课我们学习了传统文化的含义,传统文化主要的四个表现形式,传统文化在今天的特点作用及影响,重点学习了对待传统文化的正确态度是:"取其精华,去其糟粕",批判继承,古为今用。知道了应辩证地看待传统文化,对于传统文化中符合社会发展要求的、积极向上的内容，应该继续保持和发扬；对于传统文化中不符合社会发展要求的、落后的、腐朽的东西，必须"移风易俗"，自觉地加以改造或剔除。

## 三、教学反思

### （一）关于教学内容

"传统文化的继承"是第四课第一框体的内容。本节课重点是引导学生正视传统文化，认同我们的传统文化，同时认清传统文化的现状，为继承和发展传统文化做出自己应有的努力，在日后的学习生活中注意吸收传统文化的精华，同时摒弃糟粕。课堂的设计理念是按新课程的要求进行的，注重发挥学生的主体地位，把课堂还给学生，所以在进行教学设计的时候，在知识的介绍和重点突破这两点都交给了学生去完成，注重通过在课堂上学生运用已有知识去解决这些问题，这样可以更好地达到情感价值观的目标。本节课学生学习到的知识基本上是来自自己和身边的同学提供的，充分地体现了本节课的生成性，老师在这当中只是点评与引导，指出学生思考的方向。

### （二）关于教学风格

剖析这堂课，可以说它是我民主和谐、简约理性、风趣幽默的充分体现。

（1）民主和谐。我力求与学生建立一种民主平等的关系，因为教学活动是师生的双边活动，只有双方都积极参与，教学相长，才能提高课堂教学效率。这节课，我除了讲授最基本的知识与技能外，参与每个小组活动，与他们一起研究，鼓励每一个人发言，让学生展现，与学生交流，在这个过程中，我走到学生中间，与学生进行最自由的最真实的对话，肯定每一个人的努力。

（2）简约理性。简约的课堂首先应当是教学语言的简约，不说废话。在课堂上通过学生自己阅读、自己动手完成。政治基本原理、基本观点表达简约，我只是提纲挈领和简明扼要地表达基本原理、基本观点和重点以及难点。学生已知的或者不是很重要的少说或者不说，点到为止。学生不了解的或者很重要的要多说或者详说，说得恰到好处。

（3）风趣幽默。课堂教学语言幽默，用生动幽默的语言缓解紧张的心理，松弛情绪，提高学生上课的情趣，让学生在谈笑风生中领略知识的真谛。

民主和谐，简约理性，风趣幽默，我为自己明确了教学风格欣喜，但要熟练地掌握并稳定保持这样的教学风格，还需要不断求索。在今后的教学道路上，更要严格要求自己，让自己的教学风格达到纯美之境。

## 我的教学主张

### 让政治课堂焕发生命活力

我校办学理念是"以人为本,全面育人;优质立校,科研兴校"。这个理念深深地扎根在我的心里,并且指导我的日常教育教学行为,理所当然地成为我的教学理念,并在此理念的引领下,与我的"民主和谐,简约理性,风趣幽默"的教学风格冲突、重构,逐渐内化为我的教学主张:让政治课堂焕发生命活力。扎根并源于"民主和谐,简约理性,风趣幽默"的教学风格的教学主张,是将政治课堂教学建设为一个学生课堂、生本课堂、生命课堂、智慧课堂,教者必须敬畏学生,摒弃所谓的师道尊严,焕发课堂生命活力。

#### (一)政治教学中树立民主、平等的师生观

教学是教师的教与学生的学的统一,这种统一的实质是交往、互动。教学过程的交往、互动意味着师生之间、学生之间的相互交流、相互沟通、相互启发、相互补充,在这个过程中教师与学生分享彼此的思考、经验和知识,交流彼此的情感、体验与观念,真正把教学看作师生共度的生命历程,共创的美好体验,实现教学相长和共同发展。高中思想政治新课程标准主张教师是学生学习的组织者、参与者。营造民主平等的课堂教学氛围有利于学生迅速进入课堂教学的主体角色,但如果营造氛围只是一味地迎合学生的兴趣,课堂教学就会形成放任自流、一盘散沙,甚至失控的局面。氛围的营造要坚持适度原则,我们应该参与到学生的学习中去,却不能把自己等同于学生,这样才能在课堂教学中取得良好的效果。因此,我在营造氛围时要牢记自己"组织者"的身份,根据课堂教学的内容确定合适的教法,结合学生特点对课堂教学做精心的安排和合理的组织,在具体实施过程中,我注意保留自己在学生心目中的"权威"形象,及时发现"散漫"的苗头并加以制止。

#### (二)政治教学主张简约而不简单

我的教学主张是"让政治课堂焕发生命活力",力求课堂教学"简约"。简约风格就是简单而有品位,以简洁的表现形式来满足学生对政治学科学习的那种感性的、本能的和理性的需求。简约的风格首先体现在课堂教学流程简洁。我的政治课堂教学流程是"引导学习、自主学习、合作(生生、师生)学习、巩固练习、课外拓展延伸学习"。教法重引导、激趣,学法重自主、合作,此操作流程的信度效度较高,课堂教学目标的达成度高。其次,简约的课堂首先应当是教学语言的简约。教师课堂用语要简洁、深刻、凝练,不说废话。在课堂上,教师的讲要努力实现最少化,能通过学生自己阅读、自己动手完成的内容教师就坚决不讲。

### （三）重视学生的主体地位和作用，让学生动起来

教师是主导，学生是主体；教师是"导演"，学生是"演员"。当好一堂课的设计者，要学会挖掘素材。政治教师要结合政治新教材的内容，有针对性地分析现实社会及生活中活生生的各种政治、经济、文化现象或事例，尤其是要善于将当今国内外发生的重大事件、时政热点与书本中抽象的政治理论知识生动、形象地结合起来。只有这样，学生才会对政治课感兴趣，接受所学的政治理论观点，从而加深对政治理论知识的理解。比如，在课堂教学过程中，我鼓励学生在全班同学面前谈自己在生活和学习中遇到的问题和困难，让大家一起讨论研究问题之所在，并从课本中寻找解决的办法。例如，作为当代中学生，在金钱面前应当做出怎样的选择？学生中存在很多看法，教师可采取自主学习、综合探究等活动，一方面鼓励学生畅所欲言，充分反映学生对金钱的思想状况；另一方面要发挥教师的主流价值观的引导作用，在注重发展学生自主学习能力、鼓励学生自主进行价值判断的同时，为学生提供鲜明的基本价值标准，引导学生沿着正确的方向学习。

### （四）充分利用本地乡土资源，调动学生的兴趣

由于乡土材料就发生在学生身边，这样学生就觉得有话可说，有事可做，尤其在搜集事先布置的材料的时候，学生更是有鼎中主人公的感觉。那么在政治课教学中广泛运用乡土材料，学生就能积极地参与到教学中，而且还能有意识地培养学生爱家乡、爱祖国的感情，从而激发他们的学习兴趣，提高思想政治课的教学效果。在"文化生活"的教学中，我就充分利用端砚文化去设计各种活动，创设问题情境，让学生产生共鸣，从而与所要传授的知识遥相呼应，调动学生的学习兴趣。例如，在"传统文化的继承"的教学过程中，我设计了一个探究活动："结合自己的体验，我们鼎湖人有哪些传统文化？可否用一两个事例加以说明？"这里，由学生举出一些例子，老师将这些例子归纳为几个方面：传统习俗、传统建筑、传统文艺、传统思想，在教学中取得了不错的效果。

总之，我的教学风格是"民主和谐，简约理性，风趣幽默"，受此风格、思想影响而形成了我的教学主张——让政治课堂焕发生命活力，一直在演绎着我的政治教学，演绎着我的教育人生，更演绎着学生的生命活力！

## ▶▶▶ 我的育人故事 ▶

#### 做优秀、美丽、受学生欢迎的老师

曾听智者说，做教师最快乐的事莫过于穷尽毕生精力，研究如何做一个最优秀、最美丽、最受学生欢迎的老师。那么，什么样的老师才是美丽的？我想，作为一名教师，每天阳光灿烂，活力四射，以最好的状态面对学生，一定是美丽

的；站在学生角度，全心全意为学生着想、分忧，一定是美丽的；积极听课，学习别人的优秀之处，认真备课，一定是美丽的……什么叫作"受欢迎"？想受欢迎，必然先成为孩子王。多进一次教室答疑解惑，多问一句冷暖知心，多看一眼学生大方格局，多创造一次骄傲奋力前行。什么叫作"优秀"？教书先育人。永远将育人放在第一位，学生学会了做人，教书便是一件容易的事情了。

康德曾经说："我尊敬任何一个独立的灵魂，虽然有些我并不认可，但我可以尽可能地去理解。"每个孩子都有自己的样子，都可以长成自己喜爱的模样，作为老师，我们能做的是陪伴着孩子们，尽力帮助他们成为自己最想要成为的样子。

师生关系是教育过程中最基本、最主要的人际关系。因此，作为一名教师，能否处理好师生关系就成为教育教学成败的关键。因此，我们要学会和学生做朋友。

我和学生交往的例子真是不胜枚举，在班级召开的最后一次告别会上，同学们走上台来拥抱我，"老师，我爱你""老师，你像妈妈一样"。每次家长会后，都会有家长对我说："谢谢您对我小孩的教育。"那时我觉得自己是世界上最快乐、最幸福的人！虽然我和多数学生很容易打成一片，但也有些学生因为家庭原因、个性问题交流起来比较困难。这里举两位同学的例子。一位是范同学，她不爱学习，成天喜欢睡觉，每次你提醒她不要再睡了，她斜着红通通的眼睛跟你狡辩说她没睡。批评她几次，她一次也听不进。我赶紧准备改换方式，努力寻找她身上的优点。明天如果她不睡觉我就表扬她，可是她偏偏迟到。再过一天她没迟到，我准备上课表扬她，任课老师又来反映她抄作业。终于有一天上课间操的时候，我寻找到一个机会。在操场整队的时候，她掉头和同学讲话。我走到她身边，她以为我要批评她，斜着眼睛看着我。我说你知不知道一个秘密，她立即放松神经问我什么秘密，"刚才你和朱同学讲话的时候，你的微笑很迷人"。她立即笑了，连忙问我"是真的吗？"我说："当然，我希望经常看到你迷人的微笑，不过掉头讲话可不对喔。"她立即保证不再随便讲话了。以后面对我时，她的笑容总是那么灿烂，再也不斜着眼睛看我了。

我们班级还有一位陈同学，她人很聪明，对班集体活动很热情，会积极主动承担班文体活动，但对学习没积极性，经常不交作业，成绩老是排在班级后面。有一天，班主任发觉她没去做课间操，说了她几句，她就赌气，接下来是我的政治课，敲了预备铃了还去厕所，回来时，全班已经在上课，她大力气推门，大摇大摆地进来，有意示威，表示对班主任的抗议。我见状，停下课来说，班主任要求你做操，是为你好，你发什么脾气？她反而感觉自己委屈，边哭边说"我没发谁脾气，是对自己发脾气，不是不想去做操，而是累了，想小憩一下，没想到睡着了，醒来，去操场，走到半路，操已做完"。以后，上我的课她就睡觉，测试都随便应付。机会来了，期中考试后，班主任分科建立4人帮扶学习小组，我要求班主任把陈同学分配到我的政治小组里。我为了发挥她的长处，要她建立学习小组联系群，为学习群命名。她还主动要求发挥她本人的技术长处，用软件为每个组员拍大头艺术照片，一人拍一张写真，这让其他学习小组羡慕不已。我适时表扬她为小组付出的努力，拉近了与她的距离。学习态度也发生了改变，这学期，她主动要求住学校，以便有更多的时间用在学习上。

确实，我希望学生从我这里得到的不只是知识，还应该有更重要的东西，比如，善良、宽容、友情等。教学上只有热爱学生，才能成为"名师"。因为只有爱学生，关心学生，才会为他们的成长和发展而改进教育教学。特别在对待后进生问题上，要严格而自由，做到优点使人可敬，缺点让人可爱。教师必须要有丰富的知识，尽可能满足学生多方面的需要，点燃学生智慧的火花。

## 他人眼中的我

邱老师参加工作20多年，坚持教学一线工作兢兢业业，任劳任怨，刻苦探索，大胆尝试创新教学理论，为学生创设民主、和谐、宽松的教学氛围。教育教学效果显著，她教学方法多，因材施教，大大拓展学生眼界；实践教学经验丰富，善于拓展学生思维。总的来说，严肃而不失亲和，严谨而独有变通，每次听她的课都有新亮点。

（鼎湖区教研室教研员　苏凤娟）

邱老师是我们政治组备课组长，同时她也是我专业成长路上的引领者。她是为教育事业孜孜不倦、勤奋工作的好教师。课堂上，她给学生自主学习的时空，畅所欲言；然后再引导点拨，显示出民主和谐、简约理性、风趣幽默的教学风采。因此，学生们都喜欢上邱老师的课，她所执教的班级成绩也总是名列前茅，这与她平时的勤奋求索是分不开的。

（鼎湖中学老师　黄少凤）

高三政治是她教的，活泼的课堂，详细的笔记，至今都令我难以忘记。她在我的印象中，总是一个活跃乐观、充满力量的形象。

（2013届高三学生　陈景怡）

高中生活，涵盖了人生成长阅历的一小部分。虽然不能说它是一座通往未来的港湾，但却是通往港湾的必经之路。邱老师，作为一名尽职尽责的科学老师，含辛茹苦地带领了我们度过高三。

（2015届高三学生　徐小河）

# 亲和自然、简约实用

● 肇庆市第六中学　王芳（高中地理）

● 个人简介

我叫王芳，出生于一个普通的教师家庭，地理中学高级教师，现任教于肇庆市第六中学，为肇庆市第二批学科带头人培养对象。从教27年来，忠诚于教育事业，有强烈的事业心和责任感。曾先后获得"端州区优秀教师""端州区优秀班主任""肇庆市高考优秀指导老师"等称号。撰写的多篇论文先后在《西江论丛》《珠江教育论坛》和《广东教学》等刊物发表，分别获端州区、肇庆市和广东省的相关奖项。另外，近年还先后参与三项省级课题的研究。在平凡的工作中除默默耕耘外，我还喜爱探访外面的世界。

课堂上利用自己亲身的经历，让学生感受"生活中的地理"的同时，又学习了大量书本以外的地理知识和体会缤纷多彩的世界。

地理学科是一门文理兼备的综合性学科，涉及的学科多，课堂教学难度大。反思自己20多年的教学，我的教学有怎样的风格呢？我能在课堂中轻松、亲切、自然地授课，亲切又专业易懂的教学语言，让学生体验到课堂上自然、生动的教学氛围；通过细细诱导，引领学生走向地理知识的海洋；简约的课堂教学语言和教学手段，让教学内容充实、重难点突出。归纳来说，我的教学风格是——"亲和自然、简约实用"。

## ▶ 我的教学风格

总结反思自己的教学历程，我认为我的教学风格是"亲和自然、简约实用"。

### （一）亲和

亲和，是一种态度。教育家苏霍姆林斯基说："热爱孩子是老师生活中最主要的东西""没有爱就没有教育"。不论是作为一名科任老师还是班主任，我都无私地、平等地关爱每一个学生，关注他们的健康成长；尊重学生，做到以理服人，以情动人。每一节课，我带着微笑进入课堂，微笑是对学生的鼓励和尊重。这让学生既感到轻松亲切，又能在和谐的教学氛围中学习知识。上课时语言尽量做到亲切、自然，使课堂气氛和谐，让学生悦纳自己，并乐于学习。课后我会主动去和学生沟通，利用课余休息时间和学生打成一片，乐于参与他们的讨论、活动或开展心理辅导聊天，积极做学生的朋友，进而在师生之间建立起良好的感情基础。

作为普通中学，我们每一个班级都存在一些后进生，我在教学中就很注重对后进生人格与感情的尊重。在尊重的基础上，通过循循善诱和激励，促其领悟开窍；而不是粗暴的训斥或频繁的批评，进而伤害其自尊心和形成师生间的对立。教师尊重学生，就会使师生关系更为融洽，教育教学中更可取得事半功倍的效果。也正是如此，我所教的班级的地理课，一直被学生评为最喜欢的课程，学科成绩也遥遥领先。

### （二）自然

正如闫德明博士在《教学风格的类型与形成》一书中所道："我课堂授课亲切自然，没有矫揉造作和不刻意渲染，以各式的开场白，引领学生走向地理课堂。师生之间在一种平等、协作、和谐的气氛下，进行默默的情感交流，将对知识的渴求和探索融于简朴、真实的教学情景之中，学生在静静的思考、默默的首肯中获得知识。教师讲课虽然声音不高，但神情自若，情真意切，犹如春雨渗入学生的心田，润物细无声，它虽没有江海波澜的壮阔，却不乏山涧流水之清新，给人一种心旷神怡、恬静安宁的感受。"

在地理课堂上，我也同样做到了亲切自然。没有矫揉造作，让学生感受到我无所不在的亲和力。如眼睛不时与学生的目光相接，亲切而有威严；小组合作互动时走到学生中间去，与学生一起沟通，拉近师生间的距离；随着讲课的内容做一些合适的肢体动作，让学生融入其中；提问时语气低缓，或走下讲台站在学生的附近，通过诱导的方式让学生回答。

### （三）简约

简约是简洁洗炼，语少意多。教学中的简约就是抓住问题的要旨去除繁枝，在精简中蕴含深意。简约是课堂教学语言的简约，是地理概念和规律表达的简约；是教学手段的简约，如用简约的图表表达复杂抽象的地理过程等。

简约的教学课堂，应具有明确的学习目的，内容充实，重难点突出，精心设计相应的教学环节。例如，教学目标的简约，做到主次分明，突出重点，落实难点。每一节课上认真落实一两个重难点，启发引导学生掌握相应的学习技能，而不片面追求数量。精简授课内容，删繁就简，不面面俱到，把握好"讲"与"不讲"的力度。教学活动的简约化，精心设计提问，让学生从中发现问题并解决问题。简约的教学风格，符合我的个性，也符合高效课堂的要求。

（四）实用

实用，一方面体现在学生通过学习，体味到"生活中的地理"，地理知识与生活息息相关。另一方面，学生都能学有所得、学有所成，能够掌握一定的地理学习技巧，应用到学科的学习和考试中去。

地理学科是一门文理兼备的学科，具有较强的综合性，主要包括自然地理和人文地理两大部分。同时，地理学科也是集综合性与实践性于一体的学科。人类对地理环境的认识源自生产和实践，并通过实践再加以应用。生活中处处有地理，外出探亲访友、工作生活都需要一定的地理知识。如外出探亲访友旅行，得先要知道目的地的大体位置、气候与天气、风俗习惯、交通等，以做好事前相关的准备。为此，中学地理课程标准中提出："学习对生活有用的地理，学习对终生发展有用的地理。"

中学阶段的地理课程，从宇宙到地球、从地图到大自然的实物资源、从世界到中国再到乡土，无不体现了知识与生活、理论与实践相结合的教学理念，也从中培养了学生的地理学科素养。

## ▶▶ 我的成长历程 ▶

我的教师职业成长历程，可以说是我教学风格的形成过程。我的教学风格的形成大致经历了四个阶段：一是从小立志做老师，二是初出茅庐的学习与积累，三是教学风格的形成与提高，四是继续教育助我教学风格逐渐成熟。回顾自己的工作历程，我认为教师成长的要素一是必须要有一定的抱负和目标，正如拿破仑所说的"不想当元帅的士兵不是好士兵"。《论语·述而》提道："三人行，必有我师焉。"所以，成长要素二是要主动向同行和同事学习。成长要素三，注意积累素材。无论是与学科教学还是育人有关的资料和经验，只要自己觉得它有用，都要做好整理和归纳。成长要素四是自我反思。及时反思教学的成功与不足之处，以利于在今后的工作中能够把优点进一步发扬，不足之处得以避免。

（一）从小立志做老师

我出生在一个普通的教师家庭，父亲是一名高中数学教师，1977年调任到原肇庆教育学院（现合并更名为肇庆学院）任教大学数学。我从小生活在学校里，每天早上在校园晨起的铃声中醒来，在晚休息的铃声中入睡。

记得在上幼儿园大班时，我和大院同龄的小伙伴们每天放学后最喜欢的一项活动就是一起轮流到父亲或母亲的班级去"旁听"。五六个小朋友偷偷地蹲在教室后门，看自家爹（妈）或其他老师在上当天下午最后的一节课。有时，也会溜去年级办公室窗前，看科任老师如何处理课堂上的调皮学生……下课后，我们都喜欢跑到讲台上，拿起竹子做的教鞭模仿老师，班上一些熟悉的大哥哥大姐姐们往往也很配合我们做我们的临时学生；或者一个小朋友做老师，其他小朋友做学生，这时，通常会引发在场人员开心的笑声。

1978年我上小学时，父亲已调到肇庆教育学院任教，我们一家人也随迁到肇庆教育学院里居住生活，而我"旁听"的习惯也随之延续下来。读小学低年级时，每天放学后依然和新的小伙伴去做"旁听生"。有时跟着班上大哥哥大姐姐们一起读书，有时跟着他们一起提笔作图。有一次，邻居张老师问我："芳芳，你长大后会像你爸那样做一名老师吗？"我想都不想就冲口而出："当然啦，我也要做王老师！"

上初中时，班主任林老师是大专刚毕业分配到校的英语师范生，相差不远的年龄让班级师生的关系相当融洽。林老师是一位温柔可亲的老师，对犯错的学生总是以理服人，辅导学生时总是非常耐心，课间也常与学生打成一片。不经意间，她也成为我学习模仿的对象。

后来，我两个亲姐姐前后都成为光荣的人民教师。而我，在高三毕业填报高校志愿时，义无反顾地把所有志愿都填报了师范院校。最终，就读了佛山师范专科学校（1991年该校更名为佛山大学）地理教育。

两年的大学生涯既匆匆又充实，从课堂上的学习到课外的考察，从学生的角色转入到实习老师的角色，时间真的过得飞快。1991年3月，我们开启了试教模式。在分小组组内试教和全班试教过程中，我一直以自然的教态、流畅的过程，得分名列全班前茅。同学们老是羡慕地说："芳芳，你天生就是个做老师的料！"我心里说："那是我从小就锻炼出来的啊！"也正是由于在校内试教的高分，正式实习时，我和其他7名高分的同学一起分配到中山市区最好的学校之一的中山一中实习。在实习中，我得益于该校的两位地理老师的细心指导，课堂教学进步很快，特别是在对教材重难点的把握、时间的掌控、教态和师生交流等方面。

（二）初出茅庐时的学习与积累

1991年7月，我大专毕业分配到肇庆市第十中学（区属普通初级中学，于2011年8月撤并到肇庆市地质中学），任教初中地理，这正式开始了我的教学生涯。我在这一岗位上工作了10年，为我教学风格的形成奠定了基础。自从踏上教坛，一路走来，得到了不少领导、老师的教导与关爱。其间，学习、模仿优秀教师的教学风格，是形成自己独特教学风格的必由之路。

作为一名新老师，初出茅庐的我带着一腔热情，投入到初中地理教学中去。同时，为自己定下目标：一个教学循环站稳三尺讲台，三个教学循环成为学校的骨干教师。

"三人行，必有我师焉。"我的身边，有着各个年龄层次的同事，他们身上有着各自独特的教学经验。主动积极向他们学习和请教，可以让自己少做"无用功"和避免走很多的"弯路"。同科组的邓敏心老师是一位有着近30年工龄的地理老教师，她正好跟我教同一年级。校长虽然没说让她做我"师傅"，但我也很自觉的认真旁听她的每一节新课，然后对照自己教案找出不足之处并加以修改和整理。在课堂授课过程中遇到问题时，我也及时与邓老师反映和讨论。头一个循环教学，我就像一位学徒，认认真真、扎扎实实地下着功夫：认真学习教参、认真钻研教本、认真学习地理方面的杂志、认真备课填写教案，积极参加区教研活动，认真向校内外的同行教师请教。两年后邓敏心老师退休了，我迎来了另一位"师傅"吴丽冬老师，一位有近15年教龄的地理老师。与邓老师豪爽的风格不同，吴老师像似江南的婉约，给人更自然和细腻的感觉，或许我今天的教学风格是她的衍生。10年的时间不长不短，让我积累了大量的学习素材和工作经验，经历了两次的教材更新换代，熟悉了课堂教学，也为自己的亲和、自然的教学风格的初步形成奠定了基础。其间，5年的少先队辅导员、2年的班主任和年级组长工作，让我积累了大量与学生交往的经验，更利于今后的教学教育工作的开展。

在肇庆市第十中学担任初中地理教学期间，所任教年级（学校是旧城区的一所薄弱学校，办学规模小，仅有初中3个年级12个教学班），每学年地理统考的平均分均位于端州区的前5名之内（当时全区含重点中学在内共有13所中学），实验班的成绩均达到全区重点中学的水平，成为学校教学方面的一道亮丽的风景线，同时，也让自己成为学校地理教学的骨干教师。尤其值得特别一提的是，2001年7月，所任教的七年级4班，期末区统考平均分获端州区第一名，创下了一个教学奇迹！

（三）教学风格的形成与提高

因工作的需要，2001年7月，我调到肇庆市第十二中学（区属普通完全中学）任教初中地理（2003年3月—2007年7月跨级任教初、高中地理）。2001年7月至2007年8月这6年时间，是我教学风格的形成与提高阶段。其间，我能严格要求自己，始终以一丝不苟的工作态度，切实落实教学工作中的各个环节，坚持结合教学实际不断自我学习。为进一步提高教学教育水平，我通过成人高考，于2000年7月至2003年7月参加了华南师范大学地理教育本科函授班学习，使自己的学科具有更坚实的基础知识和系统的专业理论。同时我还利用两个暑假，分别参加了广东省中小学心理健康教育C级班和B级班的培训，能够较好地把握教育学和心理学的基础理论，并运用到课堂教学实践中去。此外，为了更快、更全面地提高自己的业务素质，我注重加强集体备课和深入课堂听课。一方面虚心地向经验丰富的老教师请教；另一方面在指导青年教师的过程中，从他们身上学习新的教育理念和教学方法。课堂教学中能把教法与学法有机相结合，注重课堂教学的思想性、知识性、趣味性和实用性。同时，积极参加区、市、省级的各项教研活动，把新的教学理念运用到教学实践中。

在此期间，同科组的练文焕老师和肖艳萍老师给予我高中地理教学大量的指导，使得自己的高中地理教学水平有较快的提升，为高三的教学奠定了基础。值得一提的是，练文焕老师课堂导入的多样化最值得我学习："故事导入""谜语导入""提问导入""读图导入""练习导入"……一节生动的地理课就随之拉开帷幕。

2003年3月初，由于学校工作的需要，跨年级任教初高中地理，这成为自己教学生涯的一大转折点，也圆了自己一直希望能接触高中地理教学的心愿。初高中的跨级教学，开阔了我的视野：初中学习注重的是"在哪里""有什么事物""有什么特点"，高中学习则更关注"有什么规律""为什么""有什么影响""如何解决"等问题。这些让我通过反思看到了自己教学中的不足：在高中教学中要注重初高中地理知识的衔接，让地理知识回归生活；课堂上更注重简约的教学，知识深入浅出，以达到高效课堂的要求。

随着网络的发展和多媒体技术在教学中的推广，网上众多的资料让自己的眼光越来越广、学习面越来越大，尤其在备课中收获良多。为备好一节课、做好一个课件，往往要多方查找资料，再根据学生的实际进行整理修改。每上完一节课，我都会回顾反思课堂教学，再进行二次的备课，不断地完善教案和课件。

通过这些年的教学，在实践中我逐渐形成了"一强化、二结合、三发展、四融合"的有效课堂教学模式，即强化素质教育，教法与学法的有机完美结合，知识、情感、思维能力的同步发展，教学大纲、教材、考试大纲、复习资料有机融合的教学模式。教学中努力实现以下目标：立足课堂，面向生活；注重地理学习的管理，养成学习地理的习惯；把握教研动态，更新教学教育理念；积极参与教学研究，最终提高地理教学的质量。

在教学中，我注重贯彻因材施教的原则，始终把学生的"学"放在教学的核心位置上。在教学内容和目标的实施上，不强求"齐头并进"，而是正视事实，追求"差异发展"。在教学方法的设计上，我突出落实激发学生的主体意识，激发学生的求知欲望。每一节课通过预先精心准备的问题来引导学生的学习；开展形式多样的课前三分钟地理活动，例如，"介绍我感兴趣的国家或地区""地理时事评述""地理小故事""天气预报""视频观看""地理谜语"等，极大地刺激了学生的表现欲，在轻松之中既锻炼了学生的语言表达能力，又大大地激发了学生学习地理的兴趣。在课堂教学中，我注重抓地理主干知识的学习，让学生寻找各部分知识的内在联系，形成综合的思维方法；加强对学生进行学法指导，充分发挥学生学习的主观能动性，让学生学会学习、乐于学习；重视地图教学，通过地图抓住地理的核心脉络；注重空间思维的训练，提高学生形象思维能力和逻辑思维能力；注重联系生活实际，让学生学习对生活有用的地理知识；坚持讲解与练习有机结合的原则，突出能力的培养，让学生在解题中了解命题的原则及思路，从而掌握各类题目的基本特征和解答规律。在这期间，我"简约、实用"的教学风格逐步形成。

为了更胜任高中教学，通过学习、培训，本人于 2005 年 1 月取得了高中教师资格证书。虽然高中教学处于起步阶段，但通过与同行的观摩、交流学习和自学提升，所任教的班级（普通班）的地理统考成绩达到了肇庆市普通中学的中等水平。这为日后的高中地理教学打下了坚实的基础，为高考备考积累了教学经验。

在肇庆市第十二中学担任初、高中地理教学期间，初中的教学继续发扬了自己过往的成绩：把学校初中地理平均分成绩排名从原来全区第 11 名（当时全区含重点中学在内共 15 所中学）以后的位置，提升到区的前 5 名，实验班的平均分达全区重点中学的水平。初中每一届的地理教学都成为与年级入学成绩排名相比，进幅率、保优率最好的一科，而自己也成了端州区初中地理教学的骨干教师。

（四）继续教育助我教学风格逐渐成熟

2007 年 8 月，由于工作的需要，本人调到肇庆市田家炳中学（区属普通中学，2016 年 8 月更名为肇庆市第六中学）任教高中地理。在这 10 多年里，自己高中地理教学水平有了更大的提高，并得到了学校领导和区级、市级教研员的一致认同。这些年的高中教学经历，尤其是 2009 届、2010 届、2012 届、2013 届、2014 届和 2016 届高三的教学，让自己成了学校高中地理教学的骨干教师，也为自己 2015 年 5 月入选肇庆市第二批学科带头人培养对象奠定了基础。

在这里，我遇上了高中部的老前辈莫锦成老师。我亲和自然、简约实用的教学风格在他的指导下有了进一步的提升。把自己的生活经历融入课堂教学，是莫老师的一大特色。而随着自己孩子的长大和生活的改善，走南闯北成为自己假期的必修课之一。教学中我把这些年的游历融入了课堂，例如，丹霞地貌的学习中我呈现了福建泰宁、广东韶关为代表的南方丹霞地貌照片和甘肃张掖的七彩丹霞、冰沟丹霞，以及青海坎布拉为代表的北方丹霞地貌照片和视频。雅丹地貌学习时提及新疆克拉玛依魔鬼城、敦煌雅丹地质公园和青海大柴旦近年新开发的水上雅丹。此外还有长江三峡、雅鲁藏布大峡谷、黄河壶口瀑布的峡谷地貌，泰山、黄山、衡山、恒山、华山、三清山等山地景观，青藏高原、云贵高原、黄土高原、内蒙古高原的高原景观，洛阳龙门石窟、甘肃敦煌莫高窟、山西大同云冈石窟和甘肃天水麦积山石窟精美的雕塑和壁画，等等。让学生既通过音像和图文感受到祖国河山的壮美，又能运用课本的知识解决现实中的地理问题，同时也增大了学生学习地理的兴趣。

在这期间，我得到学校的重点培养，参加骨干教师的外出培训学习，先后到番禺仲元中学、深圳外国语学校、东莞高级中学、珠海北师大附中、广州市第六中学、江苏省苏州市田家炳高级中学、杭州市第二中学、萧山长河中学等省内外的名校学习取经；参加北京四中网校学习和交流，听取了有关专家和学者的讲座，学习有关教学教研的最新理论。工作上，我每个学期都主动承担市、区或学校的各级各类公开课。在教学中大胆地尝试以学生为本，运用小组合作学习方式，积极引导学生探究，把课堂还给学生并取得良好的效果。

2015年5月起，我有幸参加了肇庆市第二批学科带头人培养对象学习班。3年的培训学习，让我收获良多，也深深感受到自己的不足。专家们的教育教学理念、人格魅力和治学精神，深深地烙印在我的心中。在学科导师王万里老师的指导下，我制定了自己的教师专业发展规划，并付诸行动。通过跟岗学习，既学到了先进的教育教学理念，认识了不少外地的同行和专家，还让我认识到只有认真学习、转变观念、改进教学方法、不断提高自身素质，才能成为一名优秀的老师。

## ▶▶▶ 我的教学实录 ▶

### 一、教学实录

\* 普通高中课程标准实验教材地理必修三，第三章第二节《河流的综合开发（第一课时）》

\* 授课教师：肇庆市第六中学　王芳

\* 授课班级：肇庆市第六中学高三（5）班

\* 授课时间：2016年3月1日

\* 课型：复习课（高三一轮复习）

【教学目标】

1. 知识目标

(1) 观察地图，总结归纳出流域的基本特点。

(2) 结合地图和地理图表，分析河流域开发的自然背景。

2. 能力目标

阅读相关图表，学会分析河流流域开发、综合治理的措施与目的。

3. **情感目标**

掌握河流开发的分析方法，树立科学发展观念。

**【重点】** 分析田纳西河流域开发的自然背景及开发的现状。

**【难点】** 以某流域为例，分析该流域开发的地理条件。

**【学情分析】**

学生通过之前高一和高二的学习，对区域地理条件如地形、气候、河流和人文活动等的分析已经有了一定的基础，但在知识迁移方面仍有一定的欠缺，仍需加大训练的力度。

**【教学方法】** 读图分析法、讨论法、练习法等。

**【课堂导入】**

（师）同学们，我们今天要复习的是《河流的综合开发》的第一课时，首先让我们一起来学习与本节相关的高考考点，并了解高考的动向。

（多媒体呈现资料）

1. **考纲概览**

（1）流域开发的地理条件。

（2）流域开发的基本内容。

（3）流域综合治理的对策、措施。

2. **考向定位**

（1）结合具体区域，分析流域开发的自然背景（地形、气候、水文、矿产等的特征）。

（2）以重大水利工程建设为背景材料，或以某流域的自然灾害为载体，考查流域的开发条件、存在问题和治理措施等。

**【课堂学习】**

（读图）阅读投影上的地图，小组归纳并回答世界四大古文明与河流的关系。

（师）复习提问：（1）聚落分布的特点是什么？

（2）河流与人类的关系是什么？

（生）聚落大多分布于河流沿岸，或地势地平的地区。大河两岸多是人口、城市稠密地区。

（师）点评并归纳，并简单板书。

**（一）流域的背景知识（板书）**

1. **河流与人类的关系（板书）**

（1）人类文明大多发源于大河流域。

（2）大河两岸多是人口、城市稠密地区。

（读图）指导学生阅读投影上呈现的"流域和水系简图"，复习流域和水系的相关知识。

**2．流域和水系（板书）**

（1）流域：指供给河流地表水源的地面集水区和地下水源的地下集水区的总称，一般指地面集水区。

（2）分水岭：相邻流域间的山岭或河间高地。

（3）水系：指河流干流、支流和流域内的湖泊、沼泽或地下暗河，彼此连接组成的庞大系统。

（4）支流：注入干流。二级支流注入一级支流，三级支流注入二级支流。

（读图练习）读"长江水系图"，找出其流域范围及主要的一级支流和二级支流。

（生）一级支流如汉江、湘江等，二级支流如大渡河等。

（师）回答正确。流域是一个自然区域，又是一个经济区域，区域内各自然要素之间，自然要素和经济要素之间是相互联系、相互影响、相互制约的，由此构成了流域的整体性。

**3．流域的特性：特殊性、整体性（板书）**

（师）我们在前面阶段，复习过如何在等高线地图上确定河流的流向。有哪一位同学能与大家一起回顾一下？

（生）河流的流向与等高线突出的方向相反。

（师）点评归纳：可依据河流流向与等高线的关系判断。河流流向与等高线突出的方向相反，河流在山谷中发育，等高线弯曲处指向高数值区，河流由高数值区流向低数值区。（如右图所示）

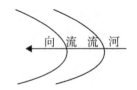

（拓展）试分析下图河流的流向特征。

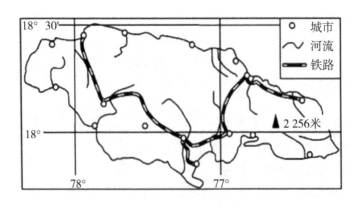

（生）从中部流向岛屿的四周。

(师)回答正确。从图中我们可以看出该岛屿的地势特征如何。

(生)中部高、四周低。

(师)回答正确。

## (二)流域开发的自然背景(板书)

(复习提问)①水系特征主要包括哪几方面?②水文特征主要包括哪几方面?

(生)水系特征:主要包括河流的流程、流向、水系归属、河网密度和流域面积等。

水文特征:主要包括河流的流量、水位、含沙量、结冰情况等。

(讨论)影响河流水文、水系特征的因素主要有哪些?

(生)以四人小组为单位进行讨论,并画出相关的思维导图。

(生)推选出第1组的学生代表,利用实物投影答案并做简单介绍。

(师)点评归纳(见下图)

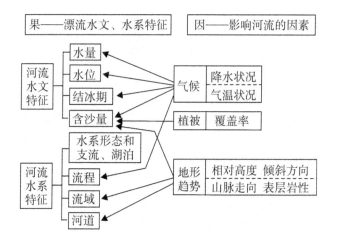

(典例分析)读下图,完成下列各题。

(1)图中所示地区的地形类型是_____。

(2)据下图分析,与Q城相比较,B城的气候特点有何不同?形成两地气候差异的最主要因素是什么?

(3)据图中的信息,概括出B城附近河段的水文特征(请答出3项)。

(生)以4人小组为单位进行讨论后,老师指定第5小组回答。

(1)盆地。

(2)冬季比Q城温和,夏季比Q城凉爽。年降水量比Q城多。最主要因素是海陆位置。

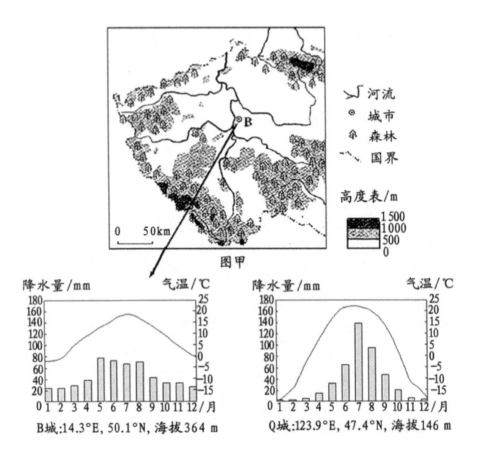

(3) 含沙量较小,流速较缓慢,水位季节变化较小。

(师)回答得好,大家掌声表扬!(给出参考答案,学生自行更正)

参考答案:(1)盆地。

(2)气温年较差比Q城小(冬季比Q城温和,夏季比Q城凉爽)、降水季节变化比Q城小(年降水量比Q城多)、大气环流(海陆位置)。

(3)流量的季节变化较小、水位季节变化较小、含沙量较小、流速较缓、汛期较长。(答出其中三项即可)

(师)下面小组合作探究,根据课本相关资料,归纳田纳西河流域的基本情况和自然背景,并完成下表。(4分钟)

| 自然因素 | 特　　点 | 影　响 |
| --- | --- | --- |
| 地形 | | |
| 气候 | | |

续上表

| 自然因素 | 特　点 | 影　响 |
|---|---|---|
| 水系 | | |
| 矿产 | | |

（生）探究归纳：

| 自然因素 | 特　点 | 影　响 |
|---|---|---|
| 地形 | 多山，地形起伏较大 | 蕴藏着丰富的水力资源，陆路交通不便 |
| 气候 | 亚热带季风性湿润气候 | 流域内光、热、水较丰富；冬末春初多降水，夏秋季降水相对较少，不利于农作物生长 |
| 水系 | 水系发达，支流众多，水量丰富 | 大部分可通航，河流落差较大；水量很不稳定 |
| 矿产 | 矿产资源丰富 | 有利于发展工业 |

（师）同学们归纳得很好。请继续思考并回答下列问题：
（1）影响河流的航运价值有哪些主要因素？
（2）影响水力资源的主要因素有哪些？
（生）小组合作探究归纳，并形成书面文字（3分钟）。
（师）老师引导学生回答并做归纳。

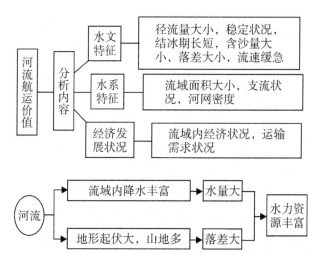

（案例分析）根据资料分析下列问题。（3分钟）

伏尔加河是欧洲第一长河，多流经平原地区。流域内矿产资源丰富，经济发达，其水运量占俄罗斯水运量的70%。伏尔加河的大规模开发主要以修筑大型水利枢纽、进行梯级开发为重点，通过开通运河等工程措施沟通了波罗的海、白海、黑海、亚速海、里海，实现了"五海"通航。通过对流域进行综合开发治理，实现了发电、航运等综合效益。但是，伏尔加河的综合开发也存在一些问题：一是水利工程影响了鱼群洄游产卵；二是下游没有修建大型水库，水旱灾害频繁发生；三是河水污染严重。

（1）把下面的字母填入图中方框内，完成伏尔加河综合开发示意图。

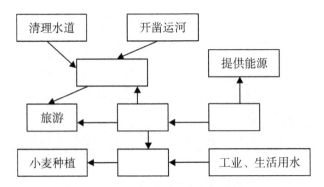

A．梯级开发　　　B．发电　　　C．灌溉、供水　　　D．航运

（2）分析伏尔加河的综合开发为流域内工业发展所提供的有利条件。

（3）分析伏尔加河运量大的主要原因（至少写出3点）。

（生）小组合作探究归纳，问答题形成文字，然后前后小组间交换浏览答案并试更正。

（师）老师引导学生分析、回答并做归纳。

参考答案：

（1）如图所示：

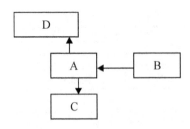

（2）发电，为工业提供能源；航运，为工业发展提供良好的运输条件；供水，水库蓄水提供工业用水。

（3）自然原因：流域多平原，水流平稳；河流流程长，通航里程长；通过梯级开发增加航运能力；通过开凿运河，实现"五海"通航。

社会经济原因：流域内工农业发达，资源丰富，通航能力强。

【课堂小结】引导学生根据黑板板书，小结本节所学。

【反馈练习】（限定6分钟内完成）

下图为M河流域河流分布图及其干流河床对应的剖面图，读图回答1～3题。

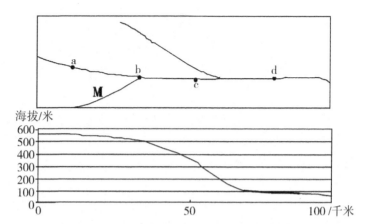

1. 计划开发河流的水能，修建大坝的最理想位置是（　　）。
   A. a处　　　　B. b处　　　　C. c处　　　　D. d处
2. 该流域最易发生洪水危害的河段是（　　）。
   A. a处　　　　B. b处　　　　C. c处　　　　D. d处
3. M河流域植树造林，植被主要的生态功能是（　　）。
   A. 防风固沙　　　　　　　　B. 调节气候
   C. 涵养水源、保持水土　　　D. 美化环境

2009年10月23日，正在进行175米试验性蓄水的三峡工程蓄水进展顺利，三峡工程坝目前水位23日成功突破170米。据此回答第4～5题。

4. 长江和田纳西河的共同点为（　　）。
   A. 河流都处于亚热带季风气候区
   B. 水能资源都得到了充分的开发利用
   C. 流域内都有丰富的水能资源
   D. 都实现了梯级开发，实现了对流域的统一开发与管理
5. 三峡工程对环境影响的叙述，正确的是（　　）。
   ①三峡工程可以有效改善长江中下游地区人们的生存环境
   ②彻底解决洞庭湖的萎缩和泥沙淤积问题
   ③重庆市夏季炎热的天气将有所缓和

④使长江中下游地区的地下水位下降

A. ①②　　　B. ①③　　　C. ①②③　　　D. ①②④

读"金沙江下游梯级开发示意图",完成第6～7题。

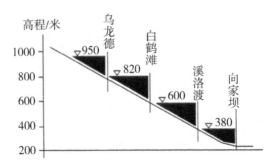

6. 金沙江干流适于水电梯级开发的主要自然区位因素是（　　）。

A. 位于地势阶梯交界处,落差大

B. 径流量丰富,且季节变化大

C. 地质条件稳定,适于建坝

D. 华中、华东地区能源短缺,电力缺口大

7. 水库建设对环境造成的不利影响可能有（　　）。

①库区及周边地区云量增多、湿度增加

②上、下游间物种交流受到阻隔

③流速减缓造成水质下降,河口三角洲面积萎缩

④引发旱涝灾害

A. ①②　　　B. ③④　　　C. ①④　　　D. ②③

下图中,图1是某时期某流域局部地形图,图2是10年后该地区土地利用状况图,图3是该地区的月平均气温变化曲线和降水量柱状图。读图后回答下列问题。

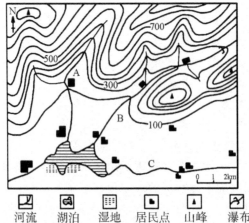

图1

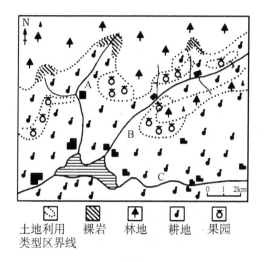

图2

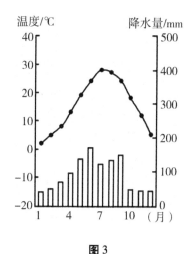

图3

8. (1) 说明A支流的水文特征。

(2) 说出B、C两支流在开发利用方向上的不同。

(3) 指出图2中土地利用不合理的现象,并说明这些现象对湖泊及其下游造成的环境影响。(练习讲评)

A. 抽取第二小组的学生轮流依次回答选择题,均回答正确,赞!答案如下:

1. C  2. D  3. C  4. C  5. B  6. A  7. D

B. 第8题综合题抽取了学号8、20、32的学生分别回答。其中(1)、(2)小题回答得不错,第(3)小题大多答漏"围湖造田"和"生物多样性减少"。

参考答案如下:

8. (1) 流量季节变化大(汛期在夏季);河流落差大,水流急;汛期河水含沙量较大;无结冰期。

(2) B支流:开发水能;发展旅游。C支流:发展航运。

(3) 土地利用不合理现象:坡地开垦;围湖造田。

影响:湖泊淤积,湖面缩小;生物多样性减少;调蓄功能减弱,加大下游洪灾威胁。

二、教学反思

(一) 关于教学风格的体现

**1. "亲和、自然"在课堂上的有效反映**

在课堂上,能秉承自己一贯的教学风格,亲切温和的言语,往往会扫去学生高三学习的紧张情绪。而我习惯走下讲台,参与到学生的小组学习互动中,也无形中增加了学生学习的动力和自信力。

### 2. "简约、实用"在课堂上的反馈

本节大量图表的呈现,利于学生知识的有效概括和复习记忆。案例及练习的举一反三做得较好,有利于培养学生的发散思维,也有助于学生知识系统如"水文特征""流域生态问题""河流开发利用问题"的构建。答题思路的分析,利于学生构建答题的模板。这些均充分体现了自己"简约、实用"的教学风格。

## (二)关于课堂教学的反思

### 1. 优点

本节课课堂时间安排合理,高效性较强。能把握高考相关的考点,在一轮复习中突出重点和难点。课堂上,例题分析透彻,利用案例举一反三,教授了地理区域学习的方法和技巧。能结合高考真题,精心安排好课堂限时训练练习,做到讲练结合,难易相结合。利用小组合作学习的模式,充分调动学生学习的主动性和积极性,培养学生的思维能力,体现以学生为主体的教学原则。

### 2. 有待改进之处

在小组合作学习过程中未能逐一参与到学生的活动中,师生互动仍有不足,对学生的反馈情况未能及时了解。随堂反馈练习中的最后一道题时间较紧,有近10名学生反映未能较好地完成书面文字,可再多给1～2分钟给学生组织文字书写就更好了。还有,在学生小结本节所学后,自己应该再次强调"水文特征"的内容,进一步加深学生对这一知识点的认识。另外,在关于"流域的背景知识"的第一道练习题"试分析下图河流的流向特征",提问可稍做改动(如"该河流的航运价值如何?""河流对发展当地农业有何影响?"等)并加入后面的反馈练习中去,做到一题多用。

# ▶▶我的教学主张 ▶

## (一)寻找生活中的地理

俗话说"上知天文,下知地理",地理来源于生活,把地理知识再回归到日常生活中去,让学生感到学习地理是有用的,他们才会在学习中乐此不疲。因此,在课堂上我利用"学习生活中有用的地理"这一理念,来激发学生的学习兴趣,这是我课堂设计和教学的一个亮点,也逐渐成了我的教学特色之一。

## (二)感受地理知识的趣味

很多地理知识,自身就带有一定趣味性,如自然之谜、自然奇观、气象谚语、各地的风情民俗、地方特色、各地主要特产、旅游交通,等等。挖掘地理知识中的趣味性,让地理变得有趣,是我课堂教学的另一特色。

## （三）会提问与会思考

现在的学生往往有这么一个特点，不会提出问题，只会按照套路或模板来解决问题。在课堂上，我往往鼓励学生自己针对知识，提出有思考意义的问题并尝试解答。例如，在区域地理学习中找出"在哪里""有什么""为什么""有何利弊"等。这种激发学生主动学习的提问和思考方式，已经成为我教学的又一特色。

在课堂上，我每提出一个问题之后，都会给学生一定的独立思考问题的时间。特别是小组合作学习的方式走进课堂后，在每次的小组交流时，我都尽可能预留时间先给学生独立思考再小组内相互交流，最后师生交流，这样才使合作学习体现其意义。

## （四）传统教学与现代多媒体技术相融合

正确地运用黑板、现代多媒体技术的教学手段，是我的教学特色的一大亮点。中学地理教学内容广，包含着极其丰富的自然、人文及时空变化知识。现代化教学手段具有视听结合、动静相宜等特点，可以大大提高课堂效率。运用现代化教学手段，一方面通过各种形象化的教学媒体的观察与思维，引导学生主动参与学习过程，积极去探索、发现、归纳、总结出结论，切实提高学生的全面素质。另一方面，教师可以把搜集到的相关教学资源加以灵活整合。每次备课时，我都会把现在的资源与以前的教案和课件进行前后对照整理，对自己的教学思路、教学方法不断更新、完善，从而提高教学质量。

在使用多媒体来教学的同时，我还同步利用黑板和粉笔进行教学。把简洁的课程知识体系、简单明了的地理简图、清晰的思维导图等一一出现在黑板上，使课堂知识条理化，有利于加深学生对所学知识的印象。我将黑板板书与多媒体课件科学地有机地运用起来，加上自己抑扬顿挫的讲授，这节地理课可以说成功了大半。

# 我的育人故事

## 我助小沈上大学

2012届高三（2）班是我第一次担任高中班主任的班级，我高二接手这个年级的文科次快班。在这届班主任工作中令我感到最满意的是对小沈（男，省略其全名）同学的悉心培养，助他顺利考上本科。

高二文理分班时，小沈的文科总成绩年级文科排名第123名，班级排名第55名。原本是一名成绩不起眼的学生，引起我的关注是在开学第一节地理课上，当时我正讲评高一期末考试试卷，其中有一题是关于时间计算。小沈简明的计算过程，让我发现这个学生逻辑思维的突出之处。下课后，我马上查看了他高一期末的成绩：只有语文和数学勉强及格，地理也只有40多分。于是我跟其他科任打听他的表现，仅数学老师反映他对数学还是挺感兴趣，其他老师则反映一般。我眼前一亮：作为文科生，数学基础较好则意味着高考胜算的机会大。这也许一棵好苗子啊！

接下来，通过一段时间的观察后，我找课余时间和他促膝长谈：了解、分析他学习的现状，优势和缺点所在，高考的目标定位初步在哪里，如何分配6科的学习时间……接着，我把他反馈的学习问题向相关科任老师反映，希望科任老师能加大对这名学生的关注。而在地理学习方面，我注重他基础的培养：掌握地图知识技巧，练好读图的基本功；从归类记忆到异同比较；从结合周围的事物和现象到密切联系国内外的时事热点；等等。同时，还教授其如何学好地理，例如：①要学会听课，听课前要先预习，找出不懂的知识，带着问题去听课并做好笔记。②要积极思考老师提出的问题，并主动积极回答。③注意知识的归纳整理，构建思维导图。④注重地图、图文相结合。特别是在区域地理学习时，将地理知识逐一落实到地图上。⑤重视地理原理、地理规律的实际应用，关注生活中的地理。⑥善于思考，如"在哪里""有什么""为什么""有何利弊"等。⑦用好纠错本，注意错题的整理，做到举一反三。⑧规范答题。

除了在学习上对小沈同学的关注，我还留意他学习以外的表现。其中，就让我了解到他有早恋的现象。我得知后首先多方面了解，弄清楚事件后，再顺势引导。如有一天放学路上我遇见小沈，我就随口利用徐志摩《偶然》这一首诗，跟他聊一聊对男女同学交往的看法，并引导他理解体会班主任我的用心。其次，本着尊重学生的个人隐私和宽容、理解的态度，不在班上公开批评指责他早恋一事、不扩大知情人的范围；不采用硬性手段拆散二人，把事态结果扩大。并以"影响学习"为出发点，建议他把眼光放得远一点，要用理智战胜自己的感情；化感情为力量，两人相约在大学里相见。还有，做好与家长的沟通。希望家长教育孩子以肯定和引导为主，学校和家庭一起教育学生，让学生有一定的压力和不会错得太离谱。此外，为了增加其责任心，我还专门委派小沈任学习委员，并让其他科任老师加大对他的关注力度。

有付出就有收获，在高二第一学期期末统考中，小沈总分全市排名第4638名，高二第二学期期末统考总分全市排名第3197名，高三第一学期期末统考总分全市排名第2901名。数学和地理成为他的优势科目，其他学科都能保持一定的优势。在高三的第二学期我加大对他进行心理辅导，并教授应试方面的技巧。同时，加强与他父母的联系，让他父母做好后勤工作。在肇庆市一模考试中，小沈总分全市排名第2821名，肇庆市二模考试总分全市排名第1924名。最后，高考以总分507分的成绩名列班级第一、年级文科第20名、全市第1893名，顺利考上二本学校。收到大学入学通知书时，小沈特意跑到我办公室跟我说："王老师，谢谢您！没有您的教导就没有我今天的成绩！"看来，我这回又成功做了一回伯乐了。

## ▶ 他人眼中的我 ▶

### （一）同行眼中的我

王芳老师的地理课堂教态自然，生动形象。教学能突出重点和难点，教学思路设计层次清晰，课堂结构紧凑，时间安排合理，板书清晰有条理。在教学过程中，王老师的新课导入形式多样、设计合理，非常重视课堂各环节过渡语的运用，较好地实现了知识迁移和巧妙衔接的目的。能利用生活生产事象处理好地理原理与实践运用的关系，做到"引导学习、教给方法"，重视学生地理能力的养成。精心设计课堂练习，结合高考考纲、考点和真题，做到练有重点、练有层次，讲练结合，实用性强。同时注重训练学生的书面表达写作能力，为地理统考和高考打下良好的书写基础。课堂中充分发挥学生的主动意识和合作意识，想方设法调动学生学习的积极主动性，课堂气氛愉悦、轻松、活跃，课堂学习效果好。

（肇庆市端州中学地理科组长、地理中学高级教师　谢娟新）

### （二）同事眼中的我

王芳老师是我校一位德才兼备的地理老师。她师德高尚，言行举止成为学生和同事的表率，经常从日常身边小事规范学生的行为，重视言传身教。王老师懂得用幽默的语言和专业的地理知识把学生吸引到她的课堂上，她在教学中时常穿插一些非常有趣又实用性强的地理常识；还经常把地理学科知识与其他科目的内容结合在一起，来说明地理的观点。科组老师十分喜欢去观摩王芳老师的课，看到的是她大方得体的教态，听到的是亲切又专业易懂的教学语言，体验到的是课堂上生动活泼的教学氛围，感悟到的是精致、严谨又高效的教学设计。王老师用乐观正气、爽快利落和真挚热情感染了她的学生和同事。

（肇庆市第六中学史地科组长、历史中学一级教师　张雯静）

### （三）学生眼中的我

王芳老师治学严谨，是一位教学经验丰富的老师。王老师能深入了解学生的学习和生活状况，循循善诱，平易近人，我们都很喜欢她。课堂上王老师注意启发和调动学生的积极性，课堂气氛活跃。把知识点深入浅出，并结合生活中的实例和高考真题或模拟题，让我们学以致用和举一反三。辅导时不厌其烦，细心讲解，使我们大有收获。作业和测验批改认真及时，并注意讲解学生易犯的错误。课后，王老师会利用傍晚辅导或自习的时间帮我们分层辅导，及时与我们查漏补缺，不让学生掉队，这让我们非常感激。总之，王老师是一个不可多得的好教师。

(肇庆市第六中学2016届高三学生　曹晓晴)

(四) 家长眼中的我

　　王芳老师是一位教育教学经验丰富的老师。教学严谨、工作细心有责任感；德育工作细致深入，注重家校联系，对学生非常关爱。孩子们在家里经常会说起地理课堂上的趣事，也很认可王老师的工作态度和工作能力。

(肇庆市第六中学2019级何庭睿同学家长)

# 知行合一 勤为路

● 四会中等专业学校 陈作表（高中信息技术）

● **个人简介**

我是陈作表，电子高级讲师，家电维修技师。1997年7月我毕业于湛江师范学院，现从教于肇庆市四会中等专业学校；是"广东省肇庆市第二批中小学名师工程"高中信息技术学科名教师培养对象，肇庆市优秀教师，四会市名教师，四会市先进教育工作者；现任学校公共理科教研组组长，信息技术学科教师，兼管学校校园网络；2000—2002年曾支教广西百色地区凌云县职教中心，并挂职副校长；是2018—2019年广东省职业技能大赛"计算机检测与数据恢复"赛项专家组成员；主持过省、市、校级的课

题，课题成果分别获省、市的成果奖；曾获广东省中等职业学校信息化大赛三等奖，所制作的课件分别获省、市级别的奖励；撰写多篇论文分别在《广东教育》《广西教育》《新课程研究》《新课程学习》等期刊发表；指导学生参加广东省少年儿童发明奖活动，多次获得优秀园丁奖。

我是一个追求知行合一、勤奋扎实工作的人。班主任工作中，我勤于亲近每一位学生，熟知每位学生的习性；教学过程中，我勤于了解学情和学生需求，及时调整教法；在教科研中作为引领者，我勤于带头示范，勤于组建课题小组，勤于教师与学生参加省、市、校的各项竞赛活动的筹备工作。总而言之，我的行事作风都是在遵循内心的良知而为，期望能达到知行合一，止于至善。

## 我的教学风格

### （一）勤学

信息技术是一门新兴学科，它具有两个方面的特点：其一，学科涵盖面较广，如有硬件、软件、基础知识、专业知识、编程、动画、平面设计等，而且每一样都包含一个知识体系；其二，技术知识更新周期短，教程编写往往跟不上技术和知识的更新速度。因此，作为中专信息技术的科任教师就不能像其他学科一样，只精通一门课程或是一本教材，而是要精通多门课程和多本教材，同时还要经常进行知识更新。例如，这学期教"计算机应用基础"，下学期可能就要教"网页设计"或者是其他，而且教材的版本也会发生更新（如：《计算机应用基础》有 Office 97、Office 2000、Office 2003、Office 2007、Office 2010，操作系统有 windows 32、windows 95、windows 98、windows XP、windows 7、windows 10）。几乎是 3～5 年就有一次变化，要想当好负责任的老师就得拼命地学习。要想知行合一，就得勤奋扎实地工作。

### （二）勤践

作为一位老师，单单勤学是不够的，每一节好课堂、每一个优秀的教学设计、每一个精彩的教学案例，除了会花费我很多精力和时间之外，还需要积累，需要长期的实践，经过长期的实践才找到适用于学生同时又适用于自我的教学方式和手段。在教学过程中行之有效的教学方式和手段，正如《卖油翁》中老翁倒油技术一样，需要无数次的练习和长期经验积累。我的"计算机组装与维修"课程校本重构的教学方式就是由长期的实践而形成的。

### （三）勤改

勤改就是在教学实践中，经教学反思后，不停地修正自我的教学手段和方式，让学生能更好地接受教师的教法，从而提高教学效果和效率。很多时候，同样的教学内容和同样的教学方式并不适用于所有学生。例如：在上"网络技术"课程时，2017 级计算机（1）班和 2017 级计算机（2）班的学生需求就不一样，（1）班比（2）班更喜欢上实操课，因为我发现（1）班形成的学风就是有一批学生喜欢动手实验，在他们的带动下，他们逐渐形成利用实验去理解理论知识的学习习惯。而（2）班则不同，他们是用理论去指导实验。这样，在课堂中就得调整教法，而不是照搬。

### （四）亲学

亲学就是亲近学生的意思。也许是受到启蒙老师的影响，我总是觉得老师就应该要关心和爱护每一位学生，这就是一种与生俱来的职业责任。因此，不管是什么样的学生，我都要尽一份责任，去关爱他们和教导他们，找机会去接近他们，与他们聊天，与他们打球，使他们觉得师生之间有一种情谊和亲切感，成为他们的良师益友。

（五）教师风格归类

从教20多年，一路走来，我始终都是以"勤"为方法，以"勤"铺路，是它让我得到师生们的认可，是它让我收获一个个成果和一个个荣誉，是它让我从一个生涩的大学生成长为一个较成熟的教师。"知行合一"作为我的座右铭和人生信仰，也是我的行动指南，在它的引导下，我勤勉好学，实事求是，求进思变，从而形成我的风格。当然，这一切的辛勤付出都是在遵循我的内心良知而为。

## ▶▶ 我的成长历程 ▶

（一）人生航标，来源于启蒙老师

我出生于渔民家庭，由于祖辈没有家业传承，在少田无业的情况下，父亲在除了偶然被雇当临时渔夫之外，大部分时间干的是租田的农活。在他的带领下，我们早出晚归，面朝黄土背朝天，为了节约钱，耕田只靠人力。那时对"锄禾日当午，汗滴禾下土"这句诗非常有感触。不过即便是这样的辛劳，也只能够填饱肚子。于是，我觉得只有读书才能改变这个现状。

然而，命运不是想改变就能改变的。小学四年级之前，我的语文、数学两科成绩加起来都不够60分。而上树掏鸟巢、下海网鱼却是样样精通，这让父母很失望。就在他们认为我考不上中学的时候，四年级开学初，我们班来了一位年轻的班主任，他就是我的小学启蒙老师——洪青老师。他的课堂深深地吸引了我，改变了我，课堂中他讲授生动形象，机智诙谐，妙语连珠；恰当的幽默，让我心情愉快；课堂小故事，让我回味无穷；精彩的哲学警句，句句使我感悟人生。在他亲切的感染下，我找到了人生的航标。在课堂中，我看到了求知的热切眼光，听到了愉悦的笑声，感觉到读书的美妙。洪青老师高大、潇洒且充满智慧的形象根植于心。于是，我的成绩从全班的倒数传奇般飙升到第一名，当然考上镇里的重点中学自然不在话下。

（二）勤是成长的要素

1997年7月，我毕业于湛江师范学院并来到四会中专任教。虽然觉得当教师感觉非常好，但也深感为人师表的责任重大。刚开始工作就接任1997届财电（2）班的班主任工作，班是新生班，我也是新班主任。初为人师，我既有点兴奋，又有点不知所措，面对56位新生，56双炯炯有神的眼睛时，方知自己管理能力的不足，自己该对学生讲什么，如何布置班级，如何与学生沟通，那时感觉书本所学的东西几乎用不上。不过我并没有想过敷衍了事，而是想到了勤能补拙的方法。办公室里有级长，有其他班的班主任，他们都是经验丰富的老教师，我勤于请教他们的班务管理工作细节，确定班级管理目标，制定班级管理条例，挑选班干部。我还记得《学记》中的一句古训："亲其师，信其道；尊其师，奉其教；敬其师，效其行。"于是，我决定采用融入学生中的策略，在开学的第一周，我花时间背下全班56位学生的名字，并在早读时间段，努力将所有学生的姓名与外貌特征一一对号入座地记一遍，直到熟悉地记住他们；每天按规定时间与学生聊天，了解他们的家庭、性格、爱好、习惯和当天的趣事；带领他们早上跑步，下午打篮球、排球或是乒乓球；利用周末组织部分同学去爬山、郊游、聚会，与他们谈笑于山野间和郊外。于是，很快就能拉近师生的距离，得到他们的认可，并很快融入他们，成为他们心目中的"大哥大"，我的言行得到他们的推崇，制订的班级文化主题得到他们的拥护和执行，班集体的凝聚力超强。

（三）支教广西，勤于科技活校

2000—2002年，我积极响应党中央、国务院号召，作为广东省肇庆市第一批支教教师代表前往广西百色贫困地区凌云县凌云职教中心支援当地教育。在支教历程中，我积极开展学校教科研活动。与全校师生一起下农场，了解茶树的生长情况，学习摘茶叶；与师生共建种植蘑菇场，引导学生种植凤尾菇和平菇，组织学生到市场去卖菇，让学生在实践中体验生活；组建学生会和科技兴趣小组，进行科技创新，提高学生的动手能力和技能水平，活跃学校的科技学习氛围。一番耕耘，一番收获，在支教期间，该校获取百色地区级的"爱科普活动"组织奖（是该校最近几年的第一次取得最高荣誉奖项），学生分别获得一等奖1名，二等奖2名，三等奖2名；组织学生参加县级全县中小学生演讲比赛，分别获得优秀奖3名，三等奖3名，二等奖1名，其中一位学生被选拔为全县回巡演讲员。2002年6月，我获得广西壮族自治区人民政府颁发的"为发展贫困地区教育做出贡献"证书；2002年6月28日，被广西百地区行政公署评为"先进教师"；2002年7月，被评为"凌云县先进支教教师"。

（四）带头示范，当好教研组组长角色

教科研工作在学校工作中占着举足轻重的地位。在当今由应试教育向素质教育转轨的趋势下，各种先进的教学理论和教学模式，对传统的教学观念提出了严峻的挑战，教师不学习、不科研，就会落后，跟不上时代的步伐。而大多数老师每天忙于教学与班级管理，没有时间进行学习，接收信息就会受到阻碍。作为教研组组长，2004年以来，我带领的教研组坚持每两周一次定期举行教学研讨会，探讨教学工作中的问题、总结经验教训、学习新的教学模式，让大家在一个良好的教研氛围中不断得到提升。作为一线专业老师，我身先士卒，起良好带头示范作用。

首先，我积极开展课题研究活动。2007年，我主持的"多媒体竞赛器设计及应用"课题，通过了肇庆市职教学会专家组的测试鉴定，并成功结题，该课题获得地市"成果奖"的二等奖，县市级科技奖；2009年，我主持的"计算机应用基础课堂组织教学的探索与研究"的校本课题，在课堂实践中取得良好效应；2011年，我主持开展的"逻辑门电路教学课件"项目课题获得广东省中等职业教育教学资源信息化建设首批立项项目，这一课题是在全省169个申报课题中获得立项的19个项目之一，并在2012年11月成功结题；2014年，我主持开展的"《文字录入》课堂训练的策略研究"获得广东教育学会小课题立项（后来因患上癌症要治疗，最终未能结题）；2015年10月，我主持的"基于项目式学习的计算机组装与维修课程校本重构"获得肇庆市级课题立项；2016年，我为学校成功申请为肇庆市知识产权试点学校；2017年6月，我组建的课题小组的"文字速录校本教材建设研究"课题，获得肇庆市级课题立项。

其次，在我的组织和带动下，教研组中的组员教师积极参与国家、省和肇庆市级的中职学校多媒体课件比赛和说课比赛，多人获奖。2008—2018年，我的《时序逻辑电路》课件获广东省中等职业学校教师信息化教学仿真软件三等奖、《数字逻辑基础》课件获肇庆市中职学校课件制作二等奖、《门电路》课件获肇庆市中职学校课件制作二等奖；我的组员张斌老师获得全国"创新杯"说课比赛国家级二等奖、获得省"创新杯"说课比赛一等奖，获得省信息化教学设计比赛二等奖；组员董燕梅老师获省信息化教学设计比赛二等奖，省"创新杯"说课比赛二等奖；组员陈树江老师获省"创新杯"说课比赛三等奖；组员龚玉燕老师获省"创新杯"说课比赛三等奖。值得一提的是，由于我所带领的教研组，教研氛围浓厚，是追求进步的老师施展才华之地，张斌老师就是从其他教研组调过来，然后才取得以上的成绩的。另外，省信息化教学设计比赛是一项含金量较高的官方组织赛项，整个肇庆市中职学校竞得参赛资格的很少，每年都只有一二个名额，还不一定能获奖，而我们教研组就有3位老师获奖，可谓成绩斐然。

最后，我还组织和动员本组教师参加省级和市级各类学术论文评比，其中，组员欧学霞老师获省职业教育学会论文评选二等奖，我的论文《项目教学法在〈电子线路〉教学中的应用》获肇庆市第十一届自然科学优秀学术论文二等奖，《基于项目式学习的计算机组装与维修校本重构》获广东省"一师一优"课的优秀论评选一等奖，《中职文字录入课堂的任务驱动教学模式应用研究》获省职业教育优秀教科研成果评选一等奖。

（五）勤勉敬业，只为知行合一

知行合一的"知"，不只是知道，还有良知，是每个人与生俱来的道德感和判断力，"行"是人的道德践履和实际行动，只要找到并遵循内心良知，复杂的外部世界就将变得格外清晰。这是古代圣贤王阳明的心学文化核心。教育是良心行业，更需要知行合一，我想这也是我从教以来一路勤勉敬业、停不下来的原因。

2006年，我发现学生参加全省计算机操作员等级考证的通过率很低，通过调查了解，原来学生对计算机应用基础的理论知识掌握不好，又缺乏学习兴趣，对笔试答题方式甚是讨厌。于是我便发挥专业的特长，利用电子技术结合电脑编程技术开发一套《多媒体竞赛器》设备。由于对软件编程不是很熟悉，我通过购买软件编程资料进行自学，向专业老师请教，一边摸索，一边编写软件，时间不够，我就利用休息时间，有时为了一个程序算法，研究到深夜。功夫不负有心人，终于在2个月的时间里完成了《多媒体竞赛器》的制作，也赶在计算机操作员等级考证前，举行了全校性的计算机应用基础理论知识竞赛，充分激发学生的学习兴趣，形成一个良好的学习氛围。当年，学生参与全省计算机操作员考试通过率由原来的30%左右升为72.3%。明知这样会凭空加大我的工作量和负担，但良知支撑着我，我认为这是值得的。

2015年1月，我身体查出了癌症，经历了一次大手术和多次化疗，身体非常虚弱。返回学校后，我依然没停止学习和教科研。2015年10月，我主持的"基于项目式学习的计算机组装与维修课程校本重构"获得肇庆市级课题立项；2016年8月，我申报的"肇庆市知识产权试点学校"项目通过了审批；特别是2016年，学校计划举办首届学生技能竞赛周，我负责两个全校性的竞赛项目，为了准备好这两个项目，我做了大量的准备工作，从人员的安排、项目规程的制定到竞赛设备的准备工作都是亲力亲为。除此之外，我还根据文字录入竞赛项目的校本现状和需求，做了一个大胆的策划——因为我了解到如果采用已有的打字软件不能很好地比出学生能力，不具备文字录入的实在意义，也不能体现校本特色，同时也让老师们的工作量加大，于是我编写了一套"文字录入"竞赛软件。

2017—2018年，我指导杨其阳、谢文伟两位学生制作科技创新作品，并参加广东省第十五届和第十六届少年儿童发明奖活动，创新作品全部获奖。另外，我还动员曾尚俊、翁蓬伽和窦忠国等老师作为学生的科技发明创作指导师，在我们的共同努力下，我们的学生创新发明成果在参加广东省第十六届少年儿童发明奖活动中收获1个二等奖、3个三等奖，同时我们学校也因此获得优秀组织奖。

## ▶ 我的教学实录 ▶

### "台式计算机主机硬件选购清单制作"教学现场与反思

**（一）教材分析**

"台式计算机主机硬件选购清单制作"是"计算机组装与维修"课程的综合

应用内容，它是在学习了台式计算机主机的所有硬件知识之后的实际应用教学内容，与现实生活联系较强的项目与内容有很多关联，以第一项目知识作为基础，对计算机主机的各个部件的应用进一步学习。这个任务也是一个综合性的应用知识。

### （二）学情分析

虽然对于计算机硬件实物，学生还未能接触到，但在项目中，学生利用网络和书集的查找，获取大量的计算机硬件的图片，所以对它们也有一定的认知，也是这种只能看不能摸的状况，让学生对它们充满新鲜感，从而促进他们的好奇心，产生学习的欲望。

### （三）教学目标

（1）根据功能需求选择电脑主机部件。

（2）学会定位电脑主机各部件的价格。

（3）学会检查主板与各部件的兼容性。

（4）学会制作主机部件选购单。

### （四）能力目标

通过本知识的学习，除了让学生加深对学习计算机硬件参数和性能指标的掌握和理解外，还可以让学生学会活用计算机硬件参数和性能指标来选购计算机，体验选购计算机主机部件关键操作步骤和思路，从而逐步形成专业技术人员所具备的专业素质和技能。

### （五）课堂准备

（1）准备8台能上互联网的计算机和1台笔记本电脑。

（2）准备课室及投影设备，将课桌组合成8组。

（3）将学生分成8小组，每组选配1名组长。

### （六）课堂现场

**1. 回顾旧课，引入新课**

师：电脑主机部件有哪些？（要求以小组接龙的方式回答，每组只能答其中的一个部件）

生1：CPU。（教师利用手机远程控制PPT，然后回巡在各个小组之间，既可接近学生，听清学生的回答，又可以为学生壮胆的同时减轻学生的压力）

生2：主板。

生3：内存。

生4：硬盘。

生5：显卡。

生6：网卡。

生7：声卡。

生8：电源、机箱。

师：去哪里查找主机各部件的主要参数和性能指标？（要求集体回答）

生：中关村在线和太平洋电脑网等与电脑配件有关的网站。

2. **课堂主题：（课件演示及师生互动）**

师：老师有意购买一台电脑主机来升级家中的电脑，希望能够满足文字编辑和上网的需要，价格在3000～3300元。请同学们帮忙制作一份合适的主机配件选购单。（提出任务）

师：要求同学们根据以上任务写出任务分析。

生：①知道电脑市场存在的主机部件的情况；②根据用户的需求选择要购买的部件；③合理定位各部件的价格；④检查各部件的兼容性（配套）；⑤制作主机部件选购单。

师：电脑市场存在的主机部件的情况是怎样的？

生1：独立存在的——CPU、主板、内存、硬盘、显卡、网卡、声卡、电源、机箱。

生2：集成存在的——CPU（含显示芯片）、主板（含显示接口、网卡、声卡）。

生3：可以少买的部件有：显卡、网卡、声卡。

师：根据用户的需求选择要购买的部件，假如用户要求是只要能够满足文字编辑和上网需求，这说明了什么？

生1：对显卡要求不高，CPU（含显示芯片）和主板（含显示接口）。

生2：对网卡要求不高，主板（含网卡）。

生3：对声卡要求不高，主板（含声卡）。

师：那我们要买的电脑主机部件有哪些？

生：CPU（含显示处理器）、主板（显示接口、网卡和声卡）、内存、硬盘、电源和机箱。

师：对于主机各部件的价格定位（3500元左右）是一个难题，怎么办？

生：不知道。

师：在网上的一些论坛或者电脑网站中我们可以找参考的依据，请同学利用网络查找看看。

生1：在中关村在线中，我们找到一些关于电脑配置的价格案例。

生2：在太平洋电脑网中，我们也找到一些关于电脑配置的价格案例。

师：你们能说一说他们的价格定位吗？

生1：①CPU定价：1200元；②主板定价：750元；③内存定价：400元；④硬盘定价：400元；⑤机箱电源定价：400元。

生2：①CPU定价：1300元；②主板定价：780元；③内存定价：450元；④硬盘定价：400元；⑤机箱电源定价：500元。

师：①CPU定价：总价的1/3左右（1000～1300元）；②主板定价：总价的1/4左右（700～800元）；③内存定价：总价的1/7左右（400～450元）；④硬盘定价：总价的1/7左右（400～450元）；⑤机箱电源定价：总价的1/8左右（300～500元）。

师：价格定位之后，接下来就要检查各部件的兼容性（配套），如何去做呢？

生：根据关键参数检查各部件的相互兼容性。

师：例如？

生1：主板与CPU的兼容性，CPU的类型及CPU插槽一致。

生2：主板与内存的兼容性，内存类型及内存频率一致。

生3：主板与硬盘的兼容性，硬盘接口类型一致。

师：还有吗？

生4：主板与电源的兼容性，电源插口一致。

生5：主板与机箱的兼容性，板型与尺寸一致。

师：到目前为止，同学们已经将用户的电脑清单的几个相关事项都理清楚了，接下来就是进行清单制作，请每位同学根据用户的需求，把电脑主机部件的品牌型号、兼容指标和价格按下表填写好。

| 电脑主机部件选购清单（填表小组：　　　　） | | | |
|---|---|---|---|
| 部件名称 | 品牌型号及技术指标 | 价格 | 评审结果 |
| CPU | | | 兼容性（　） <br> 价格真实（　） <br> 总价合理（　） <br><br> 评审小组： |
| 主板 | | | |
| 内存 | | | |
| 硬盘 | | | |
| 机箱与电源 | | | |
| 总价： | | | |

师：具体任务要求如下。

（1）在20分钟内每小组完成多张清单表的填写，每张正确的清单表记10分，数量越多，得分越多。

(2) 总价要相近，在 3300 元左右，但套装的部件不能一一相同（如：CPU、主板和内存的型号及参数不能相同，价格不算）。

(3) 每个小组完成后将填好的清单表格交给另外一个小组评审（如：第一组交给第二组，第二组交给第三组，如此类推）。

(4) 评审结果记录在竞赛软件中，以便直观地展示结果，有争议地交给老师处理。

(5) 评审时间为 10 分钟，正确评审完一张清单表，记 5 分，在完成自己小组的评审任务后，可以帮其他小组。

生：一边上网查找资料，一边讨论并动手制作电脑主机部件选购清单（实操）。

师：调控学生的制作情况，时不时提供各小组的完成情况，同时注意时间的提示。

生：分工合作，审查其他小组的清单。

师：点评学习的情况，对做法良好的方面进行表扬。

3. **课堂小结**

师：我们回顾一下本次课所学的知识，在制用户电脑清单时，我们学到什么？

生：①根据功能需求选择电脑主机部件；②学会定位电脑主机各部件的价格；③学会检查主板与各部件的兼容性；④学会制作主机部件选购单。

4. **作业布置**

师：请同学们课后，制作一份价格为 5000 元左右，性价比高的家用电脑配件清单。

(七) 教学反思

1. **平等与关注是激发学生学习热情的关键**

教学过程中，师生的互动是非常关键的。而平等地关注到每一位学生是让所有学生都能参与课堂中学习的重要做法。因为得到老师的关注，学生才有存在感，学生的主动性才能得到有利的引发，学生的学习热情才能得到很好的激发。在课堂中，教师教学情感能直接影响着学生，教师的教学情绪能让学生直接地感受到，平等的亲近和关注就会得到学生的积极回应，课堂的学习氛围就会变得浓厚。比如，教师的一个亲切友好的眼神注视着一位学生，那么这位学生就会积极地回应老师。在这节"台式计算机主机硬件选购清单制作"课的"回顾旧课，引入新课"环节中，我利用手机远程控制 PPT，然后回巡在各个小组之间，既可以接近到每一位学生，听清每一位学生的回答，又可以为学生壮胆的同时减轻学生的压力；在分组制作"台式计算机主机硬件选购清单"环节，我又穿插在各个小组之间了解任务完成的进展，同时给予适当的提示和引导，自己以真实的情感投入，从而引发学生认真、负责及积极的态度，通过推选优秀的清单作品来激发学生的学习热情。

**2. 创新的教学方式能更好地提高教学效果**

在"台式计算机主机硬件选购清单制作"课堂中，通过设置一个既现实又新颖的任务，这个任务既跟学生之前所掌握的知识有关联，又跟现实生活的需求有关联。这节课采用了任务驱动教学方式，学生面对这个新任务时，在教师的引导下，正确地理解新任务到学习如何应对和解决新任务。在这一过程中，学生的能力就能得到发展和提升。比如：计算机主机硬件选购清单中的硬件搭配。学生在熟悉了各个硬件功能及技术参数之后，接下来就思考在各个硬件之间技术参数的兼容性，在这个过程中就需要学生进行仔细的观察和对比，然后通过小组讨论来确认匹配的硬件，最后通过小组互评的方式深入理解硬件搭配原理。在这个学习环节中，老师的适当引导和学生的自主发现，学生就能从中摸索其中的关键，最终就能制作出任务需求的选购清单。这种以任务引领，以老师的引导和学生自主学习方式，采用分组任务探研、小组拼比以及组员互助的方式充分地调动学生的积极性，同时也培养了同学之间的协作互助意识，增强了同学之间的友情。学习氛围被激发，教学效果明显地得到提高，从而达到教学的目的。

**3. 以挑简择实的教材处理方式能更好地提高学生的技能**

在《计算机组装与维修》的教材中并没有"台式计算机主机硬件选购清单制作"这一章节内容，这节课内容是根据学生学习了台式计算机主机的所有硬件知识之后，为了增强专业知识的实用性和提升学生的技能水平而设计，这一节课能帮助学生融合台式计算机主机各个部件的知识，让学生从初步认知计算机硬件到熟知计算机硬件的搭配应用，成功地实现知识到技能的转化，这样既可以让学生感受到学习计算机硬件系统的好处，又可以让学生对计算机硬件搭配有了具体和清晰的理解，对计算机硬件价钱分配比例也有一定的认知，从而形成了学生的实用技能，让学生的专业技能水平得到进一步的提高。

## 我的教学主张

不论是什么学科，我想教学观首先是立足于教书育人的基础上。因此，在立德树人成才先成人的理念影响下，提出如下几个观点。

### （一）关注每一位学生，平等地对待每一位学生

我来自农村，曾经体会过农村学生弱小且卑微的心灵，老师每一个赞许的眼光、每一个会心的微笑都会让我颇受感动与鼓舞。记得高中一年级开学初，班里要组建班委，对于性格内向的我，选班干部的事情几乎与我无关，我就像一粒飘浮在空气中的灰尘，没人在乎，班干部选举与我无缘，在我的意识里是理所当然的，是很自然不过的事情。然而，意想不到的事情发生了，班主任苏彬老师在

任命班干部之后，还要宣布选几位小组长，并且由他来推选。当时的情景还历历在目，他微笑地看着我，然后说："我觉得陈作表同学表现也挺不错的，就当我们第四组的组长吧！"当时我非常激动，也非常感动，感觉到苏老师原来也在关注着我，他让我感受关怀，瞬时让我充满自信和力量，于是暗下决心不能让老师失望，果然在充满自信和勤奋努力下，我的成绩一直都名列前茅，最后考上大学。这都是功归于苏老师对我的了解和关注。如今，同样作为一名乡镇中职学校的老师，我面对学生有农村的、缺乏自信的、不曾受关注的、学习成绩特差的或性格内向的。比起普通高中的学生，中职学生更需要老师去沟通、去了解，他们更需要得到关注和关怀。

在班级中，我平等地对待每一位学生，在我心中从来没有优秀生和差生、城镇生和农村生的区别，也从来不去区分好学生与坏学生，我认为现在的每一个学生都是很有个性的，课堂学习的表现只是说明个体存在的差异，他们都应接受平等的教育，得到同样的关注和关怀。因此，我从不对一个学生在课堂中的表现而轻易地下"好"或"差"的结论，更不会当众下定论，因为在课堂中当众否定某位学生，会让那些原本就"有问题"的学生的心理变得更阴暗，只有和他们平等交流，因势利导，渐渐地得到他们的认可，才会有改变他们的可能。

在教学过程中，我不会长时间站在讲台，那样会给学生产生高高在上的感觉，从而拉远师生的距离，让学生感觉不到教师的教学情感，更达不到以学生为主体的教学要求。为此，我根据课程内容，不时走下讲台，回巡在他们中间，时做转身、后退、前进、注视、探询、轻敲桌子、轻拍肩等动作，讲一些专业与生活相关的案例知识和幽默小故事，再提问一些关于课程的基本知识点，让学生时刻都感觉到，我就在他们的身边，我在关注着他们，同时让学生们轻松地接受课堂教学，从而形成课堂的和谐氛围。

每个课堂上都存在个体差异，不管你有多长的教龄，不管你有多么熟练的专业知识，个体差异总会影响到你的教学效果。要想当一位优秀、认真、负责的老师，就必抽出时间来与学生交流，同时还要仔细观察和分析学情。只有了解学生之间的个体差异，了解班级的现状，才能及时地调整教学内容和教学策略，使它适应学生的各种要求，然后再对课堂教学加以分析、批判和改革。鼓励学生利用自己的经验来积极建构对知识的理解，从而缩短了教与学的距离，同时积极地引导学生投入课堂教学活动，并让他们懂得承担越来越多的责任，让他们越来越明确自己的责任，让责任感成为他们学习的驱动力。

（二）教法创新

北京实验学校曾军良校长认为："以学定教，从学生的问题和真实状态出发确定课堂教学的起点，从学生的心理和精神需求出发决定课堂教学的内容与方式。"我非常认同这一观点，我们作为教师就是应当从了解学生的情况后，再来设定教学的策略。

我的学生是中职生，他们喜欢新奇的事物，巴不得每天都有新鲜的事情发生，这样他们的精神世界就会得到满足，并且充满活力，于是，他们的接受能力也显得特别强。如果每节课老师都使用同样的教法，会让学生感觉不到新鲜和新奇，势必让部分学生在课堂中出现神游和分心，甚至有时候会产生厌烦的情绪，面对这样课堂状况，哪怕是你的课堂教学内容设计再完美，知识面再广，设计细节再严谨，也不会有良好的教学效果。因此，我会根据学生的学习情况和教学内容，设计好教学内容，调整好教学方法，尽量使学生有新鲜感和新奇感。例如，我在教学生"文字录入"课程的指法时发现，大部分学生在练习 10 分钟左右就产生厌烦，于是，在 10 分钟后，我就组织学生站起来，排成两列，面对面做一个手指对应键位的记忆拓展活动，每次这样的活动的规则又有所不同，保持活动的新鲜感。比如：当老师说出某一个键位字母字时，要求学生根据规则用手指做相对应的表达方式，第一次，采用面对面出手指方式，然后手指对指粘在一起，出错的同学上前一步；第二次，采用抓手指的方式，出错而被抓的就受罚；第三次，第四次……同样是键位的记忆活动，但规则不一样，总是会让学生感到新鲜。

我的学生是好动的，如果一节 45 分钟的课总是让他们安安静静、规规矩矩地听你讲课，他们会觉得全身难受，课堂学习效果也会大打折扣。于是必须让他们动静结合，学与做结合，以学科特点设计实用的课型，让他们在适当的时间里动起来，在做中学起来。比如，我在给学生上"计算机主机 CPU 的拆与装"课时，我不会让学生只看不做，只听不讲。我要让他们观看我拆装 CPU 的演示操作和 CPU 拆装视频的演示操作，然后学生自己操作，自己录视频，自己对比视频；我让他们听完我的操作分析和视频演示解说后，自己也录制视频进行解说，或是在进行学习分享中说一说，或是在小组视频 PK 时进行辩与驳。

我的学生是懒惰的，如果说中职的学生成绩差的原因是什么，相信大家都会认为这些学生绝大多数都是懒惰造成的。当然，造成他们懒惰的原因有很多，但我却不会过多地去追究其根源，而是用具有激励性的、正能量的小故事以细水长流的方式去改变他们的观念；用主题任务计划去引导他们行动，改变他们的陋习；用生动、和谐的课堂去吸引他们，提升他们，让他们学有目标、有动力、有兴趣和有收获，让他们有成熟的感受。

创新是有效课堂教学的灵魂。灵活的课堂教学模式，会给课堂带来新的生命力，会让课堂教学活起来。在课堂中不仅要采用多种教学模式，还能在多样教学模式中增添自己特色的花样。不管是哪种教学模式，总是会有一定的套路，虽然这些固定的套路更容易让学生理解和接受，但同时也因为具有固定的套路而没有了新鲜感，如果机械式地生搬硬套这些教学模式，只会让课堂变得无趣和呆板，更是让一些学生找到其中的漏洞而乘机偷懒。因此，在套用别人的教学样式时不能进行完全的拷贝，而是在参考的基础上，在充分了解学情及教学主题的适用性的基础上烙上浓浓的个人特色，使课堂变得更灵动，更有个人特色，让学生感觉更轻松、更有兴趣。

（三）以挑简择实的方式处理教材

作为一名中职信息技术专业一线教师，多年的教学经验告诉我，挑简择实，学以致用是一种很好的校本做法，也是我的教材处理和课型设计的教学观点之一。挑简择实的做法是在教材中挑选出简单的、校本专业中绝大多学生都能接受的单元知识和章节知识点，而且这些知识点尽量与现实生活有一定关联，或是实用的实践案例。学以致用，即是学生学习之后，能让学生感觉用得上，或者立即就能用，或者是能形成自己的一项技能，或者是能提升自己技能水平。教材是学科知识的载体之一，是课堂上学生学习的主要客体和对象，课堂教学就是要解决教材中的知识与学生的认知矛盾，没有教材或不依赖教材的课堂，教学就会失去方向，失去内涵。然而，很多教材是具有面向大众化的、普及化的特征，学科知识因为要系统化而具有一定的深度，因为要全面而具有一定的广度，其全部内容很难做到适合所有学生。也许有人认为，学生能学到有深度和广度的知识不是很好吗？作为师长或是家长当然是觉得学生能将教材的内容全部都掌握是最好的，但我认为不是好与不好的问题，而是要考虑学生能不能接受，能不能更有效果的问题。当将教学内容设计成太有深度、太有广度而学生却接受不了，从而产生厌烦情绪的时候，就不得不思考学生的基础和个性学习需求的问题。以学定教是一个很好的教学指导思路，教师通过以学生的角度对教材进行钻研，从教材中抽选学生能够接受且比较实用的内容。将目标放近一点、简单一点，不会影响学生的发展，而是让学生能扎扎实实地发展。小目标、简单的目标让学生更容易获取成就感和自信心，因为大部分职业学校的学生最缺的就是成就感和自信心。比如，微处理器（CPU）的学习，学生只要从其外观了解其封装技术和接口技术，从组成结构来理解其功能作用，从关键技术指标来判别其性能，从品牌和型号来识别其主流和实用性。每一点都是一个小技能，实用的技能，容易做到的技能，至于什么样的CPU用什么样的指令集、什么超频技术等繁杂且相对不实用的知识点就不必强调学生去掌握，因为太多、太广以致过于复杂的知识只会让学生产生恐惧和慌乱，从而导致他对学习产生厌烦，造成得不偿失的后果。

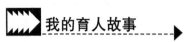 我的育人故事

**亲其师　信其道**

我一直都崇尚知行合一，并以它作为座右铭，在它的引领下，我常常采用

"亲其师　信其道"的方式，勤勉于教育事业。

"哒哒……""黄长虎，黄长虎……"伴随着一阵敲桌子声和老师的几声叫喊，一位带着浓浓睡意的高个子学生将趴在课桌上的头缓慢举起，然后侧着肥胖且有点宽大的虎脸，眯着眼睛，用一副"关你什么事"的眼神看着李老师，看起来完全像是一副对老师挑衅的样子。这一幕正是我刚好经过课室窗口看到的情景，他一脸欠揍的样子使我至今难忘。不过我是了解他的，因为他的本性不坏，还挺讲义气。

"嗯"，在窗外的我适时地有意地轻咳了一声，然后微笑地看着他。这一刻，黄长虎眼睛一闪，猛然醒悟过来——是在上课。"对不起，老师，我睡着了！"黄长虎向李老师道歉，一场眼看着的对峙就此烟消云散。

黄长虎，男，身高一米八，平时沉默寡言，爱打篮球，也爱睡觉，不苟言笑的他样子看起来也比较凶。也难怪他给别人的第一印象会是"差"。李老师就是其中的一位，在李老师的评价中，黄长虎就一位不折不扣的"差"生。因为，李老师曾跟我说过：黄长虎这个学生很凶，也爱在她的课堂中睡觉，每次让他站起来时都是虎着脸，一脸的不开心，很凶恶的样子。面对李老师的投诉，我感觉很无奈，因为黄长虎给我的初次印象也是这样。李老师与黄长虎平时的接触不多，沉默寡言的他更是让李老师不容易了解他的本性，难怪李老师给他这样的评价。

作为班主任的我，觉得只有深入接触才有机会去了解和改变他。我知道黄长虎几乎每天都有打篮球的习惯，于是我时不时也参与其中，每次打完球后都能和他聊一阵，这样我们就逐渐熟络起来。有一次，我打趣地对他说："小虎同学，你跟我说话时能不能别虎着脸，那样很吓人的。"他苦着脸说："老师，我也想啊！都习惯了，要不你教我？"于是我就顺着杆子往上爬，我教他平时多练习将嘴角往上翘，结果他真的学了起来，还调皮地问我学得像不像。后来我发现他跟别的同学说话时也会时不时翘起嘴角，并且与同学之间的交流也多起来，当然其他老师对他的投诉也少了很多。

通过多方位去了解学生是我遵循内心良知的做法。比如：晨运，我跟学生们在一起跑；活动课，我跟学生们一起打球；周末，我邀请学生们一起聚餐、外出郊游，甚至是到他们家中参与同学聚会等。这样，我觉得才能做到真正的接触和了解，也是我"亲其师、信其道"的做法。教育心理学告诉我们：学生对教师提出的教育要求或批评意见采取什么态度，往往不是由教育内容决定的，而是首先看这个教师在他心目中是否具有威信。教师的威信主要指教师所具有的一种自然性影响力，它对学生产生强烈的感召力量。一方面，教师的威信对教育效果会产生积极影响。教师在学生心目中赢得高度的威信后，就会受到学生特别的信任和依恋，学生就会产生一种倾向性的心理定式，认为教师对他的教育要求或批评意见总是对的，都是为他着想、为他好，并按照教师的要求自觉调节自己的言行。这就是"亲其师、信其道"的道理。

## 他人眼中的我

### （一）学生眼中的我

陈作表老师是一位性格温和、和蔼可亲的老师，他乐于亲近我们，以前经常与我们聊天，跟我们一起聚餐，一起爬山。他在学生面前没什么架子，跟他在一起时我们总是感觉很轻松，很自在，很多时候，我们的同学都称呼他为"表哥"。

[1997届财电（2）班学生 罗玉妮]

### （二）同事眼中的我

陈作表老师是一位创新型教师。灵活的课堂教学模式，给课堂带来新的生命力和新鲜感。陈老师的课堂不仅采用多种教学模式，还能在多样教学模式中增添个人特色的花样。陈老师在使用别人的教学样式时没有进行完全的拷贝，而是在参考的基础上烙上浓浓的个人特色，使课堂变得更灵动，更有个人特色，让学生感觉更轻松、更有兴趣。

陈作表老师热衷于教科研且勤奋务实。虽然他很早就评上了高级讲师，然而他并没有停下来，哪怕是他曾经大病过一场，也没有阻碍他对教科研的热衷，对教育事业的钟爱。他主持过多个省、市的课题，发表过多篇论文，他开发的"文字录入"和"网络抢答器"竞赛软件在学校第一届学生技能竞赛中推广应用。

（四会中等专业学校信息技术学科教师 吴伦祥）

### （三）校领导眼中的我

陈作表老师务实而不张扬，率直而不做作，心胸豁达，为人坦荡，与人为善、团结互助的精神赢得了同行的尊重，同行喜欢他，学生喜欢他。他不计得失，不辞辛苦，甚至从不大声讲话，以自己的朴实行动表现出一个老师最可贵的品质——默默无闻，无私奉献。他时间不分上班下班，随叫随到，工作不分分内分外，任劳任怨，细致、耐心、踏实、随和，以自己的一言一行诠释着服务育人的价值和内涵。陈作表老师的性格内敛不张扬，再加上所从事教学的学科是信息技术，在20多年的教学生涯中逐渐形成了平实、简约、理性的课堂教学风格。他讲课虽然声音不高，但神情自若，情真意切，犹如春雨渗入学生的心田，润物细无声，虽没有江海波澜的壮阔，却不乏山涧流水之清新，给人一种心旷神怡、恬静安宁的感受。他讲课亲切自然，朴实无华，没有矫揉造作，也不刻意渲染，而是侃侃而谈，娓娓道来，师生之间是在一种平等、协作、和谐的气氛下，进行默默的情感交流，将对知识的渴求和探索融于简朴、真实的教学情景之中，学生在静静的思考、默默的首肯中获得知识。陈作表老师深厚的专业功底，认真的教学风格，使自己的课堂熠熠生辉，用最新最美的画笔勾勒着学子们的未来。他教学上严谨求真，育人上宽来相济，做人上讲究原则，工作上不计个人得失，处处展现一位优秀教师的应有风范。

（四会中等专业学校副校长　关志坚）